Claudinha, você é u[ma] que faz parte dess[e] e amigas tão especi[ais]

Que ele seja forte, alegre, p[odero]so e que essa sintonia se estenda também nos princípios de vida que irão transmitir aos seus filhos.

Muitos são os caminhos que podere mos seguir; este livro é um deles por essa razão estou presenteando cada uma com este exemplar para que essa amizade se fortaleça na graça de Deus que nos é dada de graça, basta-nos conhecê-la.

TALMIDIM

É muito bom que vocês sejam amigas, mas amigos em Cristo será muito melhor

Marlene

São Paulo, 01/06/2015.

ED RENÉ KIVITZ

TALMIDIM

O PASSO A PASSO DE JESUS

mundo**cristão**
São Paulo

Os textos das referências bíblicas foram extraídos da *Nova Versão Internacional* (NVI), da Biblica, Inc., salvo indicação específica. Nas meditações, o autor valeu-se de paráfrases particulares em grande parte das referências bíblicas.

Os QR Codes deste livro estão vinculados a endereços eletrônicos no YouTube e são de responsabilidade da Igreja Batista de Água Branca (Ibab). Não nos responsabilizamos caso esses links sejam alterados ou desativados.

Dados Internacionais de Catalogação na Publicação (CIP)
(Câmara Brasileira do Livro, SP, Brasil)

Kivitz, Ed René

Talmidim: o passo a passo de Jesus / Ed René Kivitz. — São Paulo: Mundo Cristão, 2012.

1. Discipulado (Cristianismo) 2. Formação espiritual 3. Jesus Cristo — Discípulos 4. Jesus Cristo — Ensinamentos I. Título.

| 12-11370 | CDD-268 |

Índice para catálogo sistemático:
1. Disciplinado : Cristianismo   268
2. Discípulos : Formação : Cristianismo   268
Categoria: Espiritualidade

Publicado no Brasil com todos os direitos reservados por:
Editora Mundo Cristão
Rua Antônio Carlos Tacconi, 79, São Paulo, SP, Brasil, CEP 04810-020
Telefone: (11) 2127-4147
www.mundocristao.com.br

1ª edição: novembro de 2012
7ª reimpressão: 2014

O mundo da era tecnológica vem produzindo transformações profundas na maneira de as pessoas se relacionarem com os antigos paradigmas de comportamento em vários aspectos da vida, do estético ao intelectual, como a obtenção de conhecimento e a apreensão de novas ideias. Hoje, cantores se lançam primeiramente na internet e de lá ganham o mundo do show business. Não muito atrás, o escritor só tinha uma via para ser lido: a página impressa; hoje, porém, ele pode publicar suas ideias num *blog* e também gravar vídeos e espalhá-los no YouTube. O céu é o limite.

Para atender às novas demandas de antigos e novos consumidores, é preciso construir projetos multiplataformas, que utilizam diversas mídias para entregar o mesmo conteúdo de formas diferentes, favorecendo a acessibilidade. Ed René Kivitz criou o projeto *Talmidim*, e postou em seu *blog* (http://edrenekivitz.com/blog) e no YouTube uma série de 365 meditações diárias em vídeo, que já obteve quase 1.500.000 visualizações. O sucesso desse empreendimento gerou o fruto que você tem em mãos e que desfrutará a partir de agora, e com numa novidade interessante: a Editora Mundo Cristão, em sua política de inovação e acompanhamento das novas tendências tecnológicas, põe à disposição do leitor o QR Code, que oferece a possibilidade de acesso do conteúdo por meio de celular e *tablet*, redirecionando o leitor para uma página da internet em que poderá assistir ao vídeo de cada meditação diária *Talmidim* em seu formato original.

Entretanto, cabe avisar ao leitor que o conteúdo impresso não corresponde ao pé da letra ao que está registrado em vídeo. Isso ocorre pelas seguintes razões:

1. *Diferenças formais de discurso.* O texto oral, próprio da conversação, é geralmente despretensioso, mais solto e menos rígido do ponto de vista da forma. Convertê-lo em discurso escrito demanda planejamento e revisão, tanto de estilo quanto de conteúdo, dado o caráter não metódico e não planejado do discurso oral.

2. *Projeto gráfico.* A concepção gráfica do livro demandou uma página por meditação, o que significou estabelecer um limite de caracteres, privilegiando a concisão e a clareza. Com isso, houve necessidade de realizar muitos cortes a fim de atender essa necessidade; caso contrário, o livro ficaria muito extenso e oneroso.

3. *Política editorial.* Um livro deve atender a vários interesses: os do autor e os dos leitores. A Editora Mundo Cristão atua como mediadora entre ambos. Ela procura deixar ao leitor a sagrada prerrogativa de decidir o que aceitará ou questionará. Esse é um direito inalienável e intransferível. Nosso papel é estabelecer uma ponte entre autor e leitor, fomentando a interação, a dialética, o abençoado

exercício do diálogo, mesmo com suas tensões inerentes devido ao encontro e confronto de ideias distintas. Isso proporciona o desenvolvimento intelectual das partes. Melhor do que formar opinião é ser fomentador da dialética, do diálogo e do debate entre interlocutores empenhados com a investigação da verdade. A Editora Mundo Cristão se sente orgulhosa de exercer esse papel e de proporcionar os meios para a promoção dessa investigação. Entre os nossos valores figuram "o compartilhamento de conhecimentos" e uma "postura teológica cristã, histórica e equilibrada". Não somos uma editora estritamente confessional; não pendemos para postura A ou B nas extremidades da balança, mas tentamos nos manter numa via interlocutória, servindo de intermediário entre polos de interpretação no cristianismo autêntico.

Este livro tem como grande mérito apresentar ao leitor o convite de Jesus: "Venha ser meu *talmid*, seja meu discípulo, faça parte do meu grupo de *talmidim*". Ed René desafia o leitor a viver a maior das aventuras: seguir Jesus de Nazaré pelo resto da vida. Nas palavras do autor, esse convite urgente se estende "a todos e não apenas aos extraordinários. Jesus convida pessoas como você e eu. Não importa quem você é, sua idade, seu sexo, sua classe social, seu passado ou seu atual momento de vida, não importa nem mesmo sua religião. Jesus está chamando você para andar com ele e ser um de seus discípulos".

Talmidim é uma viagem agradável e inesquecível pelas palavras e obras de Jesus. É impossível lê-lo e não sentir o coração inundado pela convicção de que Jesus deve ser o centro absoluto de nossa vida em todas as dimensões. Ed René é arrebatado por este nobre ideal: "... o pouco registrado nestas páginas e nos vídeos postados na internet não tem outro propósito senão fazer você cair de joelhos diante de Jesus de Nazaré e invocá-lo como o Cristo, o Filho do Deus vivo".

Com esta publicação, desafiamos o leitor à prática diária da leitura e da reflexão na Palavra de Deus, tão necessárias num ambiente cultural no qual a tecnologia tende a reduzir conteúdos ricos a meras imagens, sinopses, manchetes e *twitters*. Que mesmo diante desse ambiente o seu projeto de vida seja se tornar a cada dia um verdadeiro *talmid* de Jesus.

Os Editores

*Venham a mim, todos os que estão cansados e sobrecarregados, e eu lhes darei descanso.
Tomem sobre vocês o meu jugo e aprendam de mim, pois sou manso e humilde
de coração, e vocês encontrarão descanso para suas almas. Pois o meu jugo
é suave e o meu fardo é leve.*
MATEUS 11.28-30

Os meninos em Israel começavam a estudar a Torá aos 6 anos. A Torá era a lei de Moisés, o Pentateuco, os cinco primeiros livros da Bíblia: Gênesis, Êxodo, Levítico, Números e Deuteronômio. Aos 10 anos, ao final do primeiro ciclo de estudos chamado *Beit Sefer*, esses meninos já haviam decorado a Torá. A partir daí alguns voltavam para casa e aprendiam o ofício da família, mas os que se destacavam continuavam num segundo estágio, o *Beit Talmud*. Continuavam frequentando a escola judaica e estudavam sob a orientação de um rabino, que os adotava para lhes ensinar mais profundamente a Torá e suas escolas de interpretação. Esses meninos extraordinários eram chamados *talmidim*, plural da palavra hebraica *talmid*, que o Novo Testamento traduz como *discípulo*.

Os meninos *talmidim* eram a elite intelectual de Israel. Aos 12 anos já haviam decorado todas as Escrituras: os livros históricos, os livros poéticos, os livros de sabedoria, e todos os livros proféticos. Aos 14, debatiam a tradição oral, isto é, a interpretação dos rabinos a respeito da lei. Dedicavam a vida à discussão de como colocar em prática a lei de Moisés.

Cada rabino tinha sua forma de interpretar a Torá. O conjunto de regras e interpretações de um rabino era chamado de "o jugo do rabino". Por exemplo, no tempo de Jesus existiam dois rabinos muito famosos e conceituados, Hilel e Shamai, e cada um possuía um jugo, isto é, uma interpretação da Torá, e seus *talmidim*. É exatamente nesse contexto que Jesus diz: "Eu também tenho um jugo, também tenho uma forma de interpretar a Torá, também tenho uma forma de dizer qual é a vontade de Deus, também tenho uma interpretação para lhes ensinar como Deus deseja que vocês vivam".

Mas Jesus é diferente dos rabinos de sua época. Ele diz: "Os rabinos colocam sobre os seus ombros um jugo pesado, exigências absurdas, mas o meu jugo é suave e o meu fardo é leve". Ele faz um convite: "Seja meu *talmid*, faça parte do meu grupo de *talmidim*". O convite de Jesus se estende a todos e não apenas aos extraordinários. Jesus convida pessoas como você e eu. Não importa quem você é, não importa a idade, sexo, classe social, o momento de vida em que você está, não importa seu passado, não importa nem mesmo sua religião. Jesus está chamando você para andar com ele e ser um de seus discípulos.

Jesus subiu ao monte e chamou a si aqueles que ele quis, os quais vieram
para junto dele. Escolheu doze [...] para que estivessem com ele.
MARCOS 3.13-14

Os rabinos antigos tinham um ditado para os meninos *talmidim*: "Cubram-se com a poeira dos pés de seu rabino". Um *talmid* deveria seguir seu mestre tão de perto, andando bem atrás dele, a ponto de, ao final do dia, estar coberto com a poeira dos pés do rabino.

O que os rabinos estavam querendo dizer é o seguinte: "Observe atentamente, ouça com atenção tudo o que seu mestre diz, não perca nenhum detalhe da vida de seu mestre, porque ele, o seu rabino, é o modelo do homem que você está se tornando".

Essa é a essência do discipulado de Jesus. Seguir a Jesus implica prestar atenção nele, olhar atentamente para tudo o que ele faz, ouvir o que ele diz, perceber os milagres que ele realiza, imaginar e dar atenção à maneira como Jesus se relaciona com seu Pai, como fala com ele, porque a grande ambição de um *talmid* é ser igual a seu mestre. Essa é nossa grande ambição: tornarmo-nos pessoas iguais a Jesus.

Quando me tornei discípulo de Jesus, imaginei que fosse apenas mudar de religião, e que isso implicaria acreditar em algumas coisas nas quais antes eu não acreditava, ou então participar de determinados rituais religiosos dos quais antes eu não participava. Imaginei, inclusive, que a grande questão de meu relacionamento com Jesus era que eu deveria abraçar um novo código moral e que meu discipulado com Jesus era apenas uma questão ética. Além disso, eu imaginava que poderia contar com seus favores para resolver meus problemas cotidianos, afinal, Jesus é mestre em milagres. Mas com o passar do tempo, fui percebendo que o chamado de Jesus era muito mais profundo. Ele queria que eu me tornasse outro tipo de pessoa. Um tipo de pessoa exatamente igual a ele. Foi por isso que, quando Jesus chamou seus discípulos, os chamou para que estivessem com ele. Somente a proximidade gera intimidade. Na intimidade com Jesus somos transformados. Para que sejamos *talmidim* de Jesus, para que sejamos seus seguidores, precisamos andar muito perto dele. Precisamos deixar que a poeira dos pés de Jesus nos cubra.

Afasta-te de mim, Senhor, porque sou um homem pecador!
LUCAS 5.8

A grande ambição de um discípulo é ser igual a seu mestre. A grande ambição de um *talmid* é ser igual a seu rabino. Essa também é nossa ambição como discípulos de Jesus. O que queremos é mais do que saber o que ele sabe ou fazer o que ele faz. O que queremos mesmo é nos tornar pessoas iguais a ele.

Quando nos encontramos com Jesus, a primeira consciência que adquirimos é a da absoluta distância que existe entre nós e ele, entre quem é Jesus e quem nós somos. É essa a experiência de Pedro. Após uma noite inteira de tentativas frustradas de pesca, Jesus entra em seu barco e ordena que ele e seu irmão André lancem as redes. O resultado é uma pesca extraordinária. Então, ocorre uma mudança no coração de Pedro. É nessa hora que ele toma consciência da grandeza e da majestade de Jesus. Nesse momento Pedro cai ao chão e diz: "Afasta-te de mim, Senhor, porque sou um homem pecador!"

Essa distância que temos de Jesus não é uma distância meramente moral. Também não é uma distância de inteligência ou de poder e capacidade. Na verdade, essa distância é uma distância de ser, de natureza de ser, que os filósofos e teólogos vão chamar de distância ontológica. É mais ou menos a distância que existe entre um boneco e um homem, entre uma boneca e uma mulher. Ser pecador, como percebeu Pedro, não é uma questão de roubar ou não roubar, mentir ou não mentir, matar ou não matar. Esse conceito de pecado fala a respeito de comportamento, e trata de ética e moral.

O conceito de pecado na Bíblia é um pouco mais profundo que isso. Na lei de Moisés o pecado era o que você fazia ou deixava de fazer. Jesus muda o enfoque e ensina que pecado é aquilo que você carrega dentro de seu coração, suas intenções, suas motivações — você pode não matar uma pessoa, mas, se a odeia, isso já é pecado. Paulo, porém, vai dizer o seguinte: pecado não é nem o que eu faço ou deixo de fazer, nem as intenções que eu tenho ou deixo de ter, pecado é o que eu sou. Ele grita desesperado: "Miserável homem que eu sou! Quem me libertará do corpo sujeito a esta morte?" (Rm 7.24).

Foi para pessoas como Pedro, Paulo, você e eu que Jesus veio. Jesus veio, tornou-se um de nós, porém sem pecado, isto é, sem perder a pureza de sua natureza divina. Entre nós, Jesus nos chama para andar com ele, para que, andando com ele, sejamos completamente transformados, e a distância que faz de nós bonecos de pano diante do Homem de verdade, que é Jesus, deixe de existir. Um dia seremos pessoas exatamente iguais a ele.

> *Mestre, esforçamo-nos a noite inteira e não pegamos nada. Mas, porque*
> *és tu quem está dizendo isto, vou lançar as redes.*
> Lucas 5.5

Enquanto Jesus estava na praia ensinando a multidão, o coração de Pedro foi se enchendo de assombro e encantamento. Ele estava diante de um mestre jamais visto antes em Israel. Aos poucos Pedro vai reconhecendo a autoridade e a majestade de Jesus. Pedro foi percebendo que, comparado a Jesus, ele não passava de um bonequinho de pano. Então Jesus dá uma ordem: "Leve o barco mais ao fundo e lance as redes". Pedro responde: "Nós pescamos a noite toda, somos pescadores, conhecemos esse mar e podemos dizer que a maré não está para peixe, mas, como és tu quem está dizendo isto, vou lançar as redes". O que é isso? Obediência.

No discipulado de Jesus, a palavra obediência é fundamental. O reconhecimento da autoridade, da grandeza, da sabedoria e, principalmente, da distância entre aquilo que somos e aquilo que Jesus é deve nos conduzir à obediência. Obedecer a Jesus é a essência do discipulado. Ser um *talmid* de Jesus implica o compromisso de obedecer a Jesus.

Obediência é algo muito difícil. Lembro-me de quando tive de ensinar meus filhos a obedecer. Meu filho, por exemplo, me dizia que não era possível obedecer a uma ordem que ele não entendia ou com a qual não concordava. E eu me vi em dificuldades, porque no fundo, no fundo, ele tinha razão, ou pelo menos certa razão. Quando você obedece a uma ordem com a qual concorda e uma ordem a qual entende, então você não está obedecendo, você está sendo razoável. Você está sendo obediente quando diz: "Olhe, eu não entendi, ou não concordei, se entendi não concordei, ou não entendi nem concordei, mas porque reconheço sua autoridade, vou obedecer". Foi como Pedro se comportou em relação a Jesus. Isso é obedecer.

No seguimento de Jesus a obediência é essencial. Quem quer ser discípulo de Jesus, quem quer andar aos pés de Jesus, quem quer se deixar cobrir com a poeira dos pés de Jesus, precisa obedecer.

É no caminho da obediência, reconhecendo a autoridade de Jesus, que somos transformados e nos tornamos pessoas exatamente iguais a ele. Enquanto não estivermos dispostos a obedecer, continuaremos sendo a mesma pessoa que sempre fomos. É no caminho da obediência que Jesus nos transforma e nos faz pessoas semelhantes a ele.

Sigam-me, e eu os farei pescadores de homens.
MATEUS 4.19

O *talmid* de Jesus é um aprendiz absolutamente submisso a seu Mestre. O discípulo de Jesus obedece a Jesus. Foi essa a grande lição que Pedro aprendeu — na verdade, viveu — no encontro que teve com Jesus na experiência da pesca maravilhosa. A grande questão é que quando tentamos obedecer a Jesus, percebemos, e isso acontece bem depressa, que não conseguimos obedecer completamente, e também não conseguimos obedecer a tudo o que ele manda. Na melhor das hipóteses, quando conseguimos obedecer, não conseguimos obedecer perfeitamente.

No caminho da obediência a Jesus, deparamos com nossa condição humana — com o fato de sermos como bonecos de pano diante de um ser humano de verdade. Descobrimos que não conseguimos, com nossas próprias forças e capacidades, fazer tudo o que Jesus quer que façamos, e muito menos ser tudo o que ele quer que sejamos.

Essa é a angústia, por exemplo, do apóstolo Paulo. Escrevendo aos cristãos de Roma, ele diz: "Pois o que faço não é o bem que desejo, mas o mal que não quero fazer, esse eu continuo fazendo. Miserável homem que eu sou!". Essa é uma experiência humana universal e atemporal. Essa é a maneira como a Bíblia descreve a condição humana. A grande evidência de que somos semelhantes a um boneco de pano é o fato de não conseguirmos fazer uma coisa simplesmente porque sabemos que ela deve ser feita ou porque a desejamos fazer. Essa também é a razão por que o evangelho de Jesus é uma boa notícia. O convite de Jesus é um grande alívio para todos os que desejam andar nos caminhos da vontade de Deus: "Sigam-me, e eu os farei pescadores de homens". É como se Jesus dissesse: "Não depende de suas forças, não é algo que depende de sua capacidade, venha comigo e eu, Jesus, farei de você uma pessoa extraordinária, eu, Jesus, farei de você uma pessoa diferente, eu, Jesus, transformarei você".

Enquanto andamos com Jesus, em rendição e obediência, ele vai nos transformando. Isso é o evangelho. A religião diz que você tem de fazer isso, aquilo e aquilo outro. E você tenta, mas não consegue. Tudo o que você consegue é se frustrar, experimentar uma culpa muito grande e um senso de inadequação quase que absoluto diante de Deus. Jesus diz para você: "Venha comigo, eu transformo sua vida".

"Venha", respondeu ele. Então Pedro saiu do barco, andou sobre as águas e foi na direção de Jesus. Mas, quando reparou no vento, ficou com medo e, começando a afundar, gritou: "Senhor, salva-me!" Imediatamente Jesus estendeu a mão e o segurou. E disse: "Homem de pequena fé, por que você duvidou?".
MATEUS 14.29-31

Um *talmid* de Jesus tem a ambição de ser igual a Jesus. Jesus prometeu que faria de cada um de seus *talmidim* alguém igual a ele. Então, nada mais natural que Pedro desejasse também andar sobre as águas. Pedro disse a Jesus: "Bom, se você pode andar sobre as águas, eu também posso. Então basta você mandar, e eu vou". Muito natural. Jesus disse: "Então venha!". E Pedro foi!

Além de Jesus, Pedro talvez tenha sido o único ser humano a andar sobre as águas. Ele *andou* sobre as águas. Mas quando viu o vento, começou a afundar, teve medo e gritou: "Senhor, salva-me!". Jesus atendeu seu pedido, mas fez a Pedro uma crítica contundente: "Homem de pequena fé, por que você duvidou?". Impressionante. O único ser humano além de Jesus a andar sobre as águas deveria ser considerado um homem extraordinário. Mas Jesus diz que ele é um homem de pequena fé e o repreende por ter duvidado.

Do que foi que Pedro duvidou? Não foi de Jesus, não foi do poder de Jesus, não foi da autoridade de Jesus. Pedro duvidou de si mesmo. Pedro duvidou de que fosse capaz de andar sobre as águas. Isso significa que crer ou ter fé em Jesus não é apenas acreditar que ele é poderoso e pode fazer milagres. O que diferencia um discípulo de Jesus de qualquer outra pessoa é que o discípulo de Jesus não apenas crê em Jesus e em seu poder, mas crê que Jesus é capaz de transformá-lo e fazer dele alguém igualmente extraordinário.

A ambição do discípulo é ser igual a seu mestre. O que Jesus está dizendo para Pedro é: "Pedro, você duvidou, você duvidou de si mesmo. Sim, você duvidou. Na verdade você duvidou também de mim, duvidou de que eu seria capaz de fazer de você alguém igual a mim". Fé, portanto, tem a ver com essas duas dimensões. Fé é confiar em Jesus, fé é crer em Jesus. Mas fé é também crer que Jesus pode e quer nos transformar em pessoas exatamente iguais a ele. Fé é crer em Deus. Fé é crer que Deus acredita em você.

O Espírito do Senhor está sobre mim.
LUCAS 4.18

Jesus é um ser humano que não se explica senão por essa relação com o Espírito Santo. Jesus tinha profunda consciência de ser alguém sobre quem repousava o Espírito de Deus. Era um ser humano absolutamente rendido, aberto e sob a contínua influência do Espírito Santo. A ação de Deus Espírito Santo sobre Jesus é um dos capítulos mais importantes da Bíblia Sagrada. O nascimento do Senhor foi profetizado e anunciado pelo Espírito Santo. Jesus foi batizado, ungido, guiado ao deserto e constantemente visitado pelo Espírito Santo.

Não é possível pensar em Jesus sem pensar na obra do Espírito Santo sobre sua pessoa e obra. Mas o Espírito Santo de Deus que agia em Jesus não era uma força que vinha de fora e que o invadia. Quando Jesus, que é Deus Filho, se faz carne, ele abandona suas prerrogativas divinas, mas não abandona a perfeita comunhão e unidade com o Deus Pai e o Espírito Santo. A unidade entre Jesus e o Espírito de Deus é de tal maneira que o Espírito Santo é também chamado de Espírito de Cristo.

Isso quer dizer que Jesus era um ser humano que não oferecia absolutamente nenhum obstáculo ao Espírito Santo, nem em sua postura, nem em suas atitudes e comportamentos, e muito menos em sua natureza, que era divina. A extraordinária realidade de haver um ser humano vivendo em comunhão e sob a permanente influência do Espírito Santo é algo prometido a todos nós. Jesus disse, reiterando o que haviam dito os profetas, que o mesmo Espírito que estava derramado sobre ele seria derramado sobre toda a carne.

A vida de um discípulo de Jesus há de ser, necessariamente, uma vida sob a ministração do Espírito Santo. É isso o que faz de Jesus um Mestre diferente, e é também o que faz de seus discípulos pessoas diferentes. O discipulado de Jesus não é apenas uma troca de influência moral, transmissão de conhecimento ou sabedoria filosófica. O que está em jogo no discipulado de Jesus não é outra coisa senão a maravilhosa ação do Espírito Santo de Deus.

O Espírito do Senhor está sobre mim, porque ele me ungiu para pregar boas-novas aos pobres. Ele me enviou para proclamar liberdade aos presos e recuperação da vista aos cegos, para libertar os oprimidos e proclamar o ano da graça do Senhor.
LUCAS 4.18-19

As pessoas costumam dizer que Jesus fez o que fez porque ele era Deus. "Ah, se eu fosse Deus, também andaria sobre as águas", é o que geralmente pensam. "Eu também transformaria a água em vinho", ou "Se eu fosse Deus, também ressuscitaria os mortos". Mas a grande verdade do evangelho é que Jesus fez o que fez não porque era Deus, embora fosse, mas porque era o homem perfeito, e ser um homem perfeito significa ser um homem absolutamente submisso à ação do Espírito Santo de Deus. Jesus fez o que fez não porque era Deus, mas porque era homem cheio do Espírito Santo.

Nesse sentido, Jesus foi o que Adão deveria ter sido: um homem sem pecado, no mais profundo do significado que a Bíblia atribui ao pecado. Pecado, conforme a Bíblia nos ensina, não é simplesmente roubar, matar ou mentir. Pecado é o estado de rebeldia do ser humano contra Deus. A narrativa bíblica registrada em Gênesis diz que o pecado se instala na história humana quando o primeiro casal — Adão e Eva — come da árvore do conhecimento do bem e do mal. "A partir de agora eu cuido da minha vida" é o que o ser humano diz a seu Criador. "Você não tem nada a ver comigo, quem vai dizer o que é certo ou errado, o que é bem e o que é mal, sou eu." Isso é o que a Bíblia conceitua como pecado: a pretensão de independência e autonomia do homem em relação a Deus. Isso enche de significado e imprescindível importância a declaração de Jesus: "Eu sou Filho de Deus, e estou absolutamente rendido e obediente ao Espírito Santo de Deus, que me ungiu". Em outras palavras: "Adão se rebelou contra Deus, mas eu me submeti absolutamente a Deus. Adão pretendeu ser independente de Deus, mas eu escolhi ser absolutamente dependente do Espírito Santo de Deus, que está sobre mim".

A unção a que Jesus se refere tem pelo menos três significados: autoridade, legitimidade e capacitação. A mesma autoridade que tinha Adão para sujeitar a terra e dominar sobre a criação; a legitimidade de quem é de fato Filho de Deus; e a capacitação que somente quem é movido pelo Espírito Santo pode ter. Autorizado, legitimado e capacitado pelo Espírito Santo, Jesus é quem é, e faz o que faz.

*Mas receberão poder quando o Espírito Santo descer sobre vocês, e serão minhas
testemunhas em Jerusalém, em toda a Judeia e Samaria, e até os confins da terra.*
ATOS 1.8

Há uma história muito interessante relatada no evangelho de João a respeito
do que significa ser testemunha de Jesus. É a história de um cego de nascença,
que foi curado por Jesus em um sábado. Todos os que souberam do fato ficaram intrigados com aquele milagre, porque havia uma crença arraigada entre
os judeus de que alguém que nascesse cego era um amaldiçoado por Deus. Isso
significava que somente Deus poderia reverter a maldição. Mas Jesus curou o
cego de nascença e causou grande confusão em Jerusalém. Os mestres da lei e
os fariseus foram interrogar o homem que era cego para tentar entender o que
estava acontecendo. "Tudo o que eu sei é que eu era cego, e agora vejo", disse
aquele que era cego. E contou que Jesus o havia curado. Em resumo, é isto o
que as pessoas geralmente pensam ser o trabalho de uma testemunha de Jesus:
contar o que Jesus fez em sua vida.

Entretanto, não é esse o conceito de testemunha que Jesus tem em mente quando promete o derramamento do Espírito Santo sobre todos os seus
talmidim. O cego que fora curado por Jesus não era um homem cheio do Espírito Santo. Era apenas um homem curado por Jesus, alguém que tinha sido
beneficiado por ele, mas não era uma pessoa cheia do Espírito Santo. Por que,
então, Jesus afirma que precisamos ser cheios do poder do Espírito Santo para
que possamos ser suas testemunhas?

Ariovaldo Ramos me ensinou a resposta. Ser testemunha de Jesus não é apenas dizer o que Jesus fez em minha vida. Ser testemunha de Jesus, de fato, é ser
uma expressão da pessoa de Jesus. Testemunhar de Jesus é viver de tal maneira
que as pessoas vejam Jesus em mim. Foi o que aconteceu na cidade de Antio-
quia. Os *talmidim* de Jesus foram pela primeira vez chamados cristãos, isto é,
"pequenos cristos". Aqueles seguidores de Jesus estavam tão identificados com
ele que foram confundidos com ele. Somente o poder do Espírito Santo pode
nos dar essa condição extraordinária de sermos identificados com Jesus Cristo
e semelhantes a ele.

O desejo de um *talmid* de Jesus é que o Espírito Santo o revista com poder
para que ele seja de fato uma testemunha de Jesus, uma pessoa confundida com
Jesus. Eis uma grande pretensão, que deve ser transformada também em oração.

Digo-lhes a verdade: Aquele que crê em mim fará também as obras que tenho realizado.
Fará coisas ainda maiores do que estas, porque eu estou indo para o Pai.
João 14.12

A promessa de Jesus é extraordinária. Cremos em Jesus, somos seus *talmidim* e ouvimos de sua boca que faríamos as mesmas coisas que ele fez, e até maiores. Isso tudo está dentro da lógica do discipulado: o discípulo quer ser igual a seu mestre, praticamente uma extensão dele. Não é menos do que isso que Jesus promete a todos nós. E não é por outro motivo que Jesus promete derramar o Espírito Santo sobre seus *talmidim*.

Isso está claro. O mesmo Espírito que estava sobre Jesus está também sobre seus *talmidim*. A grande discussão, portanto, é o que significa "obras maiores" do que as obras de Jesus. Será que vamos ressuscitar mais mortos do que Jesus ressuscitou? Será que vamos andar sobre as águas? Será que vamos transformar água em vinho? Qual é o significado de obras maiores do que as obras de Jesus?

Os teólogos propõem algumas possibilidades de interpretação. Uma delas sugere que Jesus está se referindo a milagres. Mais precisamente, à quantidade de milagres. De fato, em dois mil anos é possível que os *talmidim* de Jesus tenham realizado maior quantidade de milagres do que Jesus conseguiu realizar em apenas três anos de ministério público. Outros intérpretes da Bíblia acreditam que Jesus se referia à qualidade dos milagres — particularmente não consigo imaginar o que isso quer dizer. Outra corrente teológica acredita que é preciso dar outra significação ao que se entende por milagre. Jesus andava sobre as águas e alimentava multidões, mas seus *talmidim* constroem cargueiros imensos que atravessam os mares para levar alimento aos pobres de outro continente, fazem cirurgias cardíacas intrauterinas, transplante de córnea e cruzam os ares em aviões supersônicos. Realmente essas são obras grandiosas.

Mas há aqueles, entre os quais eu me incluo, que acreditam que realizar obras maiores significa dar mais abrangência à ação e ao ministério de Jesus. Assim como Jesus revelou o nome e o propósito de Deus naquele restrito espaço geográfico de Israel para um pequeno número de pessoas, seus *talmidim* têm o privilégio de levar o evangelho para todo o mundo. Fazer obras maiores do que Jesus é estender a expressão do amor, da graça e da bondade de Deus até os confins da terra.

Sejam perfeitos como perfeito é o Pai celestial de vocês.
MATEUS 5.48

O *talmid* tem a grande ambição de ser igual a seu rabino. Ele anda tão perto de seu mestre que, ao final do dia, está coberto com a poeira dos pés dele. Assim também os discípulos de Jesus andam tão perto de seu mestre que vão se tornando cada dia mais semelhantes a ele.

Seguir a Jesus é conviver com essa ambiciosa esperança de ser igual a ele, fazer as obras que ele fez, talvez até maiores, e viver sob a influência e unção do Espírito Santo, como ele viveu. Aos poucos, o *talmid* de Jesus vai se tornando uma extensão e uma expressão do próprio Jesus. Como se isso não fosse pretensão suficiente, agora Jesus vem dizer que devemos ser perfeitos como é perfeito o nosso Pai que está no céu.

Jesus pronuncia essas palavras no seu célebre Sermão do Monte. Ele está ressignificando a lei de Moisés: "Vocês ouviram o que foi dito: 'Ame o seu próximo e odeie o seu inimigo'. Mas eu lhes digo: Amem os seus inimigos e orem por aqueles que os perseguem, para que vocês venham a ser filhos de seu Pai que está nos céus" (Mt 5.43-45). Jesus inaugura um novo comportamento, baseado no amor de Deus. Ele está dizendo que se amamos somente nossos amigos e aqueles que nos parecem minimamente amáveis, não estamos sendo nada além de ordinários. Mas, quando amamos nossos inimigos e aqueles que nos perseguem, estamos nos assemelhando a Deus, que "faz raiar o seu sol sobre maus e bons e derrama chuva sobre justos e injustos" (Mt 5.45).

Este é o amor de Deus oferecido e derramado sobre todos nós, independentemente de nossos méritos. Deus nos ama não porque merecemos ser amados. Deus nos ama não porque somos dignos de amor. Deus nos ama porque é amor.

Ser "perfeito" é amar como Deus ama. Isso muda radicalmente nossa compreensão do que significa ser perfeito. O padrão de perfeição do *talmid* de Jesus é o Pai celestial. A perfeição do Pai reside em seu amor. Ser perfeito é amar como Deus ama. Indistintamente. Independentemente dos méritos de quem é amado. Fazer as obras maiores do que as obras feitas por Jesus implica estender o amor de Deus para além de todas as fronteiras que nos separam, inclusive e principalmente, de nossos inimigos e dos que injustamente nos perseguem.

Ninguém pode entrar no Reino de Deus, se não nascer da água e do Espírito.
O que nasce da carne é carne, mas o que nasce do Espírito é espírito.
João 3.5-6

Seguir a Jesus não é o mesmo que seguir um mestre de moral, uma ideologia ou uma escola de conhecimento. Também não é o mesmo que seguir um reformador social. Em português mais claro, Jesus não quer ser um grande teórico que vai ensinar a você o que fazer, como viver ou no que acreditar. Seguir a Jesus implica uma experiência de transcendência, uma abertura para o universo espiritual, para a realidade espiritual. Na linguagem da Bíblia, seguir a Jesus é passar da morte para a vida, das trevas para a luz. Você pode usar qualquer metáfora para descrever uma profunda experiência de ruptura que arremessa o ser humano para outra dimensão de existência. Jesus usou a figura de nascer de novo, nascer outra vez. Renascer.

Assim como temos nosso nascimento físico, biológico (chamado por Jesus de nascer da carne e da água), temos também o nosso nascimento espiritual (chamado por Jesus de nascer do Espírito). Existe um momento de nossa vida quando a realidade espiritual se descortina e a própria presença de Deus e do Espírito de Deus se torna uma realidade pessoal para cada um de nós.

Viktor Frankl, psiquiatra precursor da logoterapia, disse que assim como o cordão umbilical indica que nosso corpo físico veio de outro organismo físico, dentro de cada ser humano existe uma dimensão que o vincula a outro ser. Frankl chegou a dizer que a consciência é o umbigo da alma. Assim como nosso umbigo no corpo físico demonstra que temos origem em outro organismo físico, também nossa consciência demonstra que temos origem em outra consciência.

Nascer de novo é essa experiência quando o Espírito de Deus está unido a nosso espírito. A partir dessa experiência, passamos a interagir consciente e voluntariamente com o Espírito de Deus. Nesse nascer de novo nós nos rendemos a Deus e confessamos: "Eu abro mão do controle da minha vida para experimentar o teu Espírito agindo sobre o meu espírito". Eis o maravilhoso mistério do renascer.

Sabemos que Deus age em todas as coisas para o bem daqueles que o amam,
dos que foram chamados de acordo com o seu propósito. Pois aqueles que de antemão
conheceu, também os predestinou para serem conformes à imagem de seu Filho,
a fim de que ele seja o primogênito entre muitos irmãos.
ROMANOS 8.28-29

Essas poucas palavras do apóstolo Paulo são tão conhecidas quanto mal compreendidas. O senso comum cita o trecho como uma promessa que lembra clichês do tipo "quando Deus fecha uma porta, abre outra melhor", "Deus escreve certo por linhas tortas", ou ainda "Deus faz que coisas ruins se transformem em coisas boas". A maioria das pessoas acredita que "todas as coisas cooperam para o bem daqueles que amam a Deus" quer dizer que "quando acontece alguma coisa ruim, é porque, secretamente, Deus está preparando algo muito melhor".

Essas coisas podem até ser verdadeiras, mas passam longe do sentido pretendido pelo apóstolo Paulo ao escrever sua carta aos cristãos de Roma. Na verdade, o que Paulo está dizendo é que todas as coisas cooperam para o bem das pessoas que foram chamadas segundo certo propósito de Deus. E qual é o propósito de Deus ao chamar essas pessoas? O propósito de Deus está muito claro na sequência do texto: "Pois aqueles que de antemão conheceu, também os predestinou para serem conformes à imagem de seu Filho, a fim de que ele [Jesus] seja o primogênito entre muitos irmãos".

Paulo está afirmando que o propósito de Deus é nos transformar segundo a imagem de Jesus. Esse é o significado do discipulado. Seguir a Jesus é andar com ele de tal maneira que na intimidade com Jesus sejamos transformados e nos tornemos iguais a ele. Esse é o desejo de Deus para nós, esse é o propósito de Deus para nossa vida. Deus não quer fazer que nossa vida seja mais confortável, e não está necessariamente ocupado em fazer que as circunstâncias e as situações de nossa vida se configurem para nossa satisfação, realização ou qualquer coisa que hoje chamamos de felicidade. O propósito de Deus é nossa transformação, cada ser humano conforme à imagem de seu Filho Jesus. Deus quer ser Pai de uma família de muitos irmãos.

Ele [Deus] nos deu as suas grandiosas e preciosas promessas, para que por elas vocês se tornassem participantes da natureza divina.
2PEDRO 1.4

Aos *talmidim* de Jesus Cristo não basta a ambição de serem iguais a seu Mestre e se tornarem iguais a ele apenas em caráter e estilo de vida. Seguindo a mesma lógica do apóstolo Paulo, que disse que o propósito de Deus é transformar todos os seres humanos segundo a imagem de Jesus, de modo que a família celestial tenha muitos irmãos, o apóstolo Pedro faz uma afirmação ainda mais surpreendente: o propósito de Deus é nos fazer participantes de sua natureza divina.

Irineu de Lyon, um teólogo do século 2, disse que "Deus se tornou homem para que o homem pudesse se tornar Deus", e que "o homem está destinado a ser pela graça aquilo que Deus é por natureza". Basílio de Cesareia, no século 4, acreditava que "o homem é um ser que recebeu a ordem [ou o chamado, digo eu] de se tornar Deus".

O processo de nos tornarmos participantes da natureza divina é o que os teólogos do Oriente chamam de deificação: tornar-se semelhante a Deus, tornar-se um com Deus, sendo esse o significado essencial da salvação e da redenção que Jesus oferece a seus *talmidim*.

Quando o Espírito de Deus se une a meu espírito, naquele momento eu passo da morte para a vida e das trevas para a luz, isto é, quando tenho a experiência do novo nascimento, isso não significa que o grande propósito da minha vida é escapar das chamas do inferno após a morte física. A redenção proposta por Jesus é nos tornarmos participantes da natureza divina. Em Jesus Cristo, Deus vem a nosso mundo, e de dentro de nosso mundo, nos leva para dentro dele mesmo, Deus.

Se alguém quiser acompanhar-me, negue-se a si mesmo, tome a sua cruz e siga-me.
Pois quem quiser salvar a sua vida, a perderá, mas quem perder a sua vida
por minha causa, a encontrará. Pois, que adiantará ao homem ganhar o mundo
inteiro e perder a sua alma?
MATEUS 16.24-26

Provavelmente as pessoas que ouviram essa palavra de Jesus imaginaram que ele fosse apenas mais um dos rabinos que convidavam seus discípulos exigindo lealdade e absoluta prioridade ao caminho do discipulado. De fato, Jesus está usando uma linguagem muito parecida com a dos rabinos de sua época, mas com certeza está falando de algo muito mais profundo do que simplesmente ingressar numa escola rabínica e seguir um mestre da Torá.

Aos poucos as palavras de Jesus foram esclarecendo que seguir o seu chamado era algo muito diferente do que faziam os meninos *talmidim* que seguiam seus rabinos. Cada vez mais, seguir a Jesus implicava ingressar num caminho de morte, e mais que isso, significava vencer a morte e voltar à vida: "Quem vive e crê em mim não morrerá eternamente", disse Jesus. E também: "Aquele que crê em mim, ainda que morra, viverá", e "passou da morte para a vida". Jesus está se referindo a uma dimensão espiritual, sobre um novo nascimento, como falou ao fariseu Nicodemos.

Os que desejam ingressar nessa nova dimensão de existência, que o Novo Testamento chama de vida eterna, devem negar a si mesmos, morrer para si mesmos e então seguir a Jesus em seu caminho de morte e ressurreição.

Jesus é muito coerente com o que diz Gênesis a respeito do pecado do primeiro casal, Adão e Eva, que se rebelou contra Deus e afirmou seu ego acima do EU SOU divino. O conceito de pecado original não está relacionado com mera desobediência moral. Pecado, segundo a tradição cristã, é um pretensioso grito de independência em relação ao Criador, que resulta em morte, pois Deus é a única fonte de vida. É por essa razão que o caminho de volta para Deus, isto é, a superação da morte, passa necessariamente pela negação do ego. Se o pecado é abandonar a Deus e pretender viver como se Deus não existisse, ou pretender viver sem receber vida de Deus, a reconciliação com Deus implica o caminho oposto.

Seguir a Jesus, atravessando a morte e voltando à vida, implica rendição a Deus: "Eu não tenho forças, não tenho autossuficiência, não sou um ser auto-existente, quero seguir a Jesus por esse caminho de morrer, ressuscitar e experimentar a verdadeira vida. Eu quero morrer para mim e viver para Deus".

"O tempo é chegado", dizia ele. "O Reino de Deus está próximo.
Arrependam-se e creiam nas boas novas!"
MARCOS 1.15

Um de meus autores prediletos é C. S. Lewis. Nascido na Irlanda do Norte em 1898, Clive Staples Lewis foi professor de literatura em Oxford e Cambridge, um dos maiores escritores cristãos do século 20, um dos maiores teólogos contemporâneos, famoso por sua série de livros *As crônicas de Nárnia* e autor de um de meus livros de cabeceira, *Cristianismo puro e simples*, publicado originalmente em 1952. Nesse livro, em que conta para a sociedade acadêmica e intelectual de Londres as razões de sua conversão ao cristianismo, Lewis faz a seguinte afirmação: "Um território ocupado pelo inimigo — assim é este mundo. O cristianismo é a história de como o rei por direito desembarcou disfarçado em sua terra e nos chama a tomar parte numa grande campanha de sabotagem".

Jesus é o rei legítimo, aquele que tem autoridade e legitimidade para governar o mundo. Mas é um rei que chega disfarçado, que chega como criança em Belém da Judeia e cresce numa família pobre na cidade de Nazaré da Galileia. O Rei dos reis, o Senhor dos senhores, crescia incógnito. Ao completar 30 anos, começa a convocar seus *talmidim*, anunciando que o tempo do reino de Deus é chegado; o reino de Deus está próximo.

A linguagem de Jesus não se refere à cronologia. Quando Jesus diz que "o reino de Deus está próximo", não está se referindo ao tempo daqui a uma semana, um mês ou um ano. A afirmação "o reino de Deus é chegado" quer dizer que ele está aqui, próximo de nós, ao alcance de nossas mãos. Jesus é o portador do reino. A chegada de Jesus é também a chegada do reinado de Deus.

O reino de Deus implica o reinado de Deus, o domínio de Deus sobre sua criação, o tempo quando a vontade de Deus começará a ser feita na terra como é feita no céu. Por essa razão o anúncio da chegada do reino de Deus exige arrependimento. Jesus, então, convida seus *talmidim* dizendo: "O reino de Deus chegou, o reinado de Deus começou, o Rei legítimo e verdadeiro desse reino está aqui. Agora você não vive mais para fazer sua própria vontade, mas para se submeter à vontade desse Rei. Venha fazer parte do reino de Deus".

Jesus, portanto, não nos chama para o céu após nossa morte. Jesus nos chama para o reino de Deus agora, enquanto estamos ainda vivos. O chamado de Jesus exige a consagração imediata de tudo o que temos e de tudo o que somos. Mais que isso, a participação no reino de Deus implica a consagração de nossos reinos pessoais e particulares ao Rei Jesus. Aqui e agora.

O Reino de Deus está próximo. Arrependam-se e creiam nas boas novas!
MARCOS 1.15

Jesus chamou seus *talmidim* para o reino de Deus. Seguir a Jesus não é tanto uma realidade que diz respeito à vida após a morte, mas implica principalmente a maneira como vivemos aqui e agora. É por isso que Jesus diz que todos os seus *talmidim* precisam se arrepender.

De modo geral, pensa-se que arrependimento é uma tristeza profunda em razão de alguma coisa que fizemos, mas não gostaríamos de ter feito. "Ah, se eu pudesse voltar no tempo, não faria o que eu fiz" — é o que imaginamos que dizem as pessoas arrependidas. Entretanto, a palavra arrependimento usada por Jesus foi *metanoia*, que é a junção de duas palavras gregas: *meta*, que significa "além" ou "o que vai/está além", e *nous*, que pode significar tanto "mente" quanto "pensamento". A melhor tradução que ouvi para metanoia foi "expansão de consciência". Nesse sentido, arrepender-se significa pensar diferente, adquirir uma nova compreensão da realidade, expandir a mente. O arrependimento, portanto, não é um pesar, uma tristeza, ou um lamento a respeito de algo feito no passado. Quando Jesus diz que você precisa se arrepender, quer dizer o seguinte: "Agora que o reino de Deus chegou e você está sujeito ao reinado de Deus, você precisa pensar diferente, precisa aprender a pensar de uma maneira completamente nova".

No interessante livro *A conspiração divina*, Dallas Willard compara a notícia da chegada do reino de Deus à notícia da chegada da energia elétrica a uma propriedade rural. No tempo em que não havia luz elétrica, o fazendeiro enterrava os alimentos ou os cobria com sal para que fossem preservados, vivia à luz de lampião e cozinhava em fogão à lenha. Mas certo dia recebe a visita de alguém que lhe anuncia: "Amigo, a luz elétrica chegou. Está acessível logo ali, na estrada principal da fazenda". A nova realidade exige do fazendeiro não apenas aprender a pensar de maneira completamente diferente, mas também e sobretudo, viver de maneira inteiramente nova.

É isso o que Jesus está dizendo: "O reino de Deus chegou, você não pode continuar vivendo do mesmo jeito, como se o Rei não estivesse presente e o reinado de Deus não estivesse sendo oferecido e estabelecido".

Para viver no reino de Deus é imprescindível passar pela *metanoia*: ter a consciência expandida, a compreensão da realidade absolutamente modificada, o que resulta necessariamente em um viver coerente com todo o universo de possibilidades que existe onde Deus está realizando a sua vontade.

Foi-me dada toda a autoridade nos céus e na terra. Portanto, vão e façam
discípulos de todas as nações, batizando-os em nome do Pai e do Filho e
do Espírito Santo, ensinando-os a obedecer a tudo o que eu lhes ordenei.
E eu estarei sempre com vocês, até o fim dos tempos.
MATEUS 28.18-20

Jesus não fala apenas como um rabino de sua época. Ele não reivindica para si uma autoridade religiosa. Também não reivindica uma autoridade restrita a um grupo étnico, os judeus. Jesus se pronuncia reivindicando para si toda a autoridade nos céus e na terra, não somente hoje, mas por todo o tempo. Em outras palavras, Jesus fala como dono do mundo.

Jesus já anunciou o reino de Deus e apresentou a si mesmo como o rei legítimo e verdadeiro desse reino. Também já convocou seus *talmidim* a que se comprometessem com a plenitude da vontade de Deus sendo feita na terra assim como é feita no céu. Agora, ao proclamar que toda a autoridade nos céus e na terra está em suas mãos, ele envia seus *talmidim* ao mundo para anunciar essa notícia e ensinar todas as pessoas a viverem conforme a sua vontade.

O que Jesus está dizendo é extraordinário. Ele está dizendo que é o mestre da vida, que sabe nos ensinar a viver. Ser um *talmidim* de Jesus, ser um seguidor de Jesus, é aprender com o Criador, o Senhor e o Doador da vida. Isso é extraordinário porque os ensinamentos e mandamentos de Jesus se referem a verdades espirituais e tratam também das questões muito próximas da realidade cotidiana de todos nós. O reino de Deus não é uma abstração.

Tenho um amigo que costuma dizer que os cristãos vivem na "espiritosfera", porque, de fato, pessoas religiosas costumam entender sua espiritualidade como algo impraticável, uma vida para ser experimentada apenas depois da morte. O que Jesus vem anunciar, entretanto, é uma dimensão de vida disponível para o aqui e agora. Jesus nos diz: "Você quer um caminho de vida? Siga-me! Quer aprender a viver? Ouça-me! Quer viver de verdade? Então venha comigo e obedeça a tudo aquilo que eu mandar, porque eu sou o Senhor da vida, e tenho nas mãos toda a autoridade, hoje, amanhã e para sempre".

Portanto, vão e façam discípulos de todas as nações, batizando-os em nome do
Pai e do Filho, e do Espírito Santo, ensinando-os a obedecer a tudo o que eu lhes ordenei.
E eu estarei sempre com vocês, até o fim dos tempos.
MATEUS 28.19-20

Enquanto caminha com seus *talmidim*, Jesus vai deixando claro o ciclo do discipulado. Jesus é o modelo de seus seguidores. Como seus *talmidim*, andamos e aprendemos com ele; desejamos ser transformados por ele. Jesus compartilha conosco tudo o que sabe e nos inclui na intimidade de seu Espírito. Ele nos dá sua alegria, sua paz e nos revela o nome do Pai. Jesus nos investe de autoridade e nos dá legitimidade para invocarmos a Deus Pai como sendo o nosso Pai. Nesse processo de andar e aprender com Jesus, vamos nos tornando uma expressão dele mesmo no mundo. Jesus aos poucos vai se multiplicando através de nós. A intenção dele é que nós também nos multipliquemos, e, à medida que as pessoas comecem a se aproximar de nós, na verdade se aproximam de Deus, e especialmente de seu Filho Jesus. Eis o ciclo do discipulado.

A grande questão é que fazer discípulos não é somente ensinar as coisas que Jesus ensinou ou ordenou. Fazer discípulos de Jesus é ensinar a guardar as coisas que Jesus ordenou. Fazer discípulos é mais que transferir conhecimento, informação ou alguma teoria teológica ou filosófica. Fazer discípulos é muito mais que ensinar doutrinas ou crenças. Fazer discípulos é ensinar a viver. Ensinar a viver como Jesus viveu e nos ensinou a viver.

Livros, apostilas, seminários, congressos, conferências, palestras, sermões dominicais e vídeos no Youtube são ferramentas úteis, mas precisamos muito mais que isso para fazer discípulos de Cristo. Precisamos de relacionamento. Com todas as ferramentas disponíveis, nós aprendemos o que Jesus ensinou, mas não aprendemos a *guardar* o que ele ensinou. Em um bom sermão dominical, podemos aprender que devemos perdoar, mas não aprendemos a perdoar. Em uma boa apostila, ficamos sabendo que é preciso amar o próximo, mas não é ali que aprendemos a amar. Experiências como perdão, amor, justiça, solidariedade e compaixão, nós só aprendemos na rede de relações pessoais. Por isso, fazer discípulos é necessariamente entrar numa dinâmica de relacionamentos em que Jesus está presente como autoridade maior.

Poucas coisas são tão importantes no discipulado quanto a comunhão com pessoas nas quais Jesus se multiplicou. Os *talmidim* de Jesus vivem juntos, aprendendo e ensinando uns aos outros, multiplicando Jesus em todos os ambientes onde estão presentes e em todas as relações de seu círculo de influência.

Então o SENHOR Deus declarou: "Não é bom que o homem esteja só".
GÊNESIS 2.18

Polêmica, essa frase. Mal interpretada, nos colocaria na beira do abismo da heresia. Caso estivesse na boca do primeiro homem, Adão, seria digna de uma repreensão divina. Imagine Adão reclamando a Deus que se sente sozinho: "Olha, Deus, eu passo os dias dando nome aos animais da terra e de uns tempos para cá notei que todos eles têm seus pares, mas eu não tenho ninguém, estou me sentindo muito sozinho!". Então, Deus diria a ele: "Você não entendeu, Adão, que eu, Deus, sou o seu par?". Mas a grande questão é que esta afirmação, "Não é bom que o homem esteja só", não saiu da boca de um homem. De acordo com Gênesis, a afirmação saiu da boca de Deus.

Mas, em que sentido o homem estava só? O homem estava só exatamente na dimensão de ter um par. Acima dele estava Deus, e abaixo dele os animais e o restante da criação. Mas diante dele, face a face com ele, no mesmo nível dele, não havia ninguém. Isso explica o complemento da declaração de Deus: "Farei para o homem uma mulher, alguém que esteja como que diante dele".

Isso faz todo o sentido, pois a tradição cristã crê em um Deus plural: Pai, Filho e Espírito Santo. Três pessoas a quem chamamos Deus. Deus é uma unidade entre iguais. Uma pluralidade singular, ou singularidade plural, três pessoas divinas, vivendo em perfeita harmonia. Um ser criado por esse Deus à imagem e semelhança de Deus deveria ser, necessariamente, uma unidade entre iguais. Dessa compreensão surge uma equação muito estranha: Deus mais um homem é igual a um homem sozinho. Isto é, Deus mais Adão é igual a Adão sozinho.

Extraímos daí algo fundamental na espiritualidade cristã: tão verdadeiro quanto dizer que pessoas precisam de Deus, é verdadeiro dizer que pessoas precisam de pessoas. No discipulado de Jesus, a experiência com Deus é pessoal, a caminhada com Deus é comunitária. E nada, absolutamente nada, é individual.

Portanto, quem ouve estas minhas palavras e as pratica é como um homem prudente
que construiu a sua casa sobre a rocha. Caiu a chuva, transbordaram os rios, sopraram
os ventos e deram contra aquela casa, e ela não caiu, porque tinha seus alicerces na
rocha. Mas quem ouve estas minhas palavras e não as pratica é como um insensato que
construiu a sua casa sobre a areia. Caiu a chuva, transbordaram os rios, sopraram os
ventos e deram contra aquela casa, e ela caiu. E foi grande a sua queda.
MATEUS 7.24-27

Com essas palavras Jesus encerra seu conhecido Sermão do Monte. O Sermão
do Monte é o resumo essencial da interpretação que Jesus faz da lei de Moisés. Ao final de seu discurso, Jesus afirma que mais do que conhecer ou saber
interpretar, o importante é praticar a lei. Quem compreende e pratica a lei é
semelhante ao homem que construiu sua casa na rocha. Quem não compreende e não pratica a lei é comparado por Jesus a um insensato que construiu sua
casa na areia.

A pergunta inevitável é: o que é a rocha? Isto é, qual é a base sobre a qual
devemos edificar nossa peregrinação espiritual? Alguns diriam se tratar da lei
de Moisés. Outros diriam que é a lei conforme a interpretação feita por Jesus.
Também há os que defendem que a rocha é a Bíblia, a Palavra de Deus. E ainda
alguns que afirmam que a rocha é o próprio Jesus.

Sugiro uma interpretação diferente: a rocha é a obediência à Palavra de Deus.
"Nem todo aquele que me diz: 'Senhor, Senhor', entrará no Reino dos céus, mas
apenas aquele que faz a vontade de meu Pai" (Mt 7.21), disse Jesus.

Isso é muito importante, pois indica que a espiritualidade cristã não é uma
questão de crenças, nem um assunto de foro íntimo, ou apenas mera relação
de boas intenções — aliás, como diz o ditado que minha mãe sempre repete, o
inferno está cheio de boas intenções. A espiritualidade cristã, isto é, o caminho
no discipulado de Jesus, é um caminho de obediência.

O apóstolo Tiago nos previne de que não sejamos apenas ouvintes da Palavra
de Deus, mas praticantes. Mais que especialistas em interpretações da lei e do
evangelho, os *talmidim* de Jesus são aqueles que ouvem sua Palavra e fazem o
que ele manda.

Deus é espírito, e é necessário que os seus adoradores o adorem em espírito
e em verdade.
João 4.24

Essa é, provavelmente, uma das duas vezes em que a Bíblia Sagrada nos oferece o que poderia ser próximo de uma definição de Deus. A outra é "Deus é amor". Nas palavras de Jesus, Deus é espírito, o que nos autoriza a dizer que Deus é um espírito que ama, um espírito amoroso, ou um amor pessoal.

Jesus está conversando com uma samaritana. A mulher pergunta para Jesus qual é o lugar correto para adorar a Deus, se o monte Gerizim, sagrado para os samaritanos, ou o monte Sião, onde os judeus adoram. Jesus responde dizendo que não importa o lugar, o dia, a hora, o rito, os símbolos que estão envolvidos na adoração. O que importa mesmo é que Deus seja adorado em espírito e em verdade.

Jesus está nos ensinando que Deus prescinde de todo o aparato da religião. A partir de Jesus, que nos recomenda um jugo suave e um fardo leve, aqueles que desejam se relacionar com Deus estão livres de cumprir rituais religiosos, frequentar lugares sagrados, guardar dias ou se submeter a atividades e pessoas consideradas sagradas. Jesus diz que para adorar a Deus, o "amor em pessoa", o importante é o coração.

Lembro-me do dia quando conversei com um jovem que estava enfermo e aflito. Enquanto me despedia, desejei o tradicional: "Vá com Deus". E ele me perguntou: "Será que Deus vai comigo? O que eu preciso para que Deus me acompanhe?". Não sei se respondi certo, mas na hora a única coisa que me ocorreu foi dizer: "Basta que você realmente tenha esse desejo em seu coração e Deus irá sempre com você" — pois o que importa é adorar a Deus em espírito e em verdade.

Para quem deseja andar com Deus, o coração íntegro e o anseio sincero de conhecer e experimentar seu Espírito de amor são suficientes.

TALMIDIM 023

Porque Deus tanto amou o mundo que deu o seu Filho Unigênito, para que todo o que nele crer não pereça, mas tenha a vida eterna.
JOÃO 3.16

O Novo Testamento foi escrito na forma arcaica da língua grega, e cada idioma tem suas peculiaridades. Os estudiosos dizem, por exemplo, que nesse trecho do evangelho, o verbo "crer" não se refere a algo ocorrido no passado, mas a um ato contínuo. Isso significa que a vida eterna prometida é para aquele que crê em Jesus e continua crendo, numa experiência perene, permanente.

Crer em Jesus é muito mais do que simplesmente acreditar que ele existiu. O apóstolo Tiago diz que até mesmo Satanás e seus demônios acreditam na existência de Deus. Mas crer é diferente de acreditar. Crer, conforme a linguagem bíblica, é confiar, é depender, é render-se em entrega aos cuidados. Crer em Jesus implica um relacionamento de adoração, que nos coloca em condições de experimentar a vida com a qualidade divina: vida eterna.

Eu mesmo acredito em muitas coisas. Acredito, por exemplo, que precisamente no lugar onde escrevo há diversas ondas de rádio AM e FM. Eu entendo e acredito nisso, mas não estou captando nada, não estou ouvindo nenhuma música nem ouvindo qualquer som emitido pelas rádios da cidade. O fato é que acredito, mas não estou interagindo com isso que acredito existir.

Acreditar é saber que algo existe. Mas quando a Bíblia Sagrada diz que devemos crer no Filho de Deus, ela está dizendo que devemos nos relacionar, interagir com ele, para podermos experimentar o amor de Deus e a vida eterna. Crer em Jesus é muito mais que admitir que ele existiu como personagem histórico ou acreditar em Deus como força criadora. Crer em Jesus implica o relacionamento pessoal com ele.

Justo naquele momento, na sinagoga, um homem possesso de um espírito imundo gritou: "O que queres conosco, Jesus de Nazaré? Vieste para nos destruir? Sei quem tu és: o Santo de Deus!". "Cale-se e saia dele", repreendeu-o Jesus. O espírito imundo sacudiu o homem violentamente e saiu dele gritando.
MARCOS 1.23-26

Enquanto caminhamos com Jesus, deparamos com espíritos imundos. Jesus também esteve frente a frente com eles. Ele exerceu autoridade sobre esses espíritos e libertou pessoas que estavam dominadas e controladas por eles, que a Bíblia chama também de demônios, espíritos do mal, espíritos malignos.

O evangelho narra o encontro de Jesus com um homem dominado por um espírito imundo, e registra esse confronto imediatamente após Jesus ter chamado seus primeiros *talmidim* e ter prometido fazer deles "pescadores de homens".

Durante muito tempo acreditei que "pescar homens" era ir buscar os pecadores do lado de fora da igreja e trazê-los para dentro. Significava fisgar pessoas que não acreditavam em Deus e em Jesus e trazê-las para o ambiente religioso, onde Jesus recebe adoração. Mas lendo esse texto com mais atenção, e meditando sobre sua relação com o chamado de Jesus a seus *talmidim*, passei a considerar que "pescar homens" significa buscar dentro de cada ser humano a sua verdadeira identidade, alcançar dentro de cada ser humano o "eu verdadeiro" que está ali abafado por muitos espíritos imundos.

O que são os espíritos imundos? São egos absolutos. O que é um demônio, um espírito mal, ou espírito maligno? É um ego absoluto, que pensa apenas em si e que ignora todo o resto, todos os demais, inclusive — e principalmente — Deus.

Os egos absolutos podem ter vários nomes. Pode ser um demônio mesmo. Mas também podem ser tradições ou autoridades religiosas, imposições familiares, vínculos afetivos, ideologias e estados políticos, filosofias e culturas, e qualquer tipo ou expressão de vontades absolutas e opressoras. Aqueles que seguem a Jesus têm a sagrada tarefa de "pescar pessoas", de buscar dentro de cada ser humano oprimido por vontades que impedem sua expressão autêntica e plena a expressão mais verdadeira do seu eu, criado à imagem e semelhança de Deus.

Para pescar homens, precisamos da autoridade de Jesus para confrontar os espíritos imundos, malignos e diabólicos. Muito mais do que iniciar as pessoas em uma religião, pescar homens é cooperar com Deus para que as pessoas sejam libertas de todos e quaisquer egos opressivos e escravizadores. Jesus é vida, é luz, é libertação.

Foi-me dada toda a autoridade nos céus e na terra. Portanto, vão e façam
discípulos de todas as nações, batizando-os em nome do Pai e do Filho e do
Espírito Santo, ensinando-os a obedecer a tudo o que eu lhes ordenei.
E eu estarei sempre com vocês, até o fim dos tempos.
MATEUS 28.18-20

A grande ambição do *talmid* é ser igual a seu Mestre. O seguidor de Jesus quer ser igual a Jesus. Na verdade, o grande desejo do coração de um aprendiz é ultrapassar seu mestre. Mas não são todos os mestres que gostam dessa realidade. A maioria dos mestres, especialmente no contexto religioso, parece desejar que seus discípulos permaneçam infantilizados, fragilizados e dependentes, sempre precisando deles, sempre debaixo de sua cobertura, de sua orientação ou palavra profética e de revelação. Os mestres religiosos, de modo geral, não gostam de conduzir pessoas à maturidade. Não gostam de pessoas que pensam com a própria cabeça e andam com as próprias pernas.

Jesus é um Mestre diferente. O grande desejo de Jesus é se multiplicar através de seus discípulos. Quando Jesus chama seus *talmidim* entre os homens comuns, sabe que primeiro serão aprendizes, depois imitadores, e aos poucos serão transformados, até que ele mesmo, Jesus, comece a viver neles e se manifestar por meio deles.

Na verdade, esse é o desejo do Pai de Jesus. O apóstolo Paulo ensina que o propósito de Deus é transformar cada ser humano à imagem de seu Filho Jesus. Deus também quer multiplicar filhos e filhas à sua imagem e semelhança. Parece que Deus não se contenta em ter apenas um Filho. Ele quer muitos, de modo que Jesus seja apenas o primeiro entre muitos irmãos.

Então uma voz dos céus disse: "Este é o meu Filho amado, em quem me agrado".
MATEUS 3.17

Quando Jesus estava sendo batizado por João Batista no rio Jordão, aconteceram três coisas extraordinárias. Os céus se abriram, o Espírito Santo desceu sobre Jesus na forma corpórea de uma pomba, e uma voz dos céus se pronunciou dizendo: "Este é o meu Filho amado, em quem me agrado".

Jesus personifica não apenas a nação de Israel, chamada pelo profeta Oseia de filho de Deus, mas, de modo mais preciso, toda a humanidade descendente de Adão. Jesus nos inclui a todos, e quando Deus pronuncia o seu amor sobre ele, também o faz por você e por mim. Essa voz de declaração de amor de Deus pavimenta o chão por onde caminham todos os *talmidim* de Jesus de Nazaré.

Quando Jesus nos convida para que sejamos seus *talmidim*, na verdade está nos oferecendo o amor de Deus que determina nossa identidade, isto é, nos torna filhos de Deus, por um ato exclusivo de Deus.

Caso alguém perguntasse a Jesus: "Quem é você?", a resposta seria: "Eu sou o Filho amado de Deus". É a mesma resposta que os *talmidim* de Jesus podem dar. A mesma resposta que você e eu podemos dar. *Quem sou eu?* Eu sou um filho amado de Deus.

Não permita que nenhuma outra voz além da voz de Deus lhe diga quem você é e que defina sua identidade. Não se impressione se os céus não se abrem sobre você. Não se preocupe pelo fato de que, provavelmente, nenhuma evidência externa reforce essa verdade. Ouça a voz de Deus sussurrando em seu coração: "Você é meu filho amado, em quem me agrado".

Então Jesus foi levado pelo Espírito ao deserto, para ser tentado pelo Diabo.
MATEUS 4.1

O deserto tem um conteúdo simbólico muito grande na Bíblia Sagrada. Em Gênesis é dito que quando o homem foi expulso do paraíso, no Jardim do Édem, foi para o deserto, para uma terra árida e seca. É no deserto que Moisés tem um encontro com Deus e ouve sua voz. É no deserto que o povo de Israel peregrina em direção à terra prometida, tem sua experiência de contato com seu Deus, e também passa por todas as provações e dificuldades que vão legitimar sua fé.

O deserto é um lugar onde estamos puros diante de Deus. Puros no sentido de não termos nenhum ponto de apoio ou disfarce. No deserto, não importa a roupa que você veste, o carro que você usa ou a casa onde mora. Não importa sua função social, seus cargos importantes ou seus títulos. No deserto você está só, literalmente só, entre Deus e o Diabo na terra do sol. O deserto é o lugar dos encontros verdadeiros, possíveis somente na solidão e na solitude.

O deserto é um tempo, portanto, muito fértil e cheio de possibilidades. É no deserto que você ouve a voz do mal. Mas é também no deserto que você pode ouvir a voz de Deus. É na quietude do deserto que você encontra sua identidade mais profunda, seu eu verdadeiro.

O deserto representa a perda, o sofrimento, a privação, o abandono, a rejeição, a vulnerabilidade, enfim, aquelas experiências da vida quando descobrimos que todos os nossos recursos não fazem diferença. O deserto é o momento quando você está só, e então se abre a oportunidade de um encontro verdadeiro com Deus.

No deserto não há máscaras nem muletas, só há você e Deus. O tempo no deserto é a hora da verdade. Não por acaso, Jesus foi levado pelo Espírito ao deserto.

Não tenha medo do deserto. Peça a Deus a sabedoria e o discernimento para perceber quando o deserto se constrói a seu redor. Jamais duvide que ali, sob o sol cruel do deserto, o Espírito Santo está com você, para sustentar sua vida e levá-lo mais perto do coração de Deus.

Então Jesus foi levado pelo Espírito ao deserto, para ser tentado pelo Diabo.
MATEUS 4.1

A Bíblia nos diz que foi o Espírito Santo quem conduziu Jesus Cristo até o deserto para ser tentado pelo Diabo. Isso significa que um dos aspectos mais importantes ao longo de nossa peregrinação espiritual, nesse extenso processo em que nos abrimos para que Deus manifeste seu amor por nós, é deixarmo-nos conduzir pelo Espírito Santo aonde ele quer nos levar. A razão é simples: é somente nesses movimentos do Espírito que somos levados a verdades profundas a respeito de Deus e a nosso próprio respeito — e também a respeito do mal.

Antes de nos encontrarmos com Deus, isto é, se quisermos ficar cara a cara com Deus, vamos ter de ficar cara a cara com o Diabo. Quem quer ter um encontro com Deus precisa ter coragem de encontrar-se consigo mesmo. Nesses encontros verdadeiros, com Deus, com o mal e com nossa identidade mais profunda, nossa experiência espiritual ganha densidade e fundamento.

A espiritualidade água-com-açúcar que encontramos nos discursos religiosos e a fé inconsequente e superficial da literatura de autoajuda não combinam com o caminho do discipulado de Jesus. Os que pretendem ser *talmidim* de Cristo devem ter a coragem e a disposição para se deixarem conduzir pelo Espírito Santo ao deserto. Se a palavra "espírito" na Bíblia significa "sopro", então é impossível seguir a Jesus sem se colocar sob o sopro de Deus.

Nem sempre as situações de sofrimento e dor são causadas pelo Espírito Santo. Mas, certamente, o Espírito de Deus está presente sempre que o deserto se forma a nosso redor. A melhor coisa a fazer quando o sol bate forte é se deixar levar pela brisa suave e leve do Espírito que sopra também no deserto.

Então Jesus foi levado pelo Espírito ao deserto, para ser tentado pelo Diabo.
MATEUS 4.1

Sempre tive muito preconceito com esse pessoal que diz que ouve Deus falar. Frases que começam com "Deus falou comigo..." sempre me causaram incômodo. Acho que, no fundo, concordo um pouco com Woody Allen quando diz: "Se você fala muito com Deus, você é um bom cristão, mas se Deus fala muito com você, você é simplesmente maluco". Mas o fato é que, queira Woody Allen ou não, Deus fala.

Jesus ouviu a voz de Deus. A Bíblia Sagrada conta a história de muitas pessoas que ouviram a voz de Deus. Nessa situação, quando é guiado ao deserto, parece que Jesus ouve a própria voz do Espírito Santo de Deus. Esse é o sentido de ser conduzido pelo Espírito. O Espírito Santo de Deus aponta para Jesus uma direção, um lugar para onde deve ir, o exato momento em que deve se movimentar, e inclusive a razão por que deve fazer isso: ser tentado pelo Diabo.

Mas *como* Deus fala comigo? Como eu posso ouvir a voz de Deus? Essa é outra questão que sempre me intrigou. A resposta mais interessante sobre isso eu ouvi do filósofo cristão americano Dallas Willard: Deus fala conosco por meio de "pensamentos e sentimentos que são meus, mas que não tiveram origem em mim". Essa definição foi marcante em minha vida.

Conta-se sobre o martírio de Joana d'Arc que, enquanto era torturada, seu algoz a forçava a admitir as blasfêmias de que era acusada: "Você não ouviu Deus", dizia o torturador. "Você ouviu a voz de sua própria consciência." Ao que Joana d'Arc teria respondido: "Pois é assim mesmo que Deus fala comigo".

Nossos pensamentos e sentimentos revelam vozes que são nossas, de nossa consciência, vozes que vêm de nosso mundo interior. Também podem revelar as vozes do Diabo, as vozes do mal. Mas, principalmente, podem revelar a voz de Deus. Bem-aventurados aqueles que sabem discernir as vozes.

Então Jesus foi levado pelo Espírito ao deserto, para ser tentado pelo Diabo.
MATEUS 4.1

A palavra "diabo" assusta, quase tanto quanto o próprio coisa-ruim. No mundo de hoje, não parece muito razoável que falemos sobre demônio, capeta, Satanás. Mas o Diabo é uma figura presente nas páginas da Bíblia. Eu acredito que existe o Diabo. E também acredito que existem diabos.

Como escreveu C. S. Lewis, eu acredito no Diabo, em primeiro lugar, porque em todos os tempos, em todas as civilizações e culturas, sempre se acreditou na existência de um ser com características semelhantes às do que chamamos de Diabo. Em segundo lugar, porque a ciência não me apresentou ainda nenhuma informação confiável que me exija deixar de crer no Diabo. E por último, porque, acreditando que o Diabo existe, consigo explicar muita coisa que, de outra forma, ficaria sem explicação. Acho os três argumentos de Lewis, como sempre, muito interessantes. Acredito nessa figura maligna. E a Bíblia nos ensina que há muitas figuras malignas.

Certa vez, meus filhos me perguntaram: "Pai, quem criou o Diabo?". A única resposta que me ocorreu foi o que as Escrituras ensinam. "Quem criou o Diabo foi Lúcifer!", disse a eles. O Diabo não é um ser autoexistente. Somente Deus existe por si mesmo. Todos os outros seres, inclusive espirituais, foram criados por Deus. Alguns desses seres se rebelaram, quiseram ocupar o lugar de Deus. Essas criaturas espirituais rebeldes são chamadas na Bíblia de diabos, espíritos malignos e espíritos imundos. Lúcifer é a principal criatura a personificar o mal. Deus criou Lúcifer, anjo de luz, e Lúcifer criou o Diabo.

Todo ego que se pretende absoluto é um diabo. Estamos rodeados de egos absolutos. Somente em submissão a Deus poderemos ter sensibilidade e discernimento para detectar os egos absolutos que estão a nossa volta, querendo nos destruir e engolir.

Peça a Deus que abra seus olhos, que lhe dê sensibilidade e percepção suficientes para discernir os egos absolutos que estão a seu redor. Ore também para que nenhum diabo, nenhum espírito maligno destruidor, afaste você de Deus, dos caminhos de Deus e do discipulado de Jesus. Mas, principalmente, entregue sua vida a Deus, para que você não se torne um ego absoluto, que pensa que é Deus, e que exige que o mundo gire a seu redor e que tudo aconteça sempre de acordo com sua vontade, para seu conforto egoísta e bem-estar egocêntrico. Ore como Jesus ensinou: "Não me deixes cair em tentação, mas livra-me do mal/Maligno".

Depois de jejuar quarenta dias e quarenta noites, teve fome. O tentador aproximou-se dele e disse: "Se és o Filho de Deus, manda que estas pedras se transformem em pães".
MATEUS 4.2-3

Jesus foi conduzido ao deserto pelo Espírito. Passou quarenta dias e quarenta noites em jejum até que, naturalmente, teve fome. Nada mais legítimo que ele tomasse providências para saciar a fome de pão. Mas para Jesus esse é um momento de tentação. O momento da tentação é aquele quando estamos na iminência de praticar o mal. Mas que mal há em comer quando se tem fome?

O que está nas entrelinhas desse momento de tentação de Jesus não é a fome e a legitimidade de uma providência para acabar com ela. A tentação que Jesus enfrenta não diz respeito ao pão, mas a sua identidade. O Diabo sugere que ele transforme pedras em pães, não para matar a fome, mas para provar que é, de fato, Filho de Deus.

Jesus chega ao deserto logo depois de seu batismo, quando do céu Deus se pronunciou dizendo: "Este é o Filho que eu amo". Mas no deserto aparece o Diabo dizendo: "Será que você é mesmo o Filho amado de Deus? Será que se você fosse o Filho amado de Deus, estaria passando fome? Estaria vivendo esse momento de escassez, passando por essa dificuldade, enfrentando essa limitação? Será que se você fosse mesmo o Filho de Deus, estaria sofrendo? Será que Deus realmente ama você?".

Ao vencer essa tentação, Jesus nos ensina que as circunstâncias não são o critério que devemos usar para avaliar se Deus nos ama ou não, se somos ou não filhos amados de Deus. Quando nos valemos desse artifício de olhar para as circunstâncias, acabamos fazendo a brincadeira de bem-me-quer-mal-me-quer. Imaginamos que quando as coisas vão bem é porque Deus nos ama; quando as coisas vão mal é porque Deus não nos ama. O que deve sustentar nosso relacionamento com ele é a própria voz do Pai que sussurra em nosso coração: "Você é meu filho amado. Você é minha filha amada".

Não duvide do amor de Deus. Mesmo quando você duvida desse amor, Deus ama você. Mesmo quando você não faz por merecer esse amor, Deus ama você. Essa estranha espiritualidade televisiva, que afirma que "Deus é bom" porque nos faz viver situações agradáveis e porque está sempre correndo para nos trazer conforto, realização e satisfação, não combina com o caminho de Jesus. Deus não é um ídolo. Deus não é um meio pelo qual nós alcançamos uma vida melhor. Deus é um fim em si mesmo, e seu amor infinito, declarado e prometido não é uma questão de termos pão ou não.

Quando alguém for tentado, jamais deverá dizer: "Estou sendo tentado por Deus". Pois Deus não pode ser tentado pelo mal, e a ninguém tenta. Cada um, porém, é tentado pelo próprio mau desejo, sendo por este arrastado e seduzido. Então esse desejo, tendo concebido, dá à luz o pecado, e o pecado, após ter se consumado, gera a morte.

TIAGO 1.13-15

Tem muita gente que faz besteira e depois põe a culpa no Diabo, ou, pior, em Deus. Mas a Bíblia diz que não é o Diabo o responsável pelo mal que praticamos — muito menos Deus, pois Deus a ninguém tenta e não pode ser tentado. Como diz meu amigo, o Diabo é um surfista, que entra na marola e na onda que já existe dentro do nosso coração. Como a Bíblia afirma: "Cada um, porém, é tentado pelo próprio mau desejo".

Quando entendi isso, quase automaticamente surgiu uma imagem em minha mente para ilustrar o momento da tentação — uma pia de banheiro comum, cheia de água, com um anel de plástico boiando na superfície. De repente, o tampão que represava a água é retirado e a água começa a escorrer pelo cano em movimento circular. O anelzinho na superfície começa a girar lentamente. O nível da água vai baixando depressa até que o anel é fisgado pelo redemoinho e passa a girar ainda mais rápido. Quando o anel cai no redemoinho, mesmo que você tente pegá-lo, é quase impossível evitar que ele seja sugado para dentro do cano.

Essa ilustração me ajuda a prestar atenção nos movimentos do meu coração, meus desejos maus que são despertados e criam a onda em que o Diabo pode surfar. Quando meu coração começa a se mexer na direção do mal, isto é, quando o anelzinho começa a girar, tento, na medida do possível, tirá-lo dali o mais rápido que posso, para que ele não caia no redemoinho e acabe indo pelo ralo. O segredo para vencer a tentação é não permitir que o anel caia no redemoinho. A tentação é o momento em que a possibilidade de fazer o mal está presente com uma força avassaladora e quase irresistível.

Não hesite em retirar o anel da água quando perceber que as circunstâncias criam possibilidades para a prática do mal. Brincar com a tentação implica correr riscos de deixar que o Diabo entre em seu coração e o empurre a praticar o mal que pode destruir sua vida, machucar as pessoas que você ama, causar danos em seus relacionamentos e fazer descer pelo ralo as coisas mais valiosas que você possui. Ao perceber seu coração se mexendo na direção do mal, tome providências imediatas.

Faça sempre a oração que o poeta bíblico ensinou: "Sonda-me, ó Deus, e conhece o meu coração, prova-me e conhece os meus pensamentos; vê se há em mim algum caminho mau e guia-me pelo caminho eterno" (Sl 139.23-24, RA).

Depois de jejuar quarenta dias e quarenta noites, teve fome. O tentador aproximou-se dele e disse: "Se és o Filho de Deus, manda que estas pedras se transformem em pães".
MATEUS 4.2-3

Em sua provocação contra Jesus, o Diabo tenta plantar duas dúvidas. A primeira se refere ao próprio Deus e seu caráter. Ele sabia perfeitamente que Jesus tinha sido batizado e que sobre ele, do céu, a voz de Deus havia se pronunciado dizendo: "Este é o meu Filho amado". Mas o Diabo provoca: "Será mesmo que você é o filho de Deus?". Era como se estivesse dizendo: "Será que Deus *realmente* o ama como a um filho, Jesus?". O Diabo está colocando em dúvida a palavra de Deus, e o próprio Deus que se pronuncia.

A segunda dúvida, mais evidente, é em relação ao próprio Jesus: "Será que você é aquele que diz ser, Jesus? Será que o Filho amado de Deus é você mesmo? Então prove!". A maldade do Diabo, nesse caso, é tentar destruir a identidade de Jesus.

Essa é a liberdade que está presente no relacionamento entre Jesus e seu Pai: "Eu sei que sou amado e não preciso provar para ninguém que sou amado. Eu sei que sou amado e não preciso fazer por merecer esse amor. Aquele que me ama não precisa me dar pão para provar seu amor. Confio plenamente no que ele disse". Essa é a liberdade de uma relação de amor.

Na cultura popular, há o famoso ditado que diz: "Não há almoço grátis". Mas existe sim. Quando há amor verdadeiro, há almoço grátis. As relações de amor são baseadas na gratuidade, em doações sem cobrança.

Ouça essa voz de Deus em seu coração, dizendo: "Você é o meu filho amado. Você é a minha filha amada". Viva com Deus essa relação de liberdade, sem cobranças, sem você cobrar nada de Deus e sem se sentir cobrado ou cobrada por Deus a fazer por merecer o amor dele. Não se preocupe em provar para os outros que entre você e Deus existe uma relação de amor. Deixe também que essa experiência de relacionamento livre e de gratuidade de amor transborde para suas relações pessoais. Desenvolva relacionamentos leves, livres, sem cobranças, em que você ama, sabe que ama, é amado e sabe que é amado. Isso constrói a confiança. E quando existe confiança, ninguém precisa provar nada para ninguém.

Está escrito: "Nem só de pão viverá o homem, mas de toda
palavra que procede da boca de Deus".
MATEUS 4.4

Qual palavra procede da boca de Deus? No caso de Jesus, a palavra que declara: "Este é o meu Filho amado, em quem me agrado". Quando o Diabo sugere que Jesus transforme pedras em pães, Jesus afirma que há coisas mais importantes do que pão. Jesus está citando Deuteronômio, que narra a peregrinação de Israel pelo deserto. Jesus está dizendo que a vida depende de algo que transcende a satisfação dos desejos, dos apetites e mesmo das necessidades físicas mais legítimas.

Isso me faz lembrar a história que um amigo me contou. O filhinho dele, de 5 anos, perguntou: "Pai, o que é espiritualidade?". A resposta que lhe ocorreu foi: "Filho, no mundo existem coisas que a gente pega e coisas que a gente não pega. As coisas que a gente não pega são mais importantes. Essas coisas que a gente não consegue pegar são as coisas espirituais. Entendeu?". E o menino foi embora satisfeito.

Essa é uma grande sabedoria. Há coisas que podem ser apropriadas pelos sentidos físicos. Mas há outras coisas que não podem ser percebidas, experimentadas e apropriadas pelos sentidos físicos. Essas coisas são mais importantes. Jesus está ensinando que o amor de Deus é mais importante que o pão. Está apontando para um horizonte de vida que transcende o mundo material.

Vivemos em um mundo repleto de coisas, nossa vida é tão cheia de entulhos e cacarecos, nossa casa, gavetas, armários, bolsas e mochilas andam tão abarrotados. Jesus está nos dizendo: "Nem só de pão viverá o homem". Os Titãs já cantaram que "a gente não quer só comida, a gente quer comida, diversão e arte". A gente quer aquilo que é mais do que pão, aquilo que é mais do que o necessário para manter nosso corpo físico funcionando.

Quando ouço Jesus falando "Nem só de pão viverá o homem", entendo que ele está dizendo mais ou menos o seguinte: "Quem vive só de pão é bicho. Quem vive apenas para satisfazer os apetites do corpo e da carne é bicho. Quem sabe que a vida tem coisa para além do pão é gente".

Agradeça a Deus pelo pão de cada dia. Mas jamais se esqueça de que existe uma experiência do amor de Deus que transcende às necessidades e apetites do corpo físico. As coisas da transcendência do amor são as mais importantes.

> *Então o Diabo o levou à cidade santa, colocou-o na parte mais alta do templo e lhe disse: "Se és o Filho de Deus, joga-te daqui para baixo. Pois está escrito: 'Ele dará ordens a seus anjos a seu respeito, e com as mãos eles o segurarão, para que você não tropece em alguma pedra'". Jesus lhe respondeu: "Também está escrito: 'Não ponha à prova o Senhor, o seu Deus'".*
>
> MATEUS 4.5-7

O Diabo continua suas tentativas de fazer Jesus *provar* que ele é quem é, e fazer o Pai *provar* que tem por Jesus o amor que diz ter. O Diabo quer sugerir que, se Deus nos ama, então não vai deixar que nada de mau nos aconteça. Se Deus nos ama, então podemos viver do jeito que quisermos, mesmo irresponsavelmente, que ele sempre vai nos amparar. Que, como diz a canção popular, o acaso vai nos proteger enquanto andarmos distraídos. Em outras palavras, o discurso do Diabo é: "Deus tem a *obrigação* de cuidar de você, afinal, ele diz que o ama".

Mas Jesus tem uma perspectiva diferente. Ele não vai colocar Deus à prova. Não vai puxar o elástico de seu relacionamento com o Pai e exigir que ele responda à maneira atrevida e displicente como vive. Muito pelo contrário, Jesus sabe que os filhos vivem de acordo com a sabedoria dos pais, não os pais para satisfazer os caprichos dos filhos.

O Diabo citou a Bíblia, o salmo 91: "Ele dará ordens a seus anjos a seu respeito, e com as mãos eles o segurarão, para que você não tropece em alguma pedra". Mas Jesus também citou as Escrituras, Deuteronômio 6: "Não ponha à prova o Senhor, o seu Deus". Que embate de palavras sagradas!

Quando caímos nessa armadilha de viver na expectativa de que Deus se prove constantemente para nós, manipulando as palavras sagradas de acordo com nossas conveniências, Deus deixa de ser Deus e se torna um ídolo. Deixa de ser aquele que está no controle e passa a ser aquele que corre atrás de nós o tempo todo, para corrigir, remediar ou dar condições ideais à forma como estamos vivendo.

Jesus olha a vida de maneira diferente. E nos ensina que Deus é o Pai, e nós somos seus filhos. Viver como um filho de Deus é jamais colocá-lo à prova. Viver como filho de Deus implica não exigir que Deus prove seu amor. Os filhos de Deus não tratam o Pai como um ídolo.

Então o Diabo o levou à cidade santa, colocou-o na parte mais alta do templo e
lhe disse: "Se és o Filho de Deus, joga-te daqui para baixo. Pois está escrito: 'Ele dará
ordens a seus anjos a seu respeito, e com as mãos eles o segurarão, para que você
não tropece em alguma pedra'". Jesus lhe respondeu: "Também está escrito:
'Não ponha à prova o Senhor, o seu Deus'".
MATEUS 4.5-7

Eu deveria ter pouco mais de 18 anos quando ouvi o reverendo Caio Fábio interpretando essa passagem. Ao comentar que, baseado na promessa do salmo 91, o Diabo sugeriu que Jesus se lançasse do pináculo do templo provando a todos a sua divindade, o reverendo afirmou que Jesus poderia ter respondido o seguinte: "Deus prometeu que me protegeria no caminho por onde eu *andasse*, mas não falou nada sobre me proteger no espaço aéreo onde eu *voasse*".

Com sua recusa de colocar Deus à prova, Jesus está ensinando que devemos viver com bom senso. É bem verdade que, às vezes, o bom senso vai dizer que o próximo passo deve ser um passo de fé. Mas andar com fé, confiando no cuidado de Deus, não significa viver de maneira irresponsável, contrariando a sabedoria e criando situações absurdas para que Deus as resolva. O homem de fé não é um lunático. Andar com fé é também andar com os pés no chão.

Há muita gente que acredita estar vivendo pela fé, mas seus atos revelam ignorância, estupidez e falta de discernimento. Por exemplo, os que em nome da fé se negam a fazer uso da medicina, tomar remédios ou submeter-se a qualquer processo terapêutico não apenas desprezam a sabedoria milenar, inclusive da tradição cristã, como também negam os ensinamentos da Bíblia. Contrariar o bom senso e a sabedoria não têm nada a ver com fé.

Deus não quer que usemos a fé como força irracional que nos impulsiona a viver de maneira insensata. Pelo contrário, Jesus está nos dizendo: "Você não precisa voar, basta andar com bom senso, confiando que Deus cuida de você". Não coloque Deus à prova, não exija coisas absurdas dele em nome de sua fé.

A fé e o bom senso não se excluem — podem conviver perfeita e harmoniosamente. Não permita que seu bom senso se torne a contradição e a negação de sua fé. Não permita que sua fé se torne a negação e a contradição de sua lucidez.

Depois, o Diabo o levou a um monte muito alto e mostrou-lhe todos os reinos do mundo e o seu esplendor. E lhe disse: "Tudo isto te darei se te prostrares e me adorares". Jesus lhe disse: "Retire-se, Satanás! Pois está escrito: 'Adore o Senhor, o seu Deus, e só a ele preste culto'".

MATEUS 4.8-10

Essa é a terceira tentação de Jesus. A primeira foi a tentação de transformar pedras em pães para saciar a fome. A segunda foi atirar-se do pináculo do templo para dar provas de sua messianidade, demonstrando que os anjos o recolheriam e o socorreriam. Nessa terceira, o Diabo coloca diante dos olhos de Jesus toda a glória de todos os reinos do mundo.

A primeira tentação tem a ver com a necessidade do corpo — a fome. A segunda tem a ver com o espírito, a dimensão da vida que compartilhamos com Deus — Deus é Espírito, e é onde rivalizamos com ele, com nossa pretensão de autonomia. A terceira tentação tem a ver com os desejos. Lembra o ditado que diz que "o que os olhos não veem o coração não sente". O Diabo coloca Jesus diante de uma vitrine, com toda a glória de todos os reinos do mundo, e oferece tudo a ele dizendo: "Se você me adorar, eu posso dar tudo isso para você".

Entrar na dimensão do desejo é uma viagem muito perigosa porque nossos desejos são ilimitados. A Bíblia Sagrada diz que Deus colocou a eternidade no coração do homem. Talvez por isso Dostoiévski afirme que "o coração do homem tem um vazio do tamanho de Deus". Isso significa que não há nada que o Diabo possa oferecer a um ser humano para preencher a grandeza ou a imensidão de seu desejo, pois esse buraco na alma humana só pode ser preenchido por Deus. A resposta de Jesus, portanto, é perfeita: "Somente a Deus você pode adorar e somente a ele você deve dar culto".

Há muita gente vivendo escravizada pelos desejos. Na verdade, somos ensinados a cada dia a olhar para as vitrines, somos bombardeados com ofertas de coisas que podemos comprar ou possuir na perspectiva de satisfação de nossos desejos. Mas desejos são ilusórios. Entrar na aventura de desejar e desejar é um caminho perigoso. Oscar Wilde dizia que há duas coisas ruins na vida: a primeira é desejar e não possuir, a segunda é desejar e possuir. Porque quando você não tem, você vive a falta e a frustração, mas quando tem, experimenta o tédio. A razão é simples: não são as coisas que enchem esse buraco do nosso coração.

A capacidade de fugir das armadilhas dos desejos, ainda que os mais legítimos, e o discernimento de saber que não há nada que o Diabo possa oferecer para matar a fome da alma são desafios que colocam os *talmidim* de Jesus de joelhos diante de Deus.

Depois, o Diabo o levou a um monte muito alto e mostrou-lhe todos os reinos
do mundo e o seu esplendor. E lhe disse: "Tudo isto te darei se te
prostrares e me adorares". Jesus lhe disse: "Retire-se, Satanás! Pois está escrito:
'Adore o Senhor, o seu Deus, e só a ele preste culto'".
MATEUS 4.8-10

A maneira como Jesus responde a essa proposta indecente de Satanás apresenta dois conceitos muito importantes na espiritualidade cristã: a adoração e o culto.

"Adorar" significa prostrar-se e reconhecer a autoridade, a grandeza e a majestade de um soberano. Adoração é o que os súditos fazem quando se ajoelham diante de uma autoridade, curvando-se e colocando o rosto no chão. Revela uma atitude do coração, interior, quando reconhecemos que Deus é o Senhor de todas as coisas, Senhor inclusive de todos os reinos do mundo e seu esplendor.

"Culto" significa prestação de serviços. O culto é um ato, um engajamento prático que demonstra que esse soberano a quem adoramos merece receber toda a nossa dedicação, todos os nossos recursos e toda a nossa devoção. O culto é a maneira prática como, em nosso estilo de vida, demonstramos que estamos rendidos aos pés de Deus.

Evidentemente, Jesus também enfatiza nessa passagem que o Diabo jamais deve receber, de quem quer que seja, qualquer ato prático de devoção. Poderíamos nos lembrar daquela velha expressão, de que fulano vendeu a alma ao Diabo em troca de ter seus desejos satisfeitos. Mas Jesus está nos dizendo que não há outra autoridade espiritual diante de quem devamos nos ajoelhar, assumir compromissos, prestar serviços ou fazer oferendas, além do único e verdadeiro Deus, Criador dos céus e da terra, o Deus e Pai de nosso Senhor Jesus Cristo.

O amor de Deus é gratuito, não se obtém com nenhum tipo de troca. Nossa devoção, nossa adoração e nosso engajamento e culto não são uma negociação ou uma barganha. Nossa adoração e nosso culto a Deus são uma relação de amor — coisa que não é possível com o Diabo. Satanás pode até dar muitas coisas a alguém, mas jamais será capaz de desenvolver uma relação de amor. Da boca de Satanás jamais se ouvirá a respeito de alguém o que Deus disse a Jesus (e sussurra a cada um de nós): "Este é o meu Filho amado, em quem me agrado". O Diabo só tem prazer em si mesmo. Quem se ajoelha diante do Diabo se torna escravo. Quem adora e presta culto a Deus recebe amor e liberdade.

> *Depois, o Diabo o levou a um monte muito alto e mostrou-lhe todos os reinos do mundo e o seu esplendor. E lhe disse: "Tudo isto te darei se te prostrares e me adorares". Jesus lhe disse: "Retire-se, Satanás! Pois está escrito: 'Adore o Senhor, o seu Deus, e só a ele preste culto'".*
> MATEUS 4.8-10

Gosto desta expressão: "Sai, Diabo" ou "Sai, capeta". É assim que Jesus encerra esse período de tentação no deserto. Ele discerne uma presença maligna e dirige-lhe uma palavra de autoridade. A espiritualidade que Jesus nos ensina implica a consciência e a percepção de que somos rodeados de espíritos com atributos pessoais. Não temos apenas uma maldade interior — há uma presença maligna que nos rodeia. Discernir essa presença é fundamental para quem quer andar com Jesus. Todo aquele que quiser andar com Jesus deverá se acostumar também com má companhia em volta. Por isso Jesus se dirige a Satanás, o Diabo, o Demônio, o Satã, e diz: "*Vade retrum*", isto é, "Vá embora, aqui não é seu lugar".

Em minha caminhada espiritual, precisei discernir essas presenças espirituais malignas. Faço isso a cada dia. Aprendi que quando falo com Deus, isso se chama oração, mas quando me dirijo aos espíritos malignos, isso se chama palavra de autoridade. A palavra de autoridade faz que as presenças a meu redor e, principalmente, as presenças espirituais malignas reconheçam a autoridade de Jesus que está sobre mim.

Não precisamos, não devemos e não podemos ter vergonha de admitir que somos rodeados por seres espirituais do mal. Devemos pedir a Deus que nos ajude a discernir a presença deles e devemos ter a coragem, a ousadia e a confiança na autoridade de Jesus para dizer a esses espíritos malignos: "Saiam, aqui não é seu lugar".

Quando a mulher viu que a árvore parecia agradável ao paladar, era atraente aos olhos e, além disso, desejável para dela se obter discernimento, tomou do seu fruto, comeu-o e o deu a seu marido, que comeu também.

GÊNESIS 3.6

Há uma relação interessante entre a tentação de Jesus no deserto e esse episódio descrito em Gênesis, quando o primeiro casal, Adão e Eva, toma do fruto do conhecimento do bem e do mal que havia sido proibido por Deus no paraíso. Na verdade, a relação é entre Adão e o próprio Jesus — chamado de "último Adão" e "segundo homem" pelo apóstolo Paulo. O primeiro homem, Adão, foi tentado no Éden pela serpente; o segundo homem, Jesus, no deserto pelo Diabo. Adão e Jesus, a serpente e o Diabo, são figuras arquetípicas que colocam o ser humano diante de realidades fundamentais da vida.

Jesus está com fome e é tentado a transformar pedras em pão. O fruto do conhecimento do bem e do mal é apresentado como agradável ao paladar. O pão e o fruto se referem aos apetites do corpo. O corpo clama.

Jesus tem diante dos olhos toda a glória de todos os reinos do mundo. Lá em Gênesis diz-se que aquele fruto era agradável aos olhos. A glória dos reinos na vitrine e a beleza do fruto que enche os olhos se referem aos desejos da alma. A alma também clama.

Jesus está no pináculo do templo e o Diabo sugere: "Pule, pois todos os anjos cuidarão de você, e você será o centro do mundo". O fruto diante de Adão lhe parece bom para dar entendimento e fazer dele alguém igual a Deus. A tentação de ser o centro do universo e ocupar o lugar de Deus se refere às pretensões do espírito. O espírito igualmente clama.

Assim como Adão e Jesus, todos nós travamos, numa dimensão universal, esse combate interior. Todos os dias, em todos os lugares, todos os seres humanos estão lidando com os clamores do corpo, os desejos ilimitados da alma e as pretensões do espírito. Esse combate é atemporal e universal. Esse combate aconteceu no Jardim do Éden, com Adão, aconteceu no deserto, com Jesus, e acontece todo dia com você e comigo.

Em tentação, o primeiro homem, Adão, falhou miseravelmente. Mas o segundo homem, Jesus, saiu vitorioso. Com Jesus aprendemos que os apetites do corpo devem estar sujeitos à providência de Deus, os desejos da alma descansados no favor de Deus, e o espírito, com suas pretensões, submetido, rendido, ajoelhado na presença de Deus.

Jesus subiu ao monte e se assentou. Seus discípulos aproximaram-se dele,
e ele começou a ensiná-los.
MATEUS 5.1-2

O Sermão do Monte é o mais importante discurso proferido em toda a história da humanidade. Mahatma Gandhi afirmou que se todos os textos sagrados do mundo fossem perdidos, mas o Sermão do Monte fosse preservado, então nada teria se perdido. Essas extraordinárias palavras de Jesus, de fato, ocupam lugar de absoluto destaque na história.

Jesus não fala à multidão, ele fala a seus discípulos. Seguindo a tradição dos rabinos e seus *talmidim* daquele tempo, os aprendizes se aproximaram, o Mestre se assentou e passou a ensiná-los.

Quando reúne seus discípulos no monte, Jesus fala como um novo Moisés. Moisés recebeu a Torá de Deus no monte Sinai. Jesus reúne seus discípulos também em um monte. O paralelo é evidente. Por isso, Jesus se pronuncia dizendo: "Vocês ouviram o que foi dito [por Moisés]; mas eu lhes digo...". Nada será como antes, agora quem fala é Jesus. Moisés foi o legislador de Israel. O Sermão do Monte é o pronunciamento de um outro legislador.

Mas há também um segundo paralelo interessante. Jesus cresceu em Nazaré, à época uma pequena vila com cerca de cinquenta famílias na região onde hoje é a Palestina. Isso significa que Jesus cresceu no meio de um povo colonizado, oprimido por Roma. Jesus ensina seus discípulos no alto de um monte, mas também foi no alto de um monte que Jesus foi tentado pelo Diabo. Eis um paralelo duplo para uma realidade única: a opressão de Roma contra Israel e a frustrada tentativa do Diabo de oprimir Jesus. Moisés foi o libertador de Israel. O Sermão do Monte é o pronunciamento de um outro libertador.

Em seu Sermão do Monte, Jesus confronta todos os agentes que oprimem o ser humano — seja Roma, sejam o Diabo e os espíritos do mal, ou seja mesmo a má interpretação da lei de Moisés. Jesus se pronuncia contrariando todos os discursos de seu tempo e todos os valores de impérios e potestades que oprimem pela maldade. O que o Sermão do Monte oferece é um caminho alternativo de vida. O teólogo inglês John Stott chama o Sermão do Monte de "contracultura cristã" — de fato, esta é a proposta de Jesus: um outro jeito de viver, de ser gente e de ser sociedade.

Os *talmidim* de Jesus andam na contramão do mundo.

Jesus subiu ao monte e se assentou. Seus discípulos aproximaram-se dele,
e ele começou a ensiná-los dizendo: "Bem-aventurados..."
MATEUS 5.1-3

O Sermão do Monte começa com as famosas "bem-aventuranças", como se Jesus estivesse dizendo que seus *talmidim* são pessoas felizes. Mas vale a pena conhecer o caminho percorrido pelos tradutores bíblicos até o conceito de felicidade.

Jesus ensinava em hebraico e, ocasionalmente, em aramaico. Os evangelistas registraram a transcrição de suas palavras usando a língua grega, predominante naquela época. Isso significa que o primeiro registro do Sermão do Monte já foi uma tradução, e o que em português está traduzido como "felizes" ou "bem-aventurados" é a palavra grega *makarios*, ou *makarioi*. Jesus, entretanto, usou a palavra hebraica *ashrei*, que faz referência a uma caminhada. A palavra *ashur*, por exemplo, é o pé, e *ashrei* é aquele que está caminhando, aquele que está em marcha.

Jesus está dizendo que seus discípulos são aqueles que marcham em direção ao reino de Deus, e nisso consiste sua felicidade. Quando Jesus diz que felizes são os pobres de espírito, os que têm fome e sede de justiça, os perseguidos e os humilhados, ele não está exaltando essa condição humana nem sugerindo virtudes. Os *talmidim* de Jesus não são felizes porque são pobres e carentes de que lhes seja feita justiça, mas porque deles é o reino dos céus, e no reino de Deus experimentarão justiça, paz e alegria. A bem-aventurança dos *talmidim* de Jesus não está em sua condição, mas nas promessas que lhes são feitas.

Jesus diz que nós, seus *talmidim*, estamos em marcha — uma referência àqueles que não andam segundo o caminho dos ímpios, como os salmos e os provérbios advertiam no Antigo Testamento. O Mestre nos inspira a mantermo--nos firmes nessa marcha, porque essa é uma caminhada que conduz ao reino de Yahweh, os domínios de Deus.

Continue marchando. Lembre-se de que seu porto final não é neste mundo, mas no reino de Deus, que se consumará na eternidade. Ainda não chegamos em casa. Somos peregrinos. Peregrinos em marcha para o reino dos céus. Somente enquanto mantemos os pés a caminho do reino de Deus somos verdadeiramente felizes.

Bem-aventurados os pobres em espírito, pois deles é o Reino dos céus.
MATEUS 5.3

Nessa primeira bem-aventurança há uma identificação muito forte com as antigas Escrituras judaicas, como o salmo 37, em que os mansos e humildes herdarão a terra. Ou Isaías 61, em que os quebrantados de coração, os espiritualmente feridos e os que tremem diante da Palavra de Deus são estimados pelo Pai. Jesus identifica seus discípulos com essa gente, mas fala de carências muito mais profundas e absolutas.

Esses "pobres de espírito", ou "humilhados do sopro", conforme traduz o biblista André Chouraqui, também são os humilhados do Espírito. São aqueles que, conscientes de sua absoluta e profunda miséria, receberam o sopro do Espírito, o Espírito que traz Jesus, o Espírito que traz o reino de Deus. Bem-aventurados aqueles que, no mais profundo de sua carência espiritual, acolhem a promessa do reino de Deus. Eles são pessoas comuns, gente certamente presente na multidão em torno dos discípulos, pessoas oprimidas, enfermas, abandonadas, usurpadas de seus direitos, fragilizadas. Jesus diz que é sobre essa gente que veio o reino de Deus. São eles, pobres em espírito, que estão em marcha em direção ao reino, porque é essa, na verdade, sua única, legítima e suficiente felicidade. Bem-aventurados os que tremem diante da promessa do reino de Deus.

Os *talmidim* de Jesus estão com os olhos abertos para os pobres. E também estão conscientes de sua própria pobreza, isto é, sabem que sua verdadeira riqueza está em marchar no reino de Deus.

Bem-aventurados os que choram, pois serão consolados.
MATEUS 5.4

Jesus cresceu na Galileia, longe dos grandes centros da Judeia e de Samaria. Sua infância foi na pequena aldeia de Nazaré, que à época era habitada por pouco mais de cinquenta famílias. Isso significa que Jesus cresceu num espaço geográfico onde certamente havia a presença de grupos de resistência e de militância contra a ocupação do Império Romano no território de Israel. Jesus sabia da existência de grupos mais espiritualistas, como os essênios, que se retiravam para o deserto e desenvolviam comunidades alternativas. Mas também sabia da existência dos zelotes, revolucionários radicais.

Penso nesse ambiente nervoso quando leio Jesus prometendo consolo aos que choram. Jesus está se referindo ao choro do luto, o choro de desespero e desesperança. Ele está falando para pessoas que vivem esmagadas por um sistema opressor, pelo descaso da sociedade, pela volúpia de um império estrangeiro que busca apenas seus interesses à custa do sacrifício de quem quer que seja. É o choro dos que estão escravizados, o choro de morte, de luto. "Eles serão consolados", diz Jesus.

O contexto de Jesus é o da opressão política, econômica e social. Mas o Novo Testamento nos fala de uma opressão muito maior e mais devastadora. A Bíblia diz que "o salário do pecado é a morte" (Rm 6.23), e essa morte nos alcança em todas as dimensões da existência. A morte nos oprime não apenas na dimensão física e na social, mas também na espiritual, isto é, nos mantém alienados de Deus, distantes do reino de Deus e escravizados por espíritos maus. Jesus nos encontra em nossa condição funesta, mórbida e miserável, e nos promete o consolo de Deus.

Jesus está novamente citando o profeta Isaías: o Messias vem para "consolar todos os que andam tristes, e dar a todos os que choram em Sião uma bela coroa em vez de cinzas, o óleo da alegria em vez de pranto, e um manto de louvor em vez de espírito deprimido" (Is 61.2-3).

Ainda hoje há muita gente chorando. Há o choro dos que foram abandonados, dos que são oprimidos, dos que sofrem. Mas há também o choro daqueles que perceberam sua própria miséria e a miserabilidade da condição humana. A todos Jesus promete o consolo de Deus, a participação no reino dos céus.

Peça que Deus enxugue suas lágrimas. Peça a Deus que use você para enxugar as lágrimas dos que choram a seu redor.

Bem-aventurados os mansos, porque herdarão a terra.
MATEUS 5.5, RA

Em nossa cultura, a palavra "mansidão" sugere fraqueza e fragilidade, contornos de tolice ou ingenuidade, e até mesmo covardia. Mas me lembro da história sobre mansidão que ouvi, contada por um domador de cavalos, e que ilustra bem o que significa ser manso.

Quando um domador prepara o cavalo para que seja montado, deve amarrar as fivelas da sela com cuidado, depois se afastar e, por estranho que pareça, desferir um chute na barriga do animal. Parece grotesco, mas há uma explicação: quando um cavalo é selado, ele enche seus pulmões de ar e só solta quando alguém lhe monta, fazendo que a sela fique frouxa e o montador caia. Por isso o domador de cavalos precisa esvaziar os pulmões do cavalo para poder apertar bem a sela.

Esse costume dos domadores de cavalos é muito interessante. Eles sabem que um cavalo selvagem é forte, ousado e impetuoso. E não é covarde. Pelo contrário, é esperto e se recusa a se deixar montar. Uma vez domado, não perde sua força, nem seu ímpeto, nem sua esperteza. Mas agora toda essa força e impetuosidade estão canalizadas de maneira produtiva e útil.

Os "mansos que herdarão a terra" são aqueles que têm força, vigor, coragem, discernimento e sabedoria, mas escolheram não ferir, não agir de maneira violenta, não enfrentar o mal com o mal. Escolheram sofrer o mal e a maldade sem se tornarem igualmente malvados. Entenderam que o pior que podem fazer ao serem agredidos, oprimidos ou injustiçados é agredir, oprimir ou retribuir com injustiça. A mansidão é a capacidade de sofrer o mal sem se tornar malvado.

Se você está sofrendo o mal e a injustiça, não abandone sua posição de seguidor de Jesus. Não saia da luz, não use as armas das trevas para lutar. Lembre-se de que sobre você existe a promessa de receber a terra por herança. Para exercer domínio é necessário ser manso. Para governar é preciso um coração bondoso, generoso, compassivo — manso. Não permita que o mal transforme você em uma pessoa malvada. Vença o mal com o bem.

Bem-aventurados os que têm fome e sede de justiça, pois serão satisfeitos.
MATEUS 5.6

Quem são os que têm fome e sede de justiça? Evidentemente, os injustiçados. São aqueles cujos direitos foram usurpados, os que se sentem abusados e aqueles que, por mais que clamem por justiça, colhem injustiça. Eles se sentem abandonados à própria sorte. Gritam, e ninguém ouve. Batem à porta, mas ninguém abre. Apresentam seus argumentos, mas ninguém lhes dá razão. Eles têm fome e sede de justiça porque percebem seus direitos negociados e sendo arrastados para cada vez mais longe.

Jesus fala para pessoas que de fato se sentem assim. Gente que há muito tempo convive com a injustiça. Eles são pobres, humilhados e choram indefesos. Jesus sabe que são gente sem vez, esquecidos ou, como dizemos hoje, "marginalizados". E que cruel expressão a nossa, que relega alguém à margem da sociedade e, por vezes, à margem da própria vida.

A essa altura, talvez você possa estar se questionando: não é muito injusto reduzir o reino de Deus a uma dimensão socio-político e econômica? Mas a verdade é que é exatamente sobre esse palco que a maldade espiritual e o malvado ganham contornos mais sólidos. Nos tecidos sociais, o ser humano machuca outros seres humanos, submete-os à fome, à miséria, a sofrimentos que poderiam ser evitados, a circunstâncias inadmissíveis para quem tem um mínimo de senso de dignidade e direito.

Ao prometer que "os que têm fome e sede de justiça" seriam "satisfeitos", Jesus nos informa que o mal terá sua paga. No tribunal de Deus não há omissão nem privilégios. O juízo de Deus não está à venda, seu veredicto não pode ser comprado. Ele fará justiça e o bem vai triunfar. Essa é a promessa do reino de Deus.

Enquanto esse dia de paz e justiça não chega, continuaremos em marcha na direção do reino, servindo da melhor maneira que estiver a nosso alcance a todos aqueles que têm fome e sede de justiça, promovendo a paz e profetizando o reino de Deus. Os *talmidim* de Jesus marcham para o reino de Deus ao lado dos pobres, dos que não têm vez nem voz.

Bem-aventurados os misericordiosos, pois obterão misericórdia.
MATEUS 5.7

Ao incluir os misericordiosos nas bem-aventuranças, Jesus dá uma guinada no raciocínio de seu discurso. Até então, ele descrevia a condição em que nenhum de nós gostaria de se encontrar: a humilhação e a pobreza de espírito, a tristeza do luto, o sofrimento sob a ação do mal e dos malvados, a fome e sede de justiça. Jesus não estava falando de pessoas virtuosas, pois não há virtude em ser assim. Pobreza não é virtude. Essa condição humana não é de bem-aventurança por sua fragilidade e vulnerabilidade, mas porque recebe a promessa de consolo, de satisfação de suas carências e necessidades. Essas pessoas são bem-aventuradas porque recebem a promessa do reino dos céus, e porque marcham para o reino de Deus, são felizes.

Jesus agora começa a falar de algo que todos nós deveríamos aspirar ser: misericordiosos. O escritor André Chouraqui diz que a palavra hebraica usada por Jesus faz referência ao útero da mulher. "Misericordioso" é aquele que carrega em seu ventre esses frágeis e vulneráveis seres a sua volta. O útero concebe e sustenta a vida, nutre e abriga a vida. Misericordioso, nesse sentido, é aquele que cuida do fraco. Por essa razão, devem manter puros seus ventres, isto é, são puros de coração.

É fato que no mundo em que vivemos há muita gente carecendo de cuidado. Mas é fato também que há muita gente vivendo a realidade do reino de Deus, oferecendo-se como úteros, preservando e doando vida. Fico imaginando enquanto escrevo se você, leitor, não se identifica com essa descrição, isto é, se você não é um dos misericordiosos, se você não é desse tipo que cuida e acolhe, alguém cuja vida é dedicada a cuidar de gente.

Se esse é o seu caso, eu gostaria de dizer que sei bem que, às vezes, doar e preservar a vida é um peso quase insuportável. Mas Jesus está prometendo que assim como você cuida das pessoas, Deus vai cuidar de você. Jesus está dizendo que felizes são os que cuidam do próximo, porque eles também serão cuidados. E felizes aqueles que entendem que só podem doar porque, antes, receberam. No reino de Deus é assim.

Quero encorajar você, que é um cuidador. Você, que carrega no ventre misericordioso pessoas que precisam de ajuda. Não desista! Continue, você é uma resposta de Deus a essa gente. Você é a forma como Deus, de maneira prática, está amando quem precisa de cuidados. O amor de Deus não lhe faltará.

Bem-aventurados os puros de coração, pois verão a Deus. Bem-aventurados
os pacificadores, pois serão chamados filhos de Deus.
MATEUS 5.8-9

Ao profetizar o nascimento do Messias, o profeta Isaías disse que ele seria chamado "Príncipe da Paz". Na noite do que chamamos de primeiro Natal, os anjos que apareceram aos pastores que nos campos guardavam seus rebanhos cantaram dos céus a boa notícia do nascimento de Jesus: "Glória a Deus nas maiores alturas, e paz na terra aos homens, a quem ele quer bem". O apóstolo Paulo, escrevendo aos cristãos da Ásia, em sua carta endereçada à igreja de Éfeso, afirma que Jesus evangelizou e promoveu a paz, derrubando a muralha que separava judeus e gentios, escravos e livres, homens e mulheres.

A paz de Cristo reduz a pó todas as estruturas sociais históricas que separam e provocam rupturas entre os homens. No Sermão do Monte, Jesus diz que seus *talmidim* são pessoas com a mesma índole que há no coração de seu Pai, em seu próprio coração, isto é, os seguidores do Príncipe da Paz são pacificadores.

Nessa bem-aventurança, Jesus faz uma mudança de ênfase. Ele vinha falando dos pobres — carentes de tudo, dos mansos — humilhados, dos que choram seus mortos, mas agora ele se dirige aos misericordiosos e aos que se mantém puros para que possam cuidar da vida e promover a paz.

Os *talmidim* de Jesus devem fazer o que Jesus sempre fez: promover a paz, a reconciliação, levar em sua boca a palavra de perdão, oferecer novas oportunidades de comunhão.

Bem-aventurados os perseguidos por causa da justiça, pois deles é o Reino dos céus.
Bem-aventurados serão vocês quando, por minha causa, os insultarem,
os perseguirem e levantarem todo tipo de calúnia contra vocês. Alegrem-se e
regozijem-se, porque grande é a sua recompensa nos céus, pois da mesma forma
perseguiram os profetas que viveram antes de vocês.
MATEUS 5.10-12

Os mesmos anjos que anunciaram a boa notícia do nascimento de Jesus, dizendo "Glória a Deus nas maiores alturas, e paz na terra aos homens a quem ele quer bem", também anunciaram sobre ele uma sentença de morte: "Na cidade de Davi, lhes nasceu o Salvador, que é Cristo, o Senhor". A cidade de Davi é Belém da Judeia. Os anjos anunciavam a chegada do Messias, o verdadeiro rei, o representante autorizado e ungido, capacitado por Deus para trazer o reino de Deus à história e exercer o governo divino sobre a humanidade.

Os anjos anunciaram Jesus reivindicando para ele três títulos usados pelo imperador romano. César acreditava-se o ungido, o senhor, o filho de Deus. Mas os anjos surgem anunciando que "na cidade de Davi, lhes nasceu o salvador, que é Cristo, o Senhor". Era como se dissessem: "Atenção: nasceu o verdadeiro imperador, o legítimo rei, e ele está numa manjedoura em Belém. Chegou o Messias, o verdadeiro *kyrios* ("Senhor", em grego), e com ele chegou o tempo do reino de Deus". O menino nascido em Belém era, aos olhos romanos, um criminoso. E seu "crime" era ser o rei legítimo. Jesus, portanto, nasceu sob o signo da perseguição. Jesus comete o crime de lesa-majestade, tirando dos pretensos reis despóticos qualquer sombra de legitimidade: "Vocês são falsos reis, vocês são falsos senhores. Eu, Jesus, sou o verdadeiro rei".

Os *talmidim* de Jesus compartilham o mesmo destino de seu Senhor. Todos aqueles que reconhecem em Jesus o legítimo Rei e Filho de Deus cometem o mesmo crime de lesa-majestade neste mundo de imperadores tiranos e impérios de maldade. Os *talmidim* de Jesus são rebeldes, e rebeldes são perseguidos. Jesus Cristo foi perseguido, e nenhum de seus *talmidim* deve esperar melhor sorte.

Mas que ninguém se esqueça de que os *talmidim* de Jesus têm a honra de ser perseguidos por causa da justiça. O mal se levanta contra eles porque praticam o bem, porque não compartilham nem aprovam modelos tirânicos de exercício de poder. Os seguidores de Jesus estão em marcha, iluminados pelo reino de Deus e soprados pelo Espírito Santo. São perseguidos por causa de seu compromisso com o reino de Deus e sua justiça, e nisso consiste sua bem-aventurança.

Vocês são o sal da terra. Mas se o sal perder o seu sabor, como restaurá-lo?
Não servirá para nada, exceto para ser jogado fora e pisado pelos homens.
MATEUS 5.13

Jesus convoca seus discípulos à revolução. Chama seus *talmidim* a que se comprometam com a transformação do mundo. Os *talmidim* de Jesus são inconformados. Jesus se levanta contra a opressão de Roma à comunidade de Israel, mas também contra qualquer símbolo de imperialismo e dominação opressora. Mas, não apenas isso: Jesus se levanta contra qualquer opressão do homem contra o homem, sabendo que isso é uma expressão das trevas contra a luz, do mal contra o bem, dos espíritos do mal contra as forças da bondade.

Jesus arranca seus *talmidim* desse universo de opressão. O contingente de *talmidim* de Jesus é composto em grande parte por gente vulnerável, pobre, sem vez e sem voz, que clama por justiça, que chora sem que ninguém se comova, e que a sociedade em geral considera um estorvo. É o tipo de gente oprimida que Jesus acredita ser a alavanca de sua revolução. A revolução do amor começa no elo mais fraco.

Jesus usa o sal como figura de linguagem porque aquela era uma imagem muito conhecida entre os judeus. Deus celebrara com Israel um pacto de sal — uma aliança de preservação que livra todas as coisas vivas da corrupção e da putrefação. O sal, na cultura semita, é um símbolo de incorruptibilidade. Aqueles que querem cooperar para a revolução de Jesus devem ser o "sal da terra". Em outras palavras, Jesus não está em busca de homens fortes, ricos, inteligentes, bem preparados e poderosos. Ele quer homens incorruptíveis.

"Perder o sabor" — ou, em tradução literal, "enlouquecer" — é deixar-se corromper. O sal sem sabor representa a comunidade que se deixou anular, quer por covardia e medo diante de um império opressor poderoso, quer porque se vendeu de maneira conveniente aos donos do poder. Os covardes se omitem ou se vendem, aderindo ao mal. Jesus não admite, em hipótese nenhuma, que seus *talmidim* se acovardem e fujam da arena pública de confronto do mal. Eles devem permanecer sal, porque a esperança do mundo corrompido repousa na comunidade dos que ouviram a convocação de Jesus.

Vocês são a luz do mundo. Não se pode esconder uma cidade construída sobre um monte. E, também, ninguém acende uma candeia e a coloca debaixo de uma vasilha. Ao contrário, coloca-a no lugar apropriado, e assim ilumina a todos os que estão na casa. Assim brilhe a luz de vocês diante dos homens, para que vejam as suas boas obras e glorifiquem ao Pai de vocês, que está nos céus.
MATEUS 5.14-16

Jesus comparou seus *talmidim* com o sal. E também com a luz. Seus *talmidim* são a presença iluminada de Deus num mundo em trevas. Eles apontam para o reino de Yahweh, o reino que é contrário a toda a realidade de opressão e morte que se encontra no mundo. Em outras palavras, os discípulos de Jesus apontam para o céu.

Vocês são o sal da terra. Vocês são a luz do mundo. De modo geral essa afirmação de Jesus é interpretada como se ele tivesse dito que as boas obras de seus discípulos iluminam o mundo. Mas Jesus não disse "as boas obras de vocês são a luz do mundo". Ele disse: "Vocês são a luz do mundo".

Jesus está ensinando que seus discípulos brilham e seu brilho ilumina tudo o que eles fazem. O que os discípulos de Jesus fazem é iluminado pelo que eles são. As boas obras iluminadas são vistas. Não havendo luz, as boas obras ficam na escuridão, e ninguém as vê.

Há muita gente fazendo boas obras no mundo. Mas nem todas as boas obras são vistas. O que isso significa? Jesus faz distinção entre as boas obras que apontam para o reino de Yahweh e as boas obras que apontam para outros reinos. Nem toda boa obra aponta para Deus, nem tudo de bom que é feito é referência ao reino de Deus ou está relacionado a Deus.

Os *talmidim* de Jesus são a luz do mundo. Aquilo que eles são é muito mais importante do que aquilo que eles fazem. O que eles são ilumina o que eles fazem. Eles são a luz que ilumina suas boas obras. Quando elas são vistas, resultam em adoração e gratidão ao Deus que os inspira e neles, de fato, brilha.

O que somos determina como vivemos. Assim também ensina a sabedoria popular: "O que você é fala tão alto que eu não consigo escutar o que você diz".

Não pense que vim abolir a Lei ou os Profetas; não vim abolir, mas cumprir. [...]
Pois eu lhes digo que se a justiça de vocês não for muito superior à dos fariseus
e mestres da lei, de modo nenhum entrarão no Reino dos céus.
MATEUS 5.17,20

Jesus é o "Filho de Deus" porque é também o "primogênito entre muitos irmãos", a representação de toda a humanidade. Ele contém tanto Adão (não sem razão, o apóstolo Paulo o chama de "segundo Adão") como toda a nação de Israel, pois o Antigo Testamento diz que Israel é uma nação associada ao filho de Deus: "Do Egito chamei o meu filho", diz Mateus (2.14), numa citação do profeta Oseias, assemelhando Israel a Jesus.

Jesus faz irromper o reino de Deus na história. No Sermão do Monte ele convoca toda a humanidade a se tornar conforme o propósito original de Deus. E também exorta a comunidade de Israel, a quem ele se dirige, a atingir sua plenitude. Esse é o significado de "eu vim cumprir a lei". Cumprir a lei é muito mais do que obedecer aos mandamentos de Moisés. Cumprir a lei é assumir a lei como expressão do caráter e do propósito de Deus e encarnar em si mesmo esse caráter e propósito para toda a criação. Jesus é o Homem que todo homem deveria ser. Jesus traz para a história o reino de Deus como modelo para toda e qualquer sociedade humana.

Por essa razão, Jesus afirma que a justiça de seus discípulos deve ser "muito superior" à dos religiosos de sua época. Os religiosos, de modo geral, entendem a lei como simples conjunto de mandamentos e regras. Jesus avisa que seus *talmidim* não vivem meramente para obedecer a mandamentos. A mensagem dele não pode ser reduzida a um novo código de comportamento ou padrão de procedimento moral na sociedade. Os discípulos de Jesus encarnam um novo tipo de ser humano — semelhante ao próprio Jesus. E por isso vivem de maneira diferente. Vivem segundo a justiça de Deus.

Jesus é a plenitude da expressão de Deus no mundo, e nesse sentido é que cumpre a lei. Em comunhão com Jesus, estamos também revestidos da justiça de Deus. Os discípulos de Jesus não são apenas pessoas virtuosas, pois sua grande virtude é permanecer em Cristo. São semelhantes a Jesus Cristo e, justamente por isso, vivem a justiça do Reino de Deus.

Vocês ouviram o que foi dito aos seus antepassados: "Não matarás", e "quem matar estará sujeito a julgamento". Mas eu lhes digo que qualquer que se irar contra seu irmão estará sujeito a julgamento. Também, qualquer que disser a seu irmão: "Racá", será levado ao tribunal. E qualquer que disser: "Louco!", corre o risco de ir para o fogo do inferno. Portanto, se você estiver apresentando sua oferta diante do altar e ali se lembrar de que seu irmão tem algo contra você, deixe sua oferta ali, diante do altar, e vá primeiro reconciliar-se com seu irmão; depois volte e apresente sua oferta. Entre em acordo depressa com seu adversário que pretende levá-lo ao tribunal. Faça isso enquanto ainda estiver com ele a caminho, pois, caso contrário, ele poderá entregá-lo ao juiz, e o juiz ao guarda, e você poderá ser jogado na prisão. Eu lhe garanto que você não sairá de lá enquanto não pagar o último centavo.
MATEUS 5.21-26

Assim como Moisés compareceu diante da comunidade de Israel, vindo do monte Sinai onde recebera as tábuas da Lei, Jesus se comporta no Sermão do Monte como um novo Moisés. Jesus está aprofundando a interpretação da lei de Moisés e, como os rabinos de sua época, trazendo sua própria interpretação da lei. Jesus está apresentando seu jugo. Para exemplificar sua compreensão do propósito da Torá, reinterpreta um dos dez mandamentos: "Não matarás".

Jesus diz que não basta deixar de matar, o que interessa a Deus é o que se passa dentro do nosso coração. Não matamos, mas odiamos, chamamos de louco, de "racá". Alguns especialistas dizem que "racá" é aquele som gutural que produzimos quando estamos prestes a escarrar. É um xingamento horrível chamar uma pessoa de "racá", porque significa que vamos expelir e lançar alguém fora de nossa vida. Cuspir um ser humano, segundo Jesus, é um pecado comparado ao assassinato.

Deus se importa menos com o modo como nos comportamos aparentemente do que com aquilo que há dentro de nós. O propósito da lei não é servir como um conjunto de regras comportamentais, mas compartilhar com o ser humano o caráter e o coração de Deus. E no coração do Pai não há espaço para matar ou odiar, e tampouco espaço para cuspir alguém como uma excreção. O que há é reconciliação, compaixão e perdão. Um coração como o nosso deve ser.

Cuide do seu coração. Não matar não basta. É preciso aprender a perdoar, oferecer oportunidade de reconciliação, viver em paz com todos ao redor. Peça a Deus um coração incapaz de cuspir um semelhante para longe de sua vida. Os filhos de Deus são pacificadores.

Vocês ouviram o que foi dito: "Não adulterarás". Mas eu lhes digo: Qualquer que olhar
para uma mulher para desejá-la, já cometeu adultério com ela no seu coração.
MATEUS 5.27-28

Jesus continua buscando um significado profundo da lei de Moisés e mostrando a seus *talmidim* que a lei não é mera questão comportamental, pois o comportamento é secundário em relação aquilo que ocupa a interioridade humana. Para Jesus, a essência da Torá implica uma profunda mudança interior. "Vocês sabem que não devem adulterar", diz Jesus a seus *talmidim*. "Mas o olhar impuro é tão danoso quanto o adultério, e é suficientemente prejudicial para as pessoas envolvidas nesse jogo".

Naturalmente, Jesus não condena a apreciação do que é belo ou a experiência do despertar do desejo entre um homem e uma mulher. Isso não é condenável. Jesus fala contra aquele olhar que transforma um ser humano em objeto, que despersonaliza um semelhante, esvazia o ser humano de sua dignidade e o reduz a uma *coisa* que se presta unicamente ao prazer de quem olha e deseja.

Jesus está se referindo a determinado nível de nossas fantasias mais profundas e às pessoas que ocupam nossos contos de fadas interiores. O que Jesus está dizendo é que esse olhar que captura e transforma pessoas em objetos de prazer egoísta, o olhar que resulta no arrebatamento do outro para o mundo da fantasia, faz que a gente saia da realidade e viva num mundo em que o desejo se torna o grande imperador. Um mundo em que os apetites e instintos mais egocêntricos do corpo e da alma exigem ser satisfeitos a todo e qualquer custo. Jesus está denunciando a fantasia que se transforma em escravidão.

Jesus nos ensina que não basta fazer ou deixar de fazer. É preciso desmascarar as fantasias que povoam a imaginação, nos tiram da realidade e transformam nossos semelhantes em coisas.

Peça a Deus um coração capaz de olhar as pessoas como pessoas e jamais esvaziá-las de sua dignidade, transformando-as em meros objetos de prazer.

Foi dito: "Aquele que se divorciar de sua mulher deverá dar-lhe certidão de divórcio".
Mas eu lhes digo que todo aquele que se divorciar de sua mulher, exceto por imoralidade
sexual, faz que ela se torne adúltera, e quem se casar com a mulher divorciada estará
cometendo adultério.
MATEUS 5.31-32

A lei de Moisés obrigava o homem que não desejasse mais permanecer casado a entregar à mulher uma certidão de divórcio. Isso significava que ele estava abrindo mão de qualquer direito de posse — na cultura semita a mulher era propriedade do homem; o casamento e o divórcio eram regulamentados por transações econômicas. A mulher repudiada pelo marido e que não recebesse a certidão de divórcio permanecia vinculada economicamente a ele, e quem quisesse se casar com ela deveria indenizar o marido. Por essa razão, o profeta Malaquias disse que Deus odeia o repúdio. Não era justo repudiar uma mulher sem dar a ela uma carta de divórcio.

Ao ser questionado sobre o divórcio, Jesus relembra esse princípio da lei que estabelece a distinção entre repúdio e divórcio, e deixa claro que o padrão moral de seus *talmidim* implica a relação de justiça, especialmente na proteção dos direitos da mulher. Mas Jesus vai além e faz referência a dois rabinos de sua época: Hilel e Shamai. O rabino Hilel defendia que qualquer motivo poderia legitimar um divórcio. Shamai, entretanto, afirmava que apenas a imoralidade sexual justificava o divórcio. Jesus concordou com Shamai.

Jesus sabe que a relação conjugal implica ser uma só carne, e que o casamento é usado pelos profetas como figura do relacionamento entre Yahweh e Israel (o Novo Testamento usa a mesma figura para a relação entre Cristo e a Igreja). A relação de "uma só carne" nos assemelha a Deus, que é plural: Pai, Filho e Espírito Santo. Mas, ao mesmo tempo, é uma unidade indissociável: três pessoas, mas um Deus. Assim é o casal: uma unidade plural, duas pessoas, mas uma só carne. Eis por que a relação homem e mulher é sagrada e por que Jesus ensina a preservação dessa unidade a qualquer custo.

A lei do divórcio, criada para promover relacionamentos de justiça entre os casais e possibilitar a criação de vínculos de amor, sem abusos nem crueldades, é absolutamente para uma sociedade como a nossa, que banalizou as relações entre masculino e feminino e profanou a sacralidade do sexo.

Vocês também ouviram o que foi dito aos seus antepassados: "Não jure falsamente,
mas cumpra os juramentos que você fez diante do Senhor". Mas eu lhes digo: Não
jurem de forma alguma [...]. Seja o seu "sim", "sim", e o seu "não", "não";
o que passar disso vem do Maligno.
MATEUS 5.33-34,37

Quando eu era menino, lembro-me de ter usado muitas vezes a frase "Juro pela minha mãe mortinha". Jurar colocando em risco a vida da mãe era uma espécie de "garantia" de que estávamos falando a verdade mais verdadeira.

A questão do juramento, em qualquer idade e cultura, nos remete à necessidade de falar a verdade. Mas Jesus vai além e afirma que dizer a verdade é apenas uma parte de nosso caráter, que tem a ver não apenas com nossas palavras, mas também com nossas intenções e ações. Jesus não está apenas dizendo "Não jure falsamente" ou "Trate de cumprir aquilo que você jurou a Deus", como ordenava a lei de Moisés. O ensino de Jesus é que não juremos de forma alguma. Ele está recomendando que o nosso "sim" seja realmente "sim", e o nosso "não" seja realmente "não". Jesus nos ensina que não precisamos invocar uma autoridade maior para dar credibilidade a nossas palavras. O importante é jamais falar da boca para fora, jamais prometer o que não estamos dispostos ou aptos a cumprir. "Não jure nada", orienta Jesus. "Apenas viva com integridade, e as pessoas saberão que seu 'sim' é sim e seu 'não' é não".

Jesus propõe uma relação de absoluta harmonia entre nossos pensamentos, palavras e ações. Os *talmidim* de Jesus devem ser íntegros — ou seja, não podem pensar uma coisa, falar outra e fazer uma terceira. Jesus nos chama a integridade de pensamentos, palavras e ações. Os discípulos de Jesus são pessoas inteiras — íntegras.

Vocês ouviram o que foi dito: "Olho por olho e dente por dente". Mas eu lhes digo: Não resistam ao perverso. Se alguém o ferir na face direita, ofereça-lhe também a outra.
MATEUS 5.38-39

Uma leitura desavisada da chamada lei de talião concluiria que ela é um estímulo à vingança: pagar o mal com o mal, na mesma medida — olho por olho, dente por dente. Entretanto, a lei de talião não era um estímulo à vingança, mas um instrumento regulador das retaliações: se você me roubou um boi, eu não tenho o direito de ir até a sua fazenda e queimar todos os seus celeiros e roubar todos os seus bois. Se você me roubou um boi, eu só posso tomar um boi de você. A lei de talião era uma tentativa de frear o exagero de retribuir o mal com um mal ainda maior. O objetivo da lei era estabelecer limites para a maldade e a violência.

Mas Jesus ensina que seus *talmidim* não devem praticar o "olho por olho e dente por dente": "Se alguém o ferir na face direita, ofereça-lhe também a outra". Em vez de devolver o mal, responda pacificamente. Quando Jesus manda oferecer a outra face, está dizendo que não se deve deixar o mal sem resposta. Mas está também dizendo que a resposta deve ser pacífica. Em vez de pagar o mal com o mal, os discípulos de Jesus devem interromper o ciclo da violência. Para que a corrente do mal seja interrompida, alguém deve sofrer o dano, sem devolver ou passar adiante o prejuízo sofrido.

Lembro-me de que quando menino havia uma brincadeira (de mau gosto) na escola. Alguém começava dando um tapa na cabeça do amigo na carteira da frente e dizia: "Passa para frente e não volta!". Essa brincadeira, no contexto mais amplo da sociedade, é responsável pelas agressões mútuas incessantes e tem gerado a escalada de violência sem limites.

Jesus ensina a resposta pacífica. Para isso, é necessário assumir sozinho o prejuízo que de outra forma seria coletivo. É isso que Jesus espera de seus *talmidim*. Foi esse ensinamento de Jesus que inspirou homens como Martin Luther King Jr. a jamais retribuir a violência, a não pagar o mal com o mal. Oferecer a outra face — eis o fundamento da cultura de paz.

Vocês ouviram o que foi dito: "Ame o seu próximo e odeie o seu inimigo". Mas eu lhes digo: Amem os seus inimigos e orem por aqueles que os perseguem, para que vocês venham a ser filhos de seu Pai que está nos céus. [...] Sejam perfeitos como perfeito é o Pai celestial de vocês.
MATEUS 5.43-45,48

O ambiente em que Jesus ensina seus *talmidim* é o contexto da religião judaica do primeiro século, onde a interpretação (e obediência) da Torá era o centro de toda a experiência espiritual. O grupo mais radical de compromisso com a lei era o dos fariseus, que, nas palavras do pastor e teólogo alemão Dietrich Bonhoeffer, promovia a "legalização do divino". É nesse contexto de interpretação e discussão das Escrituras que Jesus aparece confrontando o ódio potencialmente presente no coração de todo ser humano e introduz a singela expressão "amor". *Todos estão debatendo a Lei, mas Jesus está falando de amor.*

Jesus está ensinando que a essência do caráter de Deus não é a lei, mas o amor. A espiritualidade do reino de Deus não se restringe a observar regras de comportamento ou abraçar alguma elevada proposta moral. O caminho de Jesus é essencialmente uma experiência de amor. E uma experiência do amor de Deus que transborda para a construção de uma sociedade fundamentada no amor.

O Deus e Pai de Jesus faz o sol se levantar sobre justos e injustos e faz a chuva cair sobre bons e maus. Esse é o caráter de Deus, e Jesus nos convida a sermos assim. Uma vida e uma sociedade nos moldes do coração de Deus não se impõem pelo rigor da regra e pelo controle do comportamento, mas pelas relações de amor fraterno.

Deus não é um legislador implacável nem um juiz punidor. Deus é um Pai amoroso, que convida a todos a uma experiência de amor. No reino de Deus, o Pai é nosso.

Tenham o cuidado de não praticar suas "obras de justiça" diante dos outros para serem vistos por eles. Se fizerem isso, vocês não terão nenhuma recompensa do Pai celestial. Portanto, quando você der esmola, não anuncie isso com trombetas, como fazem os hipócritas nas sinagogas e nas ruas, a fim de serem honrados pelos outros.
Eu lhes garanto que eles já receberam sua plena recompensa. Mas quando você der esmola, que a sua mão esquerda não saiba o que está fazendo a direita, de forma que você preste a sua ajuda em segredo. E seu Pai, que vê o que é feito em segredo, o recompensará.

MATEUS 6.1-4

O assunto agora é a prática das "obras de justiça", que os profetas de Israel chamavam de *sedaqah*. Para Jesus e os profetas, dar esmolas aos necessitados não é uma obra de bondade, mas um ato de justiça.

Os discípulos de Cristo não praticam a justiça porque são virtuosos — e, de acordo com ele, muito menos porque escondem algum interesse de recompensa com suas obras. Os *talmidim* de Jesus praticam a justiça porque... bem, porque é justo.

Nós fazemos o que é certo porque é certo e não necessariamente porque teremos alguma vantagem com isso. É assim que Jesus trata nossa prática da *sedaqah*. Ele diz que a melhor maneira de evitarmos a vaidade ou qualquer pretensão de lucros com a expressão exterior de virtuosidade é praticar a justiça no anonimato: "Que a sua mão esquerda não saiba o que está fazendo a direita".

Deixe a recompensa nas mãos de Deus e não espere retribuição por sua prática de justiça. Pense no que é certo e justo e em tudo o que expressa o caráter de Deus. Faça simplesmente o que deve ser feito. Faça o que é certo, independentemente das vantagens ou desvantagens de sua ação. Não se deixe impressionar e jamais busque a aprovação ou o aplauso daqueles que estão ao redor assistindo a seus atos. Deus vê, Deus recompensa — esta é a promessa de Jesus para seus discípulos. O anonimato nos protege e nos coloca em dependência absoluta do Pai.

E quando vocês orarem, não sejam como os hipócritas. Eles gostam de ficar orando
em pé nas sinagogas e nas esquinas, a fim de serem vistos pelos outros. Eu lhes asseguro
que eles já receberam sua plena recompensa. Mas quando você orar, vá para seu quarto,
feche a porta e ore a seu Pai, que está em secreto. Então seu Pai, que vê em secreto,
o recompensará. E quando orarem, não fiquem sempre repetindo a mesma coisa, como
fazem os pagãos. Eles pensam que por muito falarem serão ouvidos. Não sejam
iguais a eles, porque o seu Pai sabe do que vocês precisam, antes mesmo de o pedirem.
MATEUS 6.5-8

As práticas milenares da *sedaqah*, obras de justiça do judaísmo, eram o jejum, a oração e as esmolas. Depois de ensinar sobre a esmola, Jesus trata da oração. Costumamos associar a oração ao hábito de falar com Deus. Orar seria, portanto, articular nossos desejos, nossas vontades, nossas angústias e nossas súplicas a Deus, nosso Pai. Orar seria falar e falar e falar e falar e falar — com Deus. É, portanto, surpreendente que Jesus nos diga que, para orar, devemos fechar a porta de nosso quarto e nos dirigir para o mais profundo silêncio. Jesus recomenda a introspecção, esse lugar onde Deus, que nos vê em secreto, nos recompensa. No retrato pintado por Jesus, a oração não é algo que Deus ouve, mas algo que Deus vê.

A oração tem pouco a ver com nossas palavras e tudo a ver com nosso coração. Quando perguntaram à madre Tereza de Calcutá o que ela dizia a Deus enquanto orava, sua resposta foi muito interessante: "Eu não digo nada, apenas escuto". Então voltaram a lhe perguntar: "E o que é que Deus fala para a senhora?", ao que ela respondeu: "Ele não fala nada, apenas escuta".

A oração é experimentar Deus além das palavras. Palavras são limitadas demais para expressar essa experiência do divino. Jesus tanto sabe disso que nos recomenda fechar a porta do quarto e buscar a Deus em silêncio. É no quarto a portas fechadas que a verdadeira intimidade é construída. Inclusive com Deus.

Pai nosso, que estás nos céus! Santificado seja o teu nome. Venha o teu Reino; seja
feita a tua vontade, assim na terra como no céu. Dá-nos hoje o nosso pão de cada dia.
Perdoa as nossas dívidas, assim como perdoamos aos nossos devedores.
E não nos deixes cair em tentação, mas livra-nos do mal, porque teu é o Reino,
o poder e a glória para sempre. Amém.
MATEUS 6.9-13

Os mestres espirituais sempre ensinaram seus discípulos a orar. A oração de um mestre reflete não apenas a maneira como ele se relaciona com o sagrado e o divino, mas também a síntese de seu ensinamento, seu pensamento sobre Deus e o mundo. A oração do Pai-nosso segue essa tradição. Jesus aborda pelo menos quatro das grandes angústias da alma humana: a falta de sentido, o apelo dos desejos, o peso da culpa e o medo do mal.

A maioria das pessoas se pergunta a respeito do sentido do mundo e da vida. Certa vez, vi uma estranha pichação em um muro: "Olhe ao redor: estranho, né?". De fato, o mundo a nossa volta parece sem sentido, como parece sem sentido nossa própria vida dentro deste mundo. Jesus nos diz que o sentido da vida está no reino de Deus. Quando o nome de Deus é santificado e seu reinado se manifesta, então sua vontade é feita tanto na terra como no céu.

O apelo dos desejos exige a satisfação tanto das necessidades do corpo como da alma. Jesus nos ensina a pedir o pão nosso de cada dia, isto é, buscar em Deus a plena saciedade.

O peso da culpa que nos consome revela nosso senso de inadequação e miserabilidade. Jesus nos ensina a suplicar o perdão de Deus. Finalmente, o medo do mal e do maligno nos aflige. Jesus nos mostra que é possível encontrar em Deus o refúgio, a vitória sobre a tentação e a condição de enfrentamento da maldade.

A súplica pelo reino de Deus nos ajuda a enxergar o mundo com os olhos de Deus. O pão do céu aquieta o corpo e a alma. O perdão de Deus enche o coração de paz. E a certeza de vitória sobre o mal nos faz caminhar pela vida sem medo. Mais do que um mantra ou uma ladainha a ser repetida, a oração do Pai-nosso é um caminho.

Pai nosso, que estás nos céus!
MATEUS 6.9

Jesus nos ensina a orar chamando Deus de "Pai" ou *"Abba"*, em hebraico. Tratar Deus como *Abba* é uma fala originalíssima e exclusiva de Jesus. Os profetas e escritores do Antigo Testamento consideravam Deus como Pai, mas jamais ousaram se dirigir a ele dessa maneira. Somente Jesus nos ensinou a usar *Abba* como vocativo.

Abba é um vocábulo que remete ao balbuciar de um bebê que ainda não aprendeu a falar. Alguns tradutores sugerem que o mais próximo que temos em português é a expressão de nossa infância, "papai", "paizinho", mas não chega a tanto. *Abba* é uma das primeiras "palavras" de uma criança que ainda não tem consciência, não articula raciocínios, não domina a linguagem e não associa rostos a ideias. A criança que balbucia *abba* sabe apenas que aquele rosto e aquele cheiro lhe transmitem amor e segurança, e que aqueles braços estendidos são um abrigo naturalmente desejado. Diante de tantos braços estendidos, diante de tantas faces, a criança, ainda sem compreensão racional da realidade, identifica a face de seu pai, de seu *abba*.

Jesus nos incentiva a tratar o Deus altíssimo como *Abba*, e isso está em absoluta harmonia com o que ele nos ensina sobre oração. A oração não é algo que *o Abba* ouve, mas um coração que Deus vê. É uma experiência entre o homem e Deus que vai muito além das palavras, para além da articulação racional. Oração é uma relação afetiva e, por que não dizer, passional.

Deus é nosso *Abba*. É aquele em cujos braços nos lançamos, independentemente do que entendemos ou cremos, sabemos ou duvidamos. Deus é *Abba*, é quem invocamos com um simples suspiro ou com o balbuciar desarticulado que surge nos momentos de profunda e legítima pureza e ingenuidade.

Ao orar, não se preocupe tanto com as palavras. Deus vê o coração. Ele compreende e acolhe os suspiros e as lágrimas que clamam: "Meu *Abba*, meu Pai".

Pai nosso, que estás nos céus! Santificado seja o teu nome. Venha o teu Reino;
seja feita a tua vontade, assim na terra como no céu.
MATEUS 6.9-10

A comunidade dos discípulos de Jesus é formada por aqueles que estão em marcha rumo ao reino de Deus. Os *talmidim* de Jesus se comprometeram com uma nova realidade, um outro mundo possível, uma maneira de viver que revoluciona completamente o modo de ser e as estruturas postas na sociedade. A comunidade dos discípulos de Jesus é formada por aqueles que foram chamados para uma revolução que tem como referência o reino de Deus.

Os *talmidim* de Jesus são aqueles que têm a consciência de que o mundo não é, ou não está, como que deveria ser. As coisas estão fora do lugar, a realidade está desconjuntada, o mundo em que vivemos está desestruturado. A oração pela vinda do reino de Deus é, na verdade, uma súplica pela interferência e pelo reinado de Deus, de fato e de direito, no mundo. É uma súplica para que a vontade de Deus seja feita assim na terra como no céu. Para que haja aqui e agora a maior densidade possível do que será manifesto ali e além, no reino de Deus consumado — novo céu e nova terra.

Queremos que, no mundo material, as coisas funcionem como na dimensão de Deus. A oração que Jesus ensinou, portanto, é uma palavra de inconformismo. Uma busca por Deus feita por aqueles que sabem que a realidade pode ser transformada. Aliás, a realidade *deve* ser transformada.

Olhe a seu redor e veja quanta coisa está fora do lugar. Clame pela manifestação do reino de Deus, suplique pela interferência e reinado de Deus. Coloque suas mãos a serviço de Deus, para que também através delas Deus possa colocar as coisas em seus devidos lugares.

Dá-nos hoje o nosso pão de cada dia.
MATEUS 6.11

O teólogo alemão Joachim Jeremias foi um dos mais extraordinários estudiosos da cultura semita, dos evangelhos e da Bíblia. Ele defende que a oração do Pai-nosso foi feita originalmente em aramaico, com algumas palavras hebraicas. Nesse trecho, por exemplo, ele acredita que "o pão de cada dia" é uma referência explícita ao maná, o alimento que caía dos céus durante a peregrinação do povo hebreu ao longo dos quarenta anos no deserto após o êxodo do Egito. Diz a Bíblia Sagrada que na sexta-feira caía do céu uma porção dobrada de alimento, suficiente para alimentar o povo também no sábado. Fazendo esse paralelo, Joachim Jeremias defende que a melhor tradução para "o pão de cada dia" é "o pão de amanhã", isto é, o pão do sábado, recebido na sexta.

Em resumo, Jesus estaria nos ensinando a pedir a Deus o pão do *shabat*. O *shabat* é o símbolo do céu, das coisas imateriais, da plenitude de Deus. Jesus está nos ensinando a pedir além do pão de trigo que alimenta o corpo. Pois o que de fato nos sacia no reino de Deus não é o pão para nossa carne, mas o pão para a alma.

Jesus criticou as pessoas de seu tempo, que o seguiam interessadas apenas no pão de trigo. "Seus antepassados correram atrás do maná e mesmo assim, fartos do maná, morreram", ele disse. "Vocês devem buscar o pão que vem dos céus, para que, comendo dele, nunca mais tenham fome." Sem dúvida, Jesus faz referência ao fato de que ele mesmo é o pão dos céus, o pão da vida.

Embora o alimento para o corpo esteja incluído na oração, pois também somos corpo, Jesus está se referindo a algo muito maior do que a satisfação de nossas necessidades físicas e biológicas — "nem só de pão viverá o homem, mas de toda palavra que procede da boca de Deus".

Perdoa as nossas dívidas, assim como perdoamos aos nossos devedores.
MATEUS 6.12

A culpa é uma das forças mais destrutivas que habitam o coração humano. Não somente a culpa, mas também seu sentimento reverso — a imputação de culpa a outro, com a noção de que temos algum crédito a receber. As duas coisas se equivalem em força destrutiva: a profunda consciência de que temos uma dívida que jamais conseguiremos pagar, e a profunda consciência de que temos um crédito que jamais é depositado em nossa conta.

Jesus nos recorda o fato de que somos capazes de contrair dívidas impagáveis não apenas com Deus, mas uns para com os outros. A solução que Deus oferece, tanto para aqueles que são devedores quanto para os que sofreram danos irreparáveis, é o perdão.

No caso de dívidas impagáveis, apenas uma de duas soluções é possível: ou o relacionamento entre as partes acaba, isto é, se dissolve tragado pela mágoa, ódio, cinismo, indiferença, ou desejo de vingança, ou então acontece a experiência do perdão.

O perdão é algo que Deus inventou para possibilitar a continuidade do relacionamento entre pessoas que contraíram dívidas impagáveis umas para com as outras.

Deus escolheu nos tratar oferecendo seu perdão, dizendo: "Eu sei que sua dívida comigo é impagável, mas eu prefiro sofrer esse dano a perder você". A experiência do perdão é esta: nós acolhemos o prejuízo, porque não queremos perder as pessoas.

Peça a Deus a capacidade de perdoar. Peça a Deus a experiência do perdão. Jogue fora suas culpas. E jogue fora também as notas de créditos que você ainda espera que sejam ressarcidas por aqueles que lhe causaram mal. Dívidas impagáveis se resolvem apenas com perdão.

E não nos deixes cair em tentação, mas livra-nos do mal.
MATEUS 6.13

A oração que Jesus nos ensinou tem como última súplica o enfrentamento do medo do mal. Vivemos em um mundo contingente, onde coisas ruins acontecem a pessoas boas, e coisas boas acontecem a pessoas ruins. Todos estamos sujeitos tanto ao sofrimento quanto à boa sorte. Existe no mundo uma dimensão do mal cuja manifestação não pode ser antecipada ou impedida. Mas Jesus não está falando desse tipo de *mal*.

Quando Jesus nos ensina a orar dizendo "livra-nos do mal", está se referindo a um mal personalizado, uma força ou um poder que nos ataca e contra o qual devemos lutar. Uma coisa é experimentarmos a contingência da existência; outra coisa bem diferente é deixarmo-nos vitimar, voluntária ou involuntariamente, por uma ação que poderia ter sido resistida e confrontada.

Por essa razão, a súplica "não nos deixes cair em tentação, mas livra-nos do mal" também é interpretada por "livra-nos do Maligno". Jesus orou por seus discípulos pedindo a Deus: "Não peço que os tires do mundo, e sim que os guardes do mal", seguindo a mesma lógica do Pai-nosso. As contingências da vida afetam todos os que estão no mundo — estamos todos sujeitos a horas boas e ruins. Mas Jesus pede a Deus que livre seus *talmidim* do mal.

O mal quer nos cooptar para que nos tornemos malvados. Jesus adverte que seus discípulos devem estar preparados para enfrentar o mal e resistir ao Maligno. Jesus deseja que seus discípulos não apenas sejam poupados dos ataques e das consequências do mal, mas também e principalmente que sejam capazes de oferecer resistência ao agente malvado, o Maligno.

Jesus suplica para que possamos distinguir entre o sofrimento eventual, inevitável, circunstancial, e o sofrimento causado por nossa negligência ou displicência — a dor decorrente da abertura que demos ao mal, sem resistir aos apelos dos malvados e malignos que interferiram em nosso caminho. O ônus da aventura de viver é inevitável, mas Jesus nos ensina a pedir a Deus o livramento da ação do mal, bem como forças para estarmos vigilantes para combatê-la.

Peça a Deus que livre você do mal. Mas peça também que Deus livre você de se tornar uma pessoa malvada.

Quando jejuarem, não mostrem uma aparência triste como os hipócritas, pois eles
mudam a aparência do rosto a fim de que os outros vejam que eles estão jejuando.
Eu lhes digo verdadeiramente que eles já receberam sua plena recompensa. Ao jejuar,
arrume o cabelo e lave o rosto, para que não pareça aos outros que você está jejuando,
mas apenas a seu Pai, que vê em secreto. E seu Pai, que vê em secreto, o recompensará.
MATEUS 6.16-18

Todo o capítulo 6 do evangelho de Mateus trata da visão de Jesus Cristo sobre a *sedaqah*, a prática das obras de justiça segundo a tradição judaica. Jesus já havia tratado das esmolas, da oração e agora se põe a ensinar sobre o jejum.

Jejum é a abstinência de alimento ou de água. A maioria das pessoas confunde jejum com parar de comer. Uma dieta não é necessariamente um jejum, porque o que caracteriza o jejum é sua finalidade espiritual.

Jejuar é escolher a morte. Quem inicia um jejum começa a morrer, pois abre mão daquilo que é essencial à sobrevivência do corpo. O jejum é uma forma de lembrar nossa consciência de que existe uma realidade mais importante do que nossa própria sobrevivência. O jejum é um passo em direção a algo mais importante do que permanecer vivo.

Jesus faz a mesma recomendação a respeito do jejum que já havia feito sobre as outras obras de justiça. Aos que dão esmolas, aos que oram e aos que jejuam, Jesus recomenda que essas obras sejam feitas no anonimato. Para evitar que o aplauso dos espectadores se torne a recompensa de nossas obras de justiça, devemos evitar que as pessoas saibam de nossa generosidade, de nossas orações públicas e de nosso jejum. Jesus está nos ensinando a deixar a recompensa nas mãos de Deus.

No universo espiritual, os benefícios que colhemos não dependem de nossas virtudes ou de nossas ações de justiça. Dependem da atuação amorosa e graciosa de Deus. Não existe "conquista" no mundo espiritual, nem decorrente de nossa bondade, nem de nossas orações ou de nosso jejum. Tudo o que podemos fazer é nos engajar no que é justo e esperar em Deus que ele nos abençoe segundo sua boa vontade, sua graça e seu amor. O que é recebido pela graça não é conquista, é dádiva.

Existem coisas mais importantes do que continuar vivo. A vida física, a sobrevivência física é menor do que a experiência do divino. Abra seus olhos para além dos limites de seu corpo físico e contemple o universo espiritual a sua disposição. Olhe para Deus, e espere dele a recompensa.

Não acumulem para vocês tesouros na terra, onde a traça e a ferrugem destroem, e onde os ladrões arrombam e furtam. Mas acumulem para vocês tesouros nos céus, onde a traça e a ferrugem não destroem e onde os ladrões não arrombam nem furtam. Pois onde estiver o seu tesouro, aí também estará o seu coração. Os olhos são a candeia do corpo, se os seus olhos forem bons, todo o seu corpo será cheio de luz. Mas se os seus olhos forem maus, todo o seu corpo será cheio de trevas. Portanto, se a luz que está dentro de você são trevas, que tremendas trevas são!
MATEUS 6.19-23

A maioria das pessoas acredita que o comentário de Jesus sobre os tesouros faz uma distinção entre os tesouros *da* terra e os tesouros *do* céu. Nesse caso, joias, carros, mansões e iates seriam tesouros da terra, enquanto caráter, família e amizades, por exemplo, seriam tesouros do céu. Acredita-se que é mais importante ser justo do que ter dinheiro.

É verdade que é mais importante ter caráter do que ter dinheiro, e também é verdadeiro que pessoas valem mais do que coisas. Mas não é isso que Jesus está dizendo. Ele não está fazendo uma distinção entre os tesouros *na* terra e os tesouros *no* céu. Ele não está preocupado em qualificar o tipo de riqueza — se material ou imaterial, ainda que haja uma advertência quanto à riqueza que pode ser queimada, destruída ou roubada. Jesus está falando sobre cofres diferentes e explicando que há um cofre na terra e outro cofre no céu. Jesus não está tão preocupado com o tipo de tesouro que temos, mas sim, onde esse tesouro está guardado, se na terra ou no céu.

Há um segredo de sabedoria escondido no ensinamento de Jesus a seus *talmidim*. Como podemos guardar tesouros no céu? Jesus evoca a tradição rabínica a respeito dos olhos bons e maus. No judaísmo, ter um "olho bom", um *ayin tovah*, significa ser generoso; e ter um "olho mau", um *ayin ra'ah*, significa o contrário, isto é, ser mesquinho. Os olhos bons são comparados à solidariedade, à compaixão e à autodoação. Os olhos bons são olhos da generosidade; olhos maus são olhos do egoísmo. Olhos bons são olhos iluminados, que contemplam todos à volta e conseguem incluir outras pessoas em sua vida. Olhos maus são olhos de trevas, de quem não consegue enxergar nada além de si.

A recomendação de Jesus é que nossos tesouros estejam guardados no cofre do céu. Isto é, que nossas riquezas sejam distribuídas e partilhadas com bondade. Tesouros retidos egoisticamente apodrecem, ou são roubados e usurpados, pois todos os tesouros foram concedidos por Deus para o benefício comum, para o bem-estar coletivo.

Ninguém pode servir a dois senhores; pois odiará um e amará o outro, ou se dedicará a um e desprezará o outro. Vocês não podem servir a Deus e ao Dinheiro [Mamom].
MATEUS 6.24

O apóstolo Paulo disse que "o amor ao dinheiro é a raiz de todos os males" (1Tm 6.10). Isso pode ser mal interpretado, como se o dinheiro fosse neutro e todo o problema fosse o amor ao dinheiro. Nada mais perigoso do que pensar assim.

Para Jesus, o dinheiro é um poder, algo que carrega uma energia espiritual que atua como se o dinheiro fosse uma pessoa que faz promessas, reinvindicações, exigências e que escraviza seres humanos. Por causa dessa energia espiritual é que ninguém pode "servir a Deus e ao Dinheiro" ao mesmo tempo. O dinheiro não é neutro. É o que a Bíblia chama de potestade: algo impessoal (uma coisa, um objeto) que funciona como se fosse uma pessoa. Jesus personifica o dinheiro, dá a ele o nome de Mamom, e atribui a ele o *status* de uma divindade que rivaliza com o Deus vivo e verdadeiro.

Neutro é um copo de plástico vazio e usado. Quem passa por um copo jogado ao chão, quando não pisa ou chuta, no máximo o coloca no lixo. Ninguém se sente atraído por um copinho usado, nem fica tentado a colocá-lo no bolso. Mas uma nota de 100 reais não é neutra. Ninguém passa indiferente por uma nota que está caída no chão. O dinheiro é assim, funciona como um ser vivo: nos chama, fala com a gente, seduz, faz promessas maravilhosas e exigências absurdas. O dinheiro é uma potestade, um deus rival.

Jesus é enfático em sua advertência: "Cuidado: onde estiver o seu tesouro, o seu coração vai atrás". O dinheiro tem a capacidade de escravizar nosso coração. Mas Deus não faz promessas ilusórias nem exigências que ferem e humilham as pessoas. É melhor escolher servir a Deus.

A maneira como Jesus nos ensina a controlar o poder do dinheiro é reconhecendo que existe apenas um único e digno Senhor: Deus, nosso Pai.

Não se preocupem com sua própria vida, quanto ao que comer ou beber; nem com seu próprio corpo, quanto ao que vestir. Não é a vida mais importante que a comida, e o corpo mais importante que a roupa? Observem as aves do céu: não semeiam nem colhem nem armazenam em celeiros; contudo, o Pai celestial as alimenta [...]. Por que vocês se preocupam com roupas? Vejam como crescem os lírios do campo. Eles não trabalham nem tecem. Contudo, eu lhes digo que nem Salomão, em todo o seu esplendor, vestiu-se como um deles. Se Deus veste assim a erva do campo, que hoje existe e amanhã é lançada ao fogo, não vestirá muito mais a vocês, homens de pequena fé?
MATEUS 6.25-26,28-30

As palavras de Jesus nos colocam diante de um desafio máximo: o desapego total. Quem deseja ser um *talmid* verdadeiro de Jesus deve chegar ao ponto de se livrar conscientemente de tudo o que não é essencial. Não se preocupar com o que comer, beber ou vestir. Não se preocupar com sua própria sobrevivência.

Jesus vinha ensinando isso havia algum tempo. Sobre as orações, ele ensinou que não deveriam ser repetições de súplicas, pois o Pai celestial sabe do que precisamos antes mesmo de pedirmos. Sobre o alimento, ensinou que o pão que devemos pedir a Deus é muito mais que o alimento para o corpo. E agora, finalmente, propõe que não nos preocupemos com o que comer, beber ou vestir.

Os *talmidim* de Jesus estão em marcha para o reino de Deus. Eles não se ocupam com sua sobrevivência ou conforto. Estão descansados na provisão e nas promessas de seu *Abba*. Esses *talmidim* estão, inclusive, dispostos a sofrer privações, passar dificuldades, conviver com a hostilidade da sociedade e sofrer perseguições, porque sabem que sua bem-aventurança consiste na marcha contínua para o reino de Deus.

Pessoas ocupadas com o que comer, beber ou vestir passam a vida absorvidas pelo trivial da existência humana e ainda não tiveram seus olhos abertos para a grandeza, a sublimidade, a transcendência do reino dos céus. Os *talmidim* de Jesus, por sua vez, já receberam a revelação do reino de Deus e não estão mais preocupados com suas necessidades básicas. E seguem sua peregrinação como sal da terra e luz do mundo, sob os cuidados do Pai celestial.

Peça a Deus que livre seu coração de toda e qualquer ansiedade quanto ao futuro. Descanse no cuidado e provisão de Deus. Ele cuida das flores e dos passarinhos. Cuida também de você.

Portanto, não se preocupem, dizendo: "Que vamos comer?" ou "Que vamos beber?" ou
"Que vamos vestir?" Pois os pagãos é que correm atrás dessas coisas; mas o Pai celestial
sabe que vocês precisam delas. Busquem, pois, em primeiro lugar o Reino de Deus e a
sua justiça, e todas essas coisas lhes serão acrescentadas.
MATEUS 6.31-33

É legítima a preocupação humana com a sobrevivência e os recursos para uma
vida digna. Jesus Cristo nos diz, entretanto, que a preocupação com essas coisas
não deve ser a força motora de nossa vida. A razão é simples: sustentar seus
filhos é parte fundamental do caráter de Deus e não faz sentido nutrir insegu-
ranças a respeito disso.

De fato, é inconcebível a cena de uma criança acordando no meio da noite e
batendo na porta do quarto de seus pais para lhes perguntar se eles vão oferecer
almoço no dia seguinte. Ou se vão providenciar escola ou roupas. A providência
para o bem-estar dos filhos é compromisso dos pais. Quero que meus filhos
durmam despreocupados, que eles me conheçam o suficiente para jamais duvidar de meu caráter e de meu amor por eles. É o que Deus está dizendo para nós:
ele cuida das flores e dos pássaros; cuidará também de cada um de nós. Não é
razoável desconfiar de Deus. Devemos gastar nossas energias buscando o reino
de Deus em primeiro lugar.

Jesus não nos promete nenhum tipo de mágica, como se a honra a Deus fosse
revertida em pão, boas roupas e imóveis. Devemos nos lembrar de que Jesus
fala para um horizonte de pessoas oprimidas, com fome e sede de justiça. Gente
esmagada pela escravidão, pelo martírio e perseguição. Jesus aponta para outra
realidade, uma sociedade possível num outro mundo possível. Ele dá a esse lugar
o nome de reino de Deus.

A relação de troca com Deus é própria do paganismo, em que os fiéis buscam
suas divindades para que elas retribuam viabilizando conforto e boa vida. Os
talmidim de Jesus buscam a Deus porque ele é a fonte de todo amor, a expressão
de toda justiça e é a boa vontade distribuída entre os homens. Nós o buscamos
para que ele nos inspire a viver no seu reino, nos domínios da paz, da fraternidade e da alegria. Nosso compromisso é com o reino de Deus e com sua justiça, as
demais coisas são acessórios.

Portanto, não se preocupem com o amanhã, pois o amanhã trará as suas próprias preocupações. Basta a cada dia o seu próprio mal.
MATEUS 6.34

"Papai, como é possível que um dia exista uma criança dentro de mim? E como ela vai sair?", perguntou minha filha, ainda bem pequena, com aquele olhar de curiosidade desconcertante. Respondi com carinho: "Minha filha, ainda não é hora de você se preocupar com isso. Quando chegar o dia de ter uma criança dentro de você, seu corpo vai estar pronto. O Papai do céu vai dar um jeito para que isso seja possível". Quando chegar a hora de ter uma criança no ventre, o corpo da menina será corpo de mulher. Meninas não precisam se preocupar com a maternidade.

Jesus sugere que seus discípulos marchem rumo ao reino de Deus exercitando a dificílima arte de viver no tempo presente, pensando no agora, resolvendo as grandes questões de hoje, fazendo o que está ao alcance das mãos. Amanhã é outro dia.

A Bíblia afirma que as misericórdias de Deus se renovam a cada manhã. Muito interessante. Também diz que Deus nos dá o pão de cada dia. Há na Bíblia um constante incentivo para vivermos a vida no tempo presente, sem angústias ou ansiedades em relação ao futuro.

Devemos viver ocupados com as demandas do reino de Deus hoje, aqui e agora, sem dispersar nossa atenção com o amanhã, que está nas mãos de Deus. O que nos cabe, o que Deus depositou em nossas mãos, é o dia de hoje. O amanhã cuidará de si mesmo, isto é, a provisão de amanhã chegará amanhã.

Não julguem, para que vocês não sejam julgados. Pois da mesma forma que julgarem,
vocês serão julgados; e a medida que usarem, também será usada para medir vocês.
MATEUS 7.1-2

Os estudiosos costumam dividir o Sermão do Monte em três partes. Na primeira, Jesus fala das bem-aventuranças e da identidade e relevância de seus *talmidim* presentes no mundo como luz e na terra como sal. Na segunda parte, Jesus se concentra a comentar as práticas de justiça da cultura semita: as esmolas, as orações e o jejum. Por fim, Jesus apresenta seus ensinamentos sobre as relações pessoais e a ética dos relacionamentos. Nessa terceira parte, o primeiro ensino é este: não julgar os outros.

Julgar é diferente de discernir. Discernir é identificar qualidades, características, caráter. Devemos discernir as coisas e as pessoas para avaliar a maneira correta com que devemos nos relacionar com elas. Mas não devemos julgá-las, isto é, não devemos estabelecer veredictos que definam o destino inexorável ou inevitável das pessoas e seus relacionamentos. A vida deve permanecer em aberto, pois todos somos suscetíveis a mudanças e a possibilidades de mudanças. Relacionamentos e pessoas não devem ser "congelados" em um *status* definitivo. Jesus alerta que quando estabelecemos vaticínios contra as pessoas, esse julgamento se volta contra nós. Como se aquilo que recebemos das pessoas fosse apenas um eco do que enviamos a elas.

Se enviamos às pessoas olhares e sinais de misericórdia e compaixão, provavelmente seremos tratados com misericórdia, compaixão, inclusão, abraço e acolhimento. Entretanto, se formos duros, juízes implacáveis o tempo inteiro, é assim que nossas relações serão construídas. O que nosso rosto transmite é o que recebemos de volta.

Por que você repara no cisco que está no olho do seu irmão, e não se dá conta da viga que está em seu próprio olho? Como você pode dizer ao seu irmão: "Deixe-me tirar o cisco do seu olho", quando há uma viga no seu? Hipócrita, tire primeiro a viga do seu olho, e então você verá claramente para tirar o cisco do olho do seu irmão.

MATEUS 7.3-5

Palavra pesada. Jesus chama de "hipócrita" aquele que julga enganado ou auto-enganado. O que parece naturalmente pesado ganha peso ainda maior quando analisamos a palavra que Cristo escolheu para sua crítica.

"Hipócrita" é um termo do teatro grego, usado para designar o ator durante seu trabalho de interpretação de um personagem qualquer. Hipócrita é aquele que vive a vida de outra pessoa. É quem, numa *performance* pública, assume uma vida que não é a sua. O que Jesus nos ensina é que, de modo geral, as pessoas mais entusiasmadas no julgamento de outras são justamente as que escondem em sua vida o que tanto criticam nos outros.

Quem deseja contribuir de verdade para a vida de alguém, ou se sente impelido a tratar com contundência o erro dos outros, deve antes se certificar de que sua própria vida não está comprometida com o erro que condena e tenta reparar nos outros.

Não seja hipócrita, é o que Jesus nos diz. Seja autêntico, seja você mesmo e, ao falar, fale aquilo que realmente é a sua verdade. Divida sua experiência, porque é o que você tem de mais autêntico e honesto para compartilhar. A única coisa legítima que você tem para compartilhar é a verdade do seu coração e da sua vivência. Quem não enxerga a si mesmo jamais será capaz de enxergar aquele que está adiante de si. O cego não tem capacidade de julgar. A hipocrisia é uma espécie de cegueira.

Coloque sua vida diante de Deus. Peça que ele mesmo o corrija. E se ofereça para ajudar as pessoas a seu redor a andar no caminho de autenticidade que você está andando. Assuma o compromisso de viver sem máscaras.

Não deem o que é sagrado aos cães, nem atirem suas pérolas aos porcos; caso contrário, estes as pisarão e, aqueles, voltando-se contra vocês, os despedaçarão.
MATEUS 7.6

Na cultura judaica, os cães e os porcos são símbolo de tudo o que é imundo, impuro, enfim, coisas de que convém manter distância. Com essa metáfora, Jesus está, provavelmente, fazendo uma referência à Décima Legião Romana que ocupava a Palestina na época — a *Legio X Fretensis*, que tinha como símbolo um porco montanhês gravado em seus escudos. A mensagem de Jesus é que há pessoas que não estão prontas a ouvir o que temos a dizer e não são capazes de dar valor nem mesmo às coisas mais sagradas. E também há pessoas incapazes de estabelecer qualquer relacionamento de paz e comunhão.

Jesus nos mostra que devemos falar as coisas certas, na hora certa, do jeito certo, para as pessoas certas. E devemos ter muito cuidado ao estender a mão para iniciar e estabelecer um relacionamento duradouro de amizade e comunhão.

Esse ensinamento me faz lembrar aquela velha fábula do leão que perguntou ao jumento que vinha pelo caminho: "Por favor, jumento, veja se estou com mau hálito". O leão abriu sua boca e o jumento, lá de dentro disse: "Está sim". E o leão o engoliu. Dali a pouco, pela mesma estrada, passou a vaca, já sabendo do triste destino do jumento. O leão fez o mesmo pedido a ela: "Por favor, veja se estou com mau hálito". Precavida, a vaca respondeu: "Não está, não!". Nervoso, o leão esbravejou: "Mentirosa!", e engoliu a vaca. Por último, veio a raposa e, mais uma vez, o leão pediu para que ela conferisse seu hálito. Ele já estava de bocarra aberta, e a raposa lhe disse: "Puxa, sr. Leão, infelizmente estou gripada, não sei, não consigo perceber...".

Ao que parece, Jesus nos ensina que diante de cães e porcos, a melhor postura é a da raposa da fábula. Quando as pessoas não estão prontas a ouvir, ou não são capazes ou, muitas vezes, nem pediram nossa opinião, o melhor é guardar silêncio. Devemos cuidar para que aquilo que é sagrado não seja pisado, rejeitado ou mesmo lançado contra nós.

Peça a Deus que ajude você a falar as coisas certas, do jeito certo, para as pessoas certas, nos momentos certos.

Peçam, e lhes será dado; busquem, e encontrarão; batam, e a porta lhes será aberta. Pois todo o que pede, recebe; o que busca, encontra; e àquele que bate, a porta será aberta. Qual de vocês, se seu filho pedir pão, lhe dará uma pedra? Ou se pedir peixe, lhe dará uma cobra? Se vocês, apesar de serem maus, sabem dar coisas boas aos seus filhos, quanto mais o Pai de vocês, que está nos céus, dará coisas boas aos que lhe pedirem!

MATEUS 7.7-11

Essas palavras de Jesus a respeito da oração podem sugerir que recebemos um cheque em branco de Deus. Entretanto, não custa lembrar que Jesus acaba de comentar nossa incapacidade de julgamento, nossa impossibilidade de enxergar a realidade como ela realmente é e nossa terrível tendência ao engano e ao autoengano. O significado disso é que o resultado de nossas orações não depende nem da intensidade de nosso pedido, nem da qualidade, força ou profundidade de nossa fé. O resultado de nossas orações depende do caráter do Pai que nos ouve.

Jesus diz que nós, mesmo sendo maus, sabemos dar coisas boas a nossos filhos. Mas nossa capacidade de cuidar de nossos filhos não se compara à capacidade e sabedoria de Deus, nosso Pai, que está nos céus. Jesus está comentando a respeito da paternidade amorosa de Deus. E isso nos coloca diante de um desafio muito maior do que desejar e pedir, que é o desafio de confiar no cuidado, no amor e na sabedoria de Deus em responder a nossas orações.

A promessa de Jesus é que quando pedimos, recebemos; quando batemos, a porta se abre; quando buscamos, encontramos. Isso não significa, entretanto, que nossas orações são atendidas por Deus exatamente como as fazemos. Jesus está dizendo que a oração é um convite para que Deus faça parte das circunstâncias de nossa vida. Quando você chamar, ele vai atender; quando você o buscar, ele vai ouvir; quando você bater em sua porta, ele vai abrir.

Ao orar, portanto, tenha cuidado, pois Deus tem o estranho, misericordioso e extraordinário hábito de ouvir nossas orações.

Assim, em tudo, façam aos outros o que vocês querem que eles lhes façam; pois esta é a Lei e os Profetas.

MATEUS 7.12

Jesus se apresenta no monte das beatitudes como Moisés se apresentou no monte Sinai. Como comentarista e intérprete da lei, Jesus encerra o Sermão do Monte com autoridade de legislador. Ao final de seu discurso, ele propõe um resumo da lei.

Tratar nossos semelhantes como gostaríamos de ser tratados não é um ensinamento original ou exclusivo de Jesus. Há ecos do mesmo ensinamento no *Talmude*, o comentário rabínico da lei, e na maior parte das grandes tradições espirituais. Estabelecer um critério de justiça nas relações pessoais transcende as religiões. É uma espécie de *regra de ouro* na ética dos relacionamentos humanos.

Eu não sei ao certo por que você se relaciona comigo. Não sei o que você deseja, não conheço suas razões, seus questionamentos, suas vontades nem suas demandas. Acho pouco provável que eu consiga atender suas demandas — até porque eu as desconheço. No fundo, acredito que nem mesmo você conhece perfeita ou exatamente seus desejos e necessidades, assim como eu também desconheço os meus. Temos apenas uma vaga e traiçoeira intuição a respeito do que realmente queremos na vida.

Assim, se nem eu nem você conhecemos bem nossos desejos, o que nos resta, enquanto nos relacionamos, é cuidar para que eu trate você do modo como eu gostaria de ser tratado, e vice-versa. A consciência pessoal é a grande (talvez a única) referência, e o melhor critério de justiça para um relacionamento sadio. Na verdade, o critério mesmo é a lei. Mas podemos resumir que somente pessoas cujas consciências são afetadas pela lei, expressão do caráter de Deus, podem se relacionar de maneira justa e saudável.

Entrem pela porta estreita, pois larga é a porta e amplo o caminho que leva à perdição, e são muitos os que entram por ela. Como é estreita a porta, e apertado o caminho que leva à vida! São poucos os que a encontram.

MATEUS 7.13-14

Quando vejo pessoas falando a respeito de sua fé em Deus, sempre tenho a impressão de que, no fundo, elas acreditam que sua peregrinação espiritual torna a vida mais fácil, como se o cristianismo fosse um atalho para seus sonhos e um caminho possível para que seus desejos sejam realizados, suas dificuldades sejam atenuadas e seu sofrimento seja evitado.

Entretanto, essa visão da fé cristã como caminho de conforto e satisfações circunstanciais contraria a essência do que Jesus ensina a seus *talmidim*. A oposição entre a "porta larga" e a "porta estreita" nos sugere que não há nada mais distante da espiritualidade de Jesus do que deixar o corpo e a alma seguirem a correnteza de nossos instintos, apetites e desejos.

A espiritualidade de Jesus e a justiça do reino de Deus têm mais a ver com a constante autoavaliação, as eventuais renúncias e os sacrifícios, a incansável busca de (auto)transformação e a vigilância sem trégua sobre a maneira como vivemos e os caminhos que escolhemos percorrer. O seguimento de Jesus no discipulado exige que, ao mesmo tempo que estamos confiantes na bondade de Deus, sigamos desconfiados de nossas próprias motivações.

Jesus nos diz algo como: "Se você está em busca de uma vida fácil, procure outro mestre. Se quer uma vida fácil, siga seu próprio coração, ou outros mestres que digam que você tem sempre razão. Mas posso advertir que o fim desse caminho é a perdição. Por outro lado, se você quiser encontrar a vida, eu o convido a se colocar no caminho da justiça e na trilha do reino de Deus. Venha comigo. Deixe que eu transforme sua vida segundo o caráter justo e bom de Deus. Aí sim, você encontrará a vida".

Cuidado com os falsos profetas. Eles vêm a vocês vestidos com peles de ovelhas, mas por dentro são lobos devoradores. Vocês os reconhecerão por seus frutos. Pode alguém colher uvas de um espinheiro ou figos de ervas daninhas? Semelhantemente, toda árvore boa dá frutos bons, mas a árvore ruim dá frutos ruins. A árvore boa não pode dar frutos ruins, nem a árvore ruim pode dar frutos bons. Toda árvore que não produz bons frutos é cortada e lançada ao fogo. Assim, pelos seus frutos vocês os reconhecerão!

MATEUS 7.15-20

Fico intrigado com a frequência com que gente sincera, numa busca espiritual verdadeira, se torna vítima de falsos profetas. A comparação original de Jesus é com Roma — ela é a loba, e seus filhos, os falsos profetas, ocupados apenas em devorar as ovelhas e não em servi-las ou cuidar delas. Roma ainda existe. E seus falsos profetas se multiplicaram. É triste notar que ainda hoje a ingenuidade de muitas pessoas faz delas presas fáceis para os falsos profetas.

O veneno mata. Não importa se quem tomou o veneno estava enganado, era ignorante ou ingênuo. Não importa se ao tomar o veneno estava acreditando que faria bem. O fato é que se alguém tomar veneno, a probabilidade quase inevitável é de que morra. Por isso, Jesus adverte: "Cuidado com os falsos profetas".

Jesus nos estimula a avaliar os frutos gerados por aqueles que se dizem profetas: "Vocês os reconhecerão por seus frutos". Há árvores boas e ruins, há frutos bons e maus. Na realidade espiritual, não há neutralidade. Jesus nos ensina a avaliar os frutos, porque por eles podemos conhecer a árvore.

Durante muito tempo pensei que os frutos de que Jesus falava deveriam ser notados na vida dos próprios profetas. Mas hoje compreendo que os frutos podem ser notados na vida daqueles que os seguem. Ao seguir um mestre espiritual, devemos nos perguntar, por exemplo: O que esse mestre exige de mim? Que transformações ocorreram em minha vida depois que comecei a seguir seus ensinamentos? O que as pessoas que me conheceram dizem a meu respeito?

Falsos profetas costumam gerar dependência emocional e praticar abuso relacional. Geram culpa, medo, incentivam a ganância dos que se autoenganam. De modo geral, aproveitam-se dos recursos daqueles a quem deveriam servir, infantilizam, amedrontam e tornam seus seguidores cronicamente inseguros e acriticamente acorrentados a um caminho de morte.

Não é preciso conhecer a fundo os lobos em pele de ovelha. Basta discernir com honestidade os frutos que a palavra desses profetas têm gerado na vida de seus seguidores.

Nem todo aquele que me diz: "Senhor, Senhor", entrará no Reino dos céus, mas apenas aquele que faz a vontade de meu Pai que está nos céus.

MATEUS 7.21

A expressão "entrar no reino dos céus" sugere que o céu é um lugar geográfico. "O céu é um lindo lugar", diz o velho hino cristão — um lindo lugar para onde vamos depois da morte. Mas parece mais razoável admitir que Jesus trata o reino dos céus como um ambiente de existência, uma dimensão perfeitamente possível de ser experimentada a começar de hoje, de agora, enquanto estamos bem vivos.

Nesse sentido, a milenar discussão sobre a existência da vida depois da morte deveria ser secundária para os seguidores de Jesus. A pergunta real a ser respondida não deveria ser "Existe vida depois da morte?", mas sim "Existe vida *antes* da morte?".

Jesus nos ensina que o caminho que conduz à perdição é largo, mas o que conduz à vida é estreito. O caminho estreito é o reino de Deus, onde e quando a vontade de Deus é feita na terra como no céu. Nosso pensamento deveria estar menos voltado para como chegar ao céu, e mais voltado às maneiras como podemos trazer o céu para cá. Isso é o que Jesus está ensinando. Se o reino dos céus implica a realização da vontade de Deus, quem vive em obediência a Deus já experimenta dimensões possíveis do céu.

O grande desafio da espiritualidade de Jesus consiste em reverter o impulso que nos empurra para o mal, conter a vontade quase irresistível de nos entregarmos ao que julgamos ser melhor segundo nossos próprios critérios e conveniências. Não basta a confissão verbal "Jesus Cristo é o Senhor". É imperativo que a vontade do Senhor seja feita.

Muitos me dirão naquele dia: "Senhor, Senhor, não profetizamos em teu nome? Em teu nome não expulsamos demônios e não realizamos muitos milagres?" Então eu lhes direi claramente: Nunca os conheci. Afastem-se de mim vocês, que praticam o mal! Portanto, quem ouve estas minhas palavras e as pratica é como um homem prudente que construiu a sua casa sobre a rocha. Caiu a chuva, transbordaram os rios, sopraram os ventos e deram contra aquela casa, e ela não caiu, porque tinha seus alicerces na rocha.

Mas quem ouve estas minhas palavras e não as pratica é como um insensato que construiu a sua casa sobre a areia. Caiu a chuva, transbordaram os rios, sopraram os ventos e deram contra aquela casa, e ela caiu. E foi grande a sua queda.

MATEUS 7.22-27

Quando uma estrutura criminosa desmorona ou algum processo desonesto é desmascarado, é comum que se diga que "a casa caiu". Essa expressão pode também ser usada para o projeto existencial de muita gente. Mesmo pessoas bem-intencionadas, que inclusive acreditam que suas casas têm bons alicerces, correm o risco de ver a casa cair.

O fundamento do sucesso existencial não é outro senão a obediência à vontade de Deus. Jesus denuncia que a experiência religiosa, a *performance* milagrosa, a participação nas liturgias, a prática de exorcismos, os vaticínios proféticos podem ser apenas cortina de fumaça que esconde uma vida sem alicerces e um projeto existencial sem fundamentos.

Jesus nos ensina que pouca diferença faz aquilo que você diz (profecias) e as coisas espetaculares que você faz (milagres, expulsão de demônios). O que realmente importa é o que está em seu coração e seu compromisso com a justiça do reino de Deus. Sua casa só estará sobre a rocha quando houver um compromisso sério com a vontade de Deus e os valores do reino dos céus. O que importa é fazer a vontade de Deus. Fora disso, a vida não passa de fachada, e a casa é apenas "para inglês ver". Mais cedo ou mais tarde, acaba caindo.

Construa sua casa sobre a rocha. Viva além dos compromissos superficiais e convenientes com a religiosidade. O caminho de discipulado com Jesus é essencialmente ético. Um novo jeito de ser gente, um novo jeito de viver em sociedade: o reino de Deus, onde a vontade de Deus é feita na terra como no céu.

Quando ele desceu do monte, grandes multidões o seguiram. Um leproso, aproximando-se, adorou-o de joelhos e disse: "Senhor, se quiseres, podes purificar-me!" Jesus estendeu a mão, tocou nele e disse: "Quero. Seja purificado!" Imediatamente ele foi purificado da lepra. Em seguida Jesus lhe disse: "Olhe, não conte isso a ninguém. Mas vá mostrar-se ao sacerdote e apresente a oferta que Moisés ordenou, para que sirva de testemunho".
MATEUS 8.1-4

Mateus escreveu seu evangelho imaginando que seus leitores prioritários seriam integrantes da comunidade judaica daquela época. Seu objetivo consistia em demonstrar que Jesus era o Messias prometido a Israel há séculos. Na genealogia apresentada por Mateus, por exemplo, Jesus é apresentado como filho de Davi e filho de Abraão. Em sua narrativa do Sermão do Monte, Mateus apresenta Jesus como um novo Moisés — na verdade, além de Moisés — que traz a plenitude da lei. Ao final do Sermão do Monte, Jesus é retratado como alguém que opera sinais, prodígios e maravilhas no meio de Israel.

Mateus pretende traçar um paralelo (ou uma contraposição) entre Jesus e Moisés. Com o registro da purificação do leproso, Mateus começa a narrar o primeiro de um ciclo de dez milagres realizados por Jesus, fazendo uma clara referência às dez pragas do Egito e aos dez milagres consequentes operados por Moisés no contexto do êxodo do Egito.

O primeiro personagem que Jesus encontra depois de descer do monte é alguém que o procura em atitude de adoração. Considerando a tradição de Israel, é estranho que Jesus não repreenda o leproso que o adora. A reação de Jesus é ainda mais estranha. Ele toca o leproso e o liberta de seu mal. Em seguida, Jesus pede que o leproso não conte a ninguém o milagre que havia recebido, mas se mostre ao sacerdote para que sirva de testemunho.

Jesus faz tudo de caso pensado. A intenção de Jesus em tocar e curar um leproso e depois mandar que ele se mostre ao sacerdote tem por objetivo testemunhar que o Messias chegou. Mateus compreende perfeitamente tudo o que está acontecendo, e assim escreve seu relato da história.

Jesus não considera o milagre um fim em si mesmo, nem apenas uma maneira de tornar a vida mais fácil ou menos sofrida. O milagre é um carimbo, um sinal de sua identidade messiânica. Ao afirmar sua messianidade, Jesus reivindica o poder e a autoridade não só para curar um leproso, mas também para abençoar toda a nação de Israel, e todo o universo. Em Jesus o reinado de Deus invade a história. Mais importante que receber milagres de Jesus é saber quem ele é. E cair de joelhos a seus pés.

Entrando Jesus em Cafarnaum, dirigiu-se a ele um centurião, pedindo-lhe ajuda.
E disse: "Senhor, meu servo está em casa, paralítico, em terrível sofrimento".
Jesus lhe disse: "Eu irei curá-lo".
MATEUS 8.5-7

É interessante o fato de que Mateus registre esse segundo de uma série de dez milagres aproximando as expressões "terrível sofrimento" e o nome da cidade de Cafarnaum, onde moravam o apóstolo Pedro e também o próprio Jesus.

Um dos aspectos mais bonitos da narrativa — especialmente se você, como eu, acredita que todos os detalhes da Bíblia são importantes — é que a palavra *cafarnaum* significa "aquele que consola". Mateus narra, portanto, a história de um homem em terrível sofrimento que, na cidade da consolação, é apresentado a quem pode consolá-lo e ouve sua voz dizendo: "Eu vou curá-lo".

Fico me perguntando se Jesus estava se referindo à paralisia ou ao sofrimento daquele homem. Evidentemente, Jesus vai curá-lo da paralisia, mas não posso deixar de pensar que o milagre mais extraordinário não é a cura da paralisia, mas a oferta de algo mais profundo que existe apenas nas mãos de Deus e que é derramado sobre o homem que sofre. Algo que faz toda a diferença, inclusive quando o sofrimento não cessa. O grande milagre é a oferta de consolação.

Como pastor, tenho encontrado muita gente que não é curada de suas enfermidades físicas, mas é curada do sofrimento. Da mesma forma, conheci muitas pessoas em perfeita condição física, mas que carregavam profundas cicatrizes na alma e viviam em profunda angústia. No caso do milagre em Cafarnaum, evidentemente, Jesus faz a cura completa desse servo do oficial romano, mas eu gostaria de ressaltar as duas dimensões dessa cura: a física e a espiritual. O toque de Jesus que devolve os movimentos do corpo e o toque que liberta a alma.

Peça a Deus não apenas um corpo saudável, mas também, e sobretudo, uma alma livre.

Entrando Jesus em Cafarnaum, dirigiu-se a ele um centurião, pedindo-lhe ajuda.
E disse: "Senhor, meu servo está em casa, paralítico, em terrível sofrimento". Jesus lhe
disse: "Eu irei curá-lo". Respondeu o centurião: "Senhor, não mereço receber-te debaixo
do meu teto. Mas dize apenas uma palavra, e o meu servo será curado. Pois eu também
sou homem sujeito à autoridade e com soldados sob o meu comando. Digo a um: Vá,
e ele vai; e a outro: Venha, e ele vem. Digo a meu servo: Faça isto, e ele faz". Ao ouvir
isso, Jesus admirou-se e disse aos que o seguiam: "Digo-lhes a verdade: Não encontrei em
Israel ninguém com tamanha fé. Eu lhes digo que muitos virão do oriente e do ocidente,
e se sentarão à mesa com Abraão, Isaque e Jacó no Reino dos céus. Mas os súditos do
Reino serão lançados para fora, nas trevas, onde haverá choro e ranger de dentes".
Então Jesus disse ao centurião: "Vá! Como você creu, assim lhe acontecerá!"
Na mesma hora o seu servo foi curado."

MATEUS 8.5-13

Jesus é apresentado nos evangelhos de três maneiras. Primeiro, como homem perfeito; segundo, como o Messias de Israel; terceiro, como o próprio Deus — como Filho de Deus, Deus encarnado. Nessa passagem, todas essas figuras se misturam.

Ele é o Messias prometido a Israel porque faz uma referência ao reino dos céus associado a Abraão, Isaque e Jacó. Ele é o homem perfeito porque os sinais e maravilhas que opera — apesar de serem indicativos de sua identidade messiânica — ele os faz como homem completamente submisso ao Espírito Santo.

Mas Jesus é Deus. E esse comandante romano, centurião, sabe disso: "Eu reconheço sua autoridade como Senhor", diz ele. "Você não precisa ir até minha casa; basta que dê uma palavra de ordem." O raciocínio é, provavelmente, baseado na narrativa da criação apresentada em Gênesis. Deus criou o mundo dando palavras de ordem, e a partir de suas ordens todas as coisas vieram a existir.

Jesus é Deus, e como tal, não reconhece limites de tempo e distância ou obstáculos, e nenhuma força, poder ou entidade que possa se opor a sua vontade. Por trás dessa narrativa — a cura de um servo de um oficial romano que reconhece sua autoridade suprema — existe uma mensagem bastante sutil para nós, hoje, mas ousadamente explícita para os leitores daquela época. Mateus está ocupado em revelar a identidade de Jesus: o homem perfeito, o Messias de Israel, Deus em forma de gente.

Mais importante que receber milagres e se impressionar com o poder sem limites de Jesus é reconhecer nele a presença de Deus e do reino dos céus na história.

Jesus admirou-se [do oficial romano] e disse aos que o seguiam: "Digo-lhes a verdade, não encontrei em Israel ninguém com tamanha fé. Eu lhes digo que muitos virão do oriente e do ocidente e se sentarão à mesa com Abraão, Isaque e Jacó no Reino dos céus. Mas os súditos do Reino serão lançados para fora, nas trevas, onde haverá choro e ranger de dentes".
MATEUS 8.10-12

Apesar de ser apresentado por Mateus como o Messias prometido a Israel, a mensagem de Jesus não diz respeito ao reino de Israel ou a um reino que tem Israel como protagonista. A mensagem de Jesus é o reino dos céus, é o reino de Deus, o reino de nosso Pai celestial.

Nesse episódio, Jesus dá a um comandante de infantaria do exército romano as boas-vindas ao reino de Deus. Ao mesmo tempo, há nas palavras de Jesus severas críticas à comunidade de Israel, que não o reconhece como Messias. Jesus está celebrando o fato de que os estrangeiros, aqueles que pouco sabiam sobre Abraão, Isaque e Jacó, aqueles dispersos no oriente e ocidente, o reconhecem como o Messias. Mas também está lamentando que os israelitas, seu próprio povo, não o enxergam assim. Jesus não está rejeitando Israel, mas afirmando de forma bem clara que o reino de Deus é uma realidade universal, em que cabe gente de toda tribo, raça, língua e nação.

O reino de Deus não é a imposição de uma cultura sobre outra, de um povo sobre outro, não implica a dominação de um modelo religioso, de um conteúdo dogmático ou de uma estrutura litúrgica sobre outras. Pelo contrário: reino de Deus é o fermento que está presente em todas as culturas. Todas as culturas são aceitas e redimidas nos horizontes do reino de Deus. À mesa, com Abraão, Isaque e Jacó, estão todas as gentes: israelitas, militares romanos, leprosos, prostitutas, velhos, crianças, homens e mulheres vindos de todos os lugares, desde os confins da terra.

O evangelho de Jesus é uma palavra de libertação, e não de escravização étnica, dogmática ou religiosa. As boas-novas do reino de Deus não representam um modelo de religião que escraviza. Sua mensagem é de reconhecimento da dignidade, da autoridade e do direito que Deus tem sobre todo o universo criado. O reino de Deus não é a vitória do cristianismo nem do povo judeu, da cultura ocidental ou do *american way of life*. O reino de Deus é a celebração da mais perfeita comunhão na mais abrangente diversidade.

Entrando Jesus na casa de Pedro, viu a sogra deste de cama, com febre. Tomando-a
pela mão, a febre a deixou, e ela se levantou e começou a servi-lo.
MATEUS 8.14-15

O terceiro milagre de Jesus registrado por Mateus é a cura da sogra de Pedro, que vivia em Cafarnaum, a mesma cidade onde Jesus morava.

Quando curou o servo do oficial romano, Jesus usou sua autoridade para proferir, mesmo à distância, uma palavra de ordem. Dessa vez, o evangelista Mateus coloca Jesus no mesmo ambiente que aquela senhora acamada e febril. A Bíblia diz que Jesus tomou aquela mulher pelas mãos e "a febre a deixou, e ela se levantou".

A primeira leitura nos conduz à maravilha da diversidade da ação de Jesus. Mas se quisermos avançar um pouco na aplicação dessa história, chegaremos à profundidade e à grandeza do toque amoroso, misericordioso e compassivo de Jesus.

Em uma sociedade como a nossa, em que os toques e os encontros são marcados pela violência e pelo abuso, é cada vez mais necessária a possibilidade de um toque cheio de respeito, de sacralidade, de compaixão e amor como o de Jesus. Um toque que revela o caráter delicado, elegante e cuidadoso desse Deus que, ao nos tocar, carrega consigo nossa dor, nossa febre e tudo aquilo que nos dilacera.

Peça a Deus que toque sua vida, especialmente naquelas noites em que a febre arde de forma quase insuportável. Peça também que Deus lhe dê mãos santas, que toquem para curar, aliviar a dor e transmitir amor.

Ao anoitecer foram trazidos a Jesus muitos endemoninhados, e ele expulsou os
espíritos com uma palavra e curou todos os doentes. E assim se cumpriu o que fora
dito pelo profeta Isaías: "Ele tomou sobre si as nossas enfermidades
e sobre si levou as nossas doenças".
MATEUS 8.16-17

O profeta Isaías disse a respeito de Jesus: "Certamente ele tomou sobre si as nossas enfermidades e sobre si levou as nossas doenças; contudo nós o consideramos castigado por Deus, por Deus atingido e afligido. Mas ele foi transpassado por causa das nossas transgressões, foi esmagado por causa de nossas iniquidades; o castigo que nos trouxe paz estava sobre ele, e pelas suas feridas fomos curados" (Is 53.4-5).

Um dos aspectos mais extraordinários do evangelho de Jesus é o conceito de substituição. Em alguma dimensão da existência, Jesus nos substitui: quer sofrendo os danos do mal, assumindo toda sorte de limitações infelizes e funestas da contingência da condição humana, arcando com nossos débitos diante de Deus, quer submetendo-se ao rigor do castigo da lei; de alguma maneira, em alguma dimensão, Jesus toma nosso lugar. Em seu sofrimento, em sua morte na cruz, alguma coisa que acontece com ele, na verdade, deveria ter acontecido conosco.

Isaías se refere a isso quando diz que "por causa das nossas transgressões" ele foi transpassado. Jesus morre uma morte que era nossa, para podermos viver uma vida que sempre foi dele.

Muitos séculos depois dessa espantosa declaração do profeta Isaías, numa noite em Cafarnaum, Jesus expulsou os espíritos imundos que controlavam e afligiam as pessoas, e também curou os enfermos que foram trazidos a sua presença. Isso ilustra em termos concretos uma verdade do universo espiritual: Jesus tomou sobre si e em si mesmo dissolveu todas as causas e todas as forças destrutivas que causam morte ao ser humano. As forças que podem destruir qualquer ser humano são lançadas sobre Jesus. Quando chega a Jesus, o poder do mal se dissolve. Jesus triunfa sobre todas e quaisquer forças destrutivas, promotoras e mantenedoras da morte.

Eis o segredo do poder do evangelho: Jesus pode fazer algo por nós, porque antes fez algo em nosso lugar. Antes de fazer algo por nós, ele nos substituiu. Aconteceu com ele uma coisa muito ruim para que com cada um de nós pudesse acontecer uma coisa muito boa.

Quando Jesus viu a multidão ao seu redor, deu ordens para que atravessassem para o outro lado do mar. Então, um mestre da lei aproximou-se e disse: "Mestre, eu te seguirei por onde quer que fores". Jesus respondeu: "As raposas têm suas tocas e as aves dos céus têm seus ninhos, mas o Filho do homem não tem onde repousar a cabeça". Outro discípulo lhe disse: "Senhor, deixa-me ir primeiro sepultar meu pai". Mas Jesus lhe disse: "Siga-me, e deixe que os mortos sepultem os seus próprios mortos".

MATEUS 8.18-22

Jesus está tratando com candidatos a *talmidim*. São homens que reconhecem a autoridade, o poder e a singularidade de Jesus em relação aos outros mestres de seu tempo e se oferecem para segui-lo. As respostas de Jesus nos colocam diante do conceito "utopia".

Na língua grega, a palavra *topos* significa "lugar". A palavra *utopia* poderia ser traduzida literalmente como "não lugar". O senso comum compreende "utopia" como quimera, fantasia, devaneio, sonho impossível. Mas em seu sentido mais literal, "utopia" significa algo que ainda não se realizou ou que ainda não encontrou lugar no mundo. Quando Jesus diz: "o Filho do homem não tem onde repousar a cabeça", está afirmando algo como: "Eu sou alguém que não tem lugar neste mundo". Isso faz sentido, pois se Jesus está anunciando um "reino que não é deste mundo", ele também não pode ter lugar neste mundo.

O candidato a *talmid* que pede permissão para primeiro sepultar o pai acredita não ser possível seguir Jesus de imediato, pois precisa esperar o pai morrer. A resposta de Jesus sugere que o compromisso com o reino de Deus é urgente, e o engajamento no discipulado é prioridade máxima. Quem se encontra com Jesus deve discernir que as coisas "deste mundo" devem ficar para trás. Um *talmid* de Jesus deve estar disposto a renunciar e abrir mão de imediato e em caráter de urgência de tudo o que o impede de seguir a trilha do reino de Deus. É como se Jesus dissesse: "Você me segue agora e a gente não vai se fixar em lugar nenhum deste mundo, pois o que estamos construindo não se concretiza aqui". Quem vive preocupado com as coisas deste mundo perde a dimensão da utopia — a realidade que transcende a este mundo. E quem perde a dimensão da utopia já não sabe mais o que está fazendo aqui.

Provavelmente, fazendo referência a esse ensinamento de Jesus, o apóstolo Paulo nos recomenda: "Mantenham o pensamento nas coisas do alto, e não nas coisas terrenas" (Cl 3.2).

Entrando ele no barco, seus discípulos o seguiram. De repente, uma violenta tempestade abateu-se sobre o mar, de forma que as ondas inundavam o barco. Jesus, porém, dormia. Os discípulos foram acordá-lo, clamando: "Senhor, salva-nos! Vamos morrer!" Ele perguntou: "Por que vocês estão com tanto medo, homens de pequena fé?" Então ele se levantou e repreendeu os ventos e o mar, e fez-se completa bonança. Os homens ficaram perplexos e perguntaram: "Quem é este que até os ventos e o mar lhe obedecem?"
MATEUS 8.23-27

Quem é este que até os ventos e o mar lhe obedecem? Jesus se vale dessa pergunta para colocar sua relação com seus *talmidim* no devido lugar. Passo a passo, Jesus Cristo ensina a seus *talmidim* que toda autoridade está em suas mãos. Ele é quem tem o domínio, ele é quem dá palavras de ordem, ele é quem toca e cura, ele é quem remove facilmente qualquer obstáculo que se coloca contra o reino de Deus.

Confundimos fé com crença. Sentimo-nos culpados se temos dúvidas, e constrangidos quando não conseguimos explicar nossas convicções racionalmente. Mas nos esquecemos de que o evangelho de Jesus Cristo não é uma questão de crenças, tampouco uma questão de doutrina ou explicações. O relacionamento pessoal com Jesus afeta essencialmente nossa postura de vida, nossa confiança em seu poder e autoridade. O seguimento de Jesus reposiciona as relações: quais são as forças e os poderes que atuam sobre nós para nosso bem, e quais forças e poderes nos ameaçam.

Nesse episódio, quando Jesus acalma a tempestade, torna-se claro que os discípulos estão sendo ameaçados pelas forças da natureza: a água, o vento, o mar revolto. Os discípulos entram em pânico. E Jesus, antes de repreender o vento e o mar, repreende seus discípulos que estão com medo. Fica estabelecido que o oposto da fé não é a dúvida, mas o medo. Um *talmid* de Jesus pode não saber explicar muita coisa, pode ter muitas dúvidas, e inclusive pode ter mais perguntas do que respostas. Mas não pode ter medo. Jesus é o poder, a autoridade, aquele que tem o domínio sobre todo o universo. A relação com Jesus não é uma questão de explicação, mas de confiança. E de coragem.

Você não precisa ter medo de ter dúvidas. Aliás, você não precisa ter medo de nada. Jesus está no barco. O vento e o mar vão obedecer.

*Quando ele chegou ao outro lado, à região dos gadarenos, foram ao seu encontro dois
endemoninhados, que vinham dos sepulcros. Eles eram tão violentos que ninguém
podia passar por aquele caminho. Então eles gritaram: "Que queres conosco, Filho de
Deus? Vieste aqui para nos atormentar antes do devido tempo?" A certa distância deles
estava pastando uma grande manada de porcos. Os demônios imploravam a Jesus: "Se
nos expulsas, manda-nos entrar naquela manada de porcos". Ele lhes disse: "Vão!" Eles
saíram e entraram nos porcos, e toda a manada atirou-se precipício abaixo, em direção
ao mar, e morreu afogada. Os que cuidavam dos porcos fugiram, foram à cidade e
contaram tudo, inclusive o que acontecera aos endemoninhados. Toda a cidade saiu ao
encontro de Jesus e, quando o viram, suplicaram-lhe que saísse do território deles.*
MATEUS 8.28-34

O quinto dos dez milagres narrados em sequência por Mateus é o ápice da apresentação da identidade de Jesus como o Messias prometido a Israel. Dessa vez, Jesus liberta dois homens que são mantidos cativos por espíritos malignos — espíritos imundos ou demônios, conforme o Novo Testamento. Jesus autoriza que os demônios deixem os pobres homens e incorporem uma vara de porcos. Possuídos pelos demônios, os porcos se precipitam no mar e morrem afogados. Mateus escreveu para israelitas e reforçou a respeito de Jesus aquilo que pudesse ser reconhecido pelos rabinos e outras autoridades da comunidade judaica daquela época. Por trás desse episódio há uma informação interessante que podemos encontrar nos registros de Lucas e Marcos. Os demônios se identificam pelo nome de "Legião".

O paralelo entre a opressão do império romano e o império das trevas não pode ser mais explícita. "Legião" era o nome que se dava a um destacamento militar romano, enormes agrupamentos que podiam contar com até dez mil soldados. As legiões de Júlio Cesar, por exemplo, tinham três mil soldados. As legiões eram o braço de morte de Roma. E é justamente esse poder romano, simbolizado nos demônios e nos porcos, que acaba no fundo do mar.

Israel conhecia muito bem a história de um exército opressor afogado no mar. No Êxodo, sob a liderança de Moisés, o povo hebreu foi libertado por Deus, mas o exército egípcio se perdeu afogado no mar Vermelho. É exatamente isso que o povo de Israel observa no milagre de Jesus: o Messias anunciado está entre nós, promovendo uma libertação muito maior do que a de um cativeiro político. Uma libertação integral, espiritual, completa, de todas as forças opressoras.

O Messias prometido era muito mais do que um líder político que devolveria a nação de Israel à glória dos dias de Davi e Salomão. O Messias de Israel é o Senhor de todo o universo.

Quando ele chegou ao outro lado, à região dos gadarenos, foram ao seu encontro dois
endemoninhados, que vinham dos sepulcros. Eles eram tão violentos que ninguém
podia passar por aquele caminho. Então eles gritaram: "Que queres conosco, Filho de
Deus? Vieste aqui para nos atormentar antes do devido tempo?" A certa distância deles
estava pastando uma grande manada de porcos. Os demônios imploravam a Jesus: "Se
nos expulsas, manda-nos entrar naquela manada de porcos". Ele lhes disse: "Vão!" Eles
saíram e entraram nos porcos, e toda a manada atirou-se precipício abaixo, em direção
ao mar, e morreu afogada. Os que cuidavam dos porcos fugiram, foram à cidade e
contaram tudo, inclusive o que acontecera aos endemoninhados. Toda a cidade saiu ao
encontro de Jesus e, quando o viram, suplicaram-lhe que saísse do território deles.
MATEUS 8.28-34

Algo muito estranho está acontecendo aqui. Jesus liberta dois seres humanos
que viviam escravizados por demônios. No processo, os pecuaristas perdem
uma vara de porcos, isto é, têm um prejuízo econômico. A história termina com
pressão popular para que Jesus se retire daquele território. Não chega a ser exatamente novidade que alguém valorize mais os porcos do que os seres humanos
— conhecemos sociedades assim. Mas parece que a razão por que Jesus é expulso daquele lugar é outra. Com seu ato libertador, Jesus estava dizendo: "Assim
como o exército egípcio morreu afogado no mar Vermelho no tempo de Moisés,
quando Deus libertou Israel da escravidão do Egito, também Roma vai se afogar, e na verdade está se afogando neste mar da Galileia, pois eu sou o grande
libertador de Israel. Eu, Jesus, sou o Messias". Os gadarenos compreenderam
perfeitamente quem era Jesus. Compreenderam que Jesus estava reivindicando
sua messianidade, e por essa razão o mandaram embora.

Mas, por que alguém mandaria o Messias embora de seu território? Por que
alguém suplicaria a retirada de alguém que oferecia e promovia a liberdade? Só
pode haver uma explicação: há pessoas que acreditam viver muito bem mesmo
na condição de escravidão. São pessoas que conseguem se estabilizar, se estabelecer e construir para si zonas de conforto para que tenham uma vida aparentemente satisfatória e agradável, não importando quantos ao redor estejam
oprimidos e escravizados pelas forças do mal.

Jesus Cristo convoca a todos, mesmo os que não percebem ou não sofrem
os danos de uma estrutura de escravidão, para uma grande experiência de libertação. O fato de existirem pessoas escravizadas — quaisquer que sejam as
expressões e dimensões dessa escravidão — exige dos discípulos de Jesus o engajamento nos movimentos de libertação.

Entrando Jesus num barco, atravessou o mar e foi para a sua cidade. Alguns homens
trouxeram-lhe um paralítico, deitado em sua maca. Vendo a fé que eles tinham, Jesus
disse ao paralítico: "Tenha bom ânimo, filho; os seus pecados estão perdoados". Diante
disso, alguns mestres da lei disseram a si mesmos: "Este homem está blasfemando!"
Conhecendo Jesus seus pensamentos, disse-lhes: "Por que vocês pensam maldosamente
em seu coração? Que é mais fácil dizer: 'Os seus pecados estão perdoados', ou:
'Levante-se e ande'? Mas, para que vocês saibam que o Filho do homem tem na terra
autoridade para perdoar pecados" — disse ao paralítico: "Levante-se, pegue a sua maca
e vá para casa". Ele se levantou e foi. Vendo isso, a multidão ficou cheia de temor
e glorificou a Deus, que dera tal autoridade aos homens.
MATEUS 9.1-8

Depois de promover a libertação espiritual dos homens gadarenos, Jesus volta para casa. Em Cafarnaum, um grupo de homens faz um paralítico chegar à presença dele. Praticamente ignorando sua enfermidade física, a condição de paralítico, Jesus lhe diz: "Tenha bom ânimo, filho, levante sua cabeça, enfrente a vida com ânimo, porque seus pecados estão perdoados".

Imediatamente após perdoar os pecados do paralítico, Jesus é acusado de blasfêmia. A acusação tinha sua lógica irretocável: assim como uma ofensa só pode ser perdoada pelo ofendido e uma dívida só pode ser perdoada por seu credor, também o pecado só pode ser perdoado por Deus. Quando Jesus olha para aquele paralítico e afirma: "Os seus pecados estão perdoados", ele está surpreendendo a todos ao colocar-se no lugar de Deus. Jesus fala como Deus, se comporta como Deus e age como Deus. E reivindica a prerrogativa de fazer aquilo que somente Deus pode fazer: perdoar pecados. Essa é a razão por que os escribas o acusaram de blasfêmia.

Esse episódio deixa claro que Jesus é absolutamente consciente de sua identidade messiânica e de sua identificação com o Pai. Jesus é não apenas o Messias de Israel, mas também o Filho de Deus. Sabe que recebeu das mãos de seu Pai a plena autoridade para fazer a vontade de Deus na terra, como é feita no céu.

Também quero ouvir a doce voz de Jesus dizendo ao meu coração: "Seus pecados estão perdoados". E imagino que você também deseja esse perdão.

Entrando Jesus num barco, atravessou o mar e foi para a sua cidade. Alguns homens trouxeram-lhe um paralítico, deitado em sua maca. Vendo a fé que eles tinham, Jesus disse ao paralítico: "Tenha bom ânimo, filho; os seus pecados estão perdoados". Diante disso, alguns mestres da lei disseram a si mesmos: "Este homem está blasfemando!" Conhecendo Jesus seus pensamentos, disse-lhes: "Por que vocês pensam maldosamente em seu coração? Que é mais fácil dizer: 'Os seus pecados estão perdoados', ou: 'Levante-se e ande'? Mas, para que vocês saibam que o Filho do homem tem na terra autoridade para perdoar pecados" — disse ao paralítico: "Levante-se, pegue a sua maca e vá para casa". Ele se levantou e foi. Vendo isso, a multidão ficou cheia de temor e glorificou a Deus, que dera tal autoridade aos homens.
MATEUS 9.1-8

Jesus sabe exatamente o que está fazendo. Ele sabe o momento preciso em que deve atravessar o lago de Genesaré, o momento de voltar para casa, o tom com que deve se dirigir a cada um e sabe o efeito de seus atos nas pessoas ao redor.

Ele sabia muito bem que seria criticado por perdoar os pecados daquele paralítico. E sabia que a crítica daqueles homens seria a acusação de blasfêmia, porque ele falava como se fosse Deus. Sabendo dos comentários e discussões dos escribas e fariseus, Jesus cura o paralítico. Mas a cura física foi secundária, pois o grande objetivo de Jesus era afirmar sua autoridade para perdoar pecados e, assim, demonstrar sua singular relação com Deus. O milagre foi uma forma de autenticar seu ato em nome de Deus.

Longe de desmerecer a dor de um paraplégico, a grande lição nesse episódio é a de que existe uma força que imobiliza muito mais que a paralisia. O nome dessa força é culpa.

Muita gente não consegue avançar em sua vida porque está imobilizada pela culpa. São pessoas escravizadas, impossibilitadas de enxergar um novo amanhã. Ao conceder perdão, Jesus está dizendo que nossa vida não é determinada pelos erros que cometemos no passado. Nossa vida não é determinada por nossos pecados, mas por nossa capacidade de acolher o perdão de Deus e nos reconhecer como filhos de Deus. Jesus nos concede a possibilidade de viver determinados pela esperança do futuro, deixando para trás as culpas do passado.

Não permita que seu passado seja uma prisão. A culpa por qualquer coisa que tenha feito não é mais um peso que você precisa carregar. Caminhe olhando para frente, construindo um futuro de paz, de alegria e de esperança. Receba o perdão de Jesus e deixe seu pecado e sua culpa aos pés da cruz.

Saindo, Jesus viu um homem chamado Mateus, sentado na coletoria, e disse-lhe: "Siga-me". Mateus levantou-se e o seguiu. Estando Jesus em casa, foram comer com ele e seus discípulos muitos publicanos e "pecadores". Vendo isso, os fariseus perguntaram aos discípulos dele: "Por que o mestre de vocês come com publicanos e 'pecadores'?" Ouvindo isso, Jesus disse: "Não são os que têm saúde que precisam de médico, mas sim os doentes. Vão aprender o que significa isto: 'Desejo misericórdia, não sacrifícios'. Pois eu não vim chamar justos, mas pecadores".

MATEUS 9.9-13

Difícil imaginar uma ocupação mais execrada em Israel naqueles tempos do que a de cobrador de impostos. O país fora transformado em colônia do império romano, e os judeus deveriam pagar pesados impostos a Roma. Alguns judeus eram escolhidos pelo império para a infame função de publicano, ou coletor de impostos. Eram pessoas desprezadas pelas ruas como traidores de seu povo, que lucravam com a opressão de seus próprios irmãos.

Pois Jesus chama precisamente um coletor de impostos de nome Mateus para que se torne um de seus *talmidim*. A crítica imediata dos doutores da lei e dos fariseus — o braço mais legalista e regulador do judaísmo da época — é "Jesus come com pecadores!".

Interessante o contexto em que se desenrola a história. Jesus é acolhido por homens de reputação duvidosa e gente de caráter reprovável, e parece se sentir muito à vontade no meio deles. O motivo é simples: Jesus sabe que é essa gente que deseja sua companhia. Há uma reciprocidade de sentimentos na qual Jesus é acolhido por aqueles que reconhecem suas necessidades e enxergam nele autoridade para perdoar-lhes os pecados e dar-lhes alívio à consciência. Para os "publicanos e pecadores", Jesus pode mesmo significar a oportunidade de começar de novo, de reescrever sua história e de construir um novo futuro.

Jesus é a porta de saída para o pecado, e a porta de entrada para uma vida em que a consciência não pesa. É a porta de saída para a opressão da culpa e da vergonha, e a porta de entrada para uma vida nova e limpa que recomeça todos os dias. Os pecadores parecem ter muito desejo da presença de Jesus — por isso, talvez, ele tenha tanto prazer em sua companhia.

É necessário o reconhecimento de nosso pecado e o sofrimento causado pela culpa. Quem não reconhece sua miséria não desfruta do perdão. Mas é igualmente imprescindível a experiência da misericórdia, compaixão, bondade e perdão de Jesus. Não é a virtude que qualifica alguém para ser aceito por Jesus. É o convite de Jesus que abre o caminho para uma vida de virtude.

Então os discípulos de João vieram perguntar-lhe: "Por que nós e os fariseus jejuamos,
mas os teus discípulos não?" Jesus respondeu: "Como podem os convidados do noivo
ficar de luto enquanto o noivo está com eles? Virão dias quando o noivo lhes será tirado;
então jejuarão".
MATEUS 9.14-15

Jesus caminhava sob a marcação implacável e o fogo cerrado dos fariseus e doutores da lei. Para cada ato havia um questionamento, uma crítica, uma repreensão ou uma pergunta. A todo instante, Jesus é confrontado, interrogado e chamado a se explicar. Os fariseus e mestres de Israel estavam fazendo o que se esperava deles. Era razoável que um sujeito que reivindicasse ser maior do que Moisés a ponto de dizer "vocês ouviram o que foi dito; mas eu lhes digo", e confrontasse Roma do mesmo jeito que Moisés enfrentou o Egito, tivesse de se explicar. Além disso, era perfeitamente compreensível que um homem que chamasse para si a prerrogativa de perdoar pecados e saísse falando com se fosse Deus tivesse mesmo de dar satisfações às autoridades religiosas de Israel. Não é de se admirar que Jesus tivesse de se explicar o tempo todo.

Jesus explica por que come com pecadores: "Simples, senhores, eu almoço com os pecadores porque eles gostam da minha companhia". Agora, porém, temos os discípulos de João Batista lhe perguntando: "Por que nós e os fariseus jejuamos, mas os teus discípulos não?". A resposta de Jesus é uma referência explícita a sua futura crucificação. Jesus toma para si a figura do noivo e, novamente, se compara a Yahweh, o noivo de Israel. Ele lhes diz: "O noivo está presente, então não há razão para tristeza, luto e jejum; mas em breve o noivo lhes será tirado".

Há quem diga que Jesus não sabia que seria morto. Dizem que seu grito de desespero e espanto, "Deus meu, por que me desamparaste?", revela que ele esperava escapar da morte. Mas essa interpretação não leva em conta o que vemos aqui. Jesus sabe que será tirado de entre seus *talmidim*, e que esse, sim, será um dia de tristeza e luto. Jesus está absolutamente consciente de quem é, o que dele se espera e qual sua missão em nome do Pai.

Jesus conhecia seu Pai, e nele confiava. Quem confia em Deus jamais é desapontado. Quanto mais conhecemos a real identidade de Jesus, mais podemos nele confiar.

Ninguém põe remendo de pano novo em roupa velha, pois o remendo forçará a roupa, tornando pior o rasgo. Nem se põe vinho novo em vasilha de couro velha; se o fizer, a vasilha rebentará, o vinho se derramará e a vasilha se estragará. Ao contrário, põe-se vinho novo em vasilha de couro nova; e ambos se conservam.
MATEUS 9.16-17

Remendo novo em pano velho, vinho novo em odre velho, essas coisas nunca dão certo. O pano velho já sofreu a deformação e o desgaste do tempo e encolheu após ser lavado repetidas vezes. Quando o pano velho remendado com tecido novo é lavado, o pano novo encolhe e rebenta o tecido. De forma semelhante, quando um odre velho e laceado até seu limite recebe vinho novo ainda não totalmente fermentado, a bebida acaba por rebentar o couro do odre.

Essas palavras de Cristo são muito utilizadas por críticos que fazem um contraste entre a comunidade da fé e a instituição religiosa, como se Jesus estivesse deliberadamente dizendo que o evangelho é o "vinho novo" que precisa de "odres novos", a saber, novas estruturas religiosas, organizações menos burocráticas, com formas mais leves, ágeis e flexíveis.

Mas o odre novo não é uma estrutura religiosa nova. O odre é a própria pessoa que recebe o vinho. O odre novo é a nova consciência criada pelo evangelho. Jesus estava sendo questionado e rejeitado porque as pessoas não conseguiam superar os velhos paradigmas de consciência. O debate sobre o jejum travado com os discípulos de João Batista deixou isso claro.

O advento do reino de Deus ressignifica toda a lei de Moisés. O reino de Deus exige uma nova consciência, que gera um novo homem, que por sua vez gera uma nova comunidade. Jejuar é um ato de piedade que, assim como todos os outros, somente faz sentido quando praticado com a nova consciência do reino de Deus. Quem não sabe explicar suas práticas religiosas à luz do reino de Deus ainda não ganhou a nova consciência. Ainda é pano velho, odre velho. Quem tem ouvidos para ouvir, ouça.

Falava ele ainda quando um dos dirigentes da sinagoga chegou, ajoelhou-se diante dele e disse: "Minha filha acaba de morrer. Vem e impõe a tua mão sobre ela, e ela viverá". Jesus levantou-se e foi com ele, e também os seus discípulos. Nisso uma mulher que havia doze anos vinha sofrendo de hemorragia, chegou por trás dele e tocou na borda do seu manto, pois dizia a si mesma: "Se eu tão somente tocar em seu manto, ficarei curada". Voltando-se, Jesus a viu e disse: "Ânimo, filha, a sua fé a curou!" E desde aquele instante a mulher ficou curada.

MATEUS 9.18-22

Na borda do manto de Jesus, como na borda de qualquer veste judaica tradicional, há uma espécie de franja chamada *tzitzit*. Esse ornamento foi orientação de Deus a Moisés, para que os judeus se lembrassem de sua aliança com Yahweh e dos preceitos da lei. Uma mulher que sofria de hemorragia crônica avista Jesus andando pelas ruas, se aproxima e toca no *tzitzit* de seu manto. O que isso significa?

A doença daquela mulher representava não apenas uma enfermidade física, mas a obrigava a carregar consigo uma impureza cerimonial que praticamente a alijava do contato social. O entendimento da lei dizia que tudo o que uma mulher impura tocasse se tornava automaticamente impuro. Mas o sofrimento daquela mulher é suficiente para que ela enfrente uma longa tradição e saia em público para tocar o *tzitzit* das vestes de Jesus.

Aquela mulher sabia quem era Jesus. Talvez ela o reconhecesse por ter visto seus milagres realizados na região de Cafarnaum, ou talvez ela se lembrasse dos escritos do profeta Malaquias que anunciavam que "o sol da justiça", o Messias, se levantaria "trazendo cura em suas asas" — ou, mais literalmente, em suas franjas, seu *tzitzit*. Isso explica sua convicção: "Se eu tão somente tocar em seu manto, ficarei curada". Ao ser tocado, Jesus identifica a mulher e lhe diz: "A sua fé a curou".

Jesus não está se referindo a um tipo de fé capaz de conseguir uma cura física, mas à fé capaz de reconhecer que ele é o Messias. Somente quem se aproxima de Jesus convicto de que ele é o Messias, o Filho de Deus, pode tocá-lo sem medo de expor diante dele seu mal, sua impureza e seu pecado.

Não importa qual seja seu mal, seu pecado e sua vergonha. Estenda as mãos e toque em Jesus, pois ele é o sol da justiça, que traz a cura em suas asas, em seu *tzitzit*.

Falava ele ainda quando um dos dirigentes da sinagoga chegou, ajoelhou-se diante dele e disse: "Minha filha acaba de morrer. Vem e impõe a tua mão sobre ela, e ela viverá". Jesus levantou-se e foi com ele, e também os seus discípulos. Nisso uma mulher que havia doze anos vinha sofrendo de hemorragia, chegou por trás dele e tocou na borda do seu manto, pois dizia a si mesma: "Se eu tão somente tocar em seu manto, ficarei curada". Voltando-se, Jesus a viu e disse: "Ânimo, filha, a sua fé a curou!" E desde aquele instante a mulher ficou curada.
MATEUS 9.18-22

Temos a tendência de estabelecer regras para nosso relacionamento com os poderes espirituais — Deus, inclusive. Acreditamos que Deus funciona *desta* ou *daquela* forma. Mas as pessoas que reconhecem a autoridade de Jesus e clamam por seu socorro têm suas preces atendidas de maneiras diferentes, cada uma de seu jeito. Há um oficial romano que diz a Jesus: "Basta uma ordem sua, à distância". Depois aparece um chefe da sinagoga chamado Jairo que diz: "Por favor, vá até a minha casa e coloque as mãos sobre minha filha que acaba de morrer". Enquanto Jesus se dirige à casa de Jairo, surge uma mulher que não busca nem uma palavra à distância, nem a imposição das mãos — ela quer apenas tocar no *tzitzit* das vestes do Messias.

Jesus não está sujeito a rituais ou cerimônias, e tampouco se submete a qualquer metodologia, critério ou regra. No caso da mulher com fluxo de sangue, Jesus a cura sem saber a quem está curando. Ela chega sorrateira, toca em suas vestes como quem rouba uma bênção. Mas Jesus faz questão de estabelecer contato, olhar a mulher nos olhos e dizer: "A sua fé a curou". É como se ele dissesse: "Sim, mulher, você está certa, eu sou mesmo o Messias, e eu abençoei você". Jesus quer estabelecer um relacionamento pessoal, quer trocar olhares e afetos.

O relacionamento com Jesus não é magia. Magia é a manipulação impessoal de poderes sobrenaturais. Magia é tentar ficar distante de Jesus, desfrutando de seus favores sem qualquer relação afetiva e pessoal. A espiritualidade que Jesus nos ensina é aquela fundamentada num relacionamento profundo e pessoal de amor, compaixão e afeto.

Desejo, sim, que aconteça comigo o que aconteceu com aquela mulher de Cafarnaum. Também quero ser abençoado por Jesus. Mas quero mais. Não me satisfaço com os favores de Jesus. Eu quero mesmo é Jesus. E sei que ele me quer.

Quando ele chegou à casa do dirigente da sinagoga e viu os flautistas e a multidão
agitada, disse: "Saiam! A menina não está morta, mas dorme". Todos começaram a
rir dele. Depois que a multidão se afastou, ele entrou e tomou a menina pela mão,
e ela se levantou. A notícia deste acontecimento espalhou-se por toda aquela região.
Saindo Jesus dali, dois cegos o seguiram, clamando: "Filho de Davi, tem misericórdia
de nós!" Entrando ele em casa, os cegos se aproximaram, e ele lhes perguntou:
"Vocês creem que eu sou capaz de fazer isso?" Eles responderam: "Sim, Senhor!" E ele,
tocando nos olhos deles disse: "Que lhes seja feito segundo a fé que vocês têm!" E a visão
deles foi restaurada. Então Jesus os advertiu severamente: "Cuidem para que ninguém
saiba disso". Eles, porém, saíram e espalharam a notícia por toda aquela região.
Enquanto eles se retiravam, foi levado a Jesus um homem endemoninhado
que não podia falar. Quando o demônio foi expulso, o mudo começou a falar.
A multidão ficou admirada e disse: "Nunca se viu nada parecido em Israel!"
Mas os fariseus diziam: "É pelo príncipe dos demônios que ele expulsa demônios".
MATEUS 9.23-34

Após os três últimos do ciclo de dez milagres de Jesus narrados por Mateus — a cura da filha de Jairo, a cura dos dois cegos, e a cura de um homem dominado por um demônio mudo — a fama de Jesus se espalhou como água por toda a região.

A pergunta de Jesus aos cegos é sintomática: "Vocês creem que eu sou capaz de fazer isso?". Para discernir o que está acontecendo, precisamos entender que essa não é uma pergunta a respeito das capacidades de Jesus, mas uma pergunta a respeito de sua identidade, como se ele dissesse: "Vocês creem que sou eu aquele que é capaz de fazer isso?".

Os milagres de Jesus nunca foram fins em si mesmos, isto é, sempre foram sinais que apontavam para sua messianidade. Milagres não existem para fazer a vida mais confortável e menos sofrida, para atenuar as dificuldades ou satisfazer os desejos particulares. Os milagres revelam que Jesus é o Messias.

Assim como ocorre em nossos dias, também naquela época a fama de Jesus se espalhava, ainda que o *marketing* boca a boca o contrariasse. E assim como acontece em nossos dias, também naquele tempo Jesus era famoso por aquilo que era capaz de fazer e não por ser quem era. Jesus ficava famoso por seus milagres, e não por sua identidade.

Devemos celebrar os milagres de Jesus. Mas não podemos permitir que os milagres se tornem uma cortina de fumaça que nos impeça de ver a real identidade dele. Jesus não é um milagreiro a nossa disposição. É o Deus digno de nossa adoração.

Jesus ia passando por todas as cidades e povoados, ensinando nas sinagogas, pregando as boas novas do Reino e curando todas as enfermidades e doenças. Ao ver as multidões, teve compaixão delas, porque estavam aflitas e desamparadas, como ovelhas sem pastor. Então disse aos seus discípulos: "A colheita é grande, mas os trabalhadores são poucos. Peçam, pois, ao Senhor da colheita que envie trabalhadores para a sua colheita".
MATEUS 9.35-38

A identidade de Jesus é construída a partir de afirmações de que ele é o homem perfeito, o Messias prometido a Israel, o Deus que toma forma humana. Desde o primeiro momento de seu ministério, Jesus deixa claro que está consciente de sua identidade.

Ao afirmar sua identidade, Jesus acaba comprando uma grande briga — não apenas com os homens de seu tempo, mas com toda a história. Ele afirma: "Eu sou o Messias, o Filho de Deus, rendido ao Espírito de Yahweh, que me ungiu e me capacitou para fazer o que faço. Eu sou maior que tudo". Então, imagine o seguinte diálogo:

— Mas você é maior do que a tempestade?

— Sim. Eu acalmo os mares e os ventos me obedecem.

— Você é maior do que as doenças e as enfermidades?

— Sim. Eu faço que os cegos vejam, os mudos falem, os surdos ouçam.

— Você é maior do que os espíritos imundos?

— Sim, todos os espíritos imundos obedecem a mim.

— Mas, será que você é maior do que Roma? Você é maior do que César?

— Sim, eu sou maior do que Roma, maior do que César, porque Roma e César terminarão seus dias afogados no mar da Galileia.

Até que finalmente alguém perguntaria:

— Mas você não é maior do que a morte?

E Jesus responderia:

— Sim, eu sou maior do que a morte.

E então estenderia a mão para uma menina e a levantaria de seu leito de morte, como quem carinhosamente desperta uma criança do sono.

Este Jesus é maior que tudo, mas é apresentado na Bíblia como um Deus que sofre por amor. Por isso é que Jesus vê as multidões e tem compaixão. Um Deus que sofre, que morre, que se deixa matar é um Deus escandaloso. E ele pode morrer e se deixar matar porque é maior que a morte. Esse Jesus que andou pela empoeirada Palestina de seu tempo, morreu e ressuscitou, tinha compaixão de todos aqueles com quem conviveu e das multidões a seu redor, e, ainda hoje, vivo, tem compaixão de você e de mim.

> *Chamando seus doze discípulos, deu-lhes autoridade para expulsar espíritos*
> *imundos e curar todas as doenças e enfermidades. Estes são os nomes dos doze*
> *apóstolos: primeiro, Simão, chamado Pedro, e André, seu irmão; Tiago, filho de Zebedeu,*
> *e João, seu irmão; Filipe e Bartolomeu; Tomé e Mateus, o publicano; Tiago,*
> *filho de Alfeu, e Tadeu; Simão, o zelote, e Judas Iscariotes, que o traiu.*
> MATEUS 10.1-4

No Sermão do Monte, Jesus havia dito que seus discípulos são "sal da terra" e "luz do mundo", ou seja, o discipulado de Jesus implica, necessariamente, um profundo senso de missão. Ele não fala de uma simples experiência transcendente, ou de satisfação existencial, ou de conforto interior, ou de esperança para a vida pós-morte, ou de um relacionamento íntimo e pessoal com o Deus Criador. É verdade que a espiritualidade cristã é tudo isso, mas Jesus nos convoca também para um engajamento no reino de Deus que se manifesta na história.

A missão proposta por Jesus a seus *talmidim* é o testemunho da boa notícia do reino de Deus. Jesus compartilha com eles sua própria autoridade e deixa claro que o reino de Deus não é apenas uma notícia, mas uma nova realidade presente na história: enquanto o reino de Deus avança, as enfermidades e os espíritos imundos vão dando passos para trás.

Esse fato nos coloca diante de um ponto inegociável da espiritualidade cristã: Jesus nos chama para uma causa e nos propõe uma missão. Quem se chama de cristão deve, indiscutivelmente, estar comprometido com o reino de Deus e sua justiça. Ser seguidor de Jesus exige engajamento na militância para que a vontade de Deus seja feita na terra como no céu.

Em razão de quê você vive? Que causa você defende? De que maneira você pensa em seu semelhante? Como você emprega seu dinheiro, seu tempo, seus talentos e seus dons para abençoar pessoas a seu redor? Essas são as perguntas que Jesus coloca diante de seus discípulos, quando os envia para a maior de todas as causas: o reino de Deus.

Chamando seus doze discípulos, deu-lhes autoridade para expulsar espíritos imundos e curar todas as doenças e enfermidades.
MATEUS 10.1

Vivemos em um mundo habitado por espíritos. O mundo é povoado não apenas por seres humanos, mas também por seres espirituais. E muitos desses espíritos são imundos, isto é, malignos, conforme nos ensina o Senhor Jesus. A expressão "espíritos imundos" usada por Mateus é uma referência a "ventos contaminados" que sopram sobre a terra provocando toda sorte de tragédias, catástrofes e coisas ruins. As pessoas daquela época não acreditavam no que hoje chamamos de fenômenos naturais, mas consideravam que, por trás de todas as coisas que aconteciam, estavam os espíritos, bons e maus. No mundo de Jesus, onde se acreditava que todas as forças naturais eram instrumentalizadas por espíritos, os espíritos imundos — ventos contaminados — eram os causadores das doenças. E justamente por isso é que os *talmidim* precisam da autoridade de Jesus para que possam cumprir a missão de anunciar o reino de Deus.

Evidentemente, há de fato espíritos malignos agindo no mundo, mas o grande cativeiro da maioria das pessoas de nossos dias é o medo. Medo não apenas da aleatoriedade das forças naturais, mas também e principalmente da ação dos espíritos imundos. Isso explica por que a sociedade brasileira é cheia de superstições e encantamentos, mandingas e simpatias para prevenir e remediar a ação dos maus espíritos. As tradições religiosas se ocupam de artefatos e artifícios, rituais e truques para tentar manipular os espíritos. Mas a Bíblia afirma que para lidar com os maus espíritos, basta a autoridade de Jesus.

No nome de Jesus há poder e autoridade para que sejamos livres não apenas das ações e interferências dos espíritos imundos, mas de todas as sombras que pairam sobre nossa alma, nosso pensamento e nossa imaginação, bem como das trevas e sombras que habitam nossa interioridade. Acreditar que por trás de todas as coisas há um espírito imundo é muito perigoso. Mas deixar de acreditar na interferência dos espíritos maus no mundo não é menos perigoso. Jesus nos liberta tanto dos espíritos que atuam de fato quanto dos que existem apenas em nossa imaginação.

Jesus enviou os doze com as seguintes instruções...
MATEUS 10.5

Sublinhe o número "doze". Dos números que aparecem na Bíblia, doze está entre os mais importantes. A nação de Israel teve início quando Deus chamou um homem de nome Abraão. De Abraão nasceu Isaque, de Isaque, Jacó, e de Jacó nasceram doze filhos, que deram origem às doze tribos de Israel, o povo escolhido por Deus para trazer o Messias ao mundo.

Quando Jesus convoca seus doze discípulos, ele não apenas faz uma referência às tribos de Israel, mas principalmente deixa claro que o povo de Deus não se resume a uma etnia, pois os doze apóstolos passarão a ser representativos de pessoas de toda tribo, raça, língua e nação, como afirma o Apocalipse.

O apóstolo Paulo diz que os verdadeiros filhos de Abraão, o Israel de Deus, não é composto pela linhagem de descendência natural, mas sim pelos que "são da fé". Aqueles que identificaram Jesus de Nazaré como o Messias e se comprometeram com ele como Deus encarnado são o "povo de Deus". Os doze primeiros *talmidim* de Jesus, depois chamados apóstolos, representam a transposição da relação de Deus com uma nação específica para uma nação sem fronteiras. Este é o significado da missão que Jesus delega aos doze apóstolos: levar o evangelho do reino de Deus a todas as nações, "até os confins da terra".

A comunidade de Jesus é universal. Jesus é Senhor, e não apenas de um povo e de uma cultura, não apenas de uma fração da história ou de parte da humanidade. Jesus governa sobre toda a raça humana. A humanidade toda é uma só família. Deus é Pai de todos. O Pai é nosso, o pão é nosso, e nosso é o perdão de Deus. Porque a comunidade de Cristo não conhece fronteiras.

> *Jesus enviou os doze discípulos com as seguintes instruções: "Não se dirijam*
> *aos gentios, nem entrem em cidade alguma dos samaritanos. Antes, dirijam-se*
> *às ovelhas perdidas de Israel".*
> MATEUS 10.5-6

A mensagem de Jesus tem alcance universal, mas ao mesmo tempo tem um *locus* e uma história bem definidos. A revelação de Deus que Jesus nos traz não surge num vácuo nem na "espiritosfera". Deus se revela a partir de um povo — o judeu. É por isso que Jesus envia seus discípulos sob a orientação de não se dirigirem, ao menos inicialmente, aos gentios (os não judeus, conhecidos como *goims*), nem mesmo aos samaritanos, que eram judeus miscigenados. A ordem era buscar apenas "as ovelhas perdidas de Israel".

Jesus deve ser compreendido e interpretado com base em sua identidade étnica. Não é possível entender o cristianismo ignorando suas raízes judaicas. Não é possível ler o Novo Testamento dissociado do Antigo Testamento. A morte de Jesus na cruz, por exemplo, deve ser interpretada à luz de todo o sistema sacrificial da religião de Israel revelado em Levítico. Para compreender Jesus, sua pessoa e sua mensagem, precisamos tirar os óculos do helenismo grego, determinante da maneira ocidental de pensar, e usar as lentes da história e da cultura de Israel, conforme registradas no Antigo Testamento. Para entender Jesus, precisamos colocar os filósofos gregos em segundo plano e dar voz à lei e aos profetas de Israel.

Jesus de Nazaré era judeu. Cresceu como judeu, falou como judeu, viveu dentro da cultura judaica e praticou a religião de Israel. É dentro desse *locus* bastante definido que Jesus irrompe com sua mensagem universal.

Por onde forem, preguem esta mensagem: O Reino dos céus está próximo.
MATEUS 10.7

O reino de Deus é o conteúdo essencial da mensagem de Jesus. A expressão "reino dos céus", preferida por Mateus, significa a mesma coisa que "reino de Deus", mais usada pelos outros evangelistas. Quando Jesus diz que o reino de Deus está próximo, ele não está fazendo referência ao tempo, como se o reino de Deus fosse chegar dali a uma semana, um ano ou se tornar uma realidade possível depois da morte. "O reino de Deus está próximo" quer dizer que o reino de Deus está aqui, ao alcance das mãos.

Jesus inaugura o reino de Deus. O reino de Deus está em contraste flagrante com os reinos que se opõem à vontade de Deus. O reino de Deus está aqui quando Jesus manifesta o poder e a autoridade de Deus na história; quando anda sobre as águas, multiplica os pães, cura os enfermos, acalma a tempestade, subjuga os espíritos imundos. Jesus traz para o "aqui e agora" uma nova alternativa de ser gente, ser mundo, ser sociedade.

Rob Bell tem uma boa definição de reino de Deus: é todo ambiente onde acontece o que é normal. Uma definição muito simples e impactante. Onde houver um pai tratando o filho como um pai deve tratar seu filho, o reino de Deus está presente. Onde um profissional trabalha como um trabalhador deve trabalhar, ali está o reino de Deus. Onde um romance acontece como um romance deve acontecer, o reino de Deus está presente. Onde você vê o ser humano sendo tratado com dignidade e respeito, valorizado com o valor intrínseco de uma pessoa criada à imagem e semelhança de Deus, o reino dos céus está ali. Onde o mundo acontece como Deus planejou que acontecesse, ali está a sua vontade, ali está o seu reino. Jesus nos trouxe essa mensagem e nos ordenou que a anunciássemos.

Evidentemente, anunciar que "o reino de Deus está aqui" implica assegurar que as pessoas que nos ouvem sejam capazes de dizer: "É verdade, as coisas aqui acontecem como deveriam acontecer em toda parte!". Não se trata apenas de uma mensagem a ser ouvida, mas de uma realidade a ser vista.

Por onde forem, preguem esta mensagem: O Reino dos céus está próximo. Curem os enfermos, ressuscitem os mortos, purifiquem os leprosos, expulsem os demônios. Vocês receberam de graça; deem também de graça.

MATEUS 10.7-8

O reino é de Deus. Mas o valor máximo do reino de Deus é a vida humana. O reino dos céus é o ambiente no qual Deus está agindo por meio de seus filhos para libertar outros filhos que ainda estão escravizados e fora das fronteiras desse rio de vida. No reino de Deus, a restauração da dignidade da vida humana ganha importância singular. No reino de Deus, tanto a vida quanto a promoção da vida são dádivas de Deus. Ninguém pode "comprar" vida, pois somente Deus pode conceder vida. É o que Jesus afirma quando orienta seus discípulos: "Vocês receberam de graça; deem também de graça".

A vida não é uma "conquista" do ser humano. E o que não foi comprado não pode ser transferido ou vendido numa transação comercial. Você não pode vender o que não comprou. Você só pode dar. Essa transmissão de vida é algo sagrado nos domínios do reino de Deus.

Toda vez que alguém condiciona o favor e a generosidade de Deus, seja a uma barganha financeira, um ato de penitência, um esforço pessoal ou a qualquer relação de troca, a graça de Deus fica sujeita às leis do comércio. Quando alguém afirma que o favor de Deus depende de uma fita amarrada no pulso ou de um cordão no pescoço ou de uma escadaria a ser subida de joelhos ou de uma oferta na igreja, aí está um falso profeta pronunciando uma falsa profecia.

Os discípulos de Jesus estão proibidos de colocar preço naquilo que não tem preço. A vida humana não tem preço. A graça de Deus não tem preço. O que recebemos de graça, pela graça, de graça compartilhamos. O acesso a Deus é feito única e exclusivamente pela invocação de seu nome. Não há nada mais simples que você possa fazer do que invocar a bênção, o favor, a bondade, o amor e a graça de Deus. Invoque o nome de Deus, em nome de Jesus. Sem preço, sem troca, sem barganha, sem sacrifícios. Simplesmente abra-se para receber a graça de Deus em sua vida.

Minha oração é que eu consiga viver assim, debaixo da graça de Deus, livre do espírito da conquista, do mérito, sem desejar comprar o favor de Deus em minha vida. Minha oração é que eu consiga falar de Deus assim, e que as pessoas, quando me ouvirem falar de Deus, saibam que o acesso a ele está aberto, é livre e sem preço. Eu convido você também a fazer essa oração. Essa oração que coloca você e todos os que estão a sua volta debaixo da graça de Deus.

Não levem nem ouro, nem prata, nem cobre em seus cintos; não levem
nenhum saco de viagem, nem túnica extra, nem sandálias, nem bordão;
pois o trabalhador é digno do seu sustento.
MATEUS 10.9-10

O reino de Deus confronta abertamente a cultura do mérito, das relações comerciais e da ideia de conquista. Ele apresenta uma ideia revolucionária: a gratuidade. O reino de Deus é a proposta de que as relações humanas sejam construídas a partir da gratuidade. Ao enviar seus *talmidim* para a estrada, Jesus os orienta a partirem totalmente despojados — descalços, inclusive. Para quem conhece o terreno da Palestina, é quase inconcebível alguém saindo por aquelas estradas sem um cajado, sem túnica, sem ouro nem prata, sem diamantes ou dinheiro, e nem ao menos sandálias no pé. E antes que alguém pudesse perguntar: "Mas Mestre, como vamos viver?", Jesus explicou: "Vocês são trabalhadores e são dignos de receber a provisão de cada dia, e vocês a receberão daqueles que lhes oferecerem hospitalidade".

O inconveniente é que aqueles homens estavam sendo enviados às cidades e às casas das pessoas sem levar consigo nada que despertasse a menor inclinação de hospitalidade. Os discípulos de Jesus não tinham ouro nem prata, não tinham aparência de posição nem *status* na sociedade. Tudo o que tinham ao se apresentar era o despojamento. Daquela maneira, absolutamente vazios, tudo o que podiam fazer, e na verdade, esperavam que acontecesse, era despertar nas pessoas o espírito da gratuidade.

Esta é a lógica de funcionamento do reino de Deus: eu estou vazio e me apresento a você dependente de seu favor. Eu não tenho nada a oferecer para preencher seu vazio. Mas você é chamado para me receber assim mesmo, ser um bom anfitrião, compartilhar comigo sua mesa. No encontro de seu vazio com meu vazio, pretendemos suprir um ao outro — de fato, esperamos que Deus venha nos suprir. Eu, andarilho, ofereço a você a mensagem do reino de Deus, que recebi de graça e de graça lhe dou. O reino de Deus é o que pode encher seu vazio. Quando você acolhe o reino de Deus que lhe é oferecido de graça, pela graça, justamente porque de graça, pela graça, me acolheu em sua casa, então se estabelece o milagre: as culturas do mérito, da conquista e do comércio são vencidas pela lógica da gratuidade do reino de Deus.

O reino de Deus funciona assim. Vivemos do favor de Deus e compartilhamos esse favor uns com os outros. Isso é muito mais do que a utopia do reino de Deus: é a nossa missão.

Não levem nem ouro, nem prata, nem cobre em seus cintos; não levem
nenhum saco de viagem, nem túnica extra, nem sandálias, nem bordão;
pois o trabalhador é digno do seu sustento.
MATEUS 10.9-10

Jesus envia seus *talmidim* para que anunciem o reino Deus. Eles vão despojados de tudo, sem nenhum recurso financeiro ou material, e sem nenhuma aparência de *status* social. O interesse de Jesus é que eles não despertem nas pessoas nenhum interesse de vantagem, exceto o desejo de participar do reino de Deus. Jesus propõe a lógica da gratuidade. Mas Jesus também apresenta outro princípio ao lado da gratuidade: o trabalhador é digno do seu salário.

Aqueles homens saíam pelas vilas e cidades, despojados, descalços, e eram recebidos e hospedados pelas pessoas de boa vontade. A hospitalidade era uma virtude muito celebrada naquela sociedade. O evangelista Lucas, quando narra essas mesmas orientações, informa ainda que Jesus mandou que seus *talmidim* comessem e bebessem apenas aquilo que lhes fosse colocado à mesa. O círculo da gratuidade se fecha: os apóstolos, que ofereciam gratuitamente o reino de Deus, sobreviviam da gratuidade de seus anfitriões. Aquele que anuncia o reino de Deus é digno de receber salário, mas não o exige como condição para cumprimento de sua missão. No reino dos céus, ainda que sejamos dignos de salário, trabalhamos de graça. E não poucas vezes, pagamos para trabalhar. A Didaquê, comentário rabínico da lei, recomenda: "Se algum profeta pedir dinheiro, mande-o embora, pois é falso profeta".

O que fazemos para Deus e para abençoar pessoas no reino de Deus, nós fazemos porque sabemos que temos de fazer. Porque temos um compromisso com o reino de Deus, uma compulsão em nosso coração. A isso chamamos vocação — pouco ou nada a ver com ocupação ou profissão. O trabalho no reino de Deus não é uma atividade profissional. Quem o executa vive segundo a lógica da gratuidade inerente a ele, sem exigência nenhuma.

Os *talmidim* de Jesus sabem que são dignos de um salário, mas não é o salário que os motiva a servir a Deus no reino de Deus.

Na cidade ou povoado em que entrarem, procurem alguém digno de recebê-los, e fiquem em sua casa até partirem. Ao entrarem na casa, saúdem-na. Se a casa for digna, que a paz de vocês repouse sobre ela; se não for, que a paz retorne para vocês. Se alguém não os receber nem ouvir suas palavras, sacudam a poeira dos pés quando saírem daquela casa ou cidade. Eu lhes digo a verdade: No dia do juízo haverá menor rigor para Sodoma e Gomorra do que para aquela cidade.

MATEUS 10.11-15

Os *talmidim* devem percorrer todas as cidades e vilas de Israel para anunciar a chegada do Messias e a presença do reino de Deus. Eles são orientados por Jesus a procurar, em cada cidade, uma casa onde pudessem ser acolhidos e hospedados. Acolher os discípulos de Jesus equivale a acolher o próprio Jesus, assim como acolher os que anunciam o reino de Deus equivale a acolher o próprio reino anunciado. Jesus orienta seus discípulos a saudarem seus anfitriões ao entrar na casa deles. E a saudação que devem estender a seus anfitriões é *shalom*.

A palavra hebraica *shalom* é geralmente traduzida como "paz", mas seu significado é muito mais amplo. *Shalom* é prosperidade e fartura. *Shalom* é abundância de tudo para todos. Ou seja, *shalom* é o reino de Deus onde há plenitude para todas as pessoas. *Shalom* é o mundo de fraternidade universal. E por essa razão deve ser construído na perspectiva do encontro, o encontro entre os que anunciam a paz e os que recebem a paz.

Receber a paz, isto é, acolher o *shalom* de Deus, é uma questão de hospitalidade fraterna, de partilha dos bens, e da vida na lógica da gratuidade. Os que acolhem o reino de Deus passam a viver na perspectiva da comunhão em uma sociedade de justiça e paz. Fazendo referência ao profeta Ezequiel, Jesus diz a seus *talmidim* que, no caso de serem rejeitados, devem "sacudir a poeira" dos pés, anunciando que Deus julgará, com mais rigor do que fez com Sodoma e Gomorra, todos aqueles que viverem em oposição a seu reino — isto é, viverem comprometidos com a injustiça e a indiferença para com o próximo.

O *shalom* de Deus é prosperidade. E toda prosperidade é riqueza coletiva, partilhada, na hospitalidade fraterna e na sociedade que celebra a gratuidade da bondade de Deus.

Eu os estou enviando como ovelhas entre lobos. Portanto, sejam astutos como as serpentes e sem malícia como as pombas.
MATEUS 10.16

Jesus já havia advertido seus *talmidim* de que eles não seriam bem recebidos em algumas cidades. O reino de Deus não é acolhido por todos. Agora Jesus é mais explícito, e afirma que seus discípulos devem esperar não apenas a rejeição, mas a hostilidade. E usa as figuras do lobo e das ovelhas, o predador e as presas, muito provavelmente numa referência a Roma, a cidade da loba que, segundo a lenda, teria alimentado os gêmeos Rômulo e Remo.

O reino de Deus prevalecerá sobre todos os outros reinos. Mas não mediante a força e a violência predatórias. Os *talmidim* de Jesus são enviados como ovelhas, não como lobos. Como ovelhas no meio de lobos, devem ter a prudência da serpente e a simplicidade da pomba.

Desde o Jardim do Éden, a figura da serpente está inevitavelmente ligada à do diabo. Mas a serpente é também um símbolo levantado por Moisés no deserto. Para Israel, a serpente representava misericórdia, compaixão e um ato redentor de Deus.

A pomba é também muito significativa. Noé envia uma pomba depois do dilúvio, para que ela lhe trouxesse um ramo de árvore demonstrando que as águas haviam baixado. A pomba que paira sobre o caos do juízo após o dilúvio simboliza o Espírito de Deus que se move sobre as águas do caos no Gênesis. O mesmo Espírito assume a forma de pomba e pousa sobre Jesus no momento de seu batismo.

Jesus envia seus discípulos citando a pomba como uma referência da fecundidade criativa. Os discípulos sabem que dali em diante serão rejeitados e hostilizados. Mas continuarão avançando como serpentes e pombas, como expressão de redenção e como uma força que vai brotando, dissipando as trevas, tirando o juízo e espalhando o *shalom*, a paz, a prosperidade e a abundância de tudo para todos.

Essa é a missão de um *talmid*. Enfrentar a hostilidade com prudência e simplicidade. Opor-se ao reino das trevas com uma oferta de redenção pós-juízo e com uma sincera oferta de ação criativa no meio do caos. Somente o sopro do Espírito Santo sobre nós pode nos conduzir ao bom êxito nessa extraordinária tarefa.

Tenham cuidado, pois os homens os entregarão aos tribunais e os açoitarão nas sinagogas deles. Por minha causa vocês serão levados à presença de governadores e reis como testemunhas a eles e aos gentios. Mas quando os prenderem, não se preocupem quanto ao que dizer, ou como dizê-lo. Naquela hora lhes será dado o que dizer, pois não serão vocês que estarão falando, mas o Espírito do Pai de vocês falará por intermédio de vocês. O irmão entregará à morte o seu irmão, e o pai, o seu filho; filhos se rebelarão contra seus pais e os matarão. Todos odiarão vocês por minha causa, mas aquele que perseverar até o fim será salvo. Quando forem perseguidos num lugar, fujam para outro.

Eu lhes garanto que vocês não terão percorrido todas as cidades de Israel antes que venha o Filho do homem. O discípulo não está acima do seu mestre, nem o servo acima do seu senhor. Basta ao discípulo ser como o seu mestre, e ao servo, como o seu senhor.

Se o dono da casa foi chamado Belzebu, quanto mais os membros da sua família!

MATEUS 10.17-25

Jesus atraiu todo tipo de hostilidade. Não foi diferente com seus *talmidim*. Os seguidores de Jesus são enviados como "ovelhas no meio de lobos". A hostilidade que os discípulos enfrentarão será religiosa, política e até mesmo familiar. Os *talmidim* de Jesus serão julgados, açoitados e chicoteados nas sinagogas, e isso é uma referência ao sinédrio, o tribunal religioso judaico. Os reis e governadores também ouvirão o testemunho, mas não acolherão o reino de Deus. É a violência política. Mas também em casa, no contexto da família — irmão contra irmão, pai contra filho, filhos contra os pais — os discípulos serão hostilizados. Jesus prevê grande confusão a partir do momento em que sua autoridade divina e sua identidade messiânica forem anunciadas.

Jesus admite que sua presença desestabiliza, sua proposta desarticula, sua autoridade confronta e desmonta toda estrutura de controle. A religião, o estado e a família são, evidentemente, estruturas sociais de controle. A presença de Jesus Cristo e sua identidade divina não se submetem a nenhum controle religioso. A autoridade de Jesus sobre o universo não se submete a nenhuma autoridade política. E a fraternidade universal entre seus seguidores não se restringe a vínculos sanguíneos de afinidade familiar.

O compromisso no discipulado de Jesus exige a reavaliação de todos os demais vínculos e comprometimentos, especialmente religiosos, políticos e familiares. Jesus exige lealdade absoluta. Jesus é a prioridade de todo discípulo. Somente Deus pode reivindicar tal dedicação dos seus. Mas também somente Deus pode julgar e redimir todas as instituições sociais e humanas.

Não tenham medo dos que matam o corpo, mas não podem matar a alma. Antes,
tenham medo daquele que pode destruir tanto a alma como o corpo no inferno.
MATEUS 10.28

A palavra traduzida como "inferno" foi *Geena*, um lugar no vale de Hinom, ao sul de Jerusalém. Em tempos remotos, quando a nação de Israel se desviou de Yahweh, construiu na Geena um enorme altar para um deus pagão chamado Moloque, que exigia sacrifícios humanos, inclusive (e especialmente) crianças. A estátua de Moloque era oca, e na altura de seu ventre havia uma fornalha. Em seus braços, movimentados à distância por correntes, eram depositadas crianças, que eram tragadas até a fornalha e queimadas em sacrifício.

Quando o culto a Moloque foi proibido pela lei de Moisés, o vale foi amaldiçoado e posteriormente acabou se tornando uma espécie de lixão de Jerusalém. Era na Geena que todos os detritos da cidade eram lançados para ser queimados. Era um lugar de fogo constante, alimentado pelo enxofre e, provavelmente por isso, acabou se tornando sinônimo para o inferno, juízo e para o próprio fogo de Deus, consumidor e purificador.

De certa maneira, é procedente essa percepção do juízo de Deus, mas compreender o inferno como castigo, punição ou mesmo vingança divina a quem pratica o mal ou é hostil a seu reino e seu Filho não é muito compatível com o caráter do Deus revelado por Jesus de Nazaré. O inferno não é o ideal de Deus para o homem, mas é resultado da rejeição humana.

Mas quando consideramos a Geena como lugar onde o lixo era queimado, talvez surja uma noção um pouco mais precisa do significado desse fogo. O inferno que devemos temer, segundo recomendação de Jesus, é o lugar reservado para a vida que foi desperdiçada e se perdeu. O inferno destinado àqueles cujo ser se decompôs ao longo de sua existência física. Jesus está nos dizendo que a única possibilidade de ganhar a vida é dar uma resposta positiva ao reino de Deus. Qualquer rejeição implica perder a vida e, como tudo o que foi perdido, deixar-se consumir pelo fogo na Geena.

Os *talmidim* de Jesus são aqueles que respondem sim à convocação de Jesus. Sua marcha não é em direção à Geena, mas rumo ao reino de Deus. Rejeitar o reino de Deus é perder a vida. Participar do reino de Deus é ganhar a vida.

Quem recebe vocês, recebe a mim; e quem me recebe, recebe aquele que me enviou. Quem recebe um profeta, porque ele é profeta, receberá a recompensa de profeta, e quem recebe um justo, porque ele é justo, receberá a recompensa de justo. E se alguém der mesmo que seja apenas um copo de água fria a um destes pequeninos, porque ele é meu discípulo, eu lhes asseguro que não perderá a sua recompensa.

MATEUS 10.40-42

Depois de advertir seus *talmidim* a respeito das possíveis e quase inevitáveis perseguições, e tendo avisado que não deveriam esperar em sua missão menos do que hostilidade e violência, Jesus faz essa declaração alentadora: "Quem recebe vocês, recebe a mim". Jesus se identifica radicalmente com seus *talmidim*, assim como está identificado com Deus, o Pai. Jesus segue a afirmação dos rabinos da época, que diziam que quem acolhe seu próximo, acolhe da mesma forma a presença divina, a *shekhina*, a glória divina. Assim como a glória de Deus resplandece na face de Jesus, a glória de Jesus resplandece na face de seus *talmidim*.

Jesus fala do profeta, do justo e dos pequeninos. Curiosamente, se a intenção era estabelecer uma escala hierárquica, os *talmidim* estão identificados como os pequeninos. Isso vale também para nós, os *talmidim* de hoje. Quando recebemos um copo de água fria, sabemos que aqueles que nos abençoam, abençoam o próprio Jesus — e aqueles que nos rejeitam, rejeitam também a Jesus e a seu Pai.

Essa identificação entre Deus, o Pai, Jesus, o Filho, e sua comunidade de discípulos é maravilhosamente apresentada nesse texto. A glória de Deus na face de Jesus resplandecendo na face dos *talmidim* de Jesus explica o significado de "nós somos a luz do mundo".

Digo-lhes a verdade: Entre os nascidos de mulher não surgiu ninguém
maior do que João Batista; todavia, o menor no Reino dos céus é maior do que ele.
MATEUS 11.11

"Eis o Cordeiro de Deus, que tira o pecado do mundo" (Jo 1.29, RA) — esta é, com certeza, a mais célebre das afirmações de João Batista, o precursor de Jesus. Depois de quatrocentos anos de silêncio profético de Israel, Jesus pisa na Palestina como o Messias esperado, e é João Batista quem tem a responsabilidade de identificá-lo e apontá-lo como o Ungido de Deus.

Entretanto, em determinado momento, João Batista vive uma crise de fé e começa a se perguntar se Jesus de Nazaré era mesmo o Messias. Em termos simples, João Batista fica em dúvida se apontou para o sujeito certo. João estava preso, e por isso envia alguns de seus discípulos até Jesus para que perguntassem: "É você mesmo o Messias ou devemos esperar outro?". Ele responde: "Voltem e contem a João o que vocês estão vendo".

Jesus chama a responsabilidade para si. Se os discípulos de João Batista queriam saber de sua identidade, que olhassem então para os frutos de seu ministério, para os resultados de sua presença. Em seguida, ele faz um elogio extraordinário a João Batista: "Entre os nascidos de mulher não surgiu ninguém maior do que João Batista", para finalmente afirmar que, no entanto, "o menor no reino dos céus é maior do que ele". Uma declaração aparentemente contraditória. Jamais devemos esquecer que João Batista foi o primeiro a identificar Jesus como Messias.

Jesus diz que a lei e os profetas duraram até João Batista. Depois dele, veio o tempo da graça e da bondade, a visitação misericordiosa e compassiva de Deus por meio do Messias. Jesus inaugurou o "ano do jubileu", o *kairós* de Deus, em que o reino de Deus pertence aos pequeninos. Como resultado, João Batista, o último profeta antes da era messiânica, é o maior de todos os nascidos de mulher, mas é menor do que os pequeninos que abraçaram a mensagem do reino de Deus. João Batista fez o prelúdio para o reino de Deus.

Os *talmidim* de Jesus não têm medo de crises de fé. Quando percebem as dúvidas invadindo o coração, correm para fazer perguntas a Jesus. E as dúvidas são dissipadas sempre que os *talmidim* recuperam a convicção de que Jesus é mesmo quem disse ser: o Messias prometido a Israel, o Deus conosco.

A que posso comparar esta geração? São como crianças que ficam sentadas nas praças
e gritam umas às outras: "Nós lhes tocamos flauta, mas vocês não dançaram; cantamos
um lamento, mas vocês não se entristeceram". Pois veio João, que jejua e não bebe vinho,
e dizem: "Ele tem demônio". Veio o Filho do homem comendo e bebendo, e dizem: "Aí
está um comilão e beberrão, amigo de publicanos e 'pecadores'". Mas a sabedoria é
comprovada pelas obras que a acompanham.
MATEUS 11.16-19

Jesus está fazendo uma crítica à geração que estava a sua volta, incrédula em relação a sua identidade messiânica, rejeitando o reino de Deus. Sua maneira de falar revela certa ironia: "Quando a música é alegre, vocês não dançam; quando a música é triste, vocês não choram; quando João Batista apareceu comendo apenas gafanhotos e mel silvestre, vocês disseram que ele estava endemoninhado; agora vem o Filho do homem, ele vai a festas, bebe e celebra a vida com as pessoas a sua volta, mas... essa geração também o rejeita".

O problema, evidentemente, não estava na mensagem anunciada, mas nos ouvidos dos que ouviam. E esta é uma verdade totalmente válida também para os dias de hoje: o poder do evangelho é sacrificado por ouvidos seletivos e pelas conveniências de seus ouvintes.

Um dos maiores problemas de nossos dias é o do autoengano. Acreditamos apenas no que queremos acreditar, ouvimos o que queremos ouvir e, como diz o velho ditado, vivemos puxando a brasa para nossa sardinha. Somos mestres em apresentar desculpas para justificar nossas conveniências. Jesus desarma essa lógica dizendo que a sabedoria fala, e é testificada, pelas obras que a acompanham.

Em Eclesiastes, Salomão afirma que a sabedoria é uma presença que fala por si. A mesma afirmação está em Provérbios. As obras de Jesus comprovam a verdade de sua mensagem. Jesus nos diz que a mensagem do reino de Deus nos confronta de fora para dentro. Ele nos convida a deixar de lado os labirintos de nossos pensamentos e sentimentos, abandonar nossas desculpas e refletir sobre a verdade objetiva de sua mensagem e suas obras.

Os *talmidim* de Jesus estão atentos aos perigos do autoengano. Buscam discernimento para encontrar a sabedoria em Jesus. Estão mais ocupados em ouvir e obedecer a Jesus do que em dar desculpas para sua incredulidade ou desobediência.

> *Eu te louvo, Pai, Senhor dos céus e da terra, porque escondeste estas coisas dos sábios e cultos, e as revelaste aos pequeninos. Sim, Pai, pois assim foi do teu agrado. Todas as coisas me foram entregues por meu Pai. Ninguém conhece o Filho a não ser o Pai, e ninguém conhece o Pai a não ser o Filho e aqueles a quem o Filho o quiser revelar.*
> MATEUS 11.25-27

Mistério é algo que está oculto, velado, coberto por um véu. O mistério é acessível porque é revelado. O evangelho de Jesus é um mistério, e "estas coisas" a que Jesus se refere também são.

Mais uma vez, Jesus é registrado fazendo uma crítica aos fariseus, aos doutores da lei de Moisés e aos líderes religiosos de sua época. Ele agradece porque o mistério do evangelho e os mistérios de Deus foram revelados aos pequeninos.

Convém fazer uma distinção básica entre o que é evangelho e o que é filosofia: o evangelho não é especulação, não é uma verdade a que se chega pelo método da dedução ou da investigação. O evangelho não é o ponto final de um processo reflexivo da razão, tampouco uma realidade acessível nos limites da racionalidade humana. Nada disso. O evangelho não é filosofia. É um mistério que nos chega por meio da revelação: "Ninguém conhece o Pai a não ser o Filho e aqueles a quem o Filho o quiser revelar".

Mais adiante, Jesus ensina a seus *talmidim* que é o Espírito de Deus quem revela a verdade de Deus e quem conduz todas as pessoas à verdade. Este é um mistério a respeito do mistério.

Devemos pedir a Deus a revelação de seus mistérios. O maior dos mistérios do reino de Deus é o próprio Jesus. Sua pessoa e sua obra. A cruz e o túmulo vazio no domingo da ressurreição. Que nossos olhos sejam abertos pelo Deus Espírito Santo, que nos traz revelação.

Venham a mim, todos os que estão cansados e sobrecarregados, e eu lhes darei
descanso. Tomem sobre vocês o meu jugo e aprendam de mim pois sou
manso e humilde de coração, e vocês encontrarão descanso para as suas almas.
Pois o meu jugo é suave e o meu fardo é leve.
MATEUS 11.28-30

Dizia-se daqueles que se comprometeram com a lei de Moisés, que se dispuseram a segui-la, obedecê-la e praticá-la, que haviam se colocado sob o "jugo da lei". Da mesma forma, o conjunto de interpretações que os rabinos defendiam a respeito da lei de Moisés era chamado de "jugo do rabino" — cada rabino tinha o seu jugo. Jesus está dizendo que os religiosos de sua época impunham um peso exagerado, um jugo pesado demais, a seus seguidores. Na verdade, as exigências da lei são demasiadas para qualquer ser humano. E por essa razão Jesus nos convida a que nos coloquemos debaixo de seu jugo suave.

Ele se dirige aos que estão sobrecarregados, aos que vivem na angústia constante de tentar cumprir a lei e obedecer a Deus. Jesus fala com os que se encontram no limite de suas forças e ainda assim não encontraram o que tanto buscam. Sua palavra vai em busca dos que tentam ser perfeitos para agradar a Deus, receber a aprovação de Deus e fazer por merecer o amor de Deus. "Vocês, que estão sobrecarregados", diz Jesus, "venham comigo que lhes darei descanso".

Percebe-se pelo evangelho que religião é a mecânica pela qual o ser humano tenta agradar a Deus. Religião é o que você tenta fazer para Deus; o evangelho é o que Deus, em Jesus, faz por você. Por isso Jesus nos convida a nos colocarmos debaixo de seu jugo, porque é ali que encontramos descanso. O descanso que Jesus nos dá.

A perfeição é impossível para nós, mas o amor de Deus, revelado em Jesus, acolhe a cada um de nós, inclusive e apesar de nossas imperfeições.

*Se vocês soubessem o que significam estas palavras: "Desejo misericórdia,
não sacrifícios", não teriam condenado inocentes.*
MATEUS 12.7

Jesus está citando o profeta Oseias: "Desejo misericórdia, não sacrifícios". Sob
o fogo cruzado das duras críticas dos fariseus e doutores da lei, que o acusavam
de desrespeitar a lei, Jesus convoca os profetas para iluminar sua interpretação
da lei de Moisés.

A discussão começa quando os discípulos, com fome, debulham milho. Logo
em seguida, Jesus cura um homem. O problema é que era sábado, o *shabbat*. É
nesse contexto que Jesus afirma a seus opositores: "Deus quer misericórdia, e
não sacrifícios".

Na verdade, Jesus propõe um debate ético. O que significa, afinal, guardar a
lei de Moisés? Algumas pessoas acham que guardar a lei é fácil: o que a lei nos
manda fazer, nós simplesmente fazemos, e tudo o que a lei proíbe, simplesmente
deixamos de fazer. Mas parece que para Jesus não é bem assim. Não se trata de
um raciocínio simplório que discute o certo e o errado. Jesus enxerga a lei entra-
nhada na vida humana, com a função de preservar, valorizar e promover a vida.
Jesus não olha apenas a lei, mas o contexto em que a lei é aplicada e os resultados
de sua aplicação.

É por isso que Jesus oferece a vida como um valor maior, estabelecendo a
misericórdia como critério ético. Não existe transgressão se a lei é desobedecida
para preservar a vida. Ele e seus *talmidim* fazem o que devem fazer, demonstrando o valor da vida e promovendo a vida e a dignidade humana. O critério
ético é a misericórdia.

Devemos pedir a Deus que nos dê a capacidade de interpretar a lei como
fez Jesus, longe dos raciocínios simplórios, mas com a disposição de viver a lei,
encarnando sua maior função, que é preservar e defender a vida. Mas também
devemos pedir a Deus um coração puro para jamais usar essa verdade como desculpa para transgressões equivocadas, que atendem mais às nossas conveniências do que a justiça em favor da vida.

Eis o meu servo, a quem escolhi, o meu amado, em quem tenho prazer. Porei sobre
ele o meu Espírito, e ele anunciará justiça às nações. Não discutirá nem gritará;
ninguém ouvirá sua voz nas ruas. Não quebrará o caniço rachado, não apagará o pavio
fumegante, até que leve à vitória a justiça. Em seu nome as nações porão sua esperança.
MATEUS 12.18-21

Essas palavras são do profeta Isaías, e apresentam Jesus como alguém gentil, sensível, cuidadoso, que fala com mansidão, um homem que interfere na vida das pessoas com muito zelo e que evita o enfrentamento. Jesus é apresentado como um Deus que nos trata com gentileza, com elegância, com um tom de voz baixo, respeitoso, enfim, um Deus que não se impõe pelo poder e pela força. Não porque é fraco, mas justamente pelo contrário, porque é todo-poderoso. Deus tem essa delicadeza em lidar com a vida humana, e assim também Jesus, seu Filho. Jesus não precisa gritar, pois a verdade se impõe por si só.

Em sua fragilidade e fraqueza é que Jesus se mostra grande e poderoso. É em sua morte, quando os homens imaginam que ali na cruz pende o corpo de um derrotado, que Jesus evidencia todo seu amor. É na ressurreição que Deus revela em Jesus todo seu poder. Jesus se impõe não como um leão, mas como um cordeiro. A verdade é assim, Jesus é assim, o evangelho é assim.

Jesus nos trata com essa honra e com esse cuidado, como quem está manuseando o caniço trilhado, a cana que já foi esmagada, e como quem está mexendo num pavio, desejando que o fogo volte a se acender. Deus nos trata assim, com essa cautela. Por quê? Porque confia em si mesmo, e não precisa se impor pela força. Deus nos trata assim, com amor.

Faço a Deus uma prece de ação de graças, pois não poucas vezes me sinto uma cana rachada, um caniço esmagado. Não raras vezes me sinto um pavio cujo fogo quase se apaga. Agradeço a Deus por seu cuidado e pela maneira como através de seu amor ele me coloca em pé novamente.

Mas também faço uma oração pedindo a Deus que me dê essa mesma gentileza e elegância para tocar a vida humana, sabendo que aquilo em que se toca é sagrado e deve ser tocado com gentileza e cuidado.

Os *talmidim* de Jesus são assim. Tocados por Deus, sabem tocar outras pessoas com a mesma gentileza e o mesmo amor.

Depois disso, levaram-lhe um endemoninhado que era cego e mudo, e Jesus o curou, de modo que ele pôde falar e ver. Todo o povo ficou atônito e disse: "Não será este o Filho de Davi?" Mas quando os fariseus ouviram isso, disseram: "É somente por Belzebu, o príncipe dos demônios, que ele expulsa demônios".
MATEUS 12.22-24

Era inegável que Jesus agia com uma autoridade especial e que sobre ele havia um poder que as pessoas ao redor não haviam conhecido até então. Quando Jesus curou um endemoninhado cego e mudo, a multidão impressionada se perguntava: "Não será este o Messias? Esses sinais não seriam evidência de que este é o Messias que nós tanto esperamos?". Era claro, portanto, que havia algo de sobrenatural se manifestando em Jesus.

Esse poder, Jesus sabia desde o início, era o Espírito Santo de Deus. Logo no começo de seu ministério, na sinagoga de Nazaré, ele afirmou: "O Espírito do Senhor está sobre mim e me deu autoridade para o que eu vou fazer diante dos olhos de todos vocês". Ou seja, a questão a respeito da identidade de Jesus não é seu poder, mas o caráter desse poder.

Belzebu é o príncipe das trevas, e a fala dos fariseus nos informa que também os espíritos das trevas manifestam poder. Feitos extraordinários podem ser protagonizados tanto pelos que estão na luz quanto pelos que estão nas trevas, uma vez que ambos agem debaixo de autoridades espirituais.

Os discípulos de Jesus não se iludem com manifestações de poder. Sabem que todo poder espiritual tem um caráter e uma identidade. E sabem que devem discernir a identidade do poder que se manifesta. Os espíritos maus escravizam as pessoas e as tornam cegas e mudas, roubam sua capacidade de expressão. Mas o Espírito de Deus liberta e cura, pois Deus é amor. A Bíblia Sagrada não revela apenas o poder de Deus, mas principalmente o caráter e a identidade desse poder — o amor.

Os *talmidim* de Jesus não caem nas armadilhas de Belzebu e dos deuses falsos, que querem seduzir e convencer o coração humano por meio de manifestações de poder. Quem segue a Jesus não se impressiona com o poder dos espíritos, mas se rende ao Espírito Santo, que se manifesta sempre revelando o amor de Deus. Discernimento é uma palavra-chave da espiritualidade dos seguidores de Jesus.

Por esse motivo eu lhes digo: Todo pecado e blasfêmia serão perdoados aos homens, mas
a blasfêmia contra o Espírito não será perdoada. Todo aquele que disser uma palavra
contra o Filho do homem será perdoado, mas quem falar contra o Espírito Santo não
será perdoado, nem nesta era nem na que há de vir.
MATEUS 12.31-32

A blasfêmia contra o Espírito Santo é o pecado sem perdão, disse Jesus. Blasfe-mar contra o Espírito Santo é negar que Jesus está agindo sob a ação do Espírito Santo e, portanto, negar a identidade messiânica de Jesus. Negar que Jesus está agindo sob o poder do Espírito Santo, ou pior, afirmar que Jesus está agindo sob a ação de um demônio, sob a ação de Belzebu, o príncipe dos demônios, é es-vaziar Jesus completamente de sua identidade messiânica. Se você esvazia Jesus de sua identidade messiânica, Jesus se torna um homem comum. Um homem comum não pode ser adorado como Deus.

Quem confunde o poder que age sobre Jesus, mistura as identidades do Es-pírito Santo de Deus e de Belzebu. Quem mistura as identidades não sabe quem é o Espírito Santo e, consequentemente, não sabe quem é Jesus. Quem perde as identidades de Jesus e do Espírito Santo perde a si mesmo.

A afirmação de que a blasfêmia contra o Espírito Santo é um pecado sem perdão não é uma indicação de que estamos lidando com um Deus melindroso, que fica ofendido com nossas palavras. O que Jesus está afirmando é que quando não somos capazes de discernir a obra do Espírito Santo nele, Jesus, nós perde-mos o referencial do divino na história, perdemos o referencial de quem é Deus e, portanto, perdemos o referencial de quem somos nós mesmos.

Pecar contra o Espírito Santo, isto é, negar a ação do Espírito Santo sobre Jesus, é o pecado sem perdão porque nos deixa à deriva na existência, à mercê de um charlatão, de um louco ou de um demônio.

Nossa salvação consiste em entregarmos a vida às mãos de Jesus, mas para isso precisamos de fato crer que ele era quem disse ser. Para crer que ele era quem disse ser, precisamos discernir que tudo o que ele disse e fez foi sob a ação do Espírito Santo.

Os *talmidim* de Jesus creem quando Jesus diz: "O Espírito do Senhor está so-bre mim". Na verdade, os *talmidim* de Jesus vivem no mesmo Espírito, o Espírito Santo de Deus.

Uma geração perversa e adúltera pede um sinal miraculoso! Mas nenhum sinal lhe será
dado, exceto o sinal do profeta Jonas.
MATEUS 12.39

Jesus está envolvido numa discussão com os fariseus, os doutores da lei, e com os populares no meio da multidão, que começam a suspeitar se ele é mesmo o Messias. Os religiosos o acusam de blasfêmia, e Jesus responde que a verdadeira blasfêmia é não recebê-lo como o Messias e duvidar do Espírito que age sobre ele. A confusão é grande até que a multidão o interpela pedindo um sinal do céu. Jesus responde: "Vocês são uma geração perversa e adúltera! Nenhum sinal lhes será dado, exceto o do profeta Jonas".

A expressão "sinal do profeta Jonas" significa que assim como Jonas passou três dias no ventre do peixe, Jesus também passaria três dias entre a morte e a ressurreição. A vitória de Jesus sobre a morte seria o grande sinal de sua identidade como Messias e Filho de Deus.

Mas aquela era uma "geração adúltera", comprometida com muitos deuses. (Poderíamos extrapolar e afirmar com certa segurança que todas as gerações são adúlteras, porque todas as gerações flertam com muitos deuses.) Como afirmou o escritor G. K. Chesterton, quando o ser humano deixa de acreditar em Deus, passa a acreditar em qualquer outra coisa — principalmente em si mesmo. O grande adultério espiritual que alguém pode cometer contra Deus é traí-lo, enamorando-se de si mesmo e transformando seu próprio ego em um novo e estranho deus.

Sou réu confesso desse pecado. Não tenho dúvidas de que o grande rival do Deus vivo e verdadeiro, o Pai de nosso Senhor Jesus Cristo, aquele que me interpela e me chama à idolatria e ao adultério espiritual, é o meu próprio ego. Quando deixo de servir a Deus, no fundo, no fundo, eu quero mesmo é servir a meus desejos.

Os *talmidim* de Jesus não são adúlteros espirituais. Eles servem um único Deus. Não vivem mais para si mesmos. São fiéis ao Deus que se revelou em Jesus.

Hipócritas! Bem profetizou Isaías acerca de vocês, dizendo: "Este povo me honra com os lábios, mas o seu coração está longe de mim. Em vão me adoram; seus ensinamentos não passam de regras ensinadas por homens".

MATEUS 15.7-9

Os *talmidim* de Jesus não haviam lavado a mão antes de comer, e por essa razão os fariseus e os doutores da lei os acusam de transgredir "as tradições dos líderes religiosos" do judaísmo. Jesus responde colocando seus questionadores diante de um dilema. Ele diz algo como: "Bem, a lei de Moisés diz que vocês devem honrar pai e mãe, mas vocês dizem que não podem dar dinheiro a seus pais porque prometeram dar o dinheiro para Deus. Vocês fingem que obedecem à tradição religiosa, mas estão apenas fazendo o que bem entendem. Deixam de cuidar dos pais e colocam o dinheiro no bolso".

Jesus desmascara aqueles homens mostrando que as práticas religiosas são uma das maneiras mais eficazes com que o ser humano pode servir a si mesmo. Os rituais da religião são um caminho para o autoengano. Praticar uma religião pode gerar uma sensação de santidade, mas isso pode ser também uma grande ilusão. O pretenso serviço a Deus acaba servindo com um véu que esconde uma vida de serviço a si mesmo.

As palavras do homem religioso aparentam santidade e seu comportamento parece piedoso. Ainda assim, seu coração está distante de Deus. O ambiente religioso é um terreno propício para que as pessoas vistam as máscaras de piedade que escondem a maldade por trás de um verniz de santidade e vida dedicada a Deus. Que triste é encontrar a prática da religião tão degenerada.

Tudo o que é praticado sem integridade e inteireza de coração se esvazia e acaba se transformando numa pálida caricatura do que deveria ser. Gera atores e personagens de um mundo em que as pessoas posam para Deus, posam para os outros, enganam-se umas às outras e a si mesmas.É lamentável que a religião seja palco dessa farsa. Palavras vazias, sem coração, sem amor. Comportamentos falsos, religião de atores. Isso não tem nada a ver com Deus. É coisa dos homens.

Tomem cuidado com o fermento dos fariseus.
MATEUS 16.11

O judaísmo dos tempos de Jesus estava dividido em várias correntes doutrinárias e teológicas. Havia pelo menos cinco os partidos religiosos: saduceus, essênios, herodianos, zelotes e fariseus. Foi com o partido dos fariseus que Jesus travou seus mais célebres debates teológicos. Na verdade, os fariseus perseguiam Jesus o tempo todo, fazendo perguntas capciosas e o confrontando com sua interpretação da lei de Moisés. E, para ser justo, os fariseus tinham suas razões (muito dignas, aliás) para promover esse constante exercício de questionamento de Jesus.

O partido dos fariseus nasceu durante o exílio da Babilônia, quando o templo de Salomão estava destruído e toda a liturgia ligada a ele estava suspensa. Não era mais possível fazer os sacrifícios no templo, nem levar as ofertas até Jerusalém. Assim, o que restava a Israel exilada era obedecer fielmente à lei de Moisés. Foi na Babilônia, nesse período, que surgiram as sinagogas, e foi nas sinagogas que os judeus começaram a estudar a lei e procuravam obedecê-la da maneira mais rigorosa possível.

O escriba Esdras (autor do livro homônimo do Antigo Testamento) é considerado o patrono dos fariseus. Quando Jesus chega à Palestina, esse partido já existe há pelo menos 150 anos. O conflito entre o discurso revolucionário de Jesus e aqueles homens zelosos pela fidelidade de Israel à lei de Moisés é quase inevitável.

Havia um ditado fariseu que dizia que era preciso proteger a lei, colocando uma cerca a seu redor. Em sua origem, os fariseus estavam preocupados em proteger Israel contra a rebeldia em relação à lei. Mas seu zelo inicial se degenerou em legalismo e cegou seu entendimento. Sua preocupação com a obediência literal das Escrituras os impediu de ver o Espírito Santo soprando sobre a pessoa de Jesus.

Não raras vezes o rigor religioso se revela uma grande armadilha, uma camisa de força para quem fala e para quem age em nome de Deus. A lei é um caminho de liberdade. Mas, ironicamente, os religiosos mais rigorosos não conseguem celebrar a liberdade e se tornam os maiores adversários de Jesus e sua proposta de libertação.

Os *talmidim* de Jesus são zelosos das coisas de Deus. Sabem, porém, que o zelo não é um fim em si mesmo. Sua prática da lei está submetida ao Espírito Santo, e onde está o Espírito Santo, há liberdade.

Chegando Jesus à região de Cesareia de Filipe, perguntou aos seus discípulos: "Quem os outros dizem que o Filho do homem é?" Eles responderam: "Alguns dizem que é João Batista; outros, Elias; e, ainda outros, Jeremias ou um dos profetas". "E vocês?", perguntou ele. "Quem vocês dizem que eu sou?" Simão Pedro respondeu: "Tu és o Cristo, o Filho do Deus vivo". Respondeu Jesus: "Feliz é você, Simão, filho de Jonas! Porque isto não lhe foi revelado por carne ou sangue, mas por meu Pai que está nos céus. E eu lhe digo que você é Pedro, e sobre esta pedra edificarei a minha igreja".

MATEUS 16.13-18

Há uma grande discussão a respeito de qual é essa pedra sobre a qual a igreja de Jesus está edificada. Alguns intérpretes dizem que a pedra é Pedro, o apóstolo. Vem daí a tradição católica romana que afirma que Pedro foi o primeiro papa, e que os papas católicos seriam seus sucessores. Jesus disse que Simão seria chamado Cefas, que quer dizer Pedro, que também quer dizer "pedra" ou "rocha". Assim, a declaração de Jesus equivaleria a "Você, Pedro, é a rocha sobre a qual edificarei a minha igreja".

Outros intérpretes acreditam que a pedra é Jesus. Na verdade, o próprio apóstolo Pedro afirma que Jesus é a "pedra viva", "rejeitada pelos homens, mas escolhida por Deus", que tornou-se a "pedra angular" (a pedra que sustenta todo o edifício) de sua igreja. De acordo com essa interpretação, ao declarar "sobre esta pedra", Jesus estaria apontando para si mesmo, dizendo: "Eu sou a pedra sobre quem a minha igreja será edificada".

Uma terceira interpretação compreende que a pedra seria a declaração de Pedro, "Tu és o Cristo, o filho do Deus vivo". Jesus felicita seu discípulo dizendo algo como: "Sim, Pedro, é verdade, e saiba que não foi você quem descobriu isso, mas Deus, o Pai, revelou isso pra você. Sobre essa revelação, a de que eu sou o Ungido, o Messias, o Filho do Deus vivo, eu edificarei a minha igreja".

As duas últimas interpretações se complementam. A igreja está edificada sobre Jesus. Mas não qualquer Jesus. A igreja está edificada sobre o Jesus revelado como Messias — Cristo, Filho do Deus Vivo.

A igreja de Jesus é composta por todos os que confessam ser ele o Cristo, o Messias, o Filho do Deus vivo. Os *talmidim* de Jesus receberam a mesma revelação de Pedro. E por isso devotam a vida não apenas a seguir a Jesus, mas a adorá-lo como Deus.

Garanto-lhes que alguns dos que aqui se acham não experimentarão a morte antes de verem o Filho do homem vindo em seu Reino.
MATEUS 16.28

Essa é uma promessa que, aparentemente, não se havia cumprido. Jesus ainda é esperado e *todos* aqueles homens experimentaram a morte sem verem a consumação do reino de Deus. Eles foram testemunhas do "reino de Deus inaugurado", pois Jesus declarou que "o reino de Deus chegou". Mas não viram o "reino de Deus consumado".

O evangelista Mateus associa a promessa de Jesus à transfiguração. Pedro, Tiago e João acompanharam Jesus "a um alto monte", e o viram se transfigurar. As vestes de Jesus se tornaram "brancas como a luz" e sua face brilhou "como o sol". Em outras palavras, a glória de Deus, no reino de Deus, resplandece no corpo de Jesus, diante de seus *talmidim*. Nesse momento, a promessa de Jesus se cumpre.

A transfiguração de Jesus é um *teaser* do corpo glorificado que todos teremos um dia. E alguns já viram esse fenômeno e o celebraram. O apóstolo João diz: "Vimos a sua glória, glória como do Unigênito vindo do Pai, cheio de graça e verdade" (Jo 1.14).

A presença de Jesus é a presença do reino de Deus — inaugurado, mas ainda não consumado. A teologia afirma que o reino de Deus convive com a tensão entre o *já* e o *ainda não*. Ou seja, a glória de Deus já está presente na história, o reino de Deus já pode ser experimentado na história, mas não em sua plenitude. Os cristãos que enfatizam o *já* são triunfalistas, mas ingênuos. Por outro lado, os que enfatizam o *ainda não* são pessimistas, derrotados e não têm horizontes de esperança. O pastor inglês John Stott, entretanto, diz que quando compreendemos o equilíbrio entre o reino de Deus já inaugurado, mas ainda não consumado, conseguimos ser engajados, alegres e cheios de esperança.

Os *talmidim* de Jesus não são triunfalistas ingênuos nem pessimistas sem esperança. São homens e mulheres que, mesmo sabendo que o reino de Deus ainda não pode ser experimentado em plenitude, estão comprometidos com a máxima densidade possível desse reino aqui e agora.

Jesus tomou consigo Pedro, Tiago e João, irmão de Tiago, e os levou, em
particular, a um alto monte. Ali ele foi transfigurado diante deles. Sua face brilhou
como o sol, e suas roupas se tornaram brancas como a luz. Naquele mesmo momento
apareceram diante deles Moisés e Elias, conversando com Jesus. Então Pedro disse
a Jesus: "Senhor, é bom estarmos aqui. Se quiseres, farei três tendas: uma para ti,
uma para Moisés e outra para Elias". Enquanto ele ainda estava falando, uma nuvem
resplandecente os envolveu, e dela saiu uma voz, que dizia: "Este é o meu Filho
amado em quem me agrado. Ouçam-no!" Ouvindo isso, os discípulos prostraram-se
com o rosto em terra e ficaram aterrorizados. Mas Jesus se aproximou, tocou
neles e disse: "Levantem-se! Não tenham medo!"
MATEUS 17.1-7

A experiência de Pedro, Tiago e João no monte da transfiguração quando vislumbraram a glória de Deus e conversaram com Jesus, Moisés e Elias é uma experiência de transcendência. É a experiência do contato com o sagrado, de estar diante de algo maravilhoso, sobrenatural e inusitado.

O teólogo alemão Rudolph Otto chama esse sobrenatural maravilhoso e inusitado de *mysterium tremendum*, e diz que sua manifestação gera um misto de terror e fascínio. Foi o caso de Pedro, Tiago e João que, aterrorizados, colocaram seu rosto em terra, numa expressão de reverência e adoração. Eles sabem que estão diante do maravilhoso. Eles querem ficar ali, mas têm medo. Eles estão diante do sagrado.

A experiência no monte da transfiguração é muito pontual e específica. Porque os discípulos não estão simplesmente diante do *mysterium tremendum* ou de qualquer outra ocorrência maravilhosa, extraordinária e transcendente. Eles estão diante do próprio Deus que se manifesta em seu Filho Jesus. O terror desses homens se completa quando eles ouvem a voz que se pronuncia dos céus: "Este é o meu filho amado, ouçam o que ele diz". Deus está afirmando a identidade messiânica de Jesus, deixando claro que dali por diante, Jesus teria a prerrogativa da legítima interpretação de Moisés e Elias, isto é, da lei e dos profetas.

Pouco antes de sua morte, o rabino Abraham Joshua Heschel disse: "Eu não pedi a Deus o sucesso, mas o alumbramento". Este é o grande anseio do meu coração: alumbramento — contemplar a glória de Deus na face de Jesus de Nazaré.

Naquele momento os discípulos chegaram a Jesus e perguntaram:
"Quem é o maior no Reino dos céus?" Chamando uma criança, colocou-a no meio deles,
e disse: "Eu lhes asseguro que, a não ser que vocês se convertam e se tornem
como crianças, jamais entrarão no Reino dos céus. Portanto, quem se faz humilde como
esta criança, este é o maior no reino dos céus. Quem recebe uma destas crianças
em meu nome, está me recebendo. Mas se alguém fizer tropeçar um destes
pequeninos que creem em mim, melhor lhe seria amarrar uma pedra de moinho
no pescoço e se afogar nas profundezas do mar".
MATEUS 18.1-6

A comunidade de Jesus vai ganhando corpo. Entretanto, como em qualquer ajuntamento humano, começa a surgir uma disputa de poder entre os discípulos, e eles passam a debater sobre quem seria o maior no reino de Deus.

Jesus afirma que o maior em sua comunidade é aquele se faz como criança. As crianças simbolizam os pequeninos, os pobres de espírito, os desarmados de coração. É uma referência aos que caminham junto dele não necessariamente em busca de conhecimento ou saber, nem mesmo de poder, mas numa afetuosa relação de dependência que extrapola a racionalidade. O vínculo de uma criança com seus pais é precisamente a relação que Jesus deseja ter com seus *talmidim*.

Quando nos ensina a orar, Jesus diz que devemos invocar a Deus como nosso *Abba*, nosso pai. *Abba* é o balbuciar de uma criança que se atira no colo do pai, sabendo que aquele é o lugar mais seguro da terra. Não há grandes racionalizações, a criança sabe muito pouco a respeito de seu pai. Na verdade, sabe apenas que aquele é seu pai. E isso é suficiente. O relacionamento não está baseado na cabeça, mas no coração. Jesus quer que seus discípulos tenham um coração humilde como o de uma criança, que eles saibam que por altos que sejam nossos raciocínios, por abrangente que seja nosso conhecimento, o nosso relacionamento com Deus é baseado em afeto, intimidade e maravilhamento diante de sua glória.

Peça a Deus um coração de criança. Somente quem tem um coração de criança vive as coisas extraordinárias no reino de Deus.

Se o seu irmão pecar contra você, vá e, a sós com ele, mostre-lhe o erro. Se ele o ouvir,
você ganhou seu irmão.
MATEUS 18.15

É impressionante como a caminhada de Jesus com seus *talmidim* registrada por Mateus é coerente com a realidade de nossa vida hoje. Jesus anuncia que sua comunidade será construída sobre si mesmo. Depois, no monte da transfiguração, recebe de Deus a autoridade sobre a lei e os profetas, e ensina que o maior de sua comunidade deve ter um coração de criança. Agora, começa a administrar a competição interna de seu grupo de discípulos e a nos ensinar sobre como agir quando surgem os conflitos relacionais. O que fazer quando um irmão peca contra o outro, quando a conduta ou as palavras de alguém machuca e fere uma pessoa dentro da comunidade?

Jesus ensina: "Se o teu irmão pecar contra você, vá e, a sós, mostre-lhe o erro". Jesus orienta a "acender a luz" para que a pessoa que nos ofendeu possa enxergar o que fez. Às vezes pecamos contra as pessoas e nem percebemos, não temos a sensibilidade de saber o mal que cometemos contra alguém. Da mesma forma, é bem possível que as pessoas façam o mal contra nós e não percebam. Jesus recomenda: "Vá lá, fale com a pessoa, acenda uma luz, ilumine a cena e diga para seu irmão: Olhe o que você fez; olhe o que você disse; olhe essa situação que você criou; olhe como isso me machucou, como isso me feriu".

Evidentemente, há pessoas que precisam de muito mais do que uma luz. Talvez seja necessário um holofote para que consigam enxergar suas palavras e condutas más. Seja como for, Jesus nos incentiva a ir até elas, jamais relevar ou dar de ombros. Quando as pessoas são importantes para nós e elas nos machucam, é importante dar a essas pessoas a oportunidade de enxergar o mal que fizeram, junto com a possibilidade de corrigir seu caminho para que o relacionamento seja iluminado por Deus.

Peço a Deus que me conceda a sensibilidade de perceber quando faço o mal a alguém. Que ele me ajude a ter a coragem de iluminar o caminho das pessoas que me ferem. Os *talmidim* de Jesus são assim, pacificadores.

Se o seu irmão pecar contra você, vá e, a sós com ele, mostre-lhe o erro.
Se ele o ouvir, você ganhou seu irmão. Mas se ele não o ouvir, leve consigo mais um ou
dois outros, de modo que "qualquer acusação seja confirmada pelo depoimento de duas
ou três testemunhas". Se ele se recusar a ouvi-los, conte à igreja; e se ele se recusar a ouvir
também a igreja, trate-o como pagão ou publicano.
Mateus 18.15-17

Aí está o processo por meio do qual alguém é afastado da comunidade de Jesus — o que chamamos atualmente de *disciplina*. Ocorre quando alguém, confrontado com sua vida errada, com seu pecado, recusa-se a ouvir sua comunidade. Jesus orienta, então, a tratá-lo como alguém de fora da comunidade.

O que coloca uma pessoa do lado de fora da comunidade é o pecado da própria pessoa. Mas a comunidade é responsável por conduzir esse processo de disciplina. O primeiro passo é a busca de reconciliação, numa relação de contato direto entre quem ofendeu e quem foi ofendido. Caso não dê resultado, a pessoa ofendida deve pedir a ajuda de dois ou três irmãos. Se ainda assim a pessoa que está vivendo em pecado não se corrigir, toda a comunidade deve se envolver. É como se Jesus estivesse dizendo: "Vá até o pecador com o máximo desejo de interromper sua conduta má. Sacudam o ofensor pelo ombro e digam: Ei, pare de machucar as pessoas! Pare de ferir-se e de ferir a comunidade!". A disciplina existe para o bem do pecador, para o bem das pessoas que estão sendo machucadas por essa conduta má e para o bem da própria comunidade.

A fim de que alguém seja disciplinado na comunidade, cinco critérios devem ser observados. Em primeiro lugar, naturalmente, a pessoa precisa estar cometendo um pecado. Em segundo lugar, é preciso tratar-se de um pecado mensurável: não é possível estabelecer um processo de disciplina contra alguém por ser egoísta, orgulhoso ou vaidoso. Terceiro, deve ser um pecado praticado, ou seja, a pessoa deve estar realmente envolvida. Em quarto lugar, para que alguém seja disciplinado é necessário que seu pecado seja praticado continuamente, como um estilo de vida. E, por último, esse estilo de vida deve ter sido adotado voluntariamente — porque é preciso distinguir os irmãos fracos, que lutam contra uma conduta inadequada, dos cínicos, que escolheram o pecado como um estilo de vida e o praticam voluntária e continuamente.

Os *talmidim* de Jesus têm não apenas olhos para enxergar seu próprio pecado, como também um coração generoso para ajudar aqueles que estão envolvidos em condutas destrutivas e autodestrutivas.

Digo-lhes a verdade: Tudo o que vocês ligarem na terra terá sido ligado no céu, e tudo o que vocês desligarem na terra terá sido desligado no céu. Também lhes digo que se dois de vocês concordarem na terra em qualquer assunto sobre o qual pedirem, isso lhes será feito por meu Pai que está nos céus. Pois onde se reunirem dois ou três em meu nome, ali eu estou no meio deles.
MATEUS 18.18-20

O conjunto de interpretações que um rabino possuía da lei era chamado de "o jugo do rabino". Quando um rabino era reconhecido com autoridade suficiente para possuir seu próprio jugo e oferecer a seus *talmidim* uma interpretação da lei, dizia-se que aquele rabino havia recebido as "chaves do reino". Com as chaves do reino, o rabino poderia abrir e fechar, isto é, proibir e permitir. A partir daquele instante, o rabino poderia dizer o que era permitido e o que era proibido para que a lei fosse cumprida.

Jesus está se valendo dessa tradição para dar a Pedro a autoridade para ligar e desligar. Isso quer dizer que Jesus transferiu sua autoridade para interpretar a lei. Jesus não está falando com Pedro individualmente, mas com a comunidade que será edificada sobre a confissão de Pedro: "Tu és o Cristo, o Filho do Deus vivo". A autoridade de Jesus está na reunião de dois ou três em nome dele, pois é ali que o próprio Jesus está.

A comunidade dos *talmidim* de Jesus tem as chaves do reino e, portanto, pode proibir e permitir. É por isso que Jesus pode legislar sobre o divórcio, mas também o apóstolo Paulo pode legislar sobre o divórcio. É por isso que a comunidade de Jerusalém se reúne em assembleia para decidir o que é permitido e o que é proibido para os estrangeiros que estavam se achegando às igrejas de Jesus.

A igreja de Jesus tem esse privilégio e essa responsabilidade de atravessar a história discernindo culturas e contextos sociais e interpretando de que maneira, em nossos dias, podemos viver em obediência à vontade de Deus. A prerrogativa de ligar e desligar jamais é individual — é coletiva, comunitária. Assim como costumes culturais mudam, também as aplicações dos valores e da ética do reino de Deus mudam.

As comunidades dos *talmidim* de Jesus têm nas mãos as chaves do reino. Elas podem e devem atualizar a vontade de Deus para cada nova geração.

Então Pedro aproximou-se de Jesus e perguntou: "Senhor, quantas vezes deverei perdoar a meu irmão quando ele pecar contra mim? Até sete vezes?" Jesus respondeu: "Eu lhe digo: não até sete, mas até setenta vezes sete".

MATEUS 18.21-22

A pergunta de Pedro é natural, para não dizer óbvia. Jesus estava falando sobre conflitos em sua comunidade, sobre como recuperar e disciplinar aqueles que vivem em pecado, e então Pedro se aproxima e pergunta: "Quantas vezes eu devo perdoar um irmão?". Jesus responde, lançando mão do número sete, que significa uma quantidade sem fim: "Setenta vezes sete". Em outras palavras, devemos perdoar sempre. E sempre, e sempre, e sempre.

Porque na vida em comunidade, e na vida de luta contra o pecado, a perfeição não é possível. Ao sugerir um número limite para o exercício do perdão — "eu perdoo até sete vezes" ou "eu perdoo dezoito vezes" — estamos acreditando que há um determinado momento em que o ser humano pode parar de pecar. O problema é que esse momento não chegará nunca.

A comunidade de Jesus não se sustenta na perfeição de seus membros, mas no espírito do perdão, na consciência em cada um de seus *talmidim* de que a luta contra o pecado é permanente, incansável, sem trégua. É por isso que a relação entre os membros dessa comunidade se sustenta na mutualidade, na compreensão, na compaixão, no perdão.

Não posso esperar que meus irmãos sejam perfeitos. Mas desejo que eles sigam em busca dessa utopia de uma vida digna diante de Deus. A perfeição da comunidade não é um *status* ao qual se chega, mas um caminho do qual nunca se desiste.

Os *talmidim* lutam incansavelmente contra o pecado. Sabem que devem se ajudar uns aos outros nessa luta. Sabem que de vez em quando perderão algumas batalhas. Mas receberão perdão e começarão de novo. E de novo. E de novo. Setenta vezes sete vezes.

Alguns fariseus aproximaram-se dele para pô-lo à prova. E perguntaram-lhe:
"É permitido ao homem divorciar-se de sua mulher por qualquer motivo?"
Ele respondeu: "Vocês não leram que, no princípio, o Criador 'os fez homem e mulher'
e disse: 'Por essa razão, o homem deixará pai e mãe e se unirá à sua mulher,
e os dois se tornarão uma só carne'? Assim, eles já não são dois, mas sim uma só carne.
Portanto, o que Deus uniu, ninguém separe".
MATEUS 19.3-6

Os fariseus não queriam saber se Jesus era a favor do divórcio, mas se ele entendia que o divórcio podia ser realizado "por qualquer motivo". Jesus divide sua resposta em duas partes. Na primeira, ele diz algo como: "Não, eu não sou a favor do divórcio porque o projeto original de Deus para o casal é indissolúvel — o que Deus uniu, ninguém pode separar, muito menos o homem".

Jesus faz referência a Gênesis, o livro que narra a criação de todas as coisas, e narra que Deus criou o ser humano, *adam*, como macho e fêmea, à sua imagem e semelhança. Note que a semelhança de Deus não está nem no macho nem na fêmea, mas em *adam*, o ser humano. Na relação de casal é que os dois se tornam um, e o macho e a fêmea da espécie humana vivem uma só carne, sendo essa a maior expressão possível da imagem de Deus, pois Deus é uma unidade de três pessoas: Pai, Filho e Espírito.

É por isso que o casal é sagrado. A experiência de casal é singular, na qual o Deus trino compartilha sua unidade com o ser humano. Assim como Deus é três e na verdade é um, o casal *é dois* (por mais esquisito que pareça gramaticalmente), mas na verdade é um. Duas pessoas formando uma unidade sagrada. Eis o projeto original de Deus, eis por que Jesus Cristo se posicionou lamentando a realidade do divórcio. Porque em termos ideais, o que Deus uniu o homem não deve separar.

Peço a Deus que me permita viver em minha relação conjugal a dupla experiência proposta por Deus: que eu seja eu mesmo e dê liberdade para que minha esposa seja ela mesma. Mas também que em nossa diversidade vivamos a extraordinária experiência de sermos dois e sermos um só.

Perguntaram eles: "Então, por que Moisés mandou dar uma certidão de divórcio à mulher e mandá-la embora?" Jesus respondeu: "Moisés permitiu que vocês se divorciassem de suas mulheres por causa da dureza de coração de vocês. Mas não foi assim desde o princípio".

MATEUS 19.7-8

O divórcio fere o projeto original de Deus. Essa é uma afirmação contundente de Jesus a respeito do divórcio e das relações de afetividade e amor. Os *talmidim* ouvem atentamente até que alguém pergunta: "Se o divórcio fere o projeto de Deus, por que está na lei de Moisés?". Jesus responde: "Por causa da dureza do coração de vocês".

A dureza de coração faz duas pessoas gradativamente se distanciarem até o ponto de nunca mais se encontrarem. Por "dureza de coração" entende-se a ignorância do processo inicial de um relacionamento, quando duas pessoas se aproximam sem saber de fato quem são, sem saber quem é o outro de quem se aproximam e ignorando o que é uma verdadeira relação de amor. Ao longo do tempo, a ignorância acaba minando o projeto conjugal.

"Dureza de coração" pode significar também imaturidade. Pessoas mal resolvidas não estão dispostas a se doar e são incapazes de perdoar. Nessa imaturidade, cedo ou tarde, afastam-se e brigam de tal modo que não conseguem refazer o caminho.

A imperfeição própria de nossa condição humana também pode ser um dos significados de "dureza de coração". Não somos perfeitos. Inevitavelmente vamos nos esbarrar e nos ferir. Vamos frustrar as expectativas de quem amamos, vamos impor expectativas pesadas demais sobre o outro. Essa imperfeição pode conduzir ao fim de uma relação.

Mas a definição que o evangelho de Mateus nos propõe é a que de fato melhor sintetiza o conceito de "dureza de coração": iniquidade. Dureza de coração é a nossa maldade, a nossa tendência ao egoísmo e a usar o outro para nossa própria satisfação. Jesus explica a seus ouvintes que um casamento corroído pela imaturidade de pessoas más, ignorantes, imaturas, é um casamento que escraviza seres humanos numa relação destrutiva — e autodestrutiva. Foi por causa da dureza de coração das pessoas que Moisés mandou dar a carta de divórcio. Uma concessão, visto que o divórcio não consta do projeto original de Deus. Uma alternativa de misericórdia e graça para que pessoas aprisionadas por sua própria incapacidade de viver a parceria conjugal possam encontrar novos caminhos.

Sabedores de que o divórcio fere o propósito original de Deus, os *talmidim* de Jesus são chamados a discernir quando o divórcio é o mal menor.

Eu lhes digo que todo aquele que se divorciar de sua mulher, exceto por imoralidade
sexual, e se casar com outra mulher, estará cometendo adultério.
MATEUS 19.9

Os rabinos discutiam sobre a lei de Moisés, sobre o que era permitido e o que era proibido de acordo com as diversas escolas de interpretação. Jesus é um desses rabinos, e ele é interrogado sobre as circunstâncias nas quais o divórcio é consentido pela lei. Na época, havia duas escolas. A do rabino Hilel, mais flexível em sua interpretação da lei; ele ensinava que o divórcio se justifica por qualquer motivo. A do rabino Shamai, mais conservador, afirmava que o divórcio era possível somente em caso de "imoralidade sexual". Jesus se posiciona ao lado de Shamai.

A palavra grega usada na versão original é *porneia*, que está na raiz da palavra portuguesa "pornografia", que diz respeito a toda e qualquer perversão da sexualidade, não apenas o adultério. Jesus afirma que no processo de divórcio não pode haver leviandade. Há relações destrutivas, e para essas a misericórdia de Deus permite o divórcio. Mas a leviandade não é admissível.

No processo de divórcio, as questões sexuais têm importância vital. É na experiência sexual que o casal encarna a unidade original pretendida por Deus ao criar a raça humana à sua imagem e semelhança. O apóstolo Paulo afirma que aquele que se deita com uma prostituta se torna "uma só carne com ela". O divórcio, portanto, eventualmente se justifica quando há a profanação da dimensão de unidade absoluta que o sexo traz para a vida de um casal.

O sexo é sagrado. O casamento é sagrado. Da mesma maneira como não se concebe um casamento sem sexo, igualmente não se deveria conceber sexo sem casamento. Essa me parece ser a sugestão de Jesus: aqueles que são "uma só carne", que se assumam integralmente, e assumam o outro por inteiro. Jesus Cristo quer elevar a relação conjugal e a relação sexual a um padrão altíssimo.

Os *talmidim* de Jesus são desafiados a conviver de maneira saudável com essa dimensão da vida humana que é o sexo. São chamados a viver o sexo como dimensão sagrada. O sexo é sagrado no casamento, e o casamento é sagrado no sexo. Quebrar essa lógica é sacrificar a unidade do casal.

> *Os discípulos lhe disseram: "Se esta é a situação entre o homem e sua mulher,*
> *é melhor não casar". Jesus respondeu: "Nem todos têm condições de aceitar esta palavra;*
> *somente aqueles a quem isso é dado. Alguns são eunucos porque nasceram assim;*
> *outros foram feitos assim pelos homens; outros ainda se fizeram eunucos por*
> *causa do Reino dos céus. Quem puder aceitar isso, aceite".*
>
> MATEUS 19.10-12

"Bem, se há tanta confusão em um casamento, é melhor não casar." Essa é a conclusão dos discípulos de Jesus, semelhante à anedota de para-choque de caminhão: "Se a bebida atrapalha seu trabalho, então pare de trabalhar". É um raciocínio invertido.

O que Jesus nos diz é que, de fato, o relacionamento entre um homem e uma mulher é cheio de conflitos. Mas é igualmente verdade que poucas pessoas têm condições de abrir mão dessa experiência do romance, do sexo, da vida em parceria. Essas raras pessoas são chamadas por Jesus de "eunucos", em referência aos guardas dos haréns orientais, que eram castrados.

Jesus afirma que há três tipos de "eunucos", isto é, pessoas que abrem mão da prática do sexo. Há os que "nasceram assim", ou seja, o desinteresse sexual é sua condição natural desde que se conhecem por gente. Há os que "foram feitos assim pelos homens", isto é, foram vítimas de algum tipo de violência, desde o abuso, a mutilação e a castração. E há os que voluntariamente optaram pela castidade "por causa do reino dos céus".

A relação de uma só carne, que implica necessariamente a prática do sexo, entre homem e mulher é conflituosa, e Jesus sabe disso. Mas ele sabe que viver fora dessa relação — reprimindo, mascarando ou fazendo vistas grossas a esse apelo natural do corpo humano — é algo para poucos. "Poucas pessoas conseguem viver sem isso; quem tem ouvidos para ouvir, que ouça; quem tem condição de assumir, que assuma".

Os *talmidim* de Jesus vivem sob o sagrado encargo de redimir a relação conjugal, santificar a prática do sexo e demonstrar que na mais íntima das relações humanas, a saber, a conjugalidade, o amor prevalece e promove beleza, prazer, saúde e mútua satisfação.

Depois trouxeram crianças a Jesus, para que lhes impusesse as mãos e orasse por elas.
Mas os discípulos os repreendiam. Então disse Jesus: "Deixem vir a mim as
crianças e não as impeçam; pois o Reino dos céus pertence aos que são semelhantes
a elas". Depois de lhes impor as mãos, partiu dali.
MATEUS 19.13-15

Imagino que a vida de Jesus e seus *talmidim* devia ser bastante agitada. Trabalho intenso, multidões em volta, milagres por realizar, discussões com fariseus, questionamentos dos saduceus, debates teológicos, um monte de gente sofrendo e querendo alguma bênção de Jesus. Não havia espaço para tranquilidade ou pausas. Jesus estava em marcha, sinalizando o reino de Deus, fazendo a vontade de seu Pai. E os discípulos estavam sempre presentes, dispostos a aprender, a absorver o máximo dos ensinamentos de seu mestre, tentando servi-lo e administrar tanto quanto possível as situações que surgiam a cada instante.

De repente, uma criança aparece e Jesus interrompe sua marcha. Ele pega a criança no colo. Em Israel era costume que os homens adultos abençoassem as crianças com a imposição de mãos, e quando Jesus toma uma criança em seus braços, todas as mães ao redor fazem fila para que ele também abençoe seus filhos.

Os discípulos repreendem as mulheres. Afinal, criança atrapalha. Elas interrompem nossa agenda, desestabilizam nossa rotina, atrapalham a realização das tarefas do dia. Crianças são um estorvo. Elas querem brincar o tempo todo — e nós, naturalmente, temos mais o que fazer. Precisamos trabalhar, produzir, temos coisas a conquistar. Queremos ser importantes, e as crianças nos atrapalham. Mas parece que não é assim que Jesus pensa.

Dar atenção aos pequeninos implica entrar na dimensão lúdica da vida. As crianças nos olham com seus pequenos olhos e dizem: "Pare um pouco a sua correria, vamos brincar!". Jesus nos diz que o reino de Deus é para gente assim. Não é o reino da produtividade, mas da gratuidade. Não é o reino do frenesi, mas da contemplação da beleza e da vivência da alegria. Não é o reino em que se corre atrás de conquistas, mas em que a vida é desfrutada como dádiva divina.

Jesus diz: "Vejam, se vocês não se tornarem crianças, não conseguirão viver no reino de Deus, porque o reino de Deus é um reino de afeto e de relações entre pais e filhos, e não um reino de relações entre patrões e empregados, dominadores e dominados, conquistadores e pessoas malsucedidas. O reino de Deus é um reino de relações afetivas, que as crianças em sua dimensão lúdica e em sua ingenuidade conseguem experimentar talvez com mais profundidade".

Peça a Deus um coração de criança, pois das crianças é o reino dos céus.

Eis que alguém se aproximou de Jesus e lhe perguntou: "Mestre, que farei de bom para ter a vida eterna?" Respondeu-lhe Jesus: "Por que você me pergunta sobre o que é bom? Há somente um que é bom. Se você quer entrar na vida, obedeça aos mandamentos". "Quais?", perguntou ele. Jesus respondeu: "'Não matarás, não adulterarás, não furtarás, não darás falso testemunho, honra teu pai e tua mãe' e 'Amarás o teu próximo como a ti mesmo'". Disse-lhe o jovem: "A tudo isso tenho obedecido. O que me falta ainda?" Jesus respondeu: "Se você quer ser perfeito, vá, venda os seus bens e dê o dinheiro aos pobres, e você terá um tesouro no céu. Depois, venha e siga-me." Ouvindo isso, o jovem afastou-se triste, porque tinha muitas riquezas.
MATEUS 19.16-22

Os diálogos de Jesus registrados na Bíblia nos obrigam a rever conceitos e a questionar os paradigmas de nossas convicções. O jovem rico, por exemplo. Ele se aproxima de Jesus e o questiona sobre a vida eterna. Jesus responde dizendo que se ele deseja ser completo, ainda havia algo a fazer.

A fala de Jesus desconcerta duas de nossas crenças. A primeira, a crença na "vida eterna" como algo que acontece no céu. Jesus ensina ao jovem rico que a vida eterna — ou a vida com *qualidade* eterna — pode ser experimentada agora. Para Jesus, a vida eterna não é apenas uma dimensão da existência, mas uma dimensão de ser, isto é, o tipo de gente que somos.

A segunda crença diz respeito a nossas posses. Jesus complica a vida daquele moço, avisando-o de que, apesar de rico, ainda lhe faltava algo. Temos a tendência de acreditar que quanto mais ricos somos, menos faltas teremos. Mas Jesus afirma que somos mais completos quanto mais doamos. Rico mesmo não é quem tem muito, mas quem não se deixa possuir pelo que tem.

"Você tem muita coisa", diz Jesus. "Mas, na verdade, são essas coisas que têm você. Por isso você não se sente completo e ainda está procurando uma vida mais plena". Nem mesmo a vida religiosa daquele moço foi suficiente para que ele se sentisse pleno. Ele dizia cumprir os mandamentos. Mas talvez não obedecesse ao principal: amar ao próximo como a si mesmo. Jesus sabia que o coração daquele rapaz vivia apegado a seus bens; então, o desafia a se livrar de tudo aquilo que o aprisionava — doe todos os seus bens aos pobres.

Os *talmidim* de Jesus podem ser ricos. Mas não podem ser possuídos por suas riquezas. A maneira como demonstram que não são dominados por suas posses é através da partilha, da generosidade. Quem não abre mão das coisas que possui é na verdade possuído por elas. Os *talmidim* de Jesus são livres.

Então Jesus disse aos discípulos: "Digo-lhes a verdade: Dificilmente um rico entrará no Reino dos céus. E lhes digo ainda: É mais fácil passar um camelo pelo fundo de uma agulha do que um rico entrar no Reino de Deus". Ao ouvirem isso, os discípulos ficaram perplexos e perguntaram: "Neste caso, quem pode ser salvo?" Jesus olhou para eles e respondeu: "Para o homem é impossível, mas para Deus todas as coisas são possíveis".
MATEUS 19.23-26

Quando você tem uma coisa que não pode perder, então não é você que tem a coisa, é a coisa que tem você, diz o ditado. Pelo menos a respeito do jovem rico que se recusou a distribuir seus bens, o ditado pareceu bem verdadeiro. Jesus aproveita o incidente para ensinar seus *talmidim* a tratar com as riquezas. Ele conclui com uma de suas declarações mais conhecidas: "É mais fácil passar um camelo pelo fundo de uma agulha do que um rico entrar no Reino de Deus".

Muito já foi discutido a respeito do significado de "fundo da agulha". A melhor explicação que ouvi diz que fundo da agulha é uma rachadura nas muralhas de Jerusalém, usada pelos arqueiros para combater os exércitos invasores. Mas a ênfase desse aforismo de Jesus não está na agulha, e sim no camelo.

O camelo é um símbolo da autossuficiência — um animal capaz de cruzar desertos sem se alimentar ou beber por mais de uma semana. Por causa da resistência à desidratação e das corcovas cheias de gordura, o camelo parece dizer: "Eu tenho tudo, não preciso de mais nada para atravessar os desertos". O camelo representa aquele que se julga autossuficiente e não tem olhos para o reino de Deus. Quem acredita possuir tudo não consegue admitir suas faltas mais profundas.

Jesus ensina a seus *talmidim* que os pobres de espírito são bem-aventurados. São pobres de espírito porque sabem que de fato nada possuem, pois tudo o que possuem não é suficiente para preencher o vazio da alma. As riquezas servem como distração para que as carências da alma não sejam enfrentadas. Jesus adverte que os ricos em geral estão distraídos com as possibilidades da riqueza e não têm olhos para o reino de Deus.

O reino de Deus está fora dos limites das leis de compra e venda. A participação nele é dádiva do próprio Deus. Isso se chama graça — favor imerecido. Por essa razão é que o impossível para os homens (fazer por merecer, conquistar ou comprar o reino) é possível para Deus: abrir os olhos dos que estão cegos para as realidades espirituais e partilhar seu reino com os que admitem sua absoluta carência e pobreza.

Deus me livre da ilusão do dinheiro. E livre você também.

Então Pedro lhe respondeu: "Nós deixamos tudo para seguir-te! Que será de nós?"
Jesus lhes disse: "Digo-lhes a verdade: Por ocasião da regeneração de todas as coisas,
quando o Filho do homem se assentar em seu trono glorioso, vocês que me seguiram
também se assentarão em doze tronos, para julgar as doze tribos de Israel. E todos os
que tiverem deixado casas, irmãos, irmãs, pai, mãe, filhos ou campos, por minha causa,
receberão cem vezes mais e herdarão a vida eterna. Contudo, muitos primeiros serão
últimos, e muitos últimos serão primeiros".
MATEUS 19.27-30

Mais uma conversa impressionante de Jesus, mais uma mostra de que o reino de Deus é uma questão de valores. Jesus afirma que haverá um momento de regeneração de todas as coisas, quando o Filho do homem estará assentado em seu trono. Será um momento de virada, em que o mundo onde vivemos será completamente reformulado e o reino de Deus será pleno. Nesse dia, os últimos serão os primeiros, e os primeiros serão os últimos. O reino de Deus, portanto, não tem nada a ver com nossas posses. Tem tudo a ver com nossos valores. Mais precisamente, com aquilo que ocupa nosso coração.

Jesus ainda reverbera sua conversa com o jovem rico que desejava saber o que era preciso fazer para herdar a vida eterna. Apesar de seguir todos os mandamentos, ainda vivia com um vazio na alma. Jesus explicou que uma conduta moral perfeita, ou quase perfeita, não garante a participação no reino de Deus. O reino de Deus não é uma questão de comportamento, mas de paixão, isto é, ou é a razão por quê vivemos e morremos, ou é nada.

Jesus adverte que há pessoas com riquezas, mas sem vida. Há pessoas seguindo preceitos morais rígidos, mas ainda mortas. O reino de Deus, no fundo, no fundo, é amor ao próximo. Na caminhada de amor, nós nos desprendemos de tudo e passamos a viver a experiência da partilha, da comunhão. O reino de Deus nos faz enxergar o mundo de forma diferente e, principalmente, viver de forma diferente. Mas a vida diferente nasce de dentro para fora, do coração para o comportamento.

Uma das mais importantes experiências no reino de Deus é o *desapego*. No caminho do desapego, abrimos mão de tudo e, então, somente então, tomamos posse de tudo. O oposto é verdadeiro: quanto mais nos agarramos ao que temos, deixamos que as coisas se apossem de nós, e então, de fato, não temos nada.

Os *talmidim* de Jesus sabem que não precisam se apegar a suas riquezas, pois aprenderam que tudo pertence a Deus, e, portanto, tudo está disponível na mesa da comunhão. Os *talmidim* de Jesus vivem a extraordinária experiência de desfrutar sem possuir: nada ter e possuir tudo.

> *Enquanto estava subindo para Jerusalém, Jesus chamou em particular os doze*
> *discípulos e lhes disse: "Estamos subindo para Jerusalém, e o Filho do homem*
> *será entregue aos chefes dos sacerdotes e aos mestres da lei. Eles o condenarão à*
> *morte e o entregarão aos gentios para que zombem dele, o açoitem e o crucifiquem.*
> *No terceiro dia ele ressuscitará!"*
> MATEUS 20.17-19

A expressão "subindo para Jerusalém" é muito mais do que uma referência geográfica. Mateus está informando que Jesus está ascendendo sobre Jerusalém, está caminhando em marcha de conquista. Jesus está chegando a Jerusalém, o legítimo rei está a caminho de Sião.

"Sião" era o nome de uma fortaleza cananeia conquistada pelo rei Davi, que acabou emprestando seu nome para toda a região de Jerusalém conhecida como "cidade de Davi" e, tempos depois, para a própria cidade de Jerusalém e o monte onde o templo foi construído. Jesus está se dirigindo a seu lugar. Sião está esperando seu Messias, e vai aclamá-lo como o filho de Davi.

Mas Jesus não está iludido. Sabe que receberá a hostilidade das lideranças religiosas judaicas e será entregue às autoridades políticas romanas. Sabe que será crucificado. Mais que tudo, Jesus sabe que, três dias depois de sua morte, vai ressuscitar.

Isso significa que, ao contrário do que acreditam alguns, a morte de Jesus não foi um imprevisto ou um acidente. Jesus estava absolutamente consciente do propósito de sua vida. Sua cruz existia desde antes da fundação do mundo. A morte de Jesus Cristo é um ato proposital, de amor intencional e redentor.

Andar com Jesus é caminhar para ocupar um lugar de honra, mas também caminhar para um lugar onde a hostilidade é presente e frequente. Jesus nos promete a ressurreição. Mas nos convida a caminhar com ele para o calvário, para a cruz, para a morte. Não é possível ser *talmid* de Jesus sem assumir essas duas dimensões: a hostilidade daqueles que rejeitam a autoridade de Jesus e a promessa de vida e ressurreição.

Os *talmidim* de Jesus sabem que o preço do discipulado é a morte. Mas vivem à sombra da ressurreição.

Então, aproximou-se de Jesus a mãe dos filhos de Zebedeu com seus filhos e, prostrando-se, fez-lhe um pedido. "O que você quer?", perguntou ele. Ela respondeu: "Declara que no teu Reino estes meus dois filhos se assentarão um à tua direita e o outro à tua esquerda". Disse-lhes Jesus: "Vocês não sabem o que estão pedindo. Podem vocês beber o cálice que eu vou beber?" "Podemos", responderam eles.
MATEUS 20.20-22

Os discípulos de Jesus estavam razoavelmente iludidos — se não *profundamente* enganados — a respeito da caminhada de Jesus em direção a Sião. Na verdade, eles imaginavam que a anunciada morte de Jesus seria um martírio político. Acreditavam que enfrentariam as autoridades religiosas de Israel e o poder político de Roma, e estavam dispostos a morrer caso fosse necessário. Imaginavam estar prontos para "beber o cálice" de Jesus. Considerando uma remota possibilidade de vitória contra Roma, a mãe de Tiago e João, filhos de Zebedeu, pede a Jesus que conceda a seus filhos um lugar de honra no tal reino que seria estabelecido em Sião.

Mas Jesus está falando de outro reino e de outra dimensão de morte. Jesus está falando de outra dimensão de conquista, outra proposta de autoridade e exercício de governo. Jesus fala do reino de Deus, do reino dos céus, e por isso diz: "Meu reino não é deste mundo". Jesus fala de um reino que jamais terá fim e de sua morte com implicações para toda a eternidade.

Jesus não morre como mártir. Também não morre como resultado de um compromisso radical de engajamento em favor da libertação política de um povo. E muito menos simplesmente para dar exemplo de qualquer coisa.

A Bíblia afirma que a cruz de Cristo é conhecida desde antes da fundação do mundo. Evidentemente, ninguém além de Jesus seria capaz de beber esse cálice, isto é, morrer essa morte que afeta todo o universo e toda a eternidade. A morte de Jesus é singular.

Os *talmidim* de Jesus foram aos poucos se dando conta de que o reino de Deus, embora confronte os poderes religiosos, políticos e econômicos na história, se consuma na eternidade, isto é, não neste mundo. Os *talmidim* de Jesus sabem também que, embora efetivada pelos poderes históricos, a morte de Jesus jamais se compara a de um mártir. Sabem que o cálice de Jesus é somente dele. Sabem que somente Jesus pode morrer uma morte que afeta e redime todos os mundos.

*Jesus lhes disse: "Certamente vocês beberão do meu cálice; mas o assentar-se
à minha direita ou à minha esquerda não cabe a mim conceder. Esses lugares pertencem
àqueles para quem foram preparados por meu Pai". Quando os outros dez ouviram isso,
ficaram indignados com os dois irmãos. Jesus os chamou e disse: "Vocês sabem
que os governantes das nações as dominam, e as pessoas importantes exercem poder
sobre elas. Não será assim entre vocês. Ao contrário, quem quiser tornar-se importante
entre vocês deverá ser servo, e quem quiser ser o primeiro deverá ser escravo;
como o Filho do homem, que não veio para ser servido, mas para servir e dar a sua
vida em resgate por muitos".*
MATEUS 20.23-28

Aí está revelado o segredo da morte de Jesus: ele veio para servir e dar sua vida
em resgate de muitos. Isso é o que faz a morte de Jesus singular. Por essa razão é
que posteriormente os apóstolos vão interpretar a morte de Jesus como *redentora*.
A morte de Jesus redime toda a humanidade e todo o universo criado.

Justiça seja feita, a mãe de Tiago e João, que fez um pedido equivocado para
seus filhos, desejando que eles ocupassem lugares de honra no reino de Jesus,
dali a pouco estará presente aos pés da cruz do Calvário, quando Jesus estiver morrendo. Mas o fato é que seu pedido gerou uma celeuma no grupo dos
doze. Mateus nos conta que quando ouviram o pedido daquela mãe, os outros
talmidim se irritaram. Mas se irritaram não porque discerniram o absurdo do
pedido, mas porque também cobiçaram uma posição de poder e autoridade no
reino de Jesus.

Aquele se tornou o momento ideal para que Jesus preparasse seus *talmidim*
para exercerem suas funções no reino de Deus. Jesus ensina a seus discípulos
que seu reino é diferente dos reinos "das nações". Afirma que os reinos "deste
mundo" são governados de modo tirânico, na base do abuso de autoridade e da
tirania dominadora. Os governantes das nações impõem sua autoridade pela
força e toda sorte de meios ilícitos de coerção. Mas no reino de Deus o governo
é exercido por pessoas dispostas a servir. Homens e mulheres que não buscam
seus próprios interesses, mas estão dispostos a fazer o que Jesus fez: dar a vida
pelos outros.

Os *talmidim* de Jesus não foram ensinados a dominar e tiranizar. Foram instruídos a servir e amar.

Quando se aproximaram de Jerusalém e chegaram a Betfagé, ao monte das Oliveiras, Jesus enviou dois discípulos, dizendo-lhes: "Vão ao povoado que está adiante de vocês; logo encontrarão uma jumenta amarrada, com um jumentinho ao lado. Desamarrem-nos e tragam-nos para mim. Se alguém lhes perguntar algo, digam-lhe que o Senhor precisa deles e logo os enviará de volta". Isso aconteceu para que se cumprisse o que fora dito pelo profeta: "Digam à cidade de Sião: 'Eis que o seu rei vem a você, humilde e montado num jumento, num jumentinho, cria de jumenta'". Os discípulos foram e fizeram o que Jesus tinha ordenado. Trouxeram a jumenta e o jumentinho, colocaram sobre eles os seus mantos, e sobre estes Jesus montou.
MATEUS 21.1-7

Jesus chega a Jerusalém. Ele sabe que caminha em direção ao Calvário, à cruz e à morte. Mas Jesus não é o único a saber de seu futuro. O profeta Zacarias, por exemplo, havia escrito, aproximadamente quinhentos anos antes, que o Messias entraria em Jerusalém montado em um jumentinho. Jesus cumpriu essa e várias outras profecias, mostrando que sua vida e sua morte não foram acontecimentos circunstanciais, resultados de contingências da história, da política e da cultura a seu redor.

Explicando melhor, não é que, por alguma casualidade, Roma estava no poder e, por outro acaso, Israel era colônia romana. Não é que Jesus nasceu naquele lugar e naquela época, como poderia ter nascido em qualquer outro lugar ou época. Não é que sua vida e sua morte poderiam ter sido diferentes. Não, absolutamente não. A Bíblia mostra que a vida de Jesus obedece a um *script* perfeito, escrito desde antes da fundação do mundo.

Esse episódio havia sido profetizado por Zacarias cinco séculos antes: "Eis que seu rei vem a você [Sião], justo e vitorioso, humilde e montado num jumento" (Zc 9.9). Jesus entra em Jerusalém como o Messias, o Filho de Davi, o rei prometido. Mas Jesus é uma figura singular, um rei cujo trono é o lombo de um jumentinho. É um rei de uma ordem diferente, com uma vida ímpar, uma morte ímpar, que ressuscita para assumir o governo de um reino eterno.

Na vida de Jesus, as peças do quebra-cabeça se encaixam perfeitamente. Os *talmidim* enxergam em Jesus o verdadeiro significado do universo e da vida. Você e eu fazemos parte de um plano eterno.

Uma grande multidão estendeu seus mantos pelo caminho, outros cortavam ramos de árvores e os espalhavam pelo caminho. A multidão que ia adiante dele e os que o seguiam gritavam: "Hosana ao Filho de Davi!" "Bendito é o que vem em nome do Senhor!" "Hosana nas alturas!" Quando Jesus entrou em Jerusalém, toda a cidade ficou agitada e perguntava: "Quem é este?" A multidão respondia: "Este é Jesus, o profeta de Nazaré da Galileia".

MATEUS 21.8-11

Jesus entra em Jerusalém montado em um jumentinho. Mas a multidão canta e celebra sua entrada com o salmo 118: "Hosana! Bendito é o que vem em nome do Senhor!".

Jesus chega aclamado pelo povo em uma cena profetizada e anunciada pelos profetas de Israel. Deveria ser uma grande história de vitória, mas é apenas um interlúdio de um grande quadro de hostilidade, rejeição e morte. E a vida segue nesse ritmo: ao mesmo tempo em que somos aclamados e experimentamos a euforia da multidão, sabemos que, em pouco tempo, em breve tempo, quando a verdadeira identidade de alguém que segue a Jesus é revelada, a hostilidade se apresenta. Assim foi com Jesus, assim será com seus *talmidim*. Os que num momento gritam "hosana", também gritarão "crucifica-o".

Mas por enquanto a palavra é *hosana*, que quer dizer "salva-nos". Hosana é um grito de socorro, de lamento e, ao mesmo tempo, de esperança. Afinal, todo aquele que grita por socorro expressa o lamento por sua condição, mas expressa também a esperança de sua libertação e salvação.

Não tenha medo de gritar "hosana" para o rei Jesus. Não tenha nenhum constrangimento em expressar seu lamento e sua condição a ele. Ao clamar "Salva-me, Jesus!", você deposita em Deus a sua esperança e, mais que isso, dá a Jesus o lugar que ele deve ocupar em sua vida. Foi o que fez aquela multidão na entrada de Jerusalém. As pessoas receberam o Messias espalhando ramos pelo chão e cobrindo o caminho de mantos para que o Rei, o Filho de Davi, o legítimo Rei com autoridade para ocupar o trono de Israel, desfilasse triunfalmente a caminho de Sião.

Que os céus ouçam os gritos dos *talmidim* de Jesus: "Hosana! Bendito é o que vem em nome do Senhor. Hosana! Vem nos socorrer, filho de Davi. Hosana! Salva-nos Jesus, filho do Deus Altíssimo"!

*Jesus entrou no templo e expulsou todos os que ali estavam comprando e
vendendo. Derrubou as mesas dos cambistas e as cadeiras dos que vendiam
pombas, e lhes disse: "Está escrito: 'A minha casa será chamada casa de oração';
mas vocês estão fazendo dela um 'covil de ladrões'".*
MATEUS 21.12-13

Naqueles dias os peregrinos vinham de muitas cidades trazendo ofertas para
o templo em Jerusalém. Mas muitos deles, em virtude das longas distâncias,
preferiam comprar os animais que seriam oferecidos em sacrifício quando che-
gassem a Jerusalém. Foi assim que surgiu um centro comercial ao redor do templo. Os peregrinos chegavam de longe, compravam os animais e os ofereciam
conforme as prescrições da lei de Moisés. A lei era muito específica e orientava
diferentes tipos de ofertas para diferentes tipos de pecados, e até uma alternativa
para os mais pobres que, sem tantas condições para comprar um novilho, ofereciam pombos — como foi o caso de José e Maria.

Jesus fala e age de maneira contundente, reprovando aqueles que faziam
do espaço religioso uma fonte de lucro. Jesus expulsa do templo todos os que
compravam e vendiam. O sagrado não combina com comércio. Não combina
também com os que abusam da credulidade dos que buscam uma experiência religiosa. Jesus cita o profeta Jeremias: "'Este templo, que leva o meu nome
tornou-se para vocês um covil de ladrões? Cuidado! Eu mesmo estou vendo isso',
declara o SENHOR" (Jr 7.11).

Esse episódio mostra a pior das perversões de Israel, talvez a pior de todas
as perversões possíveis: a perversão do sagrado. Aqueles que têm um encontro
verdadeiro com Deus necessariamente tornam-se pessoas altruístas, mais incli-
nadas a doar e se doar ao próximo e a Deus. Jesus ensinou que "há maior felicidade em dar do que em receber". Os que ainda estão presos ao paradigma de
receber, de levar vantagem e buscar conforto e prosperidade, esses estão longe
de um encontro com Deus.

A experiência com Deus liberta. Jamais um encontro legítimo com o sagrado
nos fará usurpadores de Deus, muito menos pessoas em busca de usar o próximo para ganhar dinheiro com sua devoção e seu culto a Deus. Como mostra a
Bíblia, aquele que perverte o sagrado e usa de seu espaço para benefício próprio
recebe o juízo contundente de Jesus, zeloso pela casa de seu Pai.

Os *talmidim* de Jesus sabem que quem transforma casa de oração em comércio é ladrão e bandido. E sabem também que quem abusa dos pobres provoca a
ira de Deus. E com Deus não se brinca.

Os cegos e os mancos aproximaram-se dele no templo, e ele os curou.
Mas quando os chefes dos sacerdotes e os mestres da lei viram as coisas maravilhosas
que Jesus fazia e as crianças gritando no templo: "Hosana ao Filho de Davi",
ficaram indignados, e lhe perguntaram: "Não estás ouvindo o que estas crianças
estão dizendo?" Respondeu Jesus: "Sim, vocês nunca leram: 'Dos lábios das crianças
e dos recém-nascidos suscitaste louvor'?".
MATEUS 21.14-16

Jesus está citando o salmo 8: "Dos lábios das crianças e dos recém-nascidos firmaste o teu nome como fortaleza". A sucessão dos fatos irrita as autoridades religiosas. Jesus expulsa os vendilhões do templo e afirma a casa de seu Pai como casa de oração, e logo em seguida as crianças irrompem em louvor ao Messias. As crianças cantavam "Hosana ao filho de Davi", numa louvação que deixava claro como o sol do meio-dia que Jesus era o Messias. O louvor das crianças dizia a verdade a respeito de Jesus.

As autoridades do templo perceberam que as crianças cantavam o que ouviam em suas casas. As crianças são rápidas em assimilar o que dizem seus pais e o que ouvem nas ruas. A voz das crianças é a voz das multidões. A voz das crianças é a voz do povo, *vox populi*, que clama Jesus como o Messias.

A multidão não era tão explícita, porque saudar a Jesus como Messias e Rei significava criar problemas com Roma. Mas as crianças escancaram uma verdade que os adultos dissimulam. Jesus, então, aceita o louvor das crianças, e reconhece naquela cantoria a profecia dos salmos, as poesias sagradas de Israel a respeito do Messias que viria.

O verdadeiro louvor é aquele que afirma a identidade de Deus. É a expressão vinda da boca dos adoradores a respeito de quem é o seu Deus. As crianças fazem isso muito bem. Elas nos ensinam a orar e louvar. Que mundo maravilhoso esse onde os pais ensinam aos filhos a respeito do Messias, e os filhos irrompem em canções de louvor a Jesus de Nazaré!

De manhã cedo, quando voltava para a cidade, Jesus teve fome. Vendo uma
figueira à beira do caminho, aproximou-se dela, mas nada encontrou, a não ser folhas.
Então lhe disse: "Nunca mais dê frutos!". Imediatamente a árvore secou. Ao verem isso,
os discípulos ficaram espantados e perguntaram: "Como a figueira secou tão depressa?"
Jesus respondeu: "Eu lhes asseguro que, se vocês tiverem fé e não
duvidarem, poderão fazer não somente o que foi feito à figueira, mas
também dizer a este monte: 'Levante-se e atire-se no mar', e assim será feito.
E tudo o que pedirem em oração, se crerem, vocês receberão".
MATEUS 21.18-22

À primeira vista parece que Jesus reage de maneira melindrosa a uma situação que lhe é contrária ou desconfortável. Ele tem fome, vai procurar um fruto na figueira, não o encontra, e então amaldiçoa a figueira. Depois, ensina como podemos nos valer da oração e da fé para promover nosso próprio conforto e satisfazer caprichos pessoais. Evidentemente, nada mais equivocado do que essa leitura do texto sagrado e das circunstâncias que envolvem a lição que Jesus quer transmitir a seus *talmidim*.

Vem desse episódio o ditado "a fé remove montanhas", outra confusão que distorce completamente o ensino de Jesus. As palavras de Jesus são: "se vocês tiverem fé, poderão dizer a este monte: 'Levante-se e atire-se no mar', e assim será feito". Jesus não está falando de qualquer monte, mas do monte Sião e, consequentemente, contra Jerusalém.

Jesus está ressaltando o que disseram os profetas Jeremias e Joel: Sião é como uma figueira estéril. O monte que abriga o templo é agora covil de ladrões e bandidos. E por isso sofrerá juízo. Jesus sabe perfeitamente que a mesma multidão que gritava "Hosana ao Filho de Davi" escolherá Barrabás e gritará a respeito dele, Jesus: "Crucifica-o!". O Messias será rejeitado em Jerusalém. O povo de Jerusalém não o receberá pela fé. E o monte Sião deixará de ser o lugar central da relação entre Deus e seu povo. O monte Sião será deslocado, a montanha mudará de lugar quando surgir um povo que tem fé.

Jesus, portanto, não está ensinando que a fé é um recurso para que seus *talmidim* superem obstáculos, vençam desafios, ou realizem todos os seus desejos. "Tudo o que pedirem em oração, se crerem, receberão" não é, de forma alguma, um cheque em branco que Jesus oferece a seus *talmidim*.

O apóstolo Paulo resume o ensino de Jesus dizendo que "os que são da fé, estes é que são filhos de Abraão". Jesus está dizendo que seus *talmidim* são povo da fé, que tira Sião do lugar e coloca no centro da história um outro monte. O monte Calvário.

Jesus entrou no templo e, enquanto ensinava, aproximaram-se dele os chefes dos sacerdotes e os líderes religiosos do povo e perguntaram: "Com que autoridade estás fazendo estas coisas? E quem te deu tal autoridade?" Respondeu Jesus: "Eu também lhes farei uma pergunta. Se vocês me responderem, eu lhes direi com que autoridade estou fazendo estas coisas. De onde era o batismo de João? Do céu ou dos homens?" Eles discutiam entre si, dizendo: "Se dissermos: Do céu, ele perguntará: 'Então por que vocês não creram nele?' Mas se dissermos: Dos homens — temos medo do povo, pois todos consideram João um profeta." Eles responderam a Jesus: "Não sabemos". E ele lhes disse: "Tampouco lhes direi com que autoridade estou fazendo estas coisas".

MATEUS 21.23-27

Dizem que alguém perguntou a um judeu: "Por que vocês sempre respondem a uma pergunta com outra?", ao que o judeu respondeu: "E por que não?".

Jesus era judeu, e também gostava de responder a perguntas com outras perguntas. Essa conversa real que Jesus travou com os chefes dos sacerdotes e líderes religiosos é um exemplo típico: ele devolve o questionamento a seus questionadores, criando a ocasião para um debate lúcido e inteligente.

A maneira de Jesus responder a seus questionadores serve de inspiração para seus *talmidim*. É comum as pessoas questionarem nossa fé com perguntas delicadas sobre questões fundamentais: "Como uma pessoa como você pode acreditar em Deus?", ou "Vai me dizer que você acredita que Jesus nasceu de uma virgem?", ou "Quer dizer que você acredita em céu e inferno?", ou "Você também acredita que Jesus morreu por nossos pecados?". São perguntas que nos colocam diante da responsabilidade de dar explicações sobre nossa fé. Entretanto, o que aconteceria se fizéssemos o que Jesus fez? Poderíamos devolver a pergunta com algo do tipo: "Tudo bem, se você não acredita nisso, você acredita em quê?".

É fácil questionar a fé alheia. Bem mais complicado é explicar a própria fé. Aquele que diz não crer em algo não está dizendo grande coisa a menos que afirme no que crê. Aí, talvez, se estabeleça um diálogo que aponte caminhos para além das perguntas, em busca de algumas respostas, ainda que não definitivas.

Respostas podem servir como ponto de partida e oportunidade para o diálogo. Mas às vezes a melhor resposta é mesmo uma pergunta, pois tem muita gente mais interessada em debater do que em dialogar. E o debate como diletantismo não leva a lugar algum. Para desmascarar um debatedor inconsistente, basta devolver a ele suas perguntas. Caso ele tenha sugestões de respostas, a conversa começa. Fora isso, é jogar pérolas aos porcos.

Então os fariseus saíram e começaram a planejar um meio de enredá-lo em suas próprias palavras. Enviaram-lhe seus discípulos juntamente com os herodianos que lhe disseram: "Mestre, sabemos que és íntegro e que ensinas o caminho de Deus conforme a verdade. Tu não te deixas influenciar por ninguém, porque não te prendes à aparência dos homens. Dize-nos, pois: Qual é a tua opinião? É certo pagar imposto a César ou não?" Mas Jesus, percebendo a má intenção deles, perguntou: "Hipócritas! Por que vocês estão me pondo à prova? Mostrem-me a moeda usada para pagar o imposto". Eles lhe mostraram um denário, e ele lhes perguntou: "De quem é esta imagem e esta inscrição?" "De César", responderam eles. E ele lhes disse: "Então, deem a César o que é de César e a Deus o que é de Deus". Ao ouvirem isso, eles ficaram admirados; e, deixando-o, retiraram-se.
MATEUS 22.15-22

Parece que os fariseus acreditavam na máxima de que "o peixe morre pela boca", e tentavam pegar Jesus de todo jeito. Dessa vez, junto com partidários do rei Herodes, defensores de Roma, prepararam uma armadilha. O objetivo era que Jesus se comprometesse ao falar a respeito da legitimidade do imposto recolhido ao imperador. Se Jesus apoiasse os impostos, poderia ser acusado de trair seu povo, uma vez que a lei exigia lealdade somente a Yahweh. Mas se negasse a legitimidade do imposto, seria acusado de incentivar a rebelião contra as autoridades romanas.

Jesus tira da manga uma de suas extraordinárias respostas. Ele usa uma tradição muito conhecida entre os rabinos, que ensinava que, assim como os imperadores estampavam sua imagem nas moedas, Deus estampou sua imagem no ser humano. Jesus está dizendo que a moeda com a imagem de César é devida a César, mas o ser humano que carrega em si a imagem de Deus pertence a Deus. Os fariseus e os herodianos ficaram maravilhados e desconcertados com a sabedoria de Jesus.

Jesus relativiza radicalmente o poder de César e afirma que devemos lealdade absoluta a Deus. Em outras palavras, devemos, sim, obediência às autoridades governamentais, desde que isso não implique sacrifício da vida humana. A obediência a Deus exige a valorização da vida humana acima de qualquer poder totalitário. Como reafirmou o apóstolo Pedro: "É preciso obedecer antes a Deus do que aos homens" (At 5.29).

Os *talmidim* de Jesus vivem na história debaixo da autoridade dos césares de ocasião, mas submetendo a consciência sempre a Deus, pois sabem que até mesmo os césares pertencem a Deus.

*Naquele mesmo dia, os saduceus, que dizem que não há ressurreição, aproximaram-se
dele com a seguinte questão: "Mestre, Moisés disse que se um homem morrer sem
deixar filhos, seu irmão deverá casar-se com a viúva e dar-lhe descendência. Entre
nós havia sete irmãos. O primeiro casou-se e morreu. Como não teve filhos, deixou a
mulher para seu irmão. A mesma coisa aconteceu com o segundo, com o terceiro, até
o sétimo. Finalmente, depois de todos, morreu a mulher. Pois bem, na ressurreição, de
qual dos sete ela será esposa, visto que todos foram casados com ela?" Jesus respondeu:
"Vocês estão enganados porque não conhecem as Escrituras nem o poder de Deus! Na
ressurreição, as pessoas não se casam nem são dadas em casamento; mas são como os
anjos no céu. E quanto à ressurreição dos mortos, vocês não leram o que Deus lhes disse:
'Eu sou o Deus de Abraão, o Deus de Isaque e o Deus de Jacó'? Ele não é Deus de mortos,
mas de vivos!" Ouvindo isso, a multidão ficou admirada com o seu ensino.*

MATEUS 22.23-33

A armadilha dos saduceus evoca uma narrativa do livro apócrifo de Tobias, que
conta a história dessa viúva. Eles desejam saber com qual dos sete maridos, todos irmãos, a mulher será casada na eternidade.

Jesus responde dizendo que é um erro projetar para a vida futura as condições
da vida na terra, pois "na ressurreição, as pessoas não se casam nem são dadas em
casamento". Mas o fato é que os saduceus não estavam interessados no casamento
depois da morte ou na relação entre marido e mulher no céu. O que eles queriam
era desacreditar a doutrina da ressurreição, e estavam argumentando algo do
tipo: "Você não vê, Jesus, que a ressurreição é uma ideia sem lógica?".

Jesus ensina lembrando que Deus é "o Deus de Abraão, de Isaque e de Jacó",
o que diz muita coisa não apenas a respeito de Deus, como também a respeito
de Abraão, Isaque e Jacó, uma vez que Deus os trata como se estivessem vivos,
como de fato estão.

Nós, cristãos acreditamos na ressurreição. A Bíblia ensina que em certo momento a vida humana é interrompida nessa dispensação que chamamos vida na
terra, para depois ressuscitar em outra dimensão de existência a respeito da qual
sabemos muito pouco. A Bíblia não ensina a reencarnação mas a ressurreição.
Porque Deus é Deus de vivos, e não de mortos.

Os *talmidim* de Jesus vivem na esperança da ressurreição.

> *Ao ouvirem dizer que Jesus havia deixado os saduceus sem resposta, os fariseus se*
> *reuniram. Um deles, perito na lei, o pôs à prova com esta pergunta: "Mestre, qual é o*
> *maior mandamento da Lei?" Respondeu Jesus: "'Ame o Senhor, o seu Deus de todo o seu*
> *coração, de toda a sua alma e de todo o seu entendimento! Este é o primeiro e maior*
> *mandamento. E o segundo é semelhante a ele: 'Ame o seu próximo como a si mesmo!*
> *Destes dois mandamentos dependem toda a Lei e os Profetas".*
> MATEUS 22.34-40

Nos dias de Jesus havia muitos "candidatos" a Messias. Por essa razão, os fariseus que viviam colocando Jesus à prova estão cumprindo sua responsabilidade. O sinédrio, tribunal religioso judaico, deveria mesmo ser rigoroso em investigar e avaliar todo sujeito que aparecesse afirmando ser o Messias. Sob pena de seguirem um falso Messias, o que aliás já havia acontecido, os grupos religiosos judaicos fizeram seu trabalho à exaustão: investigaram, analisaram, avaliaram e testaram Jesus de modo criterioso e detalhado. A pergunta que fazem a ele agora é sobre o "maior mandamento" da lei.

Havia um caso conhecido entre os israelitas: certo homem se aproximou do célebre rabino Hilel e, diante dele, levantou uma das pernas e se equilibrou em um pé só. "Resuma toda a lei de Moisés enquanto eu fico apoiado em uma perna só", disse ao rabino. Conta-se que Hilel teria lhe respondido: "Não faça aos outros aquilo que você não quer que façam a você; nada daquilo que você odeia faça a outra pessoa. A lei se resume nisso, todo o resto é comentário".

Os fariseus, provavelmente inspirados por essa história, colocaram diante de Jesus um desafio semelhante. Em vez de "qual é o resumo da lei", eles queriam saber "qual o maior mandamento". Jesus não responde como Hilel, a quem certamente conhecia. Mas cita o Shemá, a seção da lei que constitui a profissão de fé central do monoteísmo judaico: "o maior mandamento é amar a Deus". Amar ao próximo pode ser o resumo da lei, mas o maior mandamento é amar a Deus.

Este é o grande diferencial da religião de Israel: o amor a Deus e o amor ao próximo. A transcendência e a filosofia de vida, interdependentes. Amar a Deus sem amar ao próximo é uma fuga da realidade. Amar ao próximo sem amar a Deus é uma pretensão que será frustrada. Amar a Deus para que consigamos amar ao próximo, e amar ao próximo como consequência de nossa experiência do amor de Deus.

Os *talmidim* de Jesus vivem a maravilhosa experiência de amor. São amados por Deus e transbordam esse amor ao próximo. Eles sabem que Deus é amor.

> *Estando os fariseus reunidos, Jesus lhes perguntou: "O que vocês pensam a*
> *respeito do Cristo? De quem ele é filho?" "É filho de Davi", responderam eles.*
> MATEUS 22.41-42

Mente quem diz que não se importa com a opinião dos outros. É mentira que não ligamos para o que dizem a nosso respeito. Não apenas nos importamos, como geralmente queremos saber o que pensam sobre o que somos ou fazemos. Esse episódio mostra Jesus encomendando a seus discípulos uma pesquisa de opinião a seu respeito. Jesus quer saber o que as pessoas, inclusive os fariseus, pensam sobre ele. Em resposta à pesquisa, os fariseus disseram sobre o Cristo (Messias) "É filho de Davi", e estavam absolutamente certos, embora não atribuíssem o título a Jesus.

Mas Jesus não está interessado em saber o que pensam a respeito dele por mero capricho, crise de autoimagem ou carência. A preocupação de Jesus é se certificar de que as pessoas estão discernindo sua identidade messiânica. Quer também solidificar no inconsciente coletivo da multidão e de seus discípulos a exata compreensão a respeito do Messias. Ele sabe que sua mensagem só seria compreendida se sua identidade fosse igualmente bem assimilada. Jesus vai além do velho ditado que diz: "O que você faz fala tão alto que mal consigo ouvir o que você diz". Ele deixa claro que não apenas nossos atos, mas nossa identidade interfere diretamente sobre como as pessoas compreendem nossas palavras. O que somos determina o que fazemos e ilumina o que falamos.

Em Jesus, identidade, ações e palavras são realidades que caminham juntas. Jesus pretende que as pessoas não apenas acreditem no que ele diz e sejam tocadas e influenciadas pelo que ele faz, mas que todos saibam quem ele é. E se comprometam com ele.

Os *talmidim* de Jesus acreditam no que ele diz. São afetados pelo que ele faz. Mas acima de tudo sabem quem ele é: o filho de Davi, o Messias de Israel, o Filho do Deus vivo.

Estando os fariseus reunidos, Jesus lhes perguntou: "O que vocês pensam a respeito do Cristo? De quem ele é filho?" "É filho de Davi", responderam eles. Ele lhes disse: "Então, como é que Davi, falando pelo Espírito, o chama 'Senhor'? Pois ele afirma: 'O Senhor disse ao meu Senhor: Senta-te à minha direita, até que eu ponha os teus inimigos debaixo de teus pés'. Se, pois, Davi o chama 'Senhor', como pode ser ele seu filho?" Ninguém conseguia responder-lhe uma palavra; e daquele dia em diante, ninguém jamais se atreveu a lhe fazer perguntas.

MATEUS 22.41-46

Jesus já havia diversas vezes apontado para si mesmo como o Messias. Dessa vez ele o faz a partir de uma poesia de Davi. Em resposta à pesquisa encomendada por Jesus sobre sua identidade, os fariseus afirmaram que o Messias era "filho de Davi", e, por ser filho, ele seria menor que Davi. Jesus, porém, cita o salmo 110, em que o próprio Davi chama o Messias de "Senhor", admitindo, portanto, ser menor do que ele. Os fariseus entenderam o recado: se o rei Davi prestou reverência ao Messias, também eles, fariseus, deveriam fazê-lo.

O mais impressionante é como a conversa termina. Jesus havia passado por uma incrível bateria de interrogatórios sobre a mais variada gama de assuntos: dos impostos à ressurreição, dos milagres ao direito ao divórcio, da lei à prerrogativa de perdoar pecados. Depois de calar seus oponentes, Jesus dá números finais ao placar. "Daquele dia em diante", afirma Mateus, "ninguém jamais se atreveu a lhe fazer perguntas".

Jesus calou seus oponentes baseando-se nas Escrituras e usando uma lógica que revela sua inteligência extraordinária. Jesus foi mestre em articular sua compreensão da realidade de maneira lógica: se algo é *isso*, não pode ser *aquilo*, então, logicamente, é *aquilo* outro.

A lógica e a inteligência de Jesus nos ajudam a desmistificar a ideia de que a fé é um exercício para ignorantes. Pelo contrário: a fé, como alguém já disse, é algo apenas possível àqueles dotados de razão. Jesus nos ensina a articular nossas convicções e crenças utilizando dois recursos: as Escrituras Sagradas e o raciocínio. Como escreveu John Stott, a "mente bíblica" não é aquela que cita versículos, mas aquela capaz de raciocinar nos parâmetros da Bíblia, com a lógica harmônica dos textos sagrados. Os *talmidim* de Jesus não são livres-pensadores. Sua fé está baseada nos textos sagrados da tradição judaico-cristã. Mas são pensadores.

Peço a Deus uma fé inteligente e uma inteligência cheia de fé. Que minha inteligência não me impeça de crer e que minha fé não me impeça de pensar. Convido você a fazer essa mesma oração.

Então, Jesus disse à multidão e aos seus discípulos: "Os mestres da lei e os fariseus se assentam na cadeira de Moisés. Obedeçam-lhes e façam tudo o que eles lhes dizem. Mas não façam o que eles fazem, pois não praticam o que pregam."
MATEUS 23.1-3

A expressão "assentar-se na cadeira de Moisés" pode ter duplo sentido. Pode significar usurpar a autoridade de Moisés como legislador, e nesse caso Jesus estaria acusando os mestres da lei e os fariseus dizendo: "Vocês tiraram Moisés da cadeira e ocuparam o lugar dele indevidamente". Mas também pode significar que os mestres da lei e os fariseus ocuparam juntamente com Moisés a cadeira do legislador, e nesse caso Jesus estaria fazendo uma referência aos rabinos que, na tradição de Israel, tinham o papel de atualizar a interpretação da lei, mantendo sua relevância e vitalidade de geração em geração. O mais provável é que a palavra de Jesus tenha esses dois sentidos ao mesmo tempo.

Jesus reconhece que os rabinos têm a prerrogativa de interpretar a lei sem acrescentar nada a ela, zelando por sua atualidade. Entretanto, ao mesmo tempo ele oferece certa crítica aos mesmos doutores da lei, que usurpam o lugar de Moisés dando à lei um sentido deturpado. Com isso, Jesus ensina que os maiores inimigos de uma prática espiritual não são necessariamente os opositores externos, mas os que estão dentro de sua própria estrutura religiosa.

"Façam tudo o que eles ensinam", recomenda Jesus, reconhecendo a legitimidade no ensino dos fariseus. "Mas não vivam da maneira como eles vivem, porque eles não praticam o que pregam." O ensino dos fariseus é, portanto, uma informação de duplo vínculo: dizer uma coisa e fazer outra. Duplo vínculo é a mensagem que um adulto envia ao bebê que pega no colo, quando com a mesma mão que acaricia, belisca. Aos poucos o bebê fica confuso, sem saber se o colo é lugar de acolhimento ou agressão.

O ambiente religioso é muito propício para que essa confusão exista. Jesus está dizendo a seus *talmidim* que existe legitimidade em tentar interpretar a lei para mantê-la viva, mas há um grande perigo de usurpar o lugar de Moisés, apontando para outra direção, não com as palavras, mas com a maneira de viver.

Tenho um amigo que diz que devemos viver o que pregamos para podermos pregar o que vivemos. Esta é a minha oração: coerência entre estilo de vida, mensagem, palavras e ações. Convido você também a fazer essa mesma oração.

Então, Jesus disse à multidão e aos seus discípulos: "Os mestres da lei e os fariseus se
assentam na cadeira de Moisés. Obedeçam-lhes e façam tudo o que eles lhes dizem.
Mas não façam o que eles fazem, pois não praticam o que pregam. Eles atam fardos
pesados e os colocam sobre os ombros dos homens, mas eles mesmos não estão dispostos
a levantar um só dedo para movê-los."
MATEUS 23.1-3

Havia uma tradição entre os fariseus do tempo de Jesus que dizia que era preciso "colocar cercas ao redor da lei", para impedir que o povo saísse de seus limites. Os fariseus sabiam que os grandes males vividos por Israel estavam relacionados com a desobediência da lei. Por esse motivo, e com certa razão, se tornaram zelosos. O problema é que exageraram na dose e pesaram a mão. Essa é a crítica que Jesus dirige a eles.

Os fariseus se tornaram legalistas. Passaram a valorizar mais a lei do que as pessoas. Seu objetivo era preservar a lei, em vez de se valerem da lei para preservar pessoas: em vez do sábado para o homem, colocaram o homem a serviço do sábado. Passaram a exigir sacrifícios exagerados. Por exemplo, a lei exigia que o jejum fosse praticado ao menos uma vez por ano. Mas os fariseus se vangloriavam de jejuar até duas vezes por semana — e essa vaidade é criticada por Jesus na parábola do fariseu e do publicano. Era um exagero evidente, com um único resultado: ninguém conseguia viver à altura das exigências da lei conforme interpretada pelos fariseus, nem mesmo eles. Os mandamentos exagerados geraram o legalismo, e o legalismo levou à frustração e à culpa que, por sua vez, deram origem à hipocrisia, coisa que Jesus combatia sem tréguas.

A hipocrisia era uma dos grandes pecados dos fariseus e seus seguidores à época de Jesus. É também um grande pecado de muitos religiosos hoje em dia. As pessoas mais moralistas e legalistas são as que geralmente escondem os maiores "esqueletos no armário", isto é, têm pecados ocultos.

A vitória sobre a frustração, a culpa e a hipocrisia depende do equilíbrio entre o esforço para o cumprimento da lei (obedecer à lei) e a dependência da graça de Deus (obedecer no poder do Espírito): "É Deus quem efetua em vocês tanto o querer quanto o realizar" (Fp 2.13), ensinou o apóstolo Paulo, um fariseu convertido a Jesus de Nazaré.

Tudo o que fazem é para serem vistos pelos homens. Eles fazem seus filactérios bem largos e as franjas de suas vestes bem longas; gostam do lugar de honra nos banquetes e dos assentos mais importantes nas sinagogas, de serem saudados nas praças e de serem chamados "rabis".

MATEUS 23.5-7

Os *tefilins*, traduzidos normalmente como "filactérios", são uma espécie de tiras com trechos da Torá que os judeus amarram em seu corpo periodicamente, como forma de expressar seu apego à lei e a invocação de Yahweh. Outra expressão externa de devoção são as "franjas de suas vestes", os *tzitzit*. Jesus está falando sobre os fariseus e usa os *tefilins* e os *tzitzit* extravagantes como exemplos de exagero das pessoas que gostam de ser notadas e admiradas por sua religiosidade. Jesus está, portanto, criticando o hábito de estarmos mais interessados nos aplausos humanos do que em cultivar uma devoção interior verdadeira.

A quem esses homens tentam enganar? Porque ainda mais tolo do que tentar enganar os outros é tentar enganar a si mesmo. E pior que tudo isso é tentar enganar a Deus, que a tudo vê e tudo sabe. Quando passamos a nos preocupar demais com a opinião dos outros e passamos a cultivar o desejo de impressionar, vivendo de imagem, acabamos por deixar Deus de fora da equação da espiritualidade piedosa. Evidentemente, é melhor uma espiritualidade ocupada com os olhos de Deus do que uma espiritualidade ocupada com os olhos do público.

Um verdadeiro *talmid* de Jesus vive como se seu público fosse composto de uma só pessoa, a saber, o Deus a quem serve e para quem vive. O grande desejo de um *talmid* de Jesus é despertar o sorriso na face de Deus. Como *talmid* de Jesus, tenho esse desejo também, de jamais perder a noção de que a grande — e única — aprovação de que precisamos é a de Deus. Convido você a viver para o público de Um.

Os mestres da lei e os fariseus [...] gostam [...] de serem saudados nas praças e de serem chamados mestres. Mas vocês não devem ser chamados mestres; um só é o Mestre de vocês, e todos vocês são irmãos. A ninguém na terra chamem "pai", porque vocês só têm um Pai, aquele que está nos céus. Tampouco vocês devem ser chamados "chefes", porquanto vocês têm um só Chefe, o Cristo. O maior entre vocês deverá ser servo. Pois todo aquele que a si mesmo se exaltar será humilhado, e todo aquele que a si mesmo se humilhar será exaltado.

MATEUS 23.2,6-7-12

Jesus trata dos relacionamentos de seus *talmidim*. Mais uma vez, ele usa negativamente o exemplo dos fariseus. Depois de deixar clara a incoerência entre suas palavras e ações, advertir do perigo de uma espiritualidade mais ocupada com o aplauso humano do que com a aprovação divina, e criticar os exageros das exigências deles, Jesus agora os condena porque competem entre si pelos títulos de honra. Jesus diz algo como: "Vejam, vocês precisam perceber que só há uma pessoa acima de vocês, que é Deus; entre vocês, vocês são todos iguais".

De fato, se há apenas um Mestre, todos somos *talmidim*, aprendizes e discípulos desse Mestre; se há apenas um Pai, somos todos irmãos; se há apenas um Senhor, apenas um chefe, nós somos todos servos.

A tentativa de buscarmos um lugar de superioridade em relação aos outros é o que estraga nossa vivência de fé e acaba comprometendo a legitimidade de nossa experiência espiritual, porque não mais estaremos ocupados da fraternidade e passaremos a buscar um lugar de destaque, solitário e individualista. Quem tenta se sobressair entre seus irmãos, se mostrar superior aos pais, ser a estrela da família e da comunidade da fé, acaba desenvolvendo uma imagem falsa de si mesmo, isto é, acaba perdendo de vista a vida de comunhão.

Somos todos iguais. Iguais em essência e valor, e devemos ser iguais também na maneira como nos tratamos uns aos outros e como nos relacionamos. Na verdade, a recomendação de Jesus do evangelho é que nem mesmo nos tratemos como iguais, mas que tratemos uns aos outros como superiores. A recomendação de Jesus a seus *talmidim* é para que eles sirvam uns aos outros.

Jesus está nos ensinando a viver. Quem deseja ser exaltado — desejo questionável, aliás — deve se humilhar debaixo da potente mão de Deus. Aquele que exalta a si mesmo é humilhado por Deus. O orgulho e a vaidade são as trilhas mais curtas e mais rápidas para o fracasso e a falência existencial, pois destroem não apenas pessoas, mas também muitas relações.

Ai de vocês, mestres da lei e fariseus, hipócritas! Vocês fecham o
reino dos céus diante dos homens! Vocês mesmos não entram, nem deixam
entrar aqueles que gostariam de fazê-lo.
MATEUS 23.13

Esse é o primeiro de uma série de sete *ais* de Jesus. Havia certa tradição judaica em relação a isso, pois os profetas de Israel tinham também seus ais. O profeta Isaías tem uma série de *ais* que incluem inclusive um "ai de mim". Os *ais* de Jesus não são apenas palavras de condenação, mas expressões de lamento. Jesus lamenta a condição dos fariseus e mestres da lei que não entram no reino de Deus, nem deixam as pessoas entrar.

Por trás do lamento de Jesus há uma crítica muito contundente àqueles que se julgam como donos da verdade, especialmente verdades sagradas, e se apropriam do divino como se o divino lhes pertencesse, ou como se a única interpretação possível a respeito de Deus fosse aquela que eles próprios possuem. Jesus afirma que os maiores especialistas na Torá se apropriaram dela de forma equivocada e, cheios de convicção, tomaram o caminho do engano. Aqueles que os seguem também estão sem a Torá.

Isso faz lembrar um comentário atribuído a Cipriano: "Ninguém pode ter a Deus por Pai, se não tem a Igreja por mãe". A história, entretanto, demonstra claramente que, de fato, Deus tem muitos a quem a igreja não tem, assim como a igreja tem muitos a quem Deus não tem.

Há um perigo muito grande quando alguém — um mestre espiritual, uma instituição ou um grupo de pessoas — surge afirmando possuir a exclusividade, a preferência ou o monopólio do divino. Nessas situações, as pessoas que caminham no autoengano causam mal ainda maior, levando gente sincera a seguir seus passos rumo à escuridão.

A Bíblia Sagrada deve ser lida sob a iluminação da tradição cristã, dos ensinos de seus muitos intérpretes. Também deve ser lida em comunidade. Pois nenhuma profecia é de particular interpretação, ensinou o apóstolo Pedro.

Peço a Deus que me guarde do engano. E também que me livre de ser uma pedra de tropeço, enganando a muitos. Desejo entrar no reino de Deus e ser um instrumento para que outros participem e experimentem o reino de Deus também.

Ai de vocês, mestres da lei e fariseus, hipócritas! Vocês devoram as casas das viúvas
e, para disfarçar, fazem longas orações. Por isso serão castigados mais severamente.
MATEUS 23.14

Os que se julgavam representantes de Yahweh, falavam em nome dele e se apresentavam como únicos intérpretes da Torá usavam de autoridade para se aproveitar da fragilidade das viúvas. Na tradição de Israel, o órfão, o estrangeiro e a viúva são espécie de símbolo de todos os que devem ser cuidados — jamais explorados. Os dízimos do Antigo Testamento se destinavam especialmente ao cuidado desses menos favorecidos. Mas os "mestres da lei e fariseus, hipócritas" entravam nas casas de pessoas vulneráveis e carentes, não para doar, mas para retirar; não para cuidar, mas para explorar.

O ambiente religioso é cheio de oportunistas. Homens que têm aparência de que amam a Deus, mas na verdade amam apenas a si mesmos. Infelizmente esse fenômeno é milenar, muito anterior ao partido dos fariseus, e perdura até hoje. Homens aparentando piedade, usando palavras e gestos típicos dos homens de fé, citando a Torá, versículos da Bíblia Sagrada, falando como representantes de Deus, mas explorando a ignorância, a culpa, o medo e a fragilidade dos que sofrem. São falsos profetas que abusam de seus semelhantes em seu momento ou condição de maior fragilidade.

Gente inescrupulosa encontra na religião um caminho propício para instalar seu mecanismo opressor. Essas pessoas serão julgadas severamente por Deus. O caminho de Jesus é uma trilha de doação, de entrega, de socorro ao aflito e ao necessitado, jamais um caminho para o enriquecimento de uns poucos falsos representantes do sagrado.

Jesus ensina seus *talmidim* a viver o amor abnegado, especialmente em favor dos que caminham pelas ruas sem pátria, sem casa, sem chão, sem ninguém.

> *Ai de vocês, mestres da lei e fariseus, hipócritas, porque percorrem*
> *terra e mar para fazer um convertido e, quando conseguem, vocês o tornam duas*
> *vezes mais filho do inferno do que vocês.*
> MATEUS 23.15

O terceiro lamento de Jesus é dirigido aos mestres da lei e aos fariseus que fazem prosélitos para a religião de Israel. Prosélitos são pessoas convertidas a uma nova religião. Nos tempos de Jesus havia prosélitos convertidos ao judaísmo em todo o império romano. Jesus alerta para o fato de que os fariseus e mestres da lei deturpavam a Torá, induzindo pessoas ao engano.

Os prosélitos eram "duas vezes mais filhos do inferno", pois ao trocar de religião, trocavam apenas de escuridão. Seguiam uma ilusão desenhada por homens inescrupulosos — ou, na melhor das hipóteses, equivocados a respeito de Deus e do Messias. Jesus está dizendo que quando as pessoas estão na escuridão, podem mudar de direção, mas continuam na escuridão, achando que se aproximaram da luz. Confundir a mentira com a verdade.

Infelizmente isso acontece ainda hoje. Há tantas versões do evangelho sendo anunciadas que, não raras vezes, a rejeição ao evangelho é apenas recusa em aceitar uma *versão* do evangelho. Buscar a essência do evangelho é fundamental, mas esse caminho é perigoso. Quem detém a versão original do evangelho? Como saber qual é a essência do evangelho? Para atenuar os perigos e evitar erros graves, devemos buscar sempre, como se ainda não tivéssemos encontrado. Devemos também respeitar a história da tradição cristã. E devemos fazer teologia em diálogo comunitário. Temos dois mil anos de cristianismo, não é admissível que ainda hoje alguém se deixe enganar por interpretações particulares do evangelho.

Ninguém consegue deter a essência do evangelho sozinho. Você pode ter uma visão correta do evangelho, mas jamais terá a visão completa. É no diálogo constante, no debate insistente, na busca das referências históricas e na vida da comunidade que o Espírito Santo nos guia a toda a verdade, como Jesus prometeu.

Os *talmidim* de Jesus sabem que somente o Espírito Santo pode trazer a verdade à luz. E por essa razão jamais se consideram detentores da verdade, mas anunciam o evangelho com humildade e integridade, deixando ao Espírito Santo a prerrogativa de converter.

Ai de vocês, guias cegos!, pois dizem: "Se alguém jurar pelo santuário, isto nada significa; mas se alguém jurar pelo ouro do santuário, está obrigado por seu juramento". Cegos insensatos! Que é mais importante: o ouro ou o santuário que santifica o ouro? Vocês também dizem: "Se alguém jurar pelo altar, isto nada significa; mas se alguém jurar pela oferta que está sobre ele, está obrigado por seu juramento". Cegos! Que é mais importante: a oferta, ou o altar que santifica a oferta? Portanto, aquele que jurar pelo altar, jura por ele e por tudo o que está sobre ele. E o que jurar pelo santuário, jura por ele e por aquele que nele habita. E aquele que jurar pelos céus, jura pelo trono de Deus e por aquele que nele se assenta.

MATEUS 23.16-22

Esses estranhos juramentos citados por Jesus não são autorizados por nenhuma tradição rabínica. Curiosamente, Jesus não critica o hábito de jurar (algo que já havia feito, quando ensinou que a palavra de seus discípulos deveria ser simplesmente *sim, sim* e *não, não*). Dessa vez, ele abre mão de dizer que não devemos jurar. Jesus dirige seu ai à esperteza humana embutida nos juramentos.

O que acontecia é que os "guias cegos" faziam juramentos diante do altar e depois deixavam de cumprir seus votos. Buscando desculpas para fugir de suas responsabilidades, diziam: "Mas eu não jurei pela oferta que está sobre o altar, eu jurei apenas sobre o altar, e isso não significa nada!". Faziam mais ou menos como nós, quando crianças na escola. A gente jurava "fazendo figuinha", e depois dizia: "Ah, eu jurei, mas estava fazendo figuinha, então o juramento não valeu".

No caso dos religiosos da época, as artimanhas eram mais sofisticadas, feitas em nome de Deus. Eles acreditavam que era possível, no ambiente das coisas consideradas sagradas, separar algumas como profanas, isto é, sem valor diante de Deus. Jesus, entretanto, vai ensinar que não é possível ter uma relação com Deus em termos parciais. O santuário e o altar do templo são símbolos de Deus, e ele enche todo o universo. Não importa se é o altar ou a oferta do altar, se é o santuário ou o ouro do santuário, pois sobre todas as coisas repousa a mão de Deus. Quem vive na presença de Deus não tem espaços onde ele não interfira. É tudo ou nada. Não há artimanhas, nem jogos de conveniência, não há lugar para espertezas. Em outras palavras, com Deus não se brinca.

Os *talmidim* de Jesus aprenderam que devem ter cuidado com o que falam, com o que prometem, com os compromissos assumidos. Sabem que estão mexendo com coisas sagradas. E a relação com Deus jamais é parcial. É sempre total. Deus ocupa todo o universo. O caminho de Jesus implica a experiência de uma espiritualidade integral.

> *Ai de vocês, mestres da lei e fariseus, hipócritas! Vocês dão o dízimo da*
> *hortelã, do endro e do cominho, mas têm negligenciado os preceitos mais importantes da*
> *lei: a justiça, a misericórdia e a fidelidade. Vocês devem praticar estas coisas, sem omitir*
> *aquelas. Guias cegos! Vocês coam um mosquito e engolem um camelo.*
> MATEUS 23.23-24

Endro, hortelã e cominho eram ervas de caules e folhas pequenas, entre as menores que se cultivava na região. Os mestres da lei e fariseus, preocupados com o dízimo das ervas pequenas, queriam demonstrar seu compromisso de cumprir a lei em seus mínimos detalhes. Em outras palavras, eles contavam os centavos para fazer a conta certa na hora de entregar os dízimos. Mas Jesus não se deixa iludir. Diz que tudo isso tem aparência de piedade e devoção, mas adverte que aqueles homens estavam se apegando a pequenos detalhes e se esquecendo das coisas realmente importantes.

O nome do jogo da espiritualidade de Jesus, e mesmo da espiritualidade da Torá, não é *ritualismo*. O nome do jogo não é dar dinheiro. É justiça, solidariedade, generosidade. É transformação do coração, que vai muito além das práticas ritualísticas.

Há muitas pessoas pensando que agradar a Deus é cumprir cerimoniais litúrgicos, participar de rituais nos templos e seguir regras religiosas. Na verdade, obedecer a Deus é cultivar um coração puro, generoso, compassivo, misericordioso. O caminho de Jesus não se manifesta como mágica, durante rituais e cerimoniais cheios de pompa e circunstância e o coração vazio de amor. De nada adianta honrar a Deus com canções e rituais "ensinados por homens", mas com o coração longe de Deus, dizia o profeta Isaías.

Séculos depois, Jesus afirma, de certa forma, a mesma coisa. O que interessa não é quanto dinheiro você doa à igreja, de quantos rituais você participa no templo, de quantas correntes de oração ou jejum você participa. O que realmente interessa é que tipo de pessoa você é e está se tornando. Jesus quer saber se nosso coração é cheio de misericórdia, compaixão e justiça. Ele nos chama para um caminho de transformação pessoal, e não de mera obediência a rituais e regras religiosas.

Os *talmidim* de Jesus participam de atividades religiosas e doam dinheiro aos templos. Mas estão mais preocupados em andar no caminho da justiça, da misericórdia e da fidelidade a Deus.

Ai de vocês, mestres da lei e fariseus, hipócritas! Vocês dão o dízimo da
hortelã, do endro e do cominho, mas têm negligenciado os preceitos mais importantes da
lei: a justiça, a misericórdia e a fidelidade. Vocês devem praticar estas coisas, sem omitir
aquelas. Guias cegos! Vocês coam um mosquito e engolem um camelo.
MATEUS 23.23-24

O dízimo é um dos temas mais controversos da fé cristã. É compreensível: mexer com dinheiro é mexer com coisa séria. Talvez por isso os crentes que dão dinheiro na igreja são tão criticados. Justiça seja feita, muitas dessas críticas fazem sentido, pois há muito líder religioso pegando dinheiro para colocar no próprio bolso em vez de distribuir aos pobres, e se valendo de discursos com argumentos que não se sustentam na Bíblia e nos ensinos de Jesus. Mas há outra discussão, mais sutil, se o dízimo é coisa do Antigo Testamento, da religião judaica, ou se também faz sentido no Novo Testamento e na experiência espiritual cristã.

Na minha experiência pastoral, as principais perguntas que recebo sobre os dízimos são: "Pastor, já que o dízimo é a décima parte, eu tenho de dar exatamente dez por cento?"; "Pastor, eu tenho de dar meu dízimo aqui nesta igreja?"; e "Pastor, eu tenho de pagar o atrasado? Se não pude dar o dízimo de abril, tenho de compensar em maio o que atrasei?".

Minha resposta, para as três perguntas, é sempre "não". Não precisa ser dez por cento, pois a questão não é quanto você dá, mas o coração com que dá. Você pode dar um, dez ou cinquenta por cento, mesmo porque você não é responsável apenas por dar dez por cento, mas por administrar cem por cento de seu dinheiro, caso reconheça que todo ele pertence a Deus. Também não tem necessariamente de dar no templo, pois o que se espera é que você seja uma pessoa generosa, capaz de partilhar seus recursos com quem precisa. E também não tem de quitar o atrasado porque dízimo não é joia de clube nem mensalidade para participação na igreja, mas expressão de generosidade.

A contribuição financeira é um exercício de generosidade e justiça. Quem tem um coração justo e generoso não aplica isso apenas a dez por cento de seu dinheiro, uma vez por mês, mas vive de maneira justa e generosa, administrando todos os recursos na perspectiva da partilha e da comunhão. O dízimo foi apenas um instrumento regulador para ensinar a generosidade. Não é uma regra que deve ser seguida, mas um caminho de aprendizado de justiça e generosidade.

Os *talmidim* de Jesus sabem que dinheiro é coisa sagrada. Por isso consagram a Deus tudo o que têm. E repartem com os necessitados o máximo que podem.

Ai de vocês, mestres da lei e fariseus, hipócritas! Vocês limpam o exterior do copo e do prato, mas por dentro eles estão cheios de ganância e cobiça. Fariseu cego! Limpe primeiro o interior do copo e do prato, para que o exterior também fique limpo. Ai de vocês, mestres da lei e fariseus, hipócritas! Vocês são como sepulcros caiados: bonitos por fora, mas por dentro estão cheios de ossos e de todo tipo de imundície. Assim são vocês: por fora parecem justos ao povo, mas por dentro estão cheios de hipocrisia e maldade.

MATEUS 23.25-28

"Cheios de hipocrisia e maldade" quer dizer "cheios de hipocrisia e vazios de lei" — isto é, sem Torá. Isso explica o lamento de Jesus. Os mestres de Israel estão limpos por fora, com aparência de justiça e piedade, mas seu interior é "sem Torá". Eles têm bom comportamento, mas não têm caráter, não têm uma natureza transformada, não têm uma bússola interior para sua conduta no mundo e na sociedade. São guiados por uma lei que vem de fora. Não têm a lei dentro deles, têm apenas uma norma exterior. São "sem Torá".

O que Jesus ensina é que a verdadeira transformação ocorre de dentro para fora. Não é uma obediência a normas exteriores. Deus não quer pessoas bem adestradas ou meramente civilizadas. A espiritualidade cristã não é um caminho de bom comportamento, porque o bom comportamento existe enquanto é conveniente. Enquanto não há custos nem sacrifícios, qualquer um consegue ser educado e bem comportado. Mas há certo momento em que é preciso buscar dentro de nós uma justiça, aquela dignidade própria de quem não está à venda, de quem não sacrifica seus valores e sua consciência.

É nessa hora que a vida exige que se revele não apenas nossas convicções ou crenças, não apenas nossos padrões de comportamentos adquiridos e aceitos, não apenas nossas regras de conduta pública que nos trazem benefícios. É então que a vida exige que se revele nosso verdadeiro ser.

Jesus Cristo não quer soldados que saibam marchar, ele quer homens grandes. Ele não quer mulheres submissas mas contrariadas interiormente, ele quer mulheres grandes. Quer gente de alma nobre. Este é o caminho da espiritualidade: a transformação interior.

Os *talmidim* de Jesus não obedecem apenas a regras. E não são apenas pessoas boas. São pessoas transformadas. A Torá feita carne em Jesus de Nazaré lhes invadiu o coração. E fez delas o que são.

Ai de vocês, mestres da lei e fariseus, hipócritas! Vocês edificam os
túmulos dos profetas e adornam os monumentos dos justos. E dizem: "Se tivéssemos
vivido no tempo dos nossos antepassados, não teríamos tomado parte com eles no
derramamento do sangue dos profetas". Assim, vocês testemunham contra si mesmos que
são descendentes dos que assassinaram os profetas. Acabem, pois, de encher a medida
do pecado dos seus antepassados!
MATEUS 23.29-32

O lugar de sepultamento dos mártires e dos homens justos sempre foi ponto de veneração e romarias. A partir do século 4, época do imperador romano Constantino, muitos templos cristãos foram construídos nos lugares onde os santos estavam sepultados. No tempo de Jesus, os judeus também visitavam os túmulos dos antigos profetas, para prestar a eles suas homenagens.

Na verdade, há muita gente que só gosta de profeta morto — ou seja, calam a voz dos profetas vivos e prestam honras aos profetas mortos. Isso acontece porque é relativamente fácil se comprometer com ideias e utopias. Difícil é assumir compromissos com as pessoas que encarnam essas ideias e que podem nos interpelar olho no olho.

O mundo é cheio de papagaios de ideias e ideais, mas a maioria gosta de profetas mortos. Os movimentos revolucionários estão cheios de gente valente à distância, disposta a espalhar suas ideias aos ventos, mas covardes quando estão cara a cara com os profetas. Era esse tipo de pessoa que Jesus criticava.

"Se nós estivéssemos no tempo de nossos antepassados, não teríamos matados os profetas!", diziam os mestres da lei e os fariseus. Jesus os chama de mentirosos e os acusa de serem, no fundo, iguaizinhos a seus antepassados. A prova de que de fato eram mentirosos é que foram justamente esses homens que condenaram Jesus à morte.

Não precisamos de gente que tenha boas ideias ou que defenda bons ideais. O que realmente precisamos é de gente capaz de encarnar e dar concreção histórica às verdades em que acreditam e que pretendem ver realizadas no chão da vida. Como bem disse Gandhi, devemos ser a mudança que queremos ver no mundo.

Ai de vocês, mestres da lei e fariseus, hipócritas! Vocês edificam os
túmulos dos profetas e adornam os monumentos dos justos. E dizem: "Se tivéssemos
vivido no tempo dos nossos antepassados, não teríamos tomado parte com eles no
derramamento do sangue dos profetas". Assim, vocês testemunham contra si mesmos que
são descendentes dos que assassinaram os profetas. Acabem, pois, de encher a medida
do pecado dos seus antepassados! Serpentes! Raça de víboras!
Como vocês escaparão da condenação ao inferno?
MATEUS 23.29-33

A palavra que Jesus utiliza para se referir ao inferno é *geena*, o nome do lixão municipal de Jerusalém, no vale de Hinom, onde todo tipo de detrito era lançado e destruído, incinerado pelo fogo que nunca se apagava. O que Jesus quer dizer é que os mestres da lei que matam os profetas de Deus estão, na verdade, matando a si mesmos.

Quem tenta calar a verdade que interpela sua consciência é como alguém que apaga a luz que pode iluminar seu caminho. Calar um profeta é optar pela escuridão. Calar um profeta é fazer a triste escolha de permanecer no caminho da degeneração e degradação do ser. Os que calam os profetas definham por dentro, porque é a verdade que chama nossa consciência para um caminho de justiça. Ao optar pelas trevas, pouco a pouco nos tornamos lixo, detrito que para nada serve a não ser para ser queimado na Geena.

Os *talmidim* de Jesus não matam profetas. Não calam as vozes da profecia que convidam para o caminho da beleza, da justiça e da bondade.

Serpentes! Raça de víboras! Como vocês escaparão da condenação ao inferno? Por isso, eu lhes estou enviando profetas, sábios e mestres. A uns vocês matarão e crucificarão; a outros açoitarão nas sinagogas de vocês e perseguirão de cidade em cidade. E, assim, sobre vocês recairá todo o sangue justo derramado na terra, desde o sangue do justo Abel, até o sangue de Zacarias, filho de Baraquias, a quem vocês assassinaram entre o santuário e o altar. Eu lhes asseguro que tudo isso sobrevirá a esta geração.
MATEUS 23.33-36

Winston Churchill, primeiro ministro da Inglaterra no período da Segunda Guerra Mundial, convocou os ingleses ao enfrentamento dos exércitos nazistas com as seguintes palavras: "Eu não tenho nada a prometer, a não ser sangue, suor, trabalho e lágrimas". É possível que Churchill tenha se inspirado nesse conceito bíblico de profecia: todos os que se levantam para enfrentar o mal se oferecem para uma aventura da qual não devem esperar outra coisa senão hostilidade, perseguição e sofrimento. Assim também viveram os profetas de Deus.

Jesus ensina que a única alternativa ao inferno é dar ouvidos à profecia. Quem não quer ser lixo destruído na Geena, que ouça o clamor de Deus em favor da justiça. "Como vocês escaparão da condenação ao inferno?", pergunta Jesus. "Por isso eu lhes estou enviando profetas, sábios e mestres", é a resposta. Isto é, os profetas, sábios e mestres são a voz de Deus nos chamando para um caminho de humanização, de dignidade da experiência humana.

Mas são exatamente esses homens enviados para nossa salvação os que mais hostilizamos. Não queremos ouvir os profetas. Aconteceu com os profetas de Deus, aconteceu com Jesus, aconteceu com os apóstolos, aconteceu com os discípulos que convocavam as multidões, de cidade em cidade, para a fé no evangelho. Todos foram perseguidos e hostilizados.

Mas Jesus afirma que o sangue desses homens justos, desde Abel, o primeiro, até Zacarias, o último dos profetas, clama a partir da terra em que foi derramado. Jesus não escondeu que o caminho de seus profetas seria repleto de sangue, suor, trabalho e lágrimas. Mas prometeu que o sangue inocente de sua gente receberá uma resposta de justiça.

Os *talmidim* de Jesus são aqueles que não apenas ouvem os profetas, como também somam suas vozes às vozes dos profetas. Andam no caminho da justiça e convocam a todos a que se juntem na marcha de enfrentamento ao mal. Sabem que podem sofrer, chorar e morrer. Mas sabem também que a justiça prevalecerá, e que um dia o sol da justiça se levantará sobre a terra. E seu sangue não terá sido derramado em vão.

> *Jerusalém, Jerusalém, você, que mata os profetas e apedreja os que lhe são*
> *enviados! Quantas vezes eu quis reunir os seus filhos, como a galinha reúne os seus*
> *pintinhos debaixo das suas asas, mas vocês não quiseram. Eis que a casa de vocês*
> *ficará deserta. Pois eu lhes digo que vocês não me verão mais, até que digam:*
> *"Bendito é o que vem em nome do Senhor".*
> MATEUS 23.37-39

A Bíblia conta a história de um menino chamado Samuel, cujo mentor era o profeta Eli. Certa noite, Samuel ouviu alguém chamar por seu nome, então se levantou e foi até Eli dizendo: "Pois não, senhor?". Eli respondeu que não o havia chamado. Samuel voltou a se deitar. Dali a pouco, ouviu novamente alguém chamando por seu nome: "Samuel, Samuel". Levantou-se, foi até seu mestre, apresentou-se e, mais uma vez, Eli disse que não o havia chamado. Mas na segunda vez, o profeta Eli conseguiu discernir que a voz que Samuel estava ouvindo não era humana. Era a voz de Deus. Eli orientou Samuel que continuasse respondendo: "Pois não, Senhor?", mas como quem fala com o próprio Deus.

Essa história do Antigo Testamento nos mostra que a voz de Deus é muito parecida com a voz humana. Muitos séculos depois, Jesus Cristo ensina que a voz dos profetas falando com Jerusalém é, na realidade, a voz de Deus clamando. Mas Jerusalém mata os profetas e apedreja os que lhes são enviados. "Profetas", nessa fala de Jesus, são os inspirados, os "soprados", aqueles que têm o *ruah* — o sopro de Deus, o vento de Deus, que chamamos Espírito Santo. Nos profetas, as vozes são humanas, mas as palavras são de Deus.

Eu mesmo já tive essa experiência diversas vezes, de discernir que Deus falava comigo usando a voz das pessoas. E também já tive experiência de discernir, entre tantos homens e mulheres a minha volta, pessoas sábias e justas, que serviram de profetas em minha vida, e por meio das quais Deus falou. Também já tive o dissabor de ver que, pela boca de alguns desses profetas, Deus deixou de falar.

Esse discernimento é fundamental em nossa vida. Quem são os profetas? Quem são os inspirados? Por meio de quem Deus está falando com você? Quais são as vozes por meio das quais o Espírito Santo chama você pelo nome? Somente com esse discernimento poderemos seguir a Jesus.

Jesus prometeu que seus *talmidim* seriam capazes de ouvir sua voz. Na verdade, seriam capazes de discernir sua voz em meio a muitas vozes. E depois, teriam a força e a coragem para obedecer. Essa é uma oração legítima — sempre que você ouvir a voz de Deus, responda: "Pois não, meu Senhor".

Jerusalém, Jerusalém, você, que mata os profetas e apedreja os que lhe são enviados! Quantas vezes eu quis reunir os seus filhos, como a galinha reúne os seus pintinhos debaixo das suas asas, mas vocês não quiseram. Eis que a casa de vocês ficará deserta. Pois eu lhes digo que vocês não me verão mais, até que digam: "Bendito é o que vem em nome do Senhor".

MATEUS 23.37-39

Na Bíblia são raras as vezes em que Deus é apresentado com uma metáfora feminina — nesse caso, a de uma galinha que quer ajuntar seus pintinhos. O profeta Isaías, por exemplo, afirmou que haveria o dia em que Jerusalém seria consolada como uma mãe que consola seus filhos. O Novo Testamento fala de Deus muito poucas vezes com esse caráter feminino, mas o primeiro livro da Bíblia, Gênesis, começa afirmando que "o Espírito de Deus se movia sobre a face das águas", ou "pairava sobre o abismo", como se o Espírito fosse uma espécie de útero gestando a criação. João Calvino, o reformador, dizia que o Espírito Santo é não apenas a fonte da vida, mas o espírito vivificante, aquilo que traz à vida o que está morto.

A tradição cristã ortodoxa oriental entende o conceito de Trindade como uma família — Deus Pai; o Espírito Santo, a mãe; e Jesus Cristo, o filho. Essa expressão da face materna de Deus e de seu cuidado materno para com seus filhos é mais próxima do cristianismo oriental, mas é uma figura muito bonita presente na Bíblia.

Os críticos costumam dizer que religião é coisa para fracos. Mas a condição humana é fraca, vulnerável, e nós convivemos com essa fragilidade o tempo todo. O ser humano é um bicho assustado. Qualquer pessoa de bom senso que resolva encarar sua fragilidade de forma honesta vai clamar por consolo. E vai encontrar segurança e consolo no colo maternal de Deus. Ele nos consola como a mãe consola seus filhos.

A noção de estar abrigado no colo de Deus, abrigado em seus cuidados, não é um ato de covardia. É um ato consciente da finitude da existência e da limitação dos recursos humanos face à angústia da existência. Não é vergonha desejar o colo da mãe. Muito menos o colo de Deus.

Os *talmidim* de Jesus possuem um profundo senso de criatura. E não têm raiva do Criador. Fazem como o poeta bíblico que expressou seu coração no salmo 131: descansam no colo de Deus como uma criança que acabou de ser amamentada descansa no seio de sua mãe.

> *Jesus saiu do templo e, enquanto caminhava, seus discípulos*
> *aproximaram-se dele para lhe mostrar as construções do templo.*
> *"Vocês estão vendo tudo isto?", perguntou ele. "Eu lhes garanto que não*
> *ficará aqui pedra sobre pedra; serão todas derrubadas".*
> MATEUS 24.1-2

O templo a que Jesus e seus discípulos se referem é o chamado segundo templo, construído por Zorobabel. O primeiro templo havia sido construído por Salomão, e foi destruído por Nabucodonosor, quando Israel foi para o exílio. Passados setenta anos, quando o povo volta do cativeiro na Babilônia, Neemias reconstrói os muros da cidade de Jerusalém, Zorobabel lidera a reconstrução do templo e Esdras, que é considerado um dos patronos dos fariseus, promove uma grande reforma religiosa em Israel.

Comparado com outras maravilhas do mundo antigo, como as pirâmides de Quéops, Quéfren e Miquerinos, o templo de Zorobabel era uma obra suntuosa, apesar de mais singela em relação ao templo de Salomão. Quando Jesus e seus discípulos passam pelo templo, o prédio havia acabado de passar por mais uma de suas várias reformas, dessa vez sob a orientação de Herodes. Apesar da admiração de seus *talmidim*, Jesus profetiza que o templo, que havia sido construído ao longo de 46 anos, seria destruído novamente: "não ficará pedra sobre pedra".

As palavras de Jesus são interpretadas como um sermão escatológico, relativas ao fim dos tempos. Mas o que Jesus profetizou se cumpriu no ano 70 d.C., quando o imperador romano Tito Flávio destruiu Jerusalém, profanou o santuário e destruiu o templo dos hebreus.

Aprendemos uma grande lição com esse episódio. A Bíblia é um livro que trata das realidades do fim dos tempos. Mas é principalmente um livro que foi escrito para seu povo e sua época. A fala de Jesus é para pessoas de seu tempo. Ou seja, antes de falar sobre o fim do mundo, Jesus fala a seus *talmidim* a respeito do futuro próximo de Jerusalém e do povo de Israel. A Bíblia é como o jornal do dia. Fala para cada geração. Fala hoje.

O poeta bíblico diz que a Bíblia é lâmpada para os pés (ilumina o momento presente, a realidade imediata) e luz para o caminho (ilumina a estrada e o futuro que se desenrola como um tapete diante de nós). A Bíblia falou ontem, fala hoje e falará amanhã. A Bíblia fala sempre.

Devido ao aumento da maldade, o amor de muitos esfriará.
MATEUS 24.12

Jesus havia feito uma profecia a respeito da desolação de Jerusalém. Ele afirma que esse período seria um tempo em que a maldade aumentaria entre os homens e relaciona essa maldade com o esfriamento do amor. "Maldade" tem o mesmo sentido da "iniquidade" dos homens "sem Torá". Os maus são aqueles que se afastaram dos ensinos de Deus e do próprio Deus.

A tradição rabínica diz que o homem que se afasta de Deus se torna uma *coisa*. Em Gênesis, Deus adverte o homem a não comer da árvore do conhecimento do bem e do mal, pois comer implica morrer. A consequência do afastamento de Deus é a desumanização, ou coisificação do ser humano. É mais ou menos o que Jesus diz nesse episódio. Os homens se afastariam de Deus e perderiam sua sensibilidade para a essência de Deus. Deus é amor. Longe de Deus os homens não conseguem amar. Quanto mais maldade, menos amor.

O teólogo alemão Dietrich Bonhoeffer dizia que diante de Deus e com Deus devemos viver sem Deus. O que ele estava dizendo é que devemos deixar de lado a infantilidade e a covardia, que nos mantêm dependentes de um Deus que mais parece um papai-noel, de quem esperamos ganhar de presente um monte de soluções mágicas. Bonhoeffer nos instigava a viver diante de Deus e com Deus, mas assumindo nossas responsabilidades na história e no mundo. Sua proposta é bem diferente da autonomia que pretende viver como se Deus não existisse. Quando vivemos como se Deus não existisse, perdemos nossa própria identidade, pois fomos criados à imagem e semelhança de Deus.

Os *talmidim* de Jesus são chamados a crescer. São chamados a deixar para trás as coisas da infância para se tornarem homens de verdade. E aprenderam com Jesus que a plenitude da maturidade é a capacidade de amar.

Assim, quando vocês virem "o sacrilégio terrível", do qual falou o profeta Daniel, no lugar
santo — quem lê, entenda — então, os que estiverem na Judeia fujam para os montes.
Quem estiver no telhado de sua casa não desça para tirar dela coisa alguma. Quem
estiver no campo não volte para pegar seu manto.

MATEUS 24.15-18

Jesus se refere à profanação do templo de Salomão, que ocorreria dali a quarenta anos. Na ocasião, o imperador Calígula ordenou que os exércitos romanos invadissem o santuário e ali colocassem imagens de divindades romanas.
Os conquistadores da antiguidade consideravam uma vitória completa apenas
quando as divindades do povo conquistado fossem substituídas pelos deuses
dos conquistadores.

O teólogo e filófoso Paul Tillich diz que Deus é o nome que damos àquilo
que dá sentido a nossa existência. Chamamos de Deus o que para nós tem valor
absoluto. Por isso não faz muito sentido quando alguém afirma ser ateu. Nessas
ocasiões, devemos perguntar: "Você é ateu de que deus?". Provavelmente, dirá
que se refere ao Deus revelado na tradição judaico-cristã. Mas, todos somos
ateus de alguns (ou muitos) deuses. O problema é que não é possível viver sem
um deus. G. K. Chesterton escreveu que quem deixa de acreditar em Deus começa a acreditar em qualquer coisa: na história, na ciência ou em si mesmo.

Jesus adverte seus *talmidim* para o fato de que muitas coisas podem ser adoradas no "altar do sacrilégio terrível" — isto é, onde o "único Deus vivo e verdadeiro" não ocupa o seu lugar, certamente um ídolo estará lá.

Orem para que a fuga de vocês não aconteça no inverno nem no sábado.
MATEUS 24.20

O cenário é desolador. Jerusalém será destruída, não restará pedra sobre pedra naquele suntuoso templo e, durante aquele período de absoluta maldade e sacrilégio, haverá uma fuga desesperada dos habitantes da cidade. Mas é intrigante que, em meio ao anúncio de um futuro tão sombrio, Jesus faz uma recomendação: "Orem para que essas coisas não aconteçam no inverno nem no sábado".

É como se Jesus dissesse: "O curso natural da história segue, os fatos precisam acontecer, eles acontecerão de qualquer forma, mas há um espaço para o imponderável, para o inesperado. Há certa margem de negociação, uma flexibilidade favorável para vocês, e é por isso que vocês devem orar". Jesus nos ensina que a história segue seu caminho, mas parênteses são abertos a todo momento e a oração é motivada pela expectativa do imponderável.

Quando alguém afirma que "Deus não pode isso, não pode aquilo", está roubando de Deus a prerrogativa de ser Deus. Deus pode tudo. O máximo que podemos dizer é: "Acredito que Deus não fará isso", ou "Conhecendo o caráter de Deus, acho que seu pedido não combina com o tipo de coisa que Deus costuma atender". Mas que Deus pode, pode.

A oração é esse gesto de confiança de que Deus é Deus e ele pode interferir na história em resposta a nossas súplicas. Jesus lamenta que a fuga de Jerusalém poderia ser especialmente cruel para os idosos e para as mulheres grávidas. Também lamenta, caso aconteça no sábado, pois muitas pessoas piedosas ficariam sem saber o que fazer: fugir, e assim quebrar a guarda do sábado, ou esperar passivamente a destruição, mantendo a fidelidade em guardar o sábado?

Jesus ensina que, diante da tragédia, a oração é a grande palavra do coração de quem tem fé. Charles Spurgeon disse que os que vivem na região da fé habitam o reino dos milagres. A oração é a síntese dessas duas expressões: a fé e o milagre. Entre a fé e o milagre existe a oração.

Não deixe de orar. A vida segue seu curso que consideramos "natural". Mas natural mesmo é o Deus que ouve orações.

Onde houver um cadáver, aí se ajuntarão os abutres.
MATEUS 24.28

Nos momentos de sofrimento e desespero sempre surgem os aproveitadores. Jesus está se referindo aos piores dias de Jerusalém. Avisa que não demorará para surgirem falsos messias e falsos profetas. "Se, então, alguém lhes disser: 'Vejam, aqui está o Cristo!' ou: 'Ali está ele!', não acreditem", Jesus adverte.

Ainda hoje é assim, "onde houver um cadáver, ali se ajuntarão os abutres". Jesus sabe que a religião é um espaço propício para os aproveitadores. Muitos líderes religiosos de nosso tempo se parecem mesmo com abutres, animais que se alimentam do sofrimento alheio, que abusam dos ingênuos e dos ignorantes, que lucram com a tragédia e os sofrimentos dos outros.

Ouço muitas histórias de horror e abuso religioso, e muitas pessoas me perguntam sobre os tais líderes religiosos. Costumo responder: "Tem casos para exorcismo, tem casos para hospício e tem casos para cadeia". Vejo tanta maldade, tanta crueldade, tanta sem-vergonhice, tanto abuso que, de fato, não sei de onde vem, se do Diabo, da insensatez de gente louca ou se é coisa de gente mau-caráter, malvada mesmo.

Seja como for, Jesus ensina a seus *talmidim* que a dor humana deve ser tratada com muito respeito e dignidade, e as pessoas que sofrem devem ser tratadas com amor. É por isso que Jesus nos adverte: cuidado com os abutres.

Portanto vigiem, porque vocês não sabem em que dia virá o seu Senhor.
MATEUS 24.42

Jesus faz uma transição entre sua profecia a respeito da desolação de Jerusalém e o fim dos tempos — o que chamamos normalmente de "fim do mundo", ou dia do juízo final. Jesus diz que esse dia é desconhecido até mesmo por ele, e que somente o Deus Pai o sabe. O fim dos tempos virá de surpresa; portanto, ele sugere, devemos vigiar. Devemos estar atentos aos abutres que circulam entre nós, devemos nos manter vigilantes e prontos para o dia em que o Messias vier para consumar a história. Ele virá sobre as nuvens com poder e grande glória. Todo olho o verá, ao som da trombeta do arcanjo — uma vinda tão apoteótica que será inconfundível.

O raciocínio que Jesus propõe a seus *talmidim* é mais ou menos o que seria adaptado pela cultura popular para "viva cada dia como se não houvesse amanhã".

- Viva como se este fosse o último dia de sua vida.
- Viva como se você fosse se encontrar com Deus hoje.
- Viva como se você fosse comparecer diante do tribunal de Deus hoje.
- Viva com sentido de urgência: não protele as coisas que você sabe que deve fazer.
- Viva de maneira responsável: coloque sua casa em ordem.
- Viva intensamente: "a vida é curta para ser pequena".
- Viva prestando atenção nos sinais dos céus; o Messias pode chegar a qualquer momento.

Alguém já disse: "Viva como se hoje fosse o último dia de sua vida, porque um dia você vai acertar". Ou como aquele homem que, ao ser perguntado sobre como viveria se soubesse ter apenas mais um mês de vida, respondeu: "Eu viveria exatamente como estou vivendo".

Os *talmidim* de Jesus amam a vida. Não têm tempo a perder. Sabem que a vida é dádiva de Deus, e que será pedida de volta. Por isso se dedicam a viver como quem está pronto para morrer. Peça a Deus que sopre em seu coração. Peça a Deus a sabedoria, a coragem e a força para viver.

Os discípulos aproximaram-se dele e perguntaram: "Por que falas ao
povo por parábolas?" Ele respondeu: "A vocês foi dado o conhecimento dos mistérios
do reino dos céus, mas a eles não. A quem tem será dado, e este terá em grande
quantidade. De quem não tem, até o que tem lhe será tirado. Por essa razão eu lhes
falo por parábolas: 'Porque vendo, eles não veem e, ouvindo, não ouvem nem entendem.'
Neles se cumpre a profecia de Isaías: 'Ainda que estejam sempre ouvindo, vocês nunca
entenderão; ainda que estejam sempre vendo, jamais perceberão. Pois o coração deste
povo se tornou insensível; de má vontade ouviram com os seus ouvidos, e fecharam
os seus olhos. Se assim não fosse, poderiam ver com os olhos, ouvir com os ouvidos,
entender com o coração e converter-se, e eu os curaria.' Mas, felizes são os olhos de vocês,
porque veem; e os ouvidos de vocês, porque ouvem. Pois eu lhes digo a verdade:
Muitos profetas e justos desejaram ver o que vocês estão vendo, mas não viram,
e ouvir o que vocês estão ouvindo, mas não ouviram.
MATEUS 13.10-17

Os evangelhos registram pelo menos 32 parábolas de Jesus. Parábola é uma história que extrai a sabedoria do cotidiano, mas que contém, por trás de sua forma simples, revelações a respeito da realidade espiritual. As parábolas revelam os "mistérios do reino dos céus".

Jesus chama seus *talmidim* de bem-aventurados. Explica dizendo que eles são capazes de ver a presença do reino de Deus e seu Messias na história, e de ouvir e acolher o evangelho, isto é, a boa notícia de que o reino de Deus chegou.

Os mistérios do reino dos céus são revelados por Deus. Deus tem essa prerrogativa de revelar seus mistérios. O profeta Daniel diz que Deus interpreta sonhos e revela mistérios. O salmo 25 afirma que os segredos de Deus são para aqueles que temem a Deus. Mas se por um lado a revelação de mistérios é uma prerrogativa de Deus, é também verdade que existe um tipo de coração a quem Deus se revela. Os mistérios de Deus são revelados para pessoas que olham para os céus com humildade, gente cansada da vida displicente, enfastiada da curiosidade sem sentido, desencantada de sua própria lógica, enfim, gente que já passou da fase de desafiar a Deus e dele exigir explicações. Deus se revela às pessoas que desejam ouvir sua voz e, finalmente, conseguem lhe dar a atenção devida. Talvez seja isso, para que revele seus mistérios, que Deus espera que exista de nossa parte um coração realmente desejoso de acolher seu reino e seu Messias.

Deus conta segredos a quem lhe dá atenção. Os *talmidim* de Jesus são esse tipo de gente, e por isso são felizes.

O semeador saiu a semear. Enquanto lançava a semente, parte dela caiu à beira do caminho, e as aves vieram e a comeram. Parte dela caiu em terreno pedregoso, onde não havia muita terra; e logo brotou, porque a terra não era profunda. Mas quando saiu o sol, as plantas se queimaram e secaram, porque não tinham raiz. Outra parte caiu entre espinhos, que cresceram e sufocaram as plantas. Outra ainda caiu em boa terra, deu boa colheita, a cem, sessenta e trinta por um. Aquele que tem ouvidos para ouvir, ouça!

MATEUS 13.3-9

Essa é a célebre parábola do semeador. A maioria dos intérpretes diz que Jesus está falando de quatro tipos de pessoas. Mas há também a possibilidade, que prefiro, de que ele esteja falando de quatro tipos de coração. Isto é, todos nós, em diferentes momentos da vida, vamos experimentar esses diferentes estados do coração.

Por exemplo, o primeiro coração é comparado à semente que caiu à beira do caminho. Jesus diz que essa semente foi comida pelas aves do céu antes que a terra a absorvesse. Ele explica a parábola mais adiante e diz que "quando alguém ouve a mensagem do reino e não a entende, o Maligno vem e lhe arranca o que foi semeado em seu coração".

Jesus está se referindo às pessoas que não compreendem o evangelho. Isso faz lembrar a interpretação do padre Antônio Vieira sobre o dia de Pentecoste, quando os apóstolos foram visitados pelo Espírito Santo e línguas semelhantes a fogo pousaram sobre suas cabeças. "Por que as línguas não pousaram sobre suas bocas, mas sobre suas cabeças?", pergunta. "Porque, antes que a palavra de Deus saia pela boca de alguém, revelando os mistérios do reino dos céus, ela deve necessariamente passar por seu entendimento".

Eis uma grande verdade. Quando recebemos o evangelho, devemos mergulhar fundo na busca de compreensão. Isso exige o que recomenda o salmo 1: meditar na lei do Senhor — refletir, investigar, ruminar, permitir que a palavra de Deus penetre nossa consciência, percorra o labirinto de nossas crenças e convicções, e vá substituindo a mentira pela verdade.

Os *talmidim* de Jesus concordam com o teólogo inglês John Stott: crer é também pensar.

O semeador saiu a semear. Enquanto lançava a semente, parte dela caiu à beira do
caminho, e as aves vieram e a comeram. Parte dela caiu em terreno pedregoso, onde não
havia muita terra; e logo brotou, porque a terra não era profunda. Mas quando saiu o
sol, as plantas se queimaram e secaram, porque não tinham raiz. Outra parte caiu entre
espinhos, que cresceram e sufocaram as plantas. Outra ainda caiu em boa terra, deu
boa colheita, a cem, sessenta e trinta por um. Aquele que tem ouvidos para ouvir, ouça!
MATEUS 13.3-9

Jesus está falando de quatro tipos de coração. Um deles é comparado a um terreno pedregoso, sem muita terra. A semente é lançada e logo a planta brotou,
mas como não tinha profundidade, sem raiz, rapidamente se queimou e secou.
Jesus está se referindo às pessoas que ouvem o evangelho do reino, o recebem
com alegria e entusiasmo, mas porque "não têm raiz em si mesmo, quando surge
alguma tribulação ou perseguição por causa da palavra, logo a abandona".

O evangelho é encantador. Quando anunciado com profundidade e honestidade, o evangelho é fascinante e cativa o coração humano. O reino de Deus é
o reino do *shalom*, da prosperidade de tudo para todos. O problema acontece
quando as pessoas confundem o reino de Deus com a Disneylândia ou alguma
colônia de férias.

A prosperidade do reino de Deus é sempre coletiva, jamais particular ou pessoal. O reino de Deus irrompe na história confrontando os sistemas de privilégios
e exclusão, as estruturas econômicas, políticas e sociais em que uns poucos vivem
bem ao lado de um contingente imenso de miseráveis. O reino de Deus confronta
as sociedades em que poucos se iludem ocupados com a fartura de sua boa vida
enquanto outros estão à margem da dignidade humana desejada por Deus.

Acolher o reino de Deus é, sim, receber uma mensagem maravilhosa e colocar
os pés num caminho de prosperidade. Mas se trata de uma prosperidade coletiva.
Quem não está disposto a participar da comunidade da partilha, e não tem coragem para enfrentar os sistemas desse mundo organizado em oposição ao reino de
Deus, não vai conseguir caminhar muito sendo fiel ao evangelho de Jesus.

Os *talmidim* de Jesus vivem entre o encantamento e o entusiasmo diante
do reino de Deus e a disposição de encarar e enfrentar a hostilidade dos reinos
contrários aos valores dos céus.

O semeador saiu a semear. Enquanto lançava a semente, parte dela caiu à beira do caminho, e as aves vieram e a comeram. Parte dela caiu em terreno pedregoso, onde não havia muita terra; e logo brotou, porque a terra não era profunda. Mas quando saiu o sol, as plantas se queimaram e secaram, porque não tinham raiz. Outra parte caiu entre espinhos, que cresceram e sufocaram as plantas. Outra ainda caiu em boa terra, deu boa colheita, a cem, sessenta e trinta por um. Aquele que tem ouvidos para ouvir, ouça!
MATEUS 13.3-9

A parábola do semeador revela quatro tipos de coração. O terceiro tipo se compara a um terreno cheio de espinhos. Jesus diz que são os que ouvem a palavra, "mas a preocupação desta vida e o engano das riquezas a sufocam, tornando-a infrutífera" (Mt 13.22). Parece que Jesus está se referindo às pessoas que aderem ao reino de Deus na expectativa de obter algum tipo de ganho — ou, quem sabe, de não perder nada.

O coração espinhoso é próprio de quem quer se comprometer com o reino de Deus, mas continuar com a mesma vida que sempre teve, gente que acredita que o compromisso com o reino de Deus é uma forma de viabilizar seus anseios. Jesus está chamando a atenção para o "engano das riquezas", isto é, advertindo que as pessoas ocupadas em viabilizar a vida conforme suas necessidades, seus desejos e anseios particulares dificilmente permanecem engajadas no reino de Deus. Jesus está dizendo que quem começa a caminhar em direção ao reino de Deus deve estar pronto a fazer renúncias, assimilar perdas e sacrifícios. O coração preso ao "engano das riquezas" e ocupado demais com "a preocupação desta vida" sufoca o evangelho e torna a semente improdutiva.

Tenho um amigo que costuma dizer que todas as pessoas ricas que se comprometem de fato com Jesus e com o reino de Deus ficam mais pobres. Primeiro porque em alguns casos — Zaqueu, por exemplo — devem restituir aquilo que não lhes pertence de direito, isto é, o que foi usurpado, roubado e apropriado de maneira ilícita. Mas também porque passam a compreender suas riquezas como recursos de Deus, que devem ser repartidos de maneira compassiva e generosa, em atos de justiça e solidariedade. Seja qual for o caso, todos entendem que a riqueza do reino de Deus é coletiva.

Os *talmidim* de Jesus estão mais ocupados em doar e repartir do que em ganhar e conquistar, e até mesmo em satisfazer suas próprias necessidades ou realizar seus sonhos. Sabem que é na comunhão solidária que somos verdadeiramente ricos.

O semeador saiu a semear. Enquanto lançava a semente, parte dela caiu à beira do caminho, e as aves vieram e a comeram. Parte dela caiu em terreno pedregoso, onde não havia muita terra; e logo brotou, porque a terra não era profunda. Mas quando saiu o sol, as plantas se queimaram e secaram, porque não tinham raiz. Outra parte caiu entre espinhos, que cresceram e sufocaram as plantas. Outra ainda caiu em boa terra, deu boa colheita, a cem, sessenta e trinta por um. Aquele que tem ouvidos para ouvir, ouça!

MATEUS 13.3-9

Depois de falar de três tipos de coração, Jesus trata do coração tipo "boa terra", aquele que ouve a palavra e dá fruto de cem, sessenta e trinta por um. É aquele que ouve o evangelho, entende sua mensagem, está ciente de suas implicações, compromete-se, está disposto a viver para o próximo e a pagar o preço desse compromisso e a enfrentar a hostilidade dos que se opõem ao reino de Deus. Ele sabe que o reino de Deus é uma dimensão em que há paz e prosperidade coletiva, em que há justiça e alegria de Deus disponível para todos.

Jesus ensinou seus *talmidim* a buscar em primeiro lugar o reino de Deus, prometendo que todas as coisas que costumam nos preocupar — comer, beber, vestir, morar e todo o resto necessário para nossa dignidade — jamais nos faltariam. Geralmente interpretamos essa promessa como se Deus cuidasse apenas das pessoas que lhe são fiéis. Jesus teria dito algo como: "Não se preocupem, mesmo que exista miséria no mundo, nada vai faltar para vocês, pois Deus cuida de vocês de maneira especial".

Mas essa é uma interpretação equivocada. Jesus não anuncia um Deus particular para pessoas que vivam debaixo de suas cláusulas de exceção e favores particulares e individuais, uma espécie de *"private god"*. Jesus não promete soluções mágicas para alguns indivíduos. Jesus anuncia o reino de Deus, que implica um jeito diferente de ser gente e sociedade. O reino de Deus é justiça, paz e alegria para todos.

Os *talmidim* de Jesus abraçaram a proposta do reino de Deus, e por isso dão fruto a cem, sessenta e trinta por um, isto é, são protagonistas de um reino de prosperidade de tudo para todos.

> *O Reino dos céus é como um homem que semeou boa semente em seu campo. Mas*
> *enquanto todos dormiam, veio o seu inimigo e semeou o joio no meio do trigo e se foi.*
> *Quando o trigo brotou e formou espigas, o joio também apareceu. Os servos do dono*
> *do campo dirigiram-se a ele e disseram: "O senhor não semeou boa semente em seu*
> *campo? Então, de onde veio o joio?". "Um inimigo fez isso", respondeu ele. Os servos lhe*
> *perguntaram: "O senhor quer que o tiremos?" Ele respondeu: "Não, porque, ao tirar o*
> *joio, vocês poderão arrancar com ele o trigo. Deixem que cresçam juntos até à colheita.*
> *Então direi aos encarregados da colheita: Juntem primeiro o joio e amarrem-no em*
> *feixes para ser queimado; depois juntem o trigo e guardem-no no meu celeiro".*
> MATEUS 13.24-30

Jesus continua usando as realidades do cotidiano da Palestina para falar a respeito do reino de Deus. Dessa vez, faz referência a um campo: o campo é o mundo, o semeador é Jesus, a boa semente são os filhos do reino, o joio são os filhos do Maligno e o inimigo que semeia é o Diabo (Mt 13.36). Jesus diz que haverá um dia de colheita em que os anjos separarão o joio do trigo. Nesse dia, do juízo final, o trigo será ajuntado em um celeiro, e o joio será queimado.

A humanidade caminha dividida entre os filhos do reino e os filhos do Maligno. Haverá um dia, entretanto, quando esses dois tipos de pessoas serão julgadas e separadas. Jesus adverte que o único que pode distinguir essas pessoas é Deus, o justo juiz.

Jesus não concordaria com o mito do progresso, fundamental ao pensamento moderno, bem sintetizado na bandeira nacional brasileira: "ordem e progresso". A filosofia positivista sugere que o mundo vai melhorando, e melhorando, até que seja estabelecida uma realidade paradisíaca, graças ao desenvolvimento da ciência, da tecnologia, o aperfeiçoamento ideológico e político, das estruturas sociais, dos organismos de distribuição de poder e controle da sociedade. Graças ao homem, em resumo.

A plenitude do universo criado por Deus não é resultado da ação humana progressiva. Pelo contrário, a plenitude do reino de Deus no final desta era não é o apogeu de um longo caminho natural de aperfeiçoamento histórico. Está mais perto de uma intervenção radical, uma ruptura do tempo em que esta era termina e o reino de Deus, em plenitude, começa. É o dia em que o joio e o trigo serão separados por Deus.

Antes do fim da história, uma vez que não podemos construir esse mundo perfeito, podemos sinalizar o reino de Deus que virá. Os *talmidim* de Jesus são a boa semente, o trigo, que manifesta e profetiza o dia em que o reino de Deus será pleno.

O Reino dos céus é como um homem que semeou boa semente em seu campo. Mas enquanto todos dormiam, veio o seu inimigo e semeou o joio no meio do trigo e se foi. Quando o trigo brotou e formou espigas, o joio também apareceu. Os servos do dono do campo dirigiram-se a ele e disseram: "O senhor não semeou boa semente em seu campo? Então, de onde veio o joio?". "Um inimigo fez isso", respondeu ele. Os servos lhe perguntaram: 'O senhor quer que o tiremos?" Ele respondeu: "Não, porque, ao tirar o joio, vocês poderão arrancar com ele o trigo. Deixem que cresçam juntos até à colheita. Então direi aos encarregados da colheita: Juntem primeiro o joio e amarrem-no em feixes para ser queimado; depois juntem o trigo e guardem-no no meu celeiro".
MATEUS 13.24-30

Há algo muito intrigante na comparação do reino de Deus a um campo onde Jesus semeia o trigo e o Diabo semeia o joio. Primeiro, o trabalho de semear é do dono do campo, mas, na hora de arrancar, sempre aparece um monte de gente com palpites e opiniões. É como na vida: sempre encontramos mais pessoas dispostas a destruir ou desfazer, e criticar o que já está feito, do que a fazer, empreender, realizar. Sempre há mais voluntários para o trabalho de destruir do que de cooperar com o que é bom e deve ser feito.

Mas Jesus diz que não quer que ninguém arranque nada, pois ninguém é capaz de distinguir o joio do trigo. No ímpeto de arrancar o joio, as pessoas acabam arrancando o trigo. Isso sugere que o joio e o trigo são muito parecidos. O apóstolo Paulo compararia o joio ao "homem natural", enquanto o trigo seria o "homem espiritual". Mas Paulo também fala de um "homem carnal": um trigo com cara de joio. As pessoas mais perigosas não são aquelas sabidamente más. As mais perigosas são as dissimuladas, que ora parecem trigo, ora parecem joio.

Jesus proibiu arrancar o joio, mas disse que seríamos capazes de perceber sua presença. Isto é, Jesus nos proíbe de julgar e condenar, mas acredita que seremos capazes de discernir o mal e o bem, os comportamentos adequados e os inadequados. Os *talmidim* de Jesus têm discernimento.

Use seu discernimento para se aproximar do trigo e se manter longe do joio. Mas deixe os julgamentos e veredictos nas mãos de Deus.

O Reino dos céus é como um grão de mostarda que um homem plantou em seu campo.
Embora seja a menor dentre todas as sementes, quando cresce torna-se a maior
das hortaliças e se transforma numa árvore, de modo que as aves do céu vêm fazer
os seus ninhos em seus ramos.
MATEUS 13.31-32

A semente de mostarda é um pequeno ponto marrom na ponta do dedo, mas resulta numa árvore que pode chegar até quatro metros. Jesus está dizendo que no início o reino de Deus é quase imperceptível, até mesmo irrelevante, mas, com o tempo, ganha uma densidade que todos podem notar. As aves o enxergam de longe e buscam abrigo em sua sombra. Isto é, cedo ou tarde ficará claro que o reino de Deus é diferente dos reinos do mundo. Na verdade, somente o reino de Deus é sombra e abrigo.

Provavelmente Jesus está se referindo ao profeta Daniel, que interpreta o sonho do rei Nabucodonosor, que viu "uma árvore muito alta no meio da terra". O sonho do rei, e de qualquer imperador, é que seu reino domine sobre todos os outros reinos. Mas esse sonho não é realizável por nenhum homem. Os reinos humanos não detêm a totalidade do controle da história e do universo. Somente o reino de Deus é absoluto, universal e eterno.

A aparente insignificância da semente de mostarda aponta para o nascimento de Jesus em Nazaré, uma vila que à época tinha pouco mais de cinquenta famílias. Quando se compara o reino de Jesus com os reinos que o antecederam — egípcio, assírio, babilônico, medo-persa, grego e romano, por exemplo — entendemos bem o significado de uma pequenina árvore que cresce até abrigar homens de todas as raças, tribos, culturas e nações.

Os *talmidim* de Jesus não se impressionam com os "pequenos começos". Sabem que quando a mão de Deus decide abençoar alguém ou alguma coisa, por mais insignificante que pareçam, elas se tornarão grandes e causarão impacto eternidade adentro.

O Reino dos céus é como o fermento que uma mulher tomou e misturou com
uma grande quantidade de farinha, e toda a massa ficou fermentada.
MATEUS 13.33

Jesus está comparando o reino de Deus ao fermento. Ele não está dizendo que o fermento é um elemento do reino de Deus, mas que o reino de Deus é o próprio fermento. O fermento não é um aspecto do reino, ou uma parte do reino, mas o reino de Deus em si. Isso significa que o reino de Deus penetra toda a realidade existente. A implicação disso é muito séria. De modo geral, separamos as coisas entre sagradas e profanas, como se uma parte da realidade tivesse a ver com Deus e outra parte tivesse a ver com o Diabo, como se uma fração fosse boa, legítima e limpa, e a outra, má, ilegítima e suja.

Não é isso o que Jesus está ensinando. Pelo contrário, Jesus ensina que toda a realidade pertence a Deus e a ele deve ser consagrada. Tudo, absolutamente tudo, deve ser usado e experimentado em harmonia com os propósitos, valores e virtudes do reino de Deus. Assim como o fermento não leveda apenas uma parte percentual da massa, mas a massa inteira, também é impossível separar a realidade como se Deus tivesse apenas um pedaço dela. Deus deseja que a presença de seu reino seja universal, penetrante e que influencie todas as realidades. O teólogo holandês Abraham Kuyper disse que "não há um único centímetro quadrado em todos os domínios da existência humana sobre o qual Cristo, que é soberano sobre tudo, não clame: é meu!".

Os *talmidim* de Jesus são chamados a sacralizar a vida, isto é, estender as fronteiras do reino de Deus até o último limite da realidade conhecidas, ou, se você preferir, trazer todas as dimensões da vida humana para dentro das fronteiras do reino de Deus.

O Reino dos céus é como um tesouro escondido num campo. Certo homem, tendo-o encontrado, escondeu-o de novo e, então, cheio de alegria, foi, vendeu tudo o que tinha e comprou aquele campo.

MATEUS 13.44

Não era raro, naquele tempo, as pessoas enterrarem suas riquezas. A Palestina havia se tornado colônia romana, devassada por guerras, alternando períodos de conflitos e paz. A maneira de pessoas e famílias preservarem suas riquezas das invasões era enterrando e escondendo os tesouros em suas propriedades. No caso de uma fuga rápida ou morte inesperada, o tesouro ficava lá, às vezes muitas décadas sem que ninguém soubesse de sua existência. Como em toda parábola, Jesus usa uma ilustração bastante familiar a seus ouvintes.

Alguém encontra um tesouro escondido num campo. Enterra o tesouro novamente e fica quieto até conseguir comprar o campo. Depois, desenterra o tesouro e passa a ser seu legítimo proprietário. Passados dois mil anos, a história soa como uma malandragem, uma artimanha sagaz, mas naquela época era uma situação bastante corriqueira e legítima.

Essa parábola, porém, apresenta uma aparente contradição. Parece que Jesus afirma que existe uma dimensão do reino de Deus que recebemos pela graça, sem custo, independentemente de méritos, e outra dimensão pela qual temos que pagar. Isto é, o tesouro é pela graça, mas o campo precisa ser pago.

O evangelista Billy Graham compreendeu isso muito bem: "A salvação é pela graça de Deus, mas o discipulado de Jesus custa tudo o que temos". O homem da parábola vendeu tudo o que tinha para adquirir o campo. Houve um sacrifício completo. O teólogo Dallas Willard acrescenta um argumento que nos ajuda a entender isso melhor. Ele diz que "a graça de Deus não é o oposto de sacrifício, mas de mérito". Isso significa que a graça de Deus não nos exime de determinadas responsabilidades, compromissos e até mesmo sacrifícios.

A graça de Deus não nos deixa passivos e inertes. Não é uma desculpa para nossa indolência, como se cruzássemos os braços e deixássemos Deus trabalhando sozinho. O evangelho de Jesus ensina que, de fato, não há mérito na graça: mesmo que nos sacrificássemos em absoluto, jamais mereceríamos o favor de Deus. Mas o que Jesus nos sugere é que, sem o compromisso e dedicação, sem nossa entrega e sacrifício, jamais experimentaremos a plenitude do reino de Deus.

Os *talmidim* de Jesus são agraciados. Mas não são preguiçosos, não fazem corpo mole e não têm medo do trabalho. Inclusive e principalmente quando se trata de cavar tesouros ainda ocultos no terreno do reino de Deus.

O Reino dos céus também é como um negociante que procura pérolas preciosas.
Encontrando uma pérola de grande valor, foi, vendeu tudo o que tinha e a comprou.
MATEUS 13.45-46

Mais um personagem que abre mão de tudo pelo reino de Deus. Outra vez surge a aparente contradição entre receber o reino pela graça e comprar a participação no reino. Para esclarecer isso, notemos que Jesus não está dando a possibilidade de comprar o reino de Deus, mas destacando seu valor absoluto.

Essa parábola lembra esta história que ouvi na adolescência, contada por Juan Carlos Ortiz:

Certo homem viu uma pérola numa vitrine e se apaixonou por ela. Passou a noite pensando nela e sonhou com ela. No dia seguinte, voltou à loja, observou, admirou, foi e voltou, até que teve coragem de entrar, e perguntou: "Quanto custa aquela pérola?". O vendedor fez ar de mistério e respondeu: "O preço é muito alto, mas qualquer um pode pagar". O homem indagou: "Como assim, custa muito caro, mas qualquer um pode pagar?". O vendedor disse: "A pérola custa tudo o que você tem". Intrigado, o homem foi embora e passou mais uma noite em claro, pensando na pérola. Na manhã seguinte, convicto, voltou para fechar negócio.

O vendedor, sem se exaltar, puxou uma folha de papel em branco, colocou-a sobre o balcão, respirou fundo e perguntou: "Quanto você tem na carteira?". E anotou o valor. "E no banco?". O homem titubeou: "No banco também?". A resposta foi: "Tudo". O vendedor continuou anotando os bens. "Tem alguma aplicação? Dólar? Euro? Ações?" O homem arregalou os olhos, negou com a cabeça para depois corrigir: "Eu guardo um dinheiro para minha mulher e meus filhos...".

"Ah, você tem mulher e filhos?". E o vendedor acrescentou "Mulher e filhos" na lista. "Casa?", e anotou. "Bicicleta", também. E assim por diante, até que, no que restava na folha, escreveu: "Roupa do corpo". O homem protestou: "Mas agora só restou eu mesmo?". "Ah, tem você também, já ia me esquecendo", e o vendedor escreveu "Eu", e fechou a lista. Ainda sob o impacto da pérola, o homem assinou passando tudo o que era seu para o dono da loja. Em seguida, apertaram as mãos e só então o vendedor sorriu e concluiu a transação: "Bem, agora a pérola lhe pertence, e tudo o que você possuía me pertence. Agora quero que tome conta de tudo o que é meu e está nesta lista. É meu, mas quem cuida é você. Pode desfrutar quanto quiser. Mas jamais se esqueça de que tudo isso é meu".

Essa é a história de um homem que vendeu tudo o que tinha para comprar uma pérola de grande valor, e ao final ficou com tudo o que tinha, e também com a pérola de grande valor.

O Reino dos céus é ainda como uma rede que é lançada ao mar e apanha toda sorte de peixes. Quando está cheia, os pescadores a puxam para a praia. Então se assentam e juntam os peixes bons em cestos, mas jogam fora os ruins. Assim acontecerá no fim desta era. Os anjos virão, separarão os perversos dos justos e lançarão aqueles na fornalha ardente, onde haverá choro e ranger de dentes.

MATEUS 13.47-50

Jesus retoma o mesmo princípio apresentado na parábola do joio e do trigo — haverá um julgamento universal, quando as pessoas serão separadas por Deus. Bons e maus, filhos de Deus e filhos das trevas, não cabe a nós dizer quem é quem. Somente Deus é capaz de separar os peixes bons dos peixes ruins. Mas nessa parábola da rede Jesus revela algo impressionante: enquanto o reino de Deus está presente na história, todos têm acesso a ele. Peixes bons e ruins são beneficiados pela generosidade de um Deus que dá o sol, a chuva, a alegria, a vida e todas as dádivas de um reino de abundância.

O reino de Deus oferece benefícios de vida que não são exclusividade dos religiosos — ao contrário do que gostariam os religiosos e todos os que acreditam deter o monopólio do divino. Deus é mais generoso do que alguns de seus filhos. E mais inclusivo do que a maioria deles. Mas ninguém se engane, Deus não é injusto ou amoral, nem faz vistas grossas à maldade — o dia do juízo chegará.

O evangelista Lucas conta a história de dez leprosos curados por Jesus. Dos dez, apenas um teve consciência de estar diante do Messias e voltou para agradecer. Os outros desfrutaram do favor de Jesus, mas foram embora sem dizer nem sequer obrigado. Assim é o reino de Deus. Há muitas pessoas beneficiadas por Deus que nem sequer acreditam que ele existe, além de muitos outros que acham que Deus não faz mais do que sua obrigação em cuidar do mundo. Haverá um dia, entretanto, em que as realidades estarão postas, e os peixes bons serão separados dos maus, segundo os critérios desse mesmo Deus.

Os *talmidim* de Jesus sabem disso. Vivem como peixes bons, sem julgar ou condenar os outros peixes. O julgamento deles é problema de Deus. Os peixes nadam juntos e compartilham sua sorte na ciranda da comunhão do reino de Deus, a grande rede.

Então perguntou Jesus: "Vocês entenderam todas essas coisas?" "Sim", responderam eles. Ele lhes disse: "Por isso, todo mestre da lei instruído quanto ao Reino dos céus é como o dono de uma casa que tira do seu tesouro coisas novas e coisas velhas".

MATEUS 13.51-52

Jesus falou por parábolas também para estimular seus ouvintes à reflexão e meditação, exigindo que eles se dedicassem a buscar o sentido profundo dos mistérios do reino de Deus. A mensagem de Jesus é revelação espiritual. A verdade do evangelho de Jesus não é resultado de dedução humana ou alguma elaboração teórica intelectual. É revelação espiritual. Assim falou Deus pela boca do profeta Jeremias: "Vocês me procurarão e me acharão quando me procurarem de todo o coração" (Jr 29.13). Deus não se acha no meio do trivial, pois Deus não está misturado às banalidades da vida — Deus é o totalmente outro, disse o teólogo Karl Barth. Para ser encontrado, há que ser desejado.

Jesus está se certificando de que os discípulos estão compreendendo a mensagem do reino de Deus. "Vocês entenderam o que eu falei?", pergunta. Em seguida ele faz outra ilustração, mas dessa vez não fala do reino de Deus, mas dos mestres que ensinam as verdades espirituais desse reino.

Jesus afirma que todo escriba instruído quanto ao reino de Deus tira de sua prateleira coisas novas e velhas. Os comentaristas explicam esse texto dizendo que "coisas velhas" indicam a tradição judaica sobre a lei de Moisés e "coisas novas" a interpretação peculiar de Jesus, diferente de todos os rabinos que o antecederam. De fato, Jesus abre uma nova janela para a compreensão de toda a realidade espiritual. Ou, como disse o apóstolo Paulo em sua carta aos colossenses, Jesus é a realidade da qual tudo o que havia até então era apenas "sombra".

Os verdadeiros mestres da lei, instruídos quanto ao reino e Deus, conseguem encontrar na tradição de Israel os sinais do reino que é inaugurado pelo Messias. Jesus, como judeu, conhecia muito bem a tradição de seu povo. Sua mensagem não é uma ruptura com o judaísmo. Talvez seja melhor entendê-la como a plenitude do judaísmo.

Jesus não veio jogar fora toda a tradição de Israel; veio consumá-la. Não veio abolir a lei; veio cumpri-la. A Bíblia é um todo coerente, da lei e da tradição de Israel até os apóstolos, passando pelos profetas e, necessariamente, por Jesus, a luz que ilumina toda a revelação de Deus.

Os *talmidim* de Jesus sabem que existe uma linha coerente ligando Moisés e os profetas. Mas sabem principalmente que Jesus é a novidade definitiva de Deus: "Este é o meu Filho amado, é a ele que vocês devem ouvir", disse o Pai que está nos céus.

O Reino de Deus é semelhante a um homem que lança a semente sobre a terra. Noite e dia, estando ele dormindo ou acordado, a semente germina e cresce, embora ele não saiba como. A terra por si própria produz o grão: primeiro o talo, depois a espiga e, então, o grão cheio na espiga. Logo que o grão fica maduro, o homem lhe passa a foice, porque chegou a colheita.

MARCOS 4.26-29

Na parábola do semeador, em Mateus, a ênfase de Jesus é o solo, comparado ao coração humano. Nessa parábola da semente, no evangelho de Marcos, a ênfase está na própria semente. Na ilustração de Jesus, ela se desenvolve na terra estando o semeador dormindo ou acordado. A semente cresce no ventre da terra, como se estivesse num útero, sem nenhuma interferência humana. A semente tem vida própria.

Jesus compara a semente à palavra de Deus. O evangelho também tem vida própria. Observe o que ele diz: "A semente germina e cresce, embora ele [o semeador] não saiba como". Eis o mistério da palavra de Deus. Uma vez que você ouviu o evangelho, você pode até se esquecer do evangelho, mas o evangelho não vai se esquecer de você. A semente que encontrou o caminho da sua consciência e do seu coração conseguirá percorrer todos os labirintos da sua interioridade, e continuará falando com você, dia e noite, chamando-o para Deus.

O apóstolo Paulo escreveu aos cristãos de Tessalônica que o evangelho não é "palavra de homens", é palavra de Deus. E, como tal, opera, atua e faz diferença naqueles que creem. O autor da carta aos hebreus diz que "a palavra de Deus é viva e eficaz" — ou seja, ela tem vida em si, desenvolve-se e frutifica. Eu não sei como, mas sei que é o que faz da Bíblia um livro diferente de todos os outros. Uma vez pronunciada em nossa direção e semeada em nosso coração, a palavra de Deus ganha vida e produz seus frutos.

Por isso, o Reino dos céus é como um rei que desejava acertar contas com seus servos. Quando começou o acerto, foi trazido à sua presença um que lhe devia uma enorme quantidade de prata. Como não tinha condições de pagar, o senhor ordenou que ele, sua mulher, seus filhos e tudo o que ele possuía fossem vendidos para pagar a dívida. O servo prostrou-se diante dele e lhe implorou: "Tem paciência comigo, e eu te pagarei tudo". O senhor daquele servo teve compaixão dele, cancelou a dívida e o deixou ir. Mas quando aquele servo saiu, encontrou um de seus conservos, que lhe devia cem denários. Agarrou-o e começou a sufocá-lo, dizendo: "Pague-me o que me deve!" Então o seu conservo caiu de joelhos e implorou-lhe: "Tenha paciência comigo, e eu lhe pagarei". Mas ele não quis. Antes, saiu e mandou lançá-lo na prisão, até que pagasse a dívida. Quando os outros servos, companheiros dele, viram o que havia acontecido, ficaram muito tristes e foram contar ao seu senhor tudo o que havia acontecido. Então o senhor chamou o servo e disse: "Servo mau, cancelei toda a sua dívida porque você me implorou. Você não devia ter tido misericórdia do seu conservo como eu tive de você?" Irado, seu senhor entregou-o aos torturadores, até que pagasse tudo o que devia. Assim também lhes fará meu Pai celestial, se cada um de vocês não perdoar de coração a seu irmão.
MATEUS 18.23-35

Pedro perguntara a Jesus sobre o perdão. Depois de lhe dizer que é preciso perdoar "setenta vezes sete", isto é, vezes sem conta, Jesus ensina essa parábola sobre dívidas impagáveis.

O servo devia, segundo os valores da época, o equivalente a 60 milhões de dias de trabalho. Para pagá-los, deveria trabalhar todos os dias por 165 mil anos. Impagável!

É assim nossa relação com Deus. Ela não depende de nossos méritos; jamais pagaremos a dívida. O relacionamento com Deus depende apenas da elegância dele em nos perdoar.

Perdão é conceder ao outro a oportunidade de continuar vivo, livre e presente em nossa vida, apesar das dívidas impagáveis contraídas conosco. Dívidas pagáveis, nós pagamos; as que podem ser pagas, cobramos; mas para as impagáveis, a única opção é o perdão. Temos de escolher o perdão ou a prisão, isto é, a mágoa, o ressentimento, o ódio e o desejo de vingança.

Perdão é o recurso de Deus para permitir que pessoas que contraíram entre si dívidas impagáveis possam continuar se relacionando. Quando não há perdão, não existe continuidade de relação. Perdoar é dar vida e liberdade aos devedores e também a nós mesmos.

Os *talmidim* de Jesus são chamados a perdoar. Pois sabem que também precisam de perdão.

Por isso, o Reino dos céus é como um rei que desejava acertar contas com seus servos. Quando começou o acerto, foi trazido à sua presença um que lhe devia uma enorme quantidade de prata. Como não tinha condições de pagar, o senhor ordenou que ele, sua mulher, seus filhos e tudo o que ele possuía fossem vendidos para pagar a dívida. O servo prostrou-se diante dele e lhe implorou: "Tem paciência comigo, e eu te pagarei tudo". O senhor daquele servo teve compaixão dele, cancelou a dívida e o deixou ir. Mas quando aquele servo saiu, encontrou um de seus conservos, que lhe devia cem denários. Agarrou-o e começou a sufocá-lo, dizendo: "Pague-me o que me deve!" Então o seu conservo caiu de joelhos e implorou-lhe: "Tenha paciência comigo, e eu lhe pagarei".

MATEUS 18.23-26

Na parábola que Jesus ensinou a respeito do perdão, todos os devedores repetem a mesma expressão: "Tenha paciência comigo, e eu lhe pagarei". A experiência do perdão é um golpe fatal no orgulho humano.

Poucas coisas nos humilham tanto quanto o perdão que nos é concedido. Em primeiro lugar, porque é preciso admitir que temos uma dívida impagável. Isso evidencia nossa imperfeição, porque significa também admitir que algo que fizemos não se explica de forma alguma senão pela maldade que nos habita. Aliás, o teólogo Ariovaldo Ramos explica que essa é a diferença entre perdão e desculpa. Quando tenho razões para justificar o que fiz ou deixei de fazer, apresento minhas desculpas. Mas quando a única explicação é minha falha de caráter ou imperfeição, só me resta pedir perdão. O pedido de perdão é uma confissão de que sou indesculpável. Em segundo lugar, ao pedir perdão mostro que não há como reparar o mal que fiz e que estou totalmente dependente da misericórdia da pessoa a quem ofendi.

Na parábola de Jesus, o servo diz "eu vou pagar" porque não quer dever favor a ninguém. Também somos assim, não queremos depender do favor dos outros. Não queremos a bondade nem a generosidade dos outros. Fomos criados em uma cultura do mérito e não podemos admitir viver da compaixão e da misericórdia de alguém — nem mesmo de Deus — que ferimos e ofendemos.

Entretanto, imperfeitos como somos, não há outra forma de vivermos neste mundo senão cultivando o perdão. Porque só o perdão pode drenar o veneno do orgulho que há no coração do homem.

O Reino dos céus é como um rei que desejava acertar contas com seus servos.
MATEUS 18.23

Por que uma parábola sobre perdão começa com uma cena de prestação de contas? Por que a Bíblia nos incentiva procurarmos aqueles que nos ofenderam para esclarecer a situação? Por que isso é necessário? Pelo menos por duas razões.

A primeira é que esse confronto, esse acerto de contas, preserva a dignidade da pessoa ofendida. Quando alguém me machuca, eu preciso explicitar meu descontentamento, deixar claro que certo limite foi ultrapassado à minha revelia, e que não admito que tal limite seja ultrapassado de novo. Não é razoável sacrificar a dignidade própria em nome de um relacionamento. Os relacionamentos precisam de critérios claros e limites que sejam respeitados. Quando as fronteiras da dignidade das pessoas que se relacionam é ultrapassada, aos poucos a pessoa ofendida vai se tornando coisa, objeto do outro. Quando isso acontece, quando alguém é ferido e desrespeitado, não há mais um relacionamento entre duas pessoas inteiras. Assim, um dos aspectos do acerto de contas é preservar, ou mesmo devolver, a dignidade das pessoas que se relacionam, principalmente daquela que foi ofendida.

A outra razão para a prestação de contas é dar ao ofensor a oportunidade de enxergar sua conduta, sua postura, sua maneira de ser e viver, a forma como se relaciona com as pessoas. Quando eu chamo alguém para o confronto, estou cuidando de mim, mas também cuidando do outro. Estou dando a oportunidade de ele se rever, se reinventar, se transformar ou deixar-se transformar, porque todo aquele que agride também se diminui, e se torna coisa. Perder a integridade é perder a integralidade. É deixar de ser inteiro.

No processo de prestação de contas, o credor tem sua dignidade respeitada, e o devedor pode ter sua dignidade restaurada. Prestação de contas é fundamental tanto para a saúde de um relacionamento quanto para a saúde das pessoas que se relacionam.

O caminho mais rápido para chegar ao fim de um relacionamento é varrer ofensas e mágoas e ressentimentos para debaixo do tapete. Mesmo em nome da paz. Quem chama para o acerto de contas demonstra que deseja se relacionar para sempre.

Então o senhor chamou o servo e disse: "Servo mau, cancelei toda a sua dívida
porque você me implorou. Você não devia ter tido misericórdia do seu conservo
como eu tive de você?" Irado, seu senhor entregou-o aos torturadores, até que pagasse
tudo o que devia. Assim também lhes fará meu Pai celestial, se cada um de vocês
não perdoar de coração a seu irmão.
MATEUS 18.32-35

O desfecho dessa parábola é surpreendente, para dizer o mínimo. Jesus simplesmente apresenta a possibilidade de uma revogação do perdão concedido. Nem mesmo consigo imaginar a cena de Deus rasgando a nota promissória da dívida que tínhamos com ele e nos despedindo em paz e, no dia seguinte, colando todo o papel picado de volta e nos apresentar a conta: "Eu havia cancelado sua dívida, mas, devido a sua conduta nas últimas 24 horas, sua dívida está valendo de novo". Parece que é isso o que se registra aqui — e, na verdade, é mesmo.

O que esse desfecho nos ensina é que a experiência do perdão tem consequências, não apenas na preservação da dignidade do ofendido, mas na transformação da conduta e do caráter do ofensor. Jesus está dizendo que se alguém recebeu o perdão de Deus e este perdão não teve consequência positiva em sua vida, então o perdão foi inútil.

Quando pensamos na graça de Deus, há o risco de confundirmos essa ação imerecida com algum tipo de ação incondicional. A graça de Deus não é incondicional. Há condições para o perdão de Deus: arrependimento, contrição, confissão e transformação. Quem é perdoado, mas continua o mesmo que sempre foi, egoísta e impiedoso, está banalizando o perdão de Deus. Aquilo que pertence a Deus e não é valorizado pelo homem, na verdade, é banalizado, Deus toma de volta para si.

Não podemos tratar o perdão de maneira inconsequente em nossa relação com Deus. Mas também não podemos fazer isso em nossas relações pessoais. Se você foi ofendido, não permita que sua bondade e seu gesto perdoador sejam banalizados. Se você ofendeu, não trate com desdém o perdão que lhe foi concedido.

O Reino dos céus é como um proprietário que saiu de manhã cedo para contratar trabalhadores para a sua vinha. Ele combinou pagar-lhes um denário pelo dia e mandou-os para a sua vinha. Por volta das nove horas da manhã, ele saiu e viu outros que estavam desocupados na praça, e lhes disse: "Vão também trabalhar na vinha, e eu lhes pagarei o que for justo". E eles foram. Saindo outra vez, por volta do meio dia e das três horas da tarde, fez a mesma coisa. Saindo por volta da cinco horas da tarde, encontrou ainda outros que estavam desocupados e lhes perguntou: "Por que vocês estiveram aqui desocupados o dia todo?" "Porque ninguém nos contratou", responderam eles. Ele lhes disse: "Vão vocês também trabalhar na vinha". Ao cair da tarde, o dono da vinha disse a seu administrador: "Chame os trabalhadores e pague-lhes o salário, começando com os últimos contratados e terminando nos primeiros". Vieram os trabalhadores contratados por volta das cinco horas da tarde, e cada um recebeu um denário. Quando vieram os que tinham sido contratados primeiro, esperavam receber mais. Mas cada um deles também recebeu um denário. Quando o receberam, começaram a se queixar do proprietário da vinha, dizendo-lhe: "Estes homens contratados por último trabalharam apenas uma hora, e o senhor os igualou a nós, que suportamos o peso do trabalho e o calor do dia". Mas ele respondeu a um deles: "Amigo, não estou sendo injusto com você. Você não concordou em trabalhar por um denário? Receba o que é seu e vá. Eu quero dar ao que foi contratado por último o mesmo que lhe dei. Não tenho o direito de fazer o que quero com o meu dinheiro? Ou você está com inveja porque sou generoso?" Assim, os últimos serão primeiros, e os primeiros serão últimos.

MATEUS 20.1-16

Essas palavras de Jesus nos dão uma sensação de injustiça. Quem trabalhou das 6h às 18h recebe o mesmo de quem começou às 17h. Mas Jesus está ensinando como funciona o reino de Deus e como a sociedade deve funcionar.

Cada trabalhador recebeu o equivalente à diária da época. O que aprendemos com isso? Primeiro: Deus é generoso. Segundo: no reino de Deus o homem vale pela dignidade, e não pela produtividade. O reino de Deus não funciona segundo a lógica do mérito, mas da graça.

Se o contratado às 17h fosse comer o correspondente a seu dia de trabalho ou produtividade, ele morreria de fome. Os *talmidim* de Jesus reconhecem em cada ser humano valor que não vem de sua utilidade, mas do fato de terem sido criadas à imagem e semelhança de Deus. Viver além da meritocracia é uma arte a ser aprendida. Sem egoísmo e sem acomodação. Eis o reino de Deus.

"O que acham? Havia um homem que tinha dois filhos. Chegando ao primeiro, disse: "Filho, vá trabalhar hoje na vinha". E este respondeu: "Não quero!" Mas depois mudou de ideia e foi. O pai chegou ao outro filho e disse a mesma coisa. Ele respondeu: "Sim, senhor!" Mas não foi. Qual dos dois fez a vontade do pai?". "O primeiro", responderam eles. Jesus lhes disse: "Digo-lhes a verdade: Os publicanos e as prostitutas estão entrando antes de vocês no Reino de Deus. Porque João veio para lhes mostrar o caminho da justiça, e vocês não creram nele, mas os publicanos e as prostitutas creram. E, mesmo depois de verem isso, vocês não se arrependeram nem creram nele."
MATEUS 21.28-32

Aprendi que não devemos acreditar no que as pessoas dizem, mas apenas no que as pessoas fazem. Isso é prudente. A respeito da espiritualidade dos *talmidim* de Jesus, ainda mais. O cristianismo não é uma religião de foro íntimo, não é um sistema de crenças ou uma carta de intenções. É um caminho de engajamento e ação. Não importa tanto aquilo que você diz nem aquilo que você gostaria de ser ou fazer, nem mesmo aquilo em que você crê. Importa aquilo que você faz.

No Sermão do Monte, Jesus afirma: "Nem todo aquele que me diz: 'Senhor, Senhor', entrará no Reino dos céus, mas apenas aquele que faz a vontade de meu Pai". Isto define a espiritualidade de Jesus: prática. Seguir a Jesus não é meramente uma questão de intenções, convicções ou crenças. É uma questão de comprometimento, de envolvimento, de obediência a Deus.

Nessa parábola, um dos filhos disse: "Não vou", mas foi; o que ele disse foi superado por sua ação, e ele foi aprovado como alguém que fez a vontade de Deus. Já o outro disse: "Eu vou sim, pai", mas não foi; de novo, o que ele disse foi superado pelo que ele (não) fez, por sua falta de comprometimento e engajamento. E por isso foi reprovado.

Jesus disse que aqueles homens a sua volta, religiosos, acreditavam em muitas coisas corretas e tinham boas intenções, mas não se engajavam no reino de Deus e não trilhavam o caminho da justiça. Por outro lado, os publicanos e as prostitutas, que não tinham todo o conhecimento teológico dos doutores da lei, sempre que se encontravam com Jesus e ouviam o chamado ao arrependimento, optaram pelo engajamento e colocaram seus pés no caminho da justiça.

Os *talmidim* de Jesus não se ocupam em falar muito. Não precisam. Seu modo de viver grita.

"Ouçam outra parábola: Havia um proprietário de terras que plantou uma vinha. Colocou uma cerca ao redor dela, cavou um tanque para prensar as uvas e construiu uma torre. Depois arrendou a vinha a alguns lavradores e foi fazer uma viagem. Aproximando-se a época da colheita, enviou seus servos aos lavradores, para receber os frutos que lhe pertenciam. Os lavradores agarraram seus servos; a um espancaram, a outro mataram e apedrejaram o terceiro. Então enviou-lhes outros servos em maior número, e os lavradores os trataram da mesma forma. Por último, enviou-lhes seu filho, dizendo: 'A meu filho respeitarão.' Mas quando os lavradores viram o filho, disseram uns aos outros: 'Este é o herdeiro. Venham, vamos matá-lo e tomar a sua herança.' Assim eles o agarraram, lançaram-no para fora da vinha e o mataram. Portanto, quando vier o dono da vinha, o que fará àqueles lavradores?" Responderam eles: "Matará de modo horrível esses perversos e arrendará a vinha a outros lavradores, que lhe deem a sua parte no tempo da colheita". Jesus lhes disse: "Vocês nunca leram isto nas Escrituras? 'A pedra que os construtores rejeitaram tornou-se a pedra angular; isso vem do Senhor, e é algo maravilhoso para nós.' Portanto eu lhes digo que o reino de Deus será tirado de vocês e será dado a um povo que dê os frutos do Reino. Aquele que cair sobre esta pedra será despedaçado, e aquele sobre quem ela cair será reduzido a pó." Quando os chefes dos sacerdotes e os fariseus ouviram as parábolas de Jesus, compreenderam que ele falava a respeito deles. E procuravam um meio de prendê-lo; mas tinham medo das multidões, pois elas o consideravam profeta.

MATEUS 21.33-46

O que me chama a atenção na parábola de Jesus é o registro de um Deus que se frustra. Pensamos que um pressuposto para a perfeição é a imutabilidade: quem é perfeito não pode mudar de ânimo, não pode se frustrar nem se entristecer. Mas a afirmação de que Deus "não muda" (Tg 1.17), pois é "o mesmo ontem, hoje e para sempre" (Hb 13.8), não significa isso. Significa que Deus não pode deixar de ser quem é, isto é, sua natureza e sua identidade divina. A Bíblia registra muitos casos sobre como o *humor* de Deus muda, ou como a resposta humana ao coração de Deus o faz mudar.

O Deus de Israel é passional. É um Deus de relações e, nas relações, Deus se frustra, justamente porque optou por não impor sua vontade sobre os seres humanos que criou.

Eis uma dignidade que não merecemos: ser tratados por Deus como pessoas cujas vontades e decisões são levadas em conta. Nós, justo nós, que "ao livre--arbítrio não fazemos jus".

"Havia um proprietário de terras que plantou uma vinha. Colocou uma cerca ao redor dela, cavou um tanque para prensar as uvas e construiu uma torre. Depois arrendou a vinha a alguns lavradores e foi fazer uma viagem. Aproximando-se a época da colheita, enviou seus servos aos lavradores, para receber os frutos que lhe pertenciam. Os lavradores agarraram seus servos; a um espancaram, a outro mataram e apedrejaram o terceiro. Então enviou-lhes outros servos em maior número, e os lavradores os trataram da mesma forma. Por último, enviou-lhes seu filho, dizendo: 'A meu filho respeitarão'. Mas quando os lavradores viram o filho, disseram uns aos outros: 'Este é o herdeiro. Venham, vamos matá-lo e tomar a sua herança'. Assim eles o agarraram, lançaram-no para fora da vinha e o mataram. Portanto, quando vier o dono da vinha, o que fará àqueles lavradores? Responderam eles: "Matará de modo horrível esses perversos e arrendará a vinha a outros lavradores, que lhe deem a sua parte no tempo da colheita". Jesus lhes disse: "Vocês nunca leram nas Escrituras? 'A pedra que os construtores rejeitaram tornou-se a pedra angular; isso vem do Senhor, e é algo maravilhoso para nós'. Portanto eu lhes digo que o reino de Deus será tirado de vocês e será dado a um povo que dê os frutos do Reino.
MATEUS 21.33-43

Essa parábola tem endereço certo e declarado: a nação de Israel. Os lavradores que arrendaram a vinha representam Israel. Os servos enviados pelo proprietário representam os profetas. E ainda mais explícita é a figura do filho do dono da vinha, que evidentemente representa Jesus. A expressão "o reino será tirado de vocês e será dado a um povo que dê frutos" se refere aos judeus e aos gentios. Na linguagem do Novo Testamento, "gentio" é todo aquele que não é judeu. Traduzindo tudo, Jesus está afirmando que a nação de Israel o rejeitou, mas as outras nações o receberiam. São palavras fortes, ao mesmo tempo uma denúncia contra Israel e uma mensagem a respeito da universalidade do evangelho de Jesus.

A Bíblia registra a insistência de Deus em chamar Israel. E também revela o endurecimento do coração de Israel, que por sua vez insistia em se afastar de Deus e correr atrás dos ídolos dos outros povos. Você já imaginou o que isso significa, um coração humano ser capaz de rejeitar o convite de Deus? É sobre isso que Jesus está falando nessa parábola, que tem em suas entrelinhas o mistério de tudo o que envolve Israel, seu Messias e os povos gentios.

Francamente, não faço ideia de como Deus vai resolver essa equação no final. Paulo escreve aos romanos dizendo que Deus tem um modo misericordioso e compassivo de lidar com o coração endurecido de Israel, assim como tratou com misericórdia os povos gentios. Deus é assim, cheio de amor, compaixão e misericórdia. O que espanta é o ser humano rejeitar um Deus tão cheio de amor.

O Reino dos céus é como um rei que preparou um banquete de casamento para seu filho. Enviou seus servos aos que tinham sido convidados para o banquete, dizendo-lhes que viessem; mas eles não quiseram vir. De novo enviou outros servos e disse: "Digam aos que foram convidados que preparei meu banquete: meus bois e meus novilhos gordos foram abatidos, e tudo está preparado. Venham para o banquete de casamento!" Mas eles não lhes deram atenção e saíram, um para o seu campo, outro para os seus negócios. Os restantes, agarrando os servos, maltrataram-nos e os mataram. O rei ficou irado e, enviando o seu exército, destruiu aqueles assassinos e queimou a cidade deles. Então disse a seus servos: "O banquete de casamento está pronto, mas os meus convidados não eram dignos. Vão às esquinas e convidem para o banquete todos os que vocês encontrarem". Então os servos saíram para as ruas e reuniram todas as pessoas que puderam encontrar, gente boa e gente má, e a sala do banquete de casamento ficou cheia de convidados. Mas quando o rei entrou para ver os convidados, notou ali um homem que não estava usando veste nupcial. E lhe perguntou: "Amigo, como você entrou aqui sem veste nupcial?" O homem emudeceu. Então o rei disse aos que serviam: "Amarrem-lhe as mãos e os pés, e lancem-no para fora, nas trevas; ali haverá choro e ranger de dentes". Pois muitos são chamados, mas poucos são escolhidos.
MATEUS 22.2-14

Jesus conta outra parábola sobre Israel e as nações gentílicas. Os israelitas são representados pelos convidados originais do banquete. O rei é Deus, e o filho do rei, Jesus. Israel recusou o convite para a festa, então o rei, irado, decidiu abrir as portas para os que estavam nas vilas, ruas e esquinas. Assim que entravam, as pessoas recebiam vestes nupciais, roupas adequadas para participar no banquete de casamento de um príncipe. Entretanto, havia um homem que se recusou a usá-las, e o rei o expulsou.

Isso quer dizer que da festa de Deus participamos do jeito dele e não do nosso. Não podemos continuar com as roupas que usávamos nas ruas. Devemos ser transformados e adequados à presença de Deus. Transformação é uma palavra-chave na experiência espiritual cristã.

Deus quer nos dar a oportunidade de participar de um grande banquete, mas o coração se divide entre afirmar seu ego e render-se à vontade de Deus. O Pai quer nos dar roupas novas, mas insistimos em usar as sujas do tempo em que estávamos distantes de Deus. Eis o grande dilema do homem rebelde, que desconhece que a vontade de Deus é boa, perfeita e agradável.

O Reino dos céus será, pois, semelhante a dez virgens que pegaram suas candeias e saíram para encontrar-se com o noivo. Cinco delas eram insensatas, e cinco eram prudentes. As insensatas pegaram suas candeias, mas não levaram óleo. As prudentes, porém, levaram óleo em vasilhas, junto com suas candeias. O noivo demorou a chegar, e todas ficaram com sono e adormeceram. À meia-noite, ouviu-se um grito: "O noivo se aproxima! Saiam para encontrá-lo!" Então todas as virgens acordaram e prepararam suas candeias. As insensatas disseram às prudentes: "Deem-nos um pouco do seu óleo, pois as nossas candeias estão se apagando". Elas responderam: "Não, pois pode ser que não haja o suficiente para nós e para vocês. Vão comprar óleo para vocês". E saindo elas para comprar o óleo, chegou o noivo. As virgens que estavam preparadas entraram com ele para o banquete nupcial. E a porta foi fechada. Mais tarde vieram também as outras e disseram: "Senhor! Senhor! Abra a porta para nós!" Mas ele respondeu: "A verdade é que não as conheço!" Portanto, vigiem, porque vocês não sabem o dia nem a hora!
MATEUS 25.1-13

Nunca vou me esquecer do ano de 1983, quando fui soldado do segundo Grupo de Artilharia Antiaérea em São Paulo (2º GAAAe). Eram tempos de grande convulsão política no Brasil e ficávamos de prontidão durante vários dias por longos períodos durante aquele ano. Estar de prontidão significa estar pronto para dar uma resposta imediata a uma convocação ou comando, ou para cumprir uma missão urgente. É o caso, por exemplo, de bombeiros que estão em serviço. Bombeiros em serviço não dormem de pijama; dormem de prontidão para que, ao soar do alarme, sua resposta de socorro seja imediata.

As dez virgens da parábola deveriam receber o noivo. Elas eram responsáveis por iluminar o caminho do noivo em sua marcha nupcial. Para isso, usavam tochas feitas com trapos embebidos em azeite. Na história que Jesus contou, o noivo se atrasou. Algumas virgens, prudentes, tinham boa provisão de óleo e mantiveram suas tochas acesas. E ainda aconselharam as imprudentes a sair para comprar mais óleo antes que o noivo chegasse.

"Comprar óleo" talvez signifique adquirir sabedoria, como aconselha o livro de Provérbios: "Procure obter sabedoria; use tudo o que você possui para adquirir entendimento". Jesus, portanto, está nos advertindo a viver de modo sábio, com prudência e sabedoria, porque não sabemos a hora da chegada do noivo. Nesse dia, seremos chamados a prestar contas da vida a Deus.

Os *talmidim* de Jesus vivem com senso de urgência. Sabem que o noivo pode chegar a qualquer hora. Pode até parecer que o noivo esteja atrasado. Mas ele é o noivo. E quando ele chegar, as luzes devem estar acesas.

E também será como um homem que, ao sair de viagem, chamou seus servos
e confiou-lhes os seus bens. A um deu cinco talentos, a outro dois, e a outro um; a cada
um de acordo com a sua capacidade. Em seguida partiu de viagem. O que havia recebido
cinco talentos saiu imediatamente, aplicou-os, e ganhou mais cinco. Também o que tinha
dois talentos ganhou mais dois. Mas o que tinha recebido um talento saiu, cavou um
buraco no chão e escondeu o dinheiro do seu senhor. Depois de muito tempo o senhor [...]
voltou e acertou contas com eles. O que tinha recebido cinco talentos trouxe os outros
cinco e disse: "O senhor me confiou cinco talentos; veja, eu ganhei mais cinco". O senhor
respondeu: "Muito bem, servo bom e fiel!" [...] Veio também o que tinha recebido dois
talentos e disse: "O senhor me confiou dois talentos; veja, eu ganhei mais dois". O senhor
respondeu: "Muito bem, servo bom e fiel!" [...] Por fim veio o que tinha recebido um talento
e disse: "Eu sabia que o senhor é um homem severo [...] Por isso, tive medo, saí e escondi o
seu talento no chão. Veja, aqui está o que lhe pertence". O senhor respondeu: "Servo mau e
negligente! Você sabia que eu colho onde não plantei e junto onde não semeei? [...] Tirem
o talento dele e entreguem-no ao que tem dez. Pois a quem tem, mais será dado, e terá em
grande quantidade. Mas a quem não tem, até o que tem lhe será tirado".
MATEUS 25.14-29

Essa é a parábola dos talentos em que Jesus ensina que temos responsabilidade com os recursos e as oportunidades que recebemos de Deus. A vida é dádiva divina. A vida que nos é dada também nos será cobrada. Haverá o dia quando prestaremos contas a Deus de tudo o que dele recebemos.

A palavra-chave é responsabilidade, que começa apenas no segundo passo. O primeiro passo não depende de nós. O primeiro passo é sempre de Deus.

Preste atenção e você perceberá que, via de regra, sua responsabilidade é responder: a Deus, a sua própria consciência, ao próximo e a suas circunstâncias. As realidades mais fundamentais da vida não resultam de nossas escolhas. Ninguém escolhe os talentos ou dons naturais que tem. É mais correto dizer, por exemplo, que não somos nós quem escolhemos nossa vocação profissional; é praticamente a vocação que nos escolhe — algo que acontece quase independentemente de nossa decisão. A partir disso é que nos tornamos responsáveis, do segundo passo em diante.

Nossa responsabilidade é multiplicar de modo útil e abençoador tudo o que recebemos de Deus. Quem é fiel no pouco, ganha mais; quem é negligente, acaba perdendo inclusive o que tem.

"Dois homens deviam a certo credor. Um lhe devia quinhentos denários e o outro, cinquenta. Nenhum dos dois tinha com que lhe pagar, por isso perdoou a dívida a ambos. Qual deles o amará mais?" Simão respondeu: "Suponho que aquele a quem foi perdoada a dívida maior". "Você julgou bem", disse Jesus.
LUCAS 7.41-43

Jesus contou essa parábola do credor devido a uma situação bastante constrangedora. Foi logo após sua experiência com a mulher que se achegou a ele, ajoelhou-se a seus pés e os lavou com suas lágrimas, e depois os enxugou com seus cabelos e os ungiu com um raro perfume.

O gesto da mulher pareceu exagerado às pessoas que estavam presentes; os discípulos de Jesus também ficaram um pouco incomodados. Jesus reage ao constrangimento de todos afirmando que a quem muito se perdoa, mais se ama. O gesto aparentemente exagerado daquela mulher, em gratidão e honra a Jesus, reflete na verdade a importância e o impacto do perdão que ela havia recebido.

O pecado tem a condição de devastar nosso mundo interior. Conviver com o peso da culpa, com a vergonha, a rejeição e a exclusão causa sofrimento sem medida. Ser alvo do escárnio da sociedade, receber o estigma da maldade e passar a ter de desviar os olhos dos olhares críticos e condenatórios, de recriminação, juízo e condenação, abre feridas quase incuráveis na alma. O peso de quem tem na testa um carimbo de pecador ou de pecadora é tão insuportável que o perdão concedido por Deus através de Jesus explica a grandeza do gesto de gratidão e amor.

Quanto mais tomamos consciência de nosso pecado e sofremos a dor por nossa miserabilidade, mais pesada é a culpa que passamos a carregar, mas também, e somente então, maior a alegria que experimentamos no perdão. Não é possível desfrutar da graça de Deus sem que haja antes a profunda experiência da agonia da culpa e da vergonha. É o que Jesus está mostrando aqui: quanto mais culpados e envergonhados e miseráveis nós nos percebemos, mais fundo chegaremos ao próprio coração de Deus e ao perdão que ele tem a nos oferecer. O perdão traz alívio, devolve a alegria, promove a libertação e possibilita recomeços.

A honra, o louvor e a adoração, nesses termos pessoalíssimos, afetivos e exagerados, somente os pecadores arrependidos e perdoados conseguem ter com Jesus.

Um homem descia de Jerusalém para Jericó, quando caiu nas mãos de assaltantes. Estes lhe tiraram as roupas, espancaram-no e se foram, deixando-o quase morto. Aconteceu estar descendo pela mesma estrada um sacerdote. Quando viu o homem, passou pelo outro lado. E assim também um levita; quando chegou ao lugar e o viu, passou pelo outro lado. Mas um samaritano, estando de viagem, chegou onde se encontrava o homem e, quando o viu, teve piedade dele. Aproximou-se, enfaixou-lhe as feridas, derramando nelas vinho e óleo. Depois colocou-o sobre o seu próprio animal, levou-o para uma hospedaria e cuidou dele. No dia seguinte, deu dois denários ao hospedeiro e lhe disse: "Cuide dele. Quando eu voltar lhe pagarei todas as despesas que você tiver".
LUCAS 10.30-35

Essa é a extraordinária parábola do bom samaritano. As palavras de Jesus, apesar de sintéticas, são plenas de sentidos. Como todas as parábolas, essa também permite diferentes abordagens, reflexões e debates a respeito de assuntos muito relevantes: criminalidade, conflitos étnicos, relacionamentos humanos, abuso religioso, indiferença, egoísmo e solidariedade.

A parábola nos coloca diante das realidades mais concretas do cotidiano. Foi contada há mais de dois mil anos, mas seu tema é absolutamente contemporâneo. Hoje, provavelmente Jesus contaria a parábola desta maneira: Um cristão texano está caído à beira do caminho. Passam por ele um protestante, um católico e um pentecostal, mas ninguém cuida dele. Em seguida, passa por ele um muçulmano, um adorador do Islã, que se ajoelha, recolhe o cristão, trata de suas feridas, providencia hospital, cuida para sua plena recuperação e exerce misericórdia para com ele.

Provavelmente Jesus confrontaria a maioria dos cristãos de nossos dias usando a figura de um muçulmano como o herói da história. Certamente causaria um escândalo com sua proposta de que o amor supera todos os conflitos, atravessa todas as barreiras, encurta a distância que as realidades étnicas, sociais, econômicas, políticas e inclusive e principalmente religiosas promovem entre os seres humanos. Quando os seres humanos se enxergam como criados à imagem e semelhança de Deus, independentemente de seus rótulos e identidades históricas, o amor possibilita que se unam em ajuda mútua. Sabem que a vida é dádiva divina e por isso se encontram no amor.

Os *talmidim* de Jesus aprendem que não importa se a estrada leva de Jerusalém a Jericó, de Washington a Bagdá, do norte ao sul ou do centro para a periferia. Sabem que qualquer estrada é caminho onde se deve viver em amor.

Um homem descia de Jerusalém para Jericó, quando caiu nas mãos de assaltantes. Estes lhe tiraram as roupas, espancaram-no e se foram, deixando-o quase morto. Aconteceu estar descendo pela mesma estrada um sacerdote. Quando viu o homem, passou pelo outro lado. E assim também um levita; quando chegou ao lugar e o viu, passou pelo outro lado. Mas um samaritano, estando de viagem, chegou onde se encontrava o homem e, quando o viu, teve piedade dele. Aproximou-se, enfaixou-lhe as feridas, derramando nelas vinho e óleo. Depois colocou-o sobre o seu próprio animal, levou-o para uma hospedaria e cuidou dele. No dia seguinte, deu dois denários ao hospedeiro e lhe disse: "Cuide dele. Quando eu voltar lhe pagarei todas as despesas que você tiver".
LUCAS 10.30-35

A parábola do bom samaritano já foi interpretada de muitas maneiras. Orígenes, conhecido por suas interpretações alegóricas, disse que a estrada é o mundo, o viajante assaltado é o pecador, os assaltantes são os espíritos maus, o bom samaritano é Jesus, as moedas são o sangue de Jesus, a hospedaria é o céu, o dono da hospedaria é Deus, e a mula onde o pecador foi levado até o céu é a igreja. Essa maneira de interpretar a Bíblia é muito curiosa, até engraçada, mas tem de positivo o fato de que tenta interpretar as falas de Jesus em seus mínimos detalhes.

É evidente que devemos dar toda a atenção a todos os detalhes de todas as palavras de Jesus. Mas o perigo é nos perdermos nos detalhes, nas entrelinhas e minúcias, e deixarmos de perceber a essência da mensagem.

A essência dessa parábola é o amor ao próximo. Mais que isso, quem é o próximo a quem devemos amar. Jesus está dizendo: "O amor ao próximo é a realidade que dá sentido à vida, pois é o que possibilita a reconciliação de pessoas aparentemente irreconciliáveis". No judaísmo popular do tempo de Jesus, um judeu agradecia a Deus todos os dias por não ter nascido mulher, não ter nascido cachorro e não ter nascido samaritano. Mas Jesus apresenta justamente um samaritano, que é um judeu miscigenado, um judeu que não tem sangue puro judeu, como o herói de sua parábola, querendo ensinar isto: o amor aproxima aqueles que são aparentemente irreconciliáveis.

A espiritualidade dos *talmidim* de Jesus é simples. A experiência do evangelho como mera religião via de regra se degenera em debates a respeito de crenças e interpretações dos textos sagrados, rituais e práticas cerimoniais, códigos morais e tabus, que ofuscam a essência da vida, obra e mensagem de Jesus: o amor. A espiritualidade de Jesus é simples assim. Simples como o amor.

Mas um samaritano, estando de viagem, chegou onde se encontrava o homem e, quando o viu, teve piedade dele. Aproximou-se, enfaixou-lhe as feridas, derramando nelas vinho e óleo. Depois colocou-o sobre o seu próprio animal, levou-o para uma hospedaria e cuidou dele. No dia seguinte, deu dois denários ao hospedeiro e lhe disse: "Cuide dele. Quando eu voltar lhe pagarei todas as despesas que você tiver".
LUCAS 10.33-35

A parábola do bom samaritano é a parte final de um debate entre um intérprete versado na lei de Moisés e Jesus. Começa com uma pergunta: "Mestre, o que preciso fazer para herdar a vida eterna?". Jesus responde: "O que está escrito na Lei? Como você a lê". Então o homem diz: "Ame o Senhor, o seu Deus, de todo o seu coração, de toda a sua alma, de todas as suas forças e de todo o seu entendimento, e ame o seu próximo como a si mesmo". Jesus concorda: "Você respondeu corretamente. Faça isso e viverá". Provavelmente tentando escapar da recomendação de amar, o mestre da lei suscita outra discussão: "Mas quem é o meu próximo?".

Fica evidente que o interlocutor de Jesus conhecia a lei e sabia que a essência da lei era a experiência do amor. Não poderia ser diferente, pois a lei concedida por Deus a Moisés é a mesma concedida a Jesus. A essência da mensagem de Moisés e da mensagem de Jesus é a mesma: o amor.

O maior de todos os mandamentos é amar a Deus, e o segundo, semelhante a este, é amar o próximo. Mas esse mestre da lei tem um problema sério. O amor dele não é abrangente. É um amor seletivo. E porque é um amor seletivo, é um amor incompleto, ou um amor que na verdade não é amor. Quem ama com ressalvas e restrições geralmente divide as pessoas em dois grupos: as amáveis e as não amáveis. Isso não é uma experiência com o amor; é uma experiência com algumas pessoas.

A maioria de nós interpreta a pergunta "O que fazer para herdar a vida eterna?" como relativa ao céu ou à vida após a morte. Mas Jesus não compreende a vida eterna meramente como vida após a morte. Jesus traz a realidade da lei de Moisés e sua própria experiência como Filho amado de Deus para o dia a dia, aqui e agora. A vida antes da morte consiste na experiência de amar sem limites, sem reservas, sem selecionar quem merece amor. Quem não ama, não vive. Pelo menos, não em plenitude. Ninguém vive enquanto não é capaz de amar, porque Deus é amor. A vida eterna é vida com qualidade de Deus. É vida em amor.

Seguir Jesus, o amado Filho de Deus, é colocar os pés no caminho do amor. Enquanto caminhamos, ele nos ama. Aos poucos, seu amor nos enche até transbordar. E nós amamos também.

Mas um samaritano, estando de viagem, chegou onde se encontrava o homem e, quando o viu, teve piedade dele. Aproximou-se, enfaixou-lhe as feridas, derramando nelas vinho e óleo. Depois colocou-o sobre o seu próprio animal, levou-o para uma hospedaria e cuidou dele. No dia seguinte, deu dois denários ao hospedeiro e lhe disse: "Cuide dele. Quando eu voltar lhe pagarei todas as despesas que você tiver".

LUCAS 10.33-35

"Quem é meu próximo?", foi a pergunta que originou a parábola do bom samaritano. A resposta de Jesus é simples: próximo é todo aquele com quem você desenvolve uma relação de amor. Isso significa que estar perto é diferente de ser próximo. Você pode estar muito perto de uma pessoa, mas não ser próximo. Você pode ter seu cônjuge dormindo ao lado, mas vocês podem não ser próximos. Para ser próximo não basta estar perto. Para ser próximo é necessário um passo na direção da pessoa que está perto. Um passo para qualificar a relação até que seja uma relação de amor.

Assim como estar perto não significa ser próximo, também há uma diferença entre amar e gostar. Jesus nos mandou amar todo mundo. Mas não disse que precisamos gostar de todo mundo. Gostar é uma questão de afinidade, empatia e simpatia, e isso acontece mesmo sem que saibamos o motivo. Mas amar é uma relação de serviço, independentemente dos sentimentos e sensações. Amar é querer o bem; gostar é querer perto. Amar é servir a pessoa, mesmo que exija sacrifícios. Amar é cuidar, doar e doar-se pelo bem do próximo.

Jesus, por exemplo, não gostava de todo mundo. Não gostava de doutores da lei, não gostava de fariseus nem dos sacerdotes, e muito menos gostava de pessoas hipócritas. Jesus não nutria simpatia por essa gente. É difícil imaginar Jesus dividindo uma *pizza* com um grupo de fariseus. De fato Jesus se sentia muito mais à vontade na mesa de pecadores. Jesus não gostava de todo mundo, mas amava a todos e se fez próximo de todos, porque a todos serviu e por todos entregou sua vida, num ato de extremo sacrifício de amor. Estar perto é diferente de ser próximo. Amar é diferente de gostar.

Peça a Deus que ajude você a se fazer próximo de quem está perto. Mesmo quando aquele que está perto é alguém de quem você não gosta. Para estar perto, basta gostar. Ser próximo é um ato de amor.

Mas um samaritano, estando de viagem, chegou onde se encontrava o homem e, quando o viu, teve piedade dele. Aproximou-se, enfaixou-lhe as feridas, derramando nelas vinho e óleo. Depois colocou-o sobre o seu próprio animal, levou-o para uma hospedaria e cuidou dele. No dia seguinte, deu dois denários ao hospedeiro e lhe disse: "Cuide dele. Quando eu voltar lhe pagarei todas as despesas que você tiver".
Lucas 10.33-35

O padre Antônio Vieira interpretou a parábola do bom samaritano dizendo que nela estão presentes três filosofias de vida. A primeira é representada pelos assaltantes: "O que é seu é meu"; são pessoas que vivem para usurpar, espichando os olhos para aquilo que está na posse de outras pessoas com o fim de tomar para si. São pessoas que pensam apenas em si mesmas, acreditando que tudo o que existe deve lhes pertencer, para seu desfrute e prazer. Esse tipo de pessoa quer tudo. Elas dizem: "O que é seu é meu. Vou tomar de você, e se precisar roubar, assaltar ou usar a força para tomar o que é seu para que se torne meu, não dou a mínima".

A segunda filosofia de vida é representada pelos religiosos, o sacerdote e o levita. Essa segunda filosofia de vida diz: "O que é seu é seu, o que é meu é meu". Resume a cultura da indiferença, bem presente na ironia popular que diz: "Cada um com seus problemas", ou pior: "Você, para mim, é problema seu". Ou, como no adesivo que é usado no vidro de alguns carros, "Deus deu uma vida para cada um, para cada um cuidar da sua". Quem adota essa prática da indiferença vive como se os outros não existissem. Infelizmente, existem pessoas que não se dão conta de que o mundo é habitado por mais gente, pessoas que são absolutamente displicentes para outras presenças ao redor. Não estão atentas, não estão ocupadas nem preocupadas com quem convive no mesmo espaço e ambiente.

A terceira filosofia de vida, representada pelo bom samaritano, diz: "O que é meu é seu". Esse tipo de pessoa é generosa, solidária, compassiva, misericordiosa, reparte, compartilha, doa, abençoa, e está atenta a quem está à volta para verificar eventuais necessidades ou possibilidades de ajudar. Esse tipo de pessoa não vive para si mesma, não está ocupada apenas com seu próprio eu. Muito ao contrário, aprendeu a partilha e a comunhão.

Jesus, na parábola do bom samaritano, ensina que seus *talmidim* devem viver à luz da terceira filosofia de vida: "O que é meu é seu". Que Deus multiplique bons samaritanos pelas ruas da cidade. Que você seja um deles.

Mas um samaritano, estando de viagem, chegou onde se encontrava o homem e, quando
o viu, teve piedade dele. Aproximou-se, enfaixou-lhe as feridas, derramando nelas vinho
e óleo. Depois colocou-o sobre o seu próprio animal, levou-o para uma hospedaria e
cuidou dele. No dia seguinte, deu dois denários ao hospedeiro e lhe disse: "Cuide dele.
Quando eu voltar lhe pagarei todas as despesas que você tiver".
LUCAS 10.33-35

Os vilões dessa história que Jesus acabou de contar são dois homens religiosos.
Essa é uma crítica contundente aos religiosos de sua época, homens como o
sacerdote e o levita, representantes dignos da religião judaica. Mas essa crítica
vale também para hoje, pois reflete a maneira como interpretamos e experimentamos a religião em nossos dias.

Para a maioria das pessoas a religião tem a ver com crenças, dogmas e códigos morais: o que é certo e o que é errado, o que é proibido e o que não é, o que
você pode fazer e o que não pode. A religião também está relacionada a rituais,
cultos e cerimônias, isto é, as coisas que você faz para agradar seu deus ou a
divindade que você adora.

Para Jesus, e na verdade para toda a tradição da espiritualidade judaico-cristã, a "verdadeira religião" tem a ver com relacionamentos de amor, e porque são
relacionamentos de amor, são também e necessariamente relacionamentos de
justiça. São relacionamentos em que a dignidade humana é resgatada, restaurada, valorizada e preservada. Veja o que disse Deus pela boca do profeta Isaías:
"O jejum que desejo não é este? Soltar as correntes da injustiça, desatar as cor-
das do jugo, pôr em liberdade os oprimidos e romper todo jugo? Não é partilhar
sua comida com o faminto, abrigar o pobre e desamparado, vestir o nu que você
encontrou e não recusar ajuda ao seu próximo?" (Is 58.6-7). O que Deus deseja
como expressão de honra a ele é o cuidado da vida humana, por meio de relações
de amor e justiça.

Tiago disse a mesma coisa: "A religião que Deus, o nosso Pai, aceita como
pura e imaculada é esta: cuidar dos órfãos e das viúvas nas suas dificuldades e
não se deixar corromper pelo mundo" (Tg 1.27). Ser religioso tem pouco a ver
com dogmas, códigos morais ou rituais litúrgicos. A vida religiosa e piedosa
está absolutamente ligada aos relacionamentos de amor e à prática da justiça.
Ser religioso, de fato, implica zelar pela dignidade de todo ser humano, criado à
imagem e semelhança de Deus.

A espiritualidade de Jesus não é dogmática, ritualista ou mágica. A espiritualidade de Jesus é ética: amor e justiça.

Mas um samaritano, estando de viagem, chegou onde se encontrava o homem e, quando
o viu, teve piedade dele. Aproximou-se, enfaixou-lhe as feridas, derramando nelas vinho
e óleo. Depois colocou-o sobre o seu próprio animal, levou-o para uma hospedaria e
cuidou dele. No dia seguinte, deu dois denários ao hospedeiro e lhe disse: "Cuide dele.
Quando eu voltar lhe pagarei todas as despesas que você tiver".
LUCAS 10.33-35

O amor ao próximo é mal interpretado quando se coloca a palavra "pobre" no lugar de "próximo". Parece que em nossos dias amar ao próximo é sinônimo de amar ao pobre. O pobre ganhou um *status* qualificado nas análises sociais. O pobre se tornou importante, protagonista de todos os debates, figura predileta na boca de políticos e intelectuais.

Mas não há virtude em ser pobre. Devemos olhar para o pobre com tristeza e lamento. E também com constrangimento e arrependimento, pois somos nós os responsáveis e culpados pela condição indigna em que muitos de nossos semelhantes vivem. Por isso é que ser pobre não é a pior coisa que pode acontecer a um ser humano, assim como não são as condições sociais que revelam a maior miserabilidade humana.

A pior coisa que pode acontecer a um ser humano é ele se enclausurar dentro do próprio ego. É viver alheio ao sofrimento do próximo. É viver apenas para sua própria satisfação. A maior miséria humana é atravessar a calçada e passar indiferente a quem sofre. Inclusive ao pobre.

Jesus ensina que o próximo não é apenas aquele que está à beira do caminho, vítima de uma realidade social violenta e injusta. O próximo é também o levita, o sacerdote, e até mesmo o assaltante — mesmo considerando que os homens mais violentos e injustos dos dias de hoje são ricos e poderosos.

Amar o próximo significa amar o ser humano em sua condição de maior miserabilidade. Talvez, nessa parábola, o menos miserável seja o que está caído à beira do caminho. O levita, o sacerdote e os assaltantes estão perdidos e não percebem sua condição miserável. Amar o próximo significa amar o ser humano que se degenerou tanto em seu egoísmo, orgulho e prepotência que deixou de ser amável. A reação esperada de uma pessoa piedosa é contemplar o pobre, ter compaixão e se dirigir a ele em ato de serviço. Mas ter compaixão de religiosos prepotentes e bandidos do colarinho branco é um grande desafio de amor. Amar o próximo significa, também, amar os não amáveis.

O "próximo" pode ser o ladrão da cruz ao lado, os sacerdotes vestidos de pompa, e o imperador violento que crucifica inocentes. Amar o "próximo" é coisa que, talvez, somente Jesus consegue fazer.

Mas um samaritano, estando de viagem, chegou onde se encontrava o homem e,
quando o viu, teve piedade dele. Aproximou-se, enfaixou-lhe as feridas, derramando
nelas vinho e óleo. Depois colocou-o sobre o seu próprio animal, levou-o para uma
hospedaria e cuidou dele. No dia seguinte, deu dois denários ao hospedeiro e lhe disse:
"Cuide dele. Quando eu voltar lhe pagarei todas as despesas que você tiver".
LUCAS 10.33-35

A parábola do bom samaritano nos ensina a qualificar nossas relações de ajuda ao próximo. O bom samaritano é um mestre da solidariedade. Ele ensina que o socorro que prestamos aos outros deve ser consequente, emancipador e libertador. Não basta ajudar quem está em situação miserável ou de extrema necessidade. É preciso também restaurar ou resgatar a dignidade da pessoa que recebe a ajuda. A tristeza a respeito da pobreza não é apenas pela falta de pão, mas também pela falta de dignidade. A dor no coração de um homem com fome não é apenas a de não ter o que comer, é também a de precisar pedir esmola. Além da fome, há a dor de viver de esmola.

O bom samaritano também ensina que a ajuda não é para quem merece, é para quem precisa. Como no ditado popular: "Fazer o bem, sem ver a quem". Identificada uma necessidade, devemos agir para suprir, socorrer, ajudar. Lembrando sempre que não basta um socorro paliativo, uma assistência superficial. O bom samaritano faz mais do que simplesmente recolher o homem da beira do caminho e levá-lo a um lugar de cuidado e lá deixá-lo lá abandonado. Ao deixar o homem, ele diz ao dono da hospedaria : "Cuide dele, e na volta eu vou pagar todas as despesas que você tiver". Isso representa um cuidado preocupado com o dia seguinte. A ação de socorro tem continuidade e consequência.

A ajuda ao próximo, qualquer que seja sua carência, deve ser uma ajuda libertadora, que quebra o ciclo de dependência, pois viver como dependente é viver numa condição de indignidade. Os verdadeiros bons samaritanos não apenas socorrem; eles libertam e oferecem condições para que aqueles que um dia precisaram de ajuda se tornem também ajudadores.

Os *talmidim* de Jesus são bons samaritanos que multiplicam bons samaritanos.

Então lhes disse: "Suponham que um de vocês tenha um amigo e que recorra a ele à meia-noite e diga: 'Amigo, empreste-me três pães, porque um amigo meu chegou de viagem, e não tenho nada para lhe oferecer'. E o que estiver dentro responda: 'Não me incomode. A porta já está fechada, e eu e meus filhos já estamos deitados. Não posso me levantar e lhe dar o que me pede'. Eu lhes digo: Embora ele não se levante para dar-lhe o pão por ser seu amigo, por causa da importunação se levantará e lhe dará tudo o que precisar. Por isso lhes digo: Peçam, e lhes será dado; busquem, e encontrarão; batam, e a porta lhes será aberta".

LUCAS 11.5-9

Essa parábola ensina sobre oração e súplica. Jesus diz que devemos ser insistentes na oração: pedir, buscar, bater. Uma leitura superficial nos daria a impressão de que Jesus nos promete um "cheque em branco" assinado por ele e que Deus teria a obrigação de descontar no balcão do céu. Basta pedir insistentemente e seremos ouvidos. Venceremos Deus pelo cansaço.

Mas não é bem assim. Para esclarecer o sentido da parábola, logo em seguida ele pergunta a seus *talmidim*: "Qual pai, entre vocês, se o filho lhe pedir um peixe, em lugar disso lhe dará uma cobra? Ou se pedir um ovo, lhe dará um escorpião?". Depois conclui: "Se vocês, apesar de serem maus, sabem dar boas coisas aos seus filhos, quanto mais o Pai que está nos céus dará o Espírito Santo a quem o pedir!". A súplica da oração perseverante deve ser pelo Espírito Santo de Deus. Em outras palavras, na oração pedimos a Deus que se dê a si mesmo a nós.

Jesus não está ensinando um truque para que Deus atenda qualquer pedido nosso. Não está falando em pedidos para a satisfação de nossos desejos nem prometendo que todas as nossas orações seriam respondidas positivamente. Os *talmidim* de Jesus estão sendo ensinados que a grande razão para alguém buscar a Deus é o próprio Deus.

Jesus descortina a seus *talmidim* um mistério profundo do reino de Deus. Deus não pode ser um meio para alcançarmos nossos fins. Quem busca a Deus para alcançar outros fins não busca a Deus; busca os outros fins. E, nesse caso, faz de Deus um ídolo, isto é, algo menos importante do que o fim pretendido.

Deus é a finalidade última de nossa busca espiritual. Quando você usa Deus para alcançar algo, esse algo na verdade está ocupando o lugar de Deus. É um pouco complexo em nossa experiência cotidiana, mas é bem simples de entender. Se Deus é apenas alguém que lhe dá o que você quer, seu coração está apaixonado não por Deus, mas pelo que você quer. Esse é o mistério revelado por Jesus nessa parábola.

Então lhes contou esta parábola: "A terra de certo homem rico produziu muito bem.
Ele pensou consigo mesmo: 'O que vou fazer? Não tenho onde armazenar minha
colheita.' Então disse: 'Já sei o que vou fazer. Vou derrubar os meus celeiros e construir
outros maiores, e ali guardarei toda a minha safra e todos os meus bens. E direi a
mim mesmo: Você tem grande quantidade de bens, armazenados para muitos anos.
Descanse, coma, beba e alegre-se.' Contudo, Deus lhe disse: 'Insensato! Esta mesma
noite a sua vida lhe será exigida. Então, quem ficará com o que você preparou?'Assim
acontece com quem guarda para si riquezas, mas não é rico para com Deus".
LUCAS 12.16-21

Eis o retrato de um homem medíocre. Um homem que conquistou muito e depois se acomodou, parou de desejar. Esse é um homem cuja ambição morreu. Tudo o que o ocupa é o prazer dos dividendos de suas conquistas. Ele não quer caminhar mais, não quer realizar mais, não quer trabalhar mais, não quer produzir mais. Agora ele quer apenas o ócio. Quer sombra e água fresca: comer, beber, dormir e descansar. Viver para o prazer.

A palavra medíocre significa literalmente "o que está no meio da rocha". *Ocre* significa pedra ou rocha. O medíocre não é o melhor, mas está longe de ser o pior. Medíocre é uma boa palavra para descrever alguém que começou a subir uma montanha e, chegando à metade, olhou para cima e viu umas poucas pessoas, mas olhou para baixo e viu muitas pessoas, e então disse para si mesmo: "Vou ficar aqui no meio". Medíocre é alguém que não ambiciona subir mais.

A ambição é algo que não podemos deixar morrer dentro de nós. Por isso é importante saber a diferença entre ambição e ganância. O ambicioso quer mais, e isso é saudável. Mas o ganancioso quer mais, mas apenas para si mesmo. Jesus ensina que ganância é um pecado condenável: "Assim acontece com quem guarda para si riquezas, mas não é rico para com Deus".

Os ricos para com Deus têm muitos recursos e conseguiram subir boa parte da montanha. Mas suas riquezas são repartidas, estão em circulação, fazendo a roda das riquezas girar para abençoar muita gente. Não são pessoas acomodadas no ócio, não são pessoas medíocres. São pessoas que apesar do muito que têm, continuam trabalhando e produzindo. Trabalham, produzem, multiplicam riquezas, distribuem recursos, porque não pensam apenas em si mesmos. Desejam abençoar o maior número possível de pessoas. Sabem que receberam seus recursos de Deus. E juntamente com os recursos, receberam uma missão.

Então lhes contou esta parábola: "A terra de certo homem rico produziu muito bem.
Ele pensou consigo mesmo: 'O que vou fazer? Não tenho onde armazenar minha
colheita'. Então disse: 'Já sei o que vou fazer. Vou derrubar os meus celeiros e construir
outros maiores, e ali guardarei toda a minha safra e todos os meus bens. E direi a
mim mesmo: Você tem grande quantidade de bens, armazenados para muitos anos.
Descanse, coma, beba e alegre-se'. Contudo, Deus lhe disse: 'Insensato! Esta mesma
noite a sua vida lhe será exigida. Então, quem ficará com o que você preparou?'Assim
acontece com quem guarda para si riquezas, mas não é rico para com Deus".
LUCAS 12.16-21

Outro dia mesmo eu ouvi alguém dizendo que não é pecado ser rico, o pecado é querer ficar rico. Parece que Jesus concorda, pelo menos em parte. Ele ensina que devemos nos guardar contra todo tipo de ganância. Querer ficar rico é pecado porque o desejo vem acompanhado da indiferença e da negligência com as pessoas ao redor. O ganancioso pensa apenas em si mesmo. Tudo o que consegue enxergar é seu objeto de desejo.

Na opinião de Jesus, ser rico e ser egocêntrico é quase a mesma coisa. Ele observa sabiamente que "onde está o seu tesouro, aí está o seu coração". O coração vai para onde está a riqueza. Dificilmente alguém que tem muito dinheiro no bolso consegue não ficar o tempo todo ou quase o tempo todo ocupado com seu próprio bolso.

John Wesley, clérigo anglicano e precursor do movimento metodista, dizia que quando algum dinheiro caía em seu bolso, logo dava um jeito de se livrar dele, para que o dinheiro não encontrasse o caminho de seu coração. Wesley ouviu Jesus. Dinheiro não é para ser acumulado, riqueza não é para ser armazenada e retida de maneira covarde e egoísta. A riqueza existe para conviver com a ciranda de produção de riqueza. O nome do jogo não é acúmulo, é distribuição. Isso tem a ver com a partilha abnegada e a doação generosa. Mas também com a atividade empreendedora, o investimento produtivo, que visa a multiplicar a riqueza. Riqueza não é para ficar acumulada e parada. Riqueza guardada em celeiros apodrece. Dinheiro acumulado — que não está em movimento gerando riqueza e abençoando pessoas — acaba escravizando seu dono. Jesus diria a esse tipo de rico: "Você, rico, é insensato, não porque é rico, mas porque é o tipo de rico que pensa apenas em si mesmo. O dinheiro já não é algo que você tem; é o dinheiro que tem você. E isso é uma grande estupidez".

A vida de um homem não consiste na quantidade dos seus bens.
LUCAS 12.15

A parábola do rico insensato é narrada logo após Jesus dizer que "a vida de um homem não consiste na quantidade dos seus bens". O complemento dessa verdade é que "de nada adianta ao homem ganhar o mundo inteiro e perder a alma". É isso o que Jesus diz para esse rico louco: "Nesta noite a sua vida será exigida, e então, o que será encontrado em sua alma? Você conquistou muitos bens, ajuntou esses bens em celeiros, mas o que mais você tem além disso? Tudo o que você tem cabe dentro de um celeiro?".

A viagem da vida humana não é apenas para fora, em busca de conquistas de bens e de acúmulo de riquezas. A maior viagem de um ser humano é também, e principalmente, senão essencialmente, a viagem interior, em busca de tornar-se pessoa. Conta-se que Abraham Lincoln, presidente dos Estados Unidos, receberia certo homem em seu gabinete. Quando o sujeito foi anunciado pela secretária, Lincoln espiou pela fresta da porta e em seguida anunciou: "Eu não vou atender este sujeito". A secretária, cuidadosa, disse: "Senhor presidente, desculpe-me, mas por que o senhor não vai atendê-lo?". "Porque não gostei da cara dele", respondeu. A secretária se espantou e ainda mais cautelosa perguntou: "Senhor presidente, o senhor me desculpe, mas que culpa tem o homem de ter a cara que tem?". Ao que Lincoln teria respondido, pondo fim à conversa: "Depois dos quarenta, minha filha, todo homem tem culpa de ter a cara que tem".

Não sei se a história é verdadeira, mas encerra grande sabedoria. A grande viagem da vida é aquela na qual construímos um rosto, uma identidade. A viagem através da qual nos tornamos humanos dignos. Por isso, o verdadeiro rico não é aquele que tem um celeiro cheio de bens, mas aquele que se torna alguém cuja alma não está perdida. De que adianta ganhar o mundo inteiro e perder a alma? A vida de um homem, a identidade de um homem, não depende do que ele guarda em celeiros, mas sim de quem ele é, do que ele tem dentro de si.

Então lhes contou esta parábola: "A terra de certo homem rico produziu muito bem.
Ele pensou consigo mesmo: 'O que vou fazer? Não tenho onde armazenar minha
colheita'. Então disse: 'Já sei o que vou fazer. Vou derrubar os meus celeiros e construir
outros maiores, e ali guardarei toda a minha safra e todos os meus bens. E direi a
mim mesmo: Você tem grande quantidade de bens, armazenados para muitos anos.
Descanse, coma, beba e alegre-se'. Contudo, Deus lhe disse: 'Insensato! Esta mesma noite
a sua vida lhe será exigida. Então, quem ficará com o que você preparou?'"
LUCAS 12.16-20

Jesus fez uma pergunta retórica — dessas que a resposta já vem embutida na própria pergunta — a seus discípulos: "De que adianta um homem ganhar o mundo inteiro e perder a sua alma?". O rico louco retratado nessa parábola é um exemplo típico de alguém que tem os celeiros cheios e a vida vazia. Quando Deus exige que apresente os conteúdos de sua alma, ele nada tem a apresentar.

Além da interpretação usual de "perdição eterna", perder a alma significa perder-se como pessoa, deixar de ser gente ou nem mesmo chegar a ser gente. Mas também significa desperdiçar a existência correndo atrás do nada, buscando aquilo que não tem valor perene, acumulando apenas coisas que não contribuem para a consistência da existência. Alguém já disse que muitas pessoas sobem a escada do sucesso, e quando chegam ao topo, percebem que a escada estava escorada na parede errada. Chegam a lugar nenhum, constroem para si muitos celeiros, armazenam para si muitos bens, guardam todos os seus tesouros, mas esses tesouros não significam nada.

O famoso escritor irlandês Oscar Wilde disse que há duas grandes tragédias na vida. A primeira é desejar muito uma coisa e não conseguir. A segunda é conseguir. A conquista faz a pessoa concluir que seu desejo resultou em nada. Toda conquista traz um senso de satisfação e realização momentâneo. Por quê? Porque a consistência de nossa vida não está nas coisas que conquistamos e guardamos em celeiros — cofres. A consistência de nossa vida depende dos conteúdos interiores, das riquezas da alma.

Os *talmidim* de Jesus são ensinados a discernir aquilo pelo que vale a pena viver. São chamados a se perguntar: Afinal de contas, estou correndo atrás do quê? Evidentemente, as coisas trazem conforto à vida. Mas não se deve confundir conforto com realização, e boa vida com vida com significado. Aos *talmidim* de Jesus não é proibido ter celeiros cheios. Desde que sua alma não seja vazia.

Então lhes contou esta parábola: "A terra de certo homem rico produziu muito bem. Ele pensou consigo mesmo: 'O que vou fazer? Não tenho onde armazenar minha colheita.' Então disse: 'Já sei o que vou fazer. Vou derrubar os meus celeiros e construir outros maiores, e ali guardarei toda a minha safra e todos os meus bens. E direi a mim mesmo: Você tem grande quantidade de bens, armazenados para muitos anos. Descanse, coma, beba e alegre-se.' Contudo, Deus lhe disse: 'Insensato! Esta mesma noite a sua vida lhe será exigida. Então, quem ficará com o que você preparou?'"

LUCAS 12.16-20

Essa parábola fala de um homem que ganhou o mundo inteiro e perdeu sua alma. Há três maneiras de interpretar o significado de "perder alma": perder-se como pessoa, deixar de ser gente ou jamais chegar a ser gente; correr atrás do vento e viver para acumular coisas que não trazem significado à existência; e também significa viver uma vida inútil.

A parábola termina com Jesus sugerindo que Deus coloca o homem rico contra a parede, como quem pergunta: "Chegou o fim de sua vida, é hora de morrer. Será que você é capaz de me dar uma boa razão para mantê-lo vivo?". Por trás desse desafio existe a afirmação de que alguém que perdeu a alma é uma pessoa cuja existência no mundo não faz a menor diferença. Um homem sem alma é inútil.

A Bíblia conta a história de Dorcas, uma mulher descrita como dedicada a "praticar boas obras e dar esmolas". Quando Dorcas morreu, suas velhas amigas, a maioria era composta de viúvas, pediram a Pedro que a ressuscitasse. Essa história me faz pensar em quantas pessoas desejariam minha ressurreição após minha morte. Ou será que a maioria vai dizer: "Já foi tarde", "Não faz a menor diferença que tenha morrido", ou "Não faria a menor diferença se estivesse vivo, e não faz a menor diferença que esteja morto".

Os *talmidim* de Jesus fazem diferença no mundo. Não necessariamente para transformar o mundo — Jesus nunca imaginou que isso seria possível, pois há grande diferença entre redimir o mundo e fazer uma revolução. Mas o fato é que as pessoas ao redor de Jesus e seus *talmidim* desejariam sua ressurreição. Na verdade, pessoas como Jesus são imprescindíveis. Tanto é que Jesus ressuscitou.

Então lhes contou esta parábola: "A terra de certo homem rico produziu muito bem.
Ele pensou consigo mesmo: 'O que vou fazer? Não tenho onde armazenar minha
colheita'. Então disse: 'Já sei o que vou fazer. Vou derrubar os meus celeiros e construir
outros maiores, e ali guardarei toda a minha safra e todos os meus bens. E direi a
mim mesmo: Você tem grande quantidade de bens, armazenados para muitos anos.
Descanse, coma, beba e alegre-se'. Contudo, Deus lhe disse: 'Insensato! Esta mesma noite
a sua vida lhe será exigida. Então, quem ficará com o que você preparou?'"
LUCAS 12.16-20

A pergunta de Jesus "Quem ficará com o que você preparou?" sugere outra pergunta: "Afinal de contas, o que foi que você preparou?". Jesus está interrogando
esse homem a respeito da herança que pretende deixar e fazendo que ele mesmo
comece a se indagar: "Será que eu deixo bom nome? Será que deixo uma boa
reputação? Será que no futuro meus filhos terão orgulho de seu sobrenome? Ou
terão vergonha? Será que quando eles disserem que são meus filhos, isso abri-
rá portas para eles? Ou as portas se fecharão exatamente por carregarem meu
nome? Enfim, o que é que eu deixo de herança, o que é que eu preparei?".

Além dessas indagações, existem outras também igualmente importantes:
"Quem vai desfrutar da herança que eu deixar? Quantas pessoas? Quem serão
essas pessoas?". Isso me faz lembrar uma de minhas experiências pastorais mais
marcantes, que ocorreu quando eu estava oficiando uma cerimônia fúnebre. À
beira do túmulo, perguntei aos dois homens que estavam a meu lado: "O que
vocês pretendem deixar de herança?". Um deles respondeu de pronto: "Quero
deixar uma família vivendo confortavelmente". Fiquei decepcionado.

"Uma família vivendo confortavelmente" é um projeto de vida muito pequeno
e muito mesquinho. Primeiro porque pretende deixar coisas, bens materiais, posses. Mas também porque alcança apenas a família como beneficiária da herança.

Os *talmidim* de Jesus não estão ocupados em encher celeiros que garantam
apenas o futuro de seus filhos e netos. Desejam deixar riquezas de todo tipo e
valores que possam ser desfrutados e usufruídos pelo maior número possível de
pessoas. Não apenas seus familiares imediatos, mas também sua comunidade
ampla, a sociedade, o mundo, enfim. Abençoar o maior número de pessoas, em
nome de Deus e para glória de Deus, eis a ambição dos *talmidim* de Jesus.

*Quando alguém o convidar para um banquete de casamento, não ocupe o
lugar de honra, pois pode ser que tenha sido convidado alguém de maior honra do que
você. Se for assim, aquele que convidou os dois virá e lhe dirá: "Dê o lugar a este". Então,
humilhado, você precisará ocupar o lugar menos importante.
Mas quando você for convidado, ocupe o lugar menos importante, de forma que, quando
vier aquele que o convidou, diga-lhe: "Amigo, passe para um lugar mais importante".
Então você será honrado na presença de todos os convidados. Pois todo o que se exalta
será humilhado, e o que se humilha será exaltado.*
LUCAS 14.8-11

Uma das grandes questões contra as quais Jesus lutou foi o orgulho. Jesus conviveu com homens muito orgulhosos, homens que atribuíam a si mesmos uma
justiça e um valor, inclusive aos olhos de Deus, e se consideravam superiores às
outras pessoas. O orgulho é dos pecados próprios de uma religiosidade distorcida. Os religiosos do tempo de Jesus eram vítimas desse mal. Jesus conta parábolas para alfinetar esse orgulho. Na linguagem de hoje, podemos dizer que Jesus
gostava de "murchar o balão desse pessoal".

Jesus ensina uma grande lição de humildade. Primeiro, sugere que o valor
de uma pessoa não deve ser atribuído por ela mesma. Devemos deixar que as
pessoas digam o valor que temos para elas. Em vez de exigirmos honra ou impormos sobre os outros a honra que julgamos merecer, devemos esperar que as
pessoas nos digam nossa posição nos lugares de honra disponíveis na festa.

Mas também, e principalmente, Jesus diz que não devemos nos encantar
com a honra que atribuem a nós, mas aguardar que Deus mesmo, a seu tempo,
diga o valor que nós temos e nos dê a honra que nos é devida — se é que alguma
honra nos é devida.

Pedro repete esse ensinamento, dizendo: "Humilhem-se debaixo da poderosa mão de Deus, para que ele os exalte no tempo devido" (1Pe 5.6). Essa é
uma grande lição de humildade. O rei Salomão, em seus provérbios, recomenda:
"Que outros façam elogios a você, não a sua própria boca" (Pv 27.2), sugerindo
que o autoelogio é sempre inadequado. É insuportável a convivência com gente
autorreferente, que só sabe falar de si mesma, que se exalta o tempo todo, que se
vangloria de suas conquistas, capacidades e seus méritos.

Os *talmidim* de Jesus não pensam em si mesmos. Não estão ocupados em
ocupar lugares de honra. Seu público é composto por uma pessoa apenas: Deus.
É Deus quem diz o quanto valem, se valem, e quando e como devem ser honrados. A quem Deus quiser, a honra. A Deus, e somente a Deus, toda a glória.

Qual de vocês, se quiser construir uma torre, primeiro não se assenta e calcula o preço, para ver se tem dinheiro suficiente para completá-la? Pois, se lançar o alicerce e não for capaz de terminá-la, todos os que a virem rirão dele, dizendo: "Este homem começou a construir e não foi capaz de terminar". Ou, qual é o rei que, pretendendo sair à guerra contra outro rei, primeiro não se assenta e pensa se com dez mil homens é capaz de enfrentar aquele que vem contra ele com vinte mil? Se não for capaz, enviará uma delegação, enquanto o outro ainda está longe, e pedirá um acordo de paz. Da mesma forma, qualquer de vocês que não renunciar a tudo o que possui não pode ser meu discípulo.
Lucas 14.28-33

Jesus compara o caminho do discipulado com dois grandes empreendimentos: a construção de uma torre e a marcha de guerra. Recomenda que, antes de qualquer iniciativa, devemos fazer, em primeiro lugar, os cálculos. Isso significa que Jesus não quer pessoas que tenham com ele compromissos superficiais e inconsequentes. O discipulado não é uma aventura. Não é um compromisso assumido passionalmente, por emoção, no entusiasmo do momento. Seguir Jesus exige reflexão. Obriga o candidato a discípulo ao cálculo das implicações do compromisso que está assumindo.

A convocação de Jesus é: "Quem quiser me seguir". Isso indica a necessidade de uma decisão. Ninguém é obrigado a seguir Jesus. Mas se alguém quiser fazê-lo, que faça as contas e não entre de maneira irresponsável nessa relação.

Mas há também outro significado na exortação de Jesus. Ele não está falando de contas do tipo: "Tenho um milhão, e vou gastar quinhentos mil na construção da torre", ou "Tenho um exército de cem mil soldados, mas vou enviar apenas dez mil para a batalha". No discipulado de Jesus não contabilizamos expectativas de investimento, margens de retorno, relação de custo benefício, como se estivéssemos calculando uma relação de lucros e probabilidades de sucesso. O cálculo é bem mais simples. Seguir Jesus é uma questão de tudo ou nada: "Quem não renunciar a tudo o que possui não pode ser meu discípulo". Em outras palavras, ou você dá tudo por Jesus ou não dá nada. Ou você recebe tudo de Deus, ou não recebe nada. No discipulado de Jesus é assim, entramos dando tudo a Deus, e Deus devolve tudo para nós.

Tenho a sensação de que em minha caminhada com Jesus ainda não estive numa situação em que me foi exigido "tudo o que tenho". Se o discipulado é uma questão de vida ou morte, minha vida está nas mãos de Deus. Se um dia Deus me pedir tudo, espero estar disposto a tudo entregar.

Todos os publicanos e "pecadores" estavam se reunindo para ouvi-lo. Mas os fariseus e os mestres da lei o criticavam: "Este homem recebe pecadores e come com eles".
LUCAS 15.1-2

A mesa é um lugar sagrado na cultura oriental. Convidar alguém para a mesa e repartir o pão é um ato de inclusão e aliança. É como se a pessoa dissesse: "Você é de casa, faz parte da família". Por isso, quando Jesus aceita ser incluído na mesa dos publicanos e pecadores, os fariseus e mestres da lei ficam escandalizados.

Os publicanos eram cobradores de impostos. Trabalhavam para Roma cobrando impostos de seus irmãos judeus. Eram considerados homens vendidos para o poder opressor. Em nossos dias, talvez fossem comparados aos corruptos e criminosos, alguns dos homens mais odiados e malquistos pela sociedade. Surpreende, portanto, que Jesus se deixe incluir na mesa desses homens e conviva com eles numa relação quase familiar.

Os fariseus e os mestres da lei representam os religiosos. São as pessoas que consideram a si mesmas cheias de virtudes e méritos. São pessoas de boa reputação e vida moral aparentemente íntegra. Mas o conflito de Jesus com esses homens que se julgam justos é intenso. Está muito claro que toda vez que Jesus tem de escolher entre assentar-se à mesa com fariseus e doutores da lei ou com corruptos e bandidos, sua escolha é pelo segundo grupo. A justificativa de Jesus, inclusive, atenua e ironiza o pensamento dos religiosos: "Não são os que têm saúde que precisam de médico, mas sim os doentes". Jesus se dedica àqueles que têm consciência de sua necessidade. Os fariseus e mestres da lei, que se julgam sãos, ficam em outras mesas, onde Jesus não é considerado necessário.

Jesus sempre esteve à mesa de gente de má reputação. Hoje os auditórios religiosos praticamente excluem essas pessoas. A igreja de Jesus não atrai muita gente da categoria "publicanos e pecadores". Parece que Jesus tinha outra religião. Jesus atraía para si e não tinha nenhum constrangimento em conviver com gente ruim. A única coisa que Jesus exigia era que essa gente ruim soubesse que é ruim, admitisse que é ruim, e não fizesse pose de gente boa. Jesus tinha muita dificuldade de conviver com gente ruim que fazia pose de gente boa. Jesus não gostava de hipócritas.

Os *talmidim* de Jesus enxergam a si mesmos como pessoas miseráveis. Mas justamente porque assumem sua condição, são acolhidas por Jesus. E aos poucos, à mesa com ele, vão sendo transformados. E é por essa mesma razão que os *talmidim* de Jesus compartilham a mesa com gente miserável.

Qual de vocês que, possuindo cem ovelhas, e perdendo uma, não deixa as noventa e nove no campo e vai atrás da ovelha perdida, até encontrá-la? E quando a encontra, coloca-a alegremente nos ombros e vai para casa. Ao chegar, reúne seus amigos e vizinhos e diz: "Alegrem-se comigo, pois encontrei minha ovelha perdida". Eu lhes digo que, da mesma forma, haverá mais alegria no céu por um pecador que se arrepende do que por noventa e nove justos que não precisam arrepender-se.

LUCAS 15.4-7

A ironia também é uma das características das parábolas de Jesus. Em resposta àqueles que o criticam por receber pecadores e sentar-se à mesa com eles, Jesus diz mais ou menos o seguinte: "Bom, aprendi com meu Pai. Meu Pai é assim, acolhe pecadores, pessoas que são rejeitadas, que são banidas e excluídas da sociedade. Esta é a razão por que como com os pecadores e me relaciono com eles: aprendi com meu Pai". A ironia está nas entrelinhas. Jesus ensina que Deus tem mais alegria e prazer em "um pecador que se arrepende do que em noventa e nove justos que não precisam arrepender-se".

Evidentemente, Jesus sabe que não existem pessoas que não precisam se arrepender. Sabe que existem apenas pessoas que pensam que são justas e pensam que não precisam se arrepender. Ele diz aos fariseus: "Vocês são os noventa e nove 'justos', que se julgam virtuosos e não acreditam na necessidade do arrependimento. Esses pecadores e publicanos que vocês rejeitaram e que eu acolho, essas são as pessoas que recebem aprovação de meu Pai".

Um dos clássicos do cinema que marcaram minha adolescência foi "Adeus às ilusões". Richard Burton faz o papel de um pastor que vive uma paixão ilícita com uma mulher, interpretada por Elizabeth Taylor. Em razão de seu adultério, o pastor é desligado da igreja. Em seu sermão de despedida o pastor diz que "Deus tem mais prazer na desobediência íntegra do que na obediência hipócrita". Até hoje essa questão está pendente em minha consciência. Acredito que Deus não tem prazer nem na desobediência íntegra nem na obediência hipócrita. Mas, de fato, considero mais verdadeiro que Deus se relaciona melhor com o desobediente íntegro do que com o obediente hipócrita. Jesus prefere um pecador que se arrepende a noventa e nove pessoas que, a seus próprios olhos, se consideram justas.

O meio do caminho entre a desobediência íntegra e a obediência hipócrita é o arrependimento. Os *talmidim* de Jesus têm o mesmo coração dessa ovelha. Não são perfeitos. Mas conhecem o caminho da volta. Não são cheios de virtude. Mas confiam no bom pastor que jamais os abandona.

Qual de vocês que, possuindo cem ovelhas, e perdendo uma, não deixa as noventa e nove no campo e vai atrás da ovelha perdida, até encontrá-la? E quando a encontra, coloca-a alegremente nos ombros e vai para casa. Ao chegar, reúne seus amigos e vizinhos e diz: "Alegrem-se comigo, pois encontrei minha ovelha perdida". Eu lhes digo que, da mesma forma, haverá mais alegria no céu por um pecador que se arrepende do que por noventa e nove justos que não precisam arrepender-se.

LUCAS 15.4-7

Jesus fala nas linhas e nas entrelinhas. Mas todo fariseu e mestre da lei entende muito bem as entrelinhas de Jesus. Na história da ovelha perdida, Jesus está sugerindo que aqueles homens eram do tipo que abandonam os perdidos e fazem questão de afirmar e explicitar sua justiça própria. Mas isso é uma completa distorção do que significa ser justo.

Antes de alguém se apressar em julgar esses fariseus e mestres da lei, devemos lembrar que não somos muito diferentes deles. Também temos o hábito de condenar, rejeitar e abandonar aqueles que julgamos maus, ao mesmo tempo em que nos sentimos muito virtuosos. "Bandido bom é bandido morto" é um ditado popular muito cruel que revela nossa índole farisaica. Também não gostamos das pessoas que praticam crimes e fazem maldades, e julgamos que elas não são merecedoras da misericórdia e bondade de Deus. Não são poucas as pessoas, especialmente as que cometem crimes hediondos, que gostaríamos que fossem mesmo para o inferno.

Jesus ensina a seus *talmidim* que o coração de Deus é diferente. Facilmente rotulamos algumas pessoas como lixo. Consideramos caso perdido e até mesmo acreditamos que Deus deveria deixá-las de lado. Mas o coração de Deus é diferente, ensina Jesus. Deus olha para essas pessoas com amor, misericórdia e compaixão. Deus não quer que essas pessoas se percam. Ele deseja sua redenção, quer salvar cada uma delas. Deveria ser assim o nosso coração. Diante de um criminoso, ou qualquer pessoa má, jamais deveríamos nos encher de orgulho por nos sentirmos melhores ou superiores. E também não deveríamos ser tomados por um senso de justiça que exigisse a perdição de alguém.

As pessoas más são na verdade como todos nós, e o melhor que pode acontecer a elas é o encontro com o bom pastor. Jesus nivela todas as pessoas por baixo: as religiosas, malvadas e criminosas, e até mesmo seus *talmidim*. A diferença entre uma pessoa e outra não é a virtude de cada uma, mas o colo do bom pastor. No que depende de Deus, nenhuma ovelha está perdida para sempre. Nenhuma vida humana será deixada no lixo.

*Qual é a mulher que, possuindo dez dracmas e, perdendo uma delas, não
acende uma candeia, varre a casa e procura atentamente, até encontrá-la? E quando a
encontra, reúne suas amigas e vizinhas e diz: "Alegrem-se comigo, pois encontrei minha
moeda perdida". Eu lhes digo que, da mesma forma, há alegria na presença dos anjos de
Deus por um pecador que se arrepende.*

Lucas 15.8-10

A dracma é uma moeda grega, equivalente ao denário romano, e vale um dia de trabalho de um trabalhador braçal. A dracma é a diária de um trabalhador. E essa mulher perde uma moeda, aparentemente um valor muito pequeno, um valor muito irrisório. Mas Jesus conta a história dessa mulher que, em busca de algo aparentemente tão insignificante, empreende um esforço máximo. Ao encontrar e resgatar esse valor mínimo, a mulher experimenta uma alegria tão grande que celebra uma festa com as amigas. Provavelmente a festa custou mais caro que a moeda perdida.

Mas há um detalhe interessante. A moeda representa um ser humano. Assim como as moedas traziam a figura dos imperadores, também o ser humano carrega em si a imagem de Deus. Por essa razão, mesmo o menor dos seres humanos, e mesmo aqueles que a nossos olhos não têm valor algum, possuem de fato valor eterno. Não importa se o ser humano é um religioso piedoso ou um publicano pecador. Todo ser humano tem valor eterno, pois todos foram criados à imagem e semelhança de Deus.

Agostinho ensinou uma oração muito bonita, invocando a Deus "que cuida de um como se fossem todos, e de todos como se fossem um". Para Deus, um é igual a todos, e todos são iguais a um. Pois o que é eterno não tem medida. O valor de um ser humano não pode ser exagerado, e também não pode ser diminuído.

Um ser humano vale tudo. É isso o que Jesus está ensinando aos homens que desprezam os pequeninos, os maus, os publicanos e pecadores. Não importa quão sujo, quão machucado pela vida, ou até mesmo por seu próprio pecado esteja um ser humano. Seu valor é eterno. Um ser humano vale tudo. Um ser humano vale a vida de Deus.

A compreensão de que um ser humano vale o mesmo que todos e todos valem o mesmo que um é própria da tradição judaica. Os mestres de Israel dizem que no Holocausto não foram mortos seis milhões de judeus, mas um judeu seis milhões de vezes. Um ser humano vale todos, todos valem um.

Um homem tinha dois filhos. O mais novo disse ao seu pai: "Pai, quero a minha parte da herança". [...] O filho mais novo reuniu tudo o que tinha, e foi para uma região distante; e lá desperdiçou os seus bens vivendo irresponsavelmente. Depois de ter gasto tudo, houve uma grande fome em toda aquela região, e ele começou a passar necessidade. [...] Caindo em si, ele disse: "Quantos empregados de meu pai têm comida de sobra, e eu aqui, morrendo de fome!" [...] A seguir, levantou-se e foi para seu pai. Estando ainda longe, seu pai o viu e, cheio de compaixão, correu para seu filho, e o abraçou e beijou. O filho lhe disse: "Pai, pequei contra o céu e contra ti. Não sou mais digno de ser chamado teu filho". Mas o pai disse aos seus servos: "[...] Vamos fazer uma festa e alegrar-nos" [...] Enquanto isso, o filho mais velho estava no campo. Quando se aproximou da casa, ouviu a música e a dança [...] encheu-se de ira, e não quis entrar. Então seu pai saiu e insistiu com ele. Mas ele respondeu ao seu pai: "Olha! todos esses anos tenho trabalhado como um escravo ao teu serviço e nunca desobedeci às tuas ordens. [...] Mas quando volta para casa esse teu filho, que esbanjou os teus bens com as prostitutas, matas o novilho gordo para ele!" Disse o pai: "Meu filho, você está sempre comigo [...] Mas nós tínhamos que celebrar a volta deste irmão e alegrar-nos, porque ele estava morto e voltou à vida, estava perdido e foi achado".
LUCAS 15.11-32

Essa é a extraordinária parábola do filho pródigo, que bem poderia ser chamada de "a parábola dos dois filhos". O filho mais velho representa o povo de Israel sujeito à lei de Moisés. O filho mais novo representa os gentios, os povos que não seguem a Torá.

Cada um dos filhos representa uma forma de alienação. Os dois estão distantes de Deus, pois vivem para si mesmos. O mais velho pensa que vive para Deus, mas ao viver na expectativa de que Deus realize seus desejos e ambições, vive para si mesmo. O mais novo vive como se Deus não existisse. Cada um dos filhos, à sua maneira, representa o orgulho humano, que deseja se afirmar como Deus.

Os *talmidim* de Jesus são confrontados com os perigos da religião e da devassidão. É possível fazer da religião uma cortina de fumaça que esconde uma vida egocêntrica, assim como é possível professar a fé em Deus, acreditar em sua existência, mas negá-lo na forma de viver.

O coração humano sente carência da voz de Deus a sussurrar: "Você é o meu filho amado, de quem me agrado". Somente então poderá dizer: "Tu és o meu Pai amado, de quem me agrado".

> *Um homem tinha dois filhos. O mais novo disse ao seu pai: "Pai, quero a minha parte da herança". Assim, ele repartiu sua propriedade entre eles. Não muito tempo depois, o filho mais novo reuniu tudo o que tinha, e foi para uma região distante; e lá desperdiçou os seus bens vivendo irresponsavelmente. [O filho mais velho] respondeu ao seu pai: "Olha! todos esses anos tenho trabalhado como um escravo ao teu serviço e nunca desobedeci às tuas ordens".*
> Lucas 15.11-13,29

Os dois filhos da parábola do filho pródigo representam dois polos extremos da experiência humana. O filho mais novo representa aqueles que vivem entregues a suas paixões, sem regras, sem restrições, sem censura, e se entregam apaixonada e absolutamente a todos os seus apetites, instintos e taras. São os libertinos, que vivem como se não houvesse lei, como se não houvesse amanhã. Vivem como se Deus não existisse. Tudo o que os ocupa é servir a si mesmos e tão somente a si mesmos.

O outro extremo é o moralismo radical. O filho mais velho representa aqueles que são responsáveis demais e perfeitos demais. São legalistas, extremamente ocupados com as virtudes, absolutamente obcecados em viver da maneira certa, fazer tudo o que é certo, obedecer a Deus nos mínimos detalhes. Chegam a pensar a respeito de si mesmos que nunca desobedeceram a uma ordem de Deus. São os certinhos, aqueles que em nossa sociedade chamaríamos de religiosos fanáticos, fundamentalistas radicais, carolas, tão dedicados a uma piedade tão extrema que praticamente não experimentam prazer na vida.

O filho mais novo parece um bicho. O filho mais velho pensa que é anjo. Mas nenhum dos dois é humano, simplesmente humano. Parece que estamos condenados a viver entre esses dois polos — ou nos bestializamos, tornamo--nos bichos, ou nos desumanizamos na pretensão de nos tornarmos seres angelicais e divinais.

Deus nos criou humanos. Não nos criou bichos nem anjos. A experiência da humanidade implica a consciência do equilíbrio entre o prazer e os limites. Os limites devem ser respeitados sem que o prazer seja suprimido. Os prazeres podem ser desfrutados sem que os limites sejam sacrificados. Quem deseja viver sem limites desrespeita sua humanidade e acaba virando bicho. Quem deseja impor limites exagerados a si mesmo, acreditando na possibilidade de se igualar aos anjos, igualmente perde sua humanidade, e acaba virando um demônio. Nem bichos, nem anjos. Humanos, simples e maravilhosamente humanos. Assim Deus nos criou. Assim Jesus nos ensina a viver.

Um homem tinha dois filhos. O mais novo disse ao
seu pai: "Pai, quero a minha parte da herança".
LUCAS 15.11

O pedido do filho mais novo na parábola do filho pródigo representa uma grande ofensa contra o pai. De acordo com a cultura oriental, o que esse menino está dizendo é mais ou menos isto: "Pai, se dependesse de mim o senhor já estaria morto. O que eu quero mesmo é minha herança. Não quero saber do senhor, não me preocupo com o senhor; eu me preocupo apenas comigo mesmo. O que eu quero é poder viver como se o senhor não existisse, na verdade eu gostaria que o senhor já não existisse. Gostaria que o senhor estivesse morto, assim eu teria acesso a minha herança, e eu poderia gastar minha parte da herança como bem entendesse. Não quero mais me submeter a suas regras. Eu quero minha vida, ser dono do meu nariz. Quero a grana, e se o senhor puder fazer o favor de preencher o cheque ou depositar em minha conta, eu ficaria muito satisfeito e agradecido".

O filho mais novo é uma expressão do anseio humano de viver em autonomia em relação a Deus — de ser o seu próprio Deus. É isso o que a teologia vai chamar de "pecado original". O que chamamos de pecado original não foi o ato de "comer a maçã". Não foi apenas um ato moral de desobediência a uma ordem de Deus.

Qual foi, então, o pecado original? O pecado original, o primeiro pecado, o pecado próprio de cada ser humano é dizer a Deus: "Seria bom que o Senhor não existisse, assim eu poderia viver de acordo com minha própria consciência, sem o padrão de certo e errado, de bem e mal". O escritor russo Dostoiévski traduziu de forma célebre o espírito do pecado original: "Se Deus não existisse, tudo seria permitido".

É isso o que queremos. Gostaríamos de um mundo em que tudo nos é permitido. Um mundo sem autoridade reguladora de critério moral, de bem e mal, fora da consciência humana. Isto é o pecado primeiro de todos os pecados, esta pretensão humana de autonomia em relação a Deus: "Pai, dá-me minha parte na herança, não estou preocupado contigo, estou preocupado comigo, o que eu quero é o teu paraíso, não quero a tua presença". Mas os *talmidim* de Jesus sabem que não existe um paraíso em que Deus não esteja presente.

O pecado original não é moral. É ontológico: a pretensão de viver sem a necessidade de Deus, como se fôssemos autoexistentes. Fora de Deus não há nada. Além de Deus não há nada. Antes de Deus não há nada. A pretensão humana de se sustentar sem Deus é uma grande estupidez, "pois nele vivemos, nos movemos e existimos".

Um homem tinha dois filhos. O mais novo disse ao seu pai: "Pai, quero a
minha parte da herança". Assim, ele repartiu sua propriedade entre eles. Não muito
tempo depois, o filho mais novo reuniu tudo o que tinha, e foi para uma região distante;
e lá desperdiçou os seus bens vivendo irresponsavelmente.
LUCAS 15.11-13

"Não faça isso, é pecado!"

Uma recomendação como essa nos dias de hoje parece inútil. O que é peca-do? É desobedecer a Deus. Os manuais de teologia vão dizer que pecado é "errar o alvo". O que significa isso? Pecado é fazer uma coisa que Deus não quer. Mas que Deus?, alguém perguntaria. Pecado é fazer alguma coisa que a Bíblia proíbe. Mas que autoridade tem a Bíblia?, outro quer saber. Vivemos em um mundo que não mais acredita na autoridade de Deus — se é que acredita em Deus — nem na autoridade da Bíblia. No mundo em que vivemos há apenas uma lei: a lei da subjetividade da consciência humana.

Como definir pecado hoje? A parábola do filho pródigo ajuda a responder. Considerando a inadequação de apelar a uma fonte de autoridade fora da subje-tividade da consciência individual, podemos derivar o conceito de pecado ava-liando suas consequências na vida humana. A primeira consequência é o entor-pecimento: *o pecado anestesia a alma*. A pessoa começa a viver sem se dar conta de como está vivendo. Perde a capacidade de enxergar a si mesma, de perceber o risco a que submete sua vida, não tem mais régua com que avaliar seus compor-tamentos. Perde o juízo, o bom senso, sai de si, perde a cabeça.

Pecado é aquilo que arrebata, que nos cega e nos faz cativos de um objeto de desejo. Pecado é o que nos rouba a autonomia, controla nossa vontade à nossa revelia. Quando você perde o juízo, provavelmente está vivendo uma situação de pecado. Alguma coisa tomou conta de você, o deixou anestesiado e sem noção de quem é, do que está fazendo, da maneira como está vivendo.

O pecado nos faz perder o contato com nossa identidade. É como se outra pessoa passasse a viver, pensar, sentir e falar em nosso lugar. O pecado tem a capacidade de roubar o ser humano de si mesmo.

A respeito do filho mais novo, Jesus diz que viveu irresponsavelmente, como se não houvesse amanhã. Os *talmidim* de Jesus, por outro lado, não vivem na base do "let it be" — deixa a vida me levar. Sabem quem são, com quem com-partilham a vida, em razão de que ou de quem estão vivendo, e não desperdiçam os dias como se fossem viver para sempre. Estão dispostos a perder a vida pelo reino de Deus, mas não estão dispostos a perder o juízo.

Um homem tinha dois filhos. O mais novo disse ao seu pai: "Pai, quero a minha parte da herança". Assim, ele repartiu sua propriedade entre eles. Não muito tempo depois, o filho mais novo reuniu tudo o que tinha, e foi para uma região distante; e lá desperdiçou os seus bens vivendo irresponsavelmente.
LUCAS 15.11-13

O que é pecado? É aquilo que anestesia você, que o deixa incapaz de ter contato com a própria consciência, faz você sofrer uma espécie de apagão, de arrebatamento, em que só enxerga o objeto de seu desejo e aquilo pelo que seus apetites físicos e sua passionalidade clamam. O pecado indica a perda de contato com a realidade. Ele aliena a alma. Você perde não apenas a identidade, mas também o contato com o que está acontecendo ao redor.

Quando isso acontece, as pessoas começam a nos perguntar:

— Você não percebe o que essa pessoa está fazendo com você?

— Você não percebe o que está fazendo com seu corpo?

— Você não percebe o que está fazendo com sua família?

— Você não percebe o que está fazendo com seu amigo?

— Você não percebe como está desperdiçando seu dinheiro?

— Você não percebe que está colocando em risco seu trabalho?

— Você não percebe que está colocando em risco sua liberdade?

— Você não percebe que está colocando em risco sua vida?

— Você não percebe que esses seus amigos são má influência?

— Você não percebe que suas amizades não contribuem em nada?

Pense em uma pessoa obcecada por vingança. Ela deseja tanto o mal a alguém que se entrega a ações desesperadas para prejudicar a pessoa, sem perceber quanto está prejudicando a si mesma e quanto está colocando em risco tudo o que está em volta. Pense em alguém que se envolve apaixonadamente num relacionamento ilícito. Num piscar de olhos ela causa sofrimento justamente às pessoas que ama. Pense em alguém dominado pelo ódio, o ressentimento e a mágoa. É como quem bebe veneno esperando o outro morrer.

O pecado aliena. Quem está em pecado não percebe o que está acontecendo dentro de si mesmo nem ao redor. Nessas horas alguém comenta: "Fulano está diferente". Todos concordam, menos o fulano. A respeito do filho mais novo, Jesus diz que viveu irresponsavelmente, sem perceber seu caminho de morte.

Os *talmidim* de Jesus são lúcidos. Eles andam com Deus; por isso, são iluminados e iluminam. Nada têm de alienados.

Um homem tinha dois filhos. O mais novo disse ao seu pai: "Pai, quero a
minha parte da herança". Assim, ele repartiu sua propriedade entre eles. Não muito
tempo depois, o filho mais novo reuniu tudo o que tinha, e foi para uma região distante;
e lá desperdiçou os seus bens vivendo irresponsavelmente.
LUCAS 15.11-13

O que é pecado? É aquilo que anestesia a alma, quando perdemos o contato com nós mesmos; é aquilo que gera alienação, isto é, perdemos o contato com a realidade; é também aquilo que nos exaure, que vai tirando de nós os nossos recursos. Vivendo em pecado, passamos a somar perdas. E algumas irreparáveis.

Quem vive em pecado corre o risco de perder a sanidade, a saúde, as pessoas que ama, a família. Pode perder também a reputação, a credibilidade, até mesmo a própria dignidade. Quem anda errado perde dinheiro, os bens, as coisas que construiu. Não raras vezes perde amigos, vínculos de afeto, o que implica também perder sua história. Quem perde tudo e precisa começar de novo leva consigo quase nada do que foi somado até então.

O pecado é o que nos faz perder, drenando nossos recursos, sem que percebamos quanto já perdemos e quanto ainda temos a perder. Dali a pouco, ficamos com nada. E começamos a considerar a ideia de comer com os porcos.

Quando você começa a andar pela sombra, num primeiro momento as pessoas se preocupam. Depois começam a fazer ressalvas a seu respeito. Isto é, continuam a seu lado, mantém a amizade, mas já não demonstram aquela confiança nem estão mais tão próximas. Em seguida começam a ter compaixão de você, como quem diz: "Coitado, se perdeu". Dali a pouco começam a tratá-lo como bobo da corte. O fim é a rejeição. As pessoas não apenas não querem mais saber de você, mas também o consideram uma companhia perniciosa.

No começo da estrada errada, as pessoas não percebem que pegaram um atalho. Acreditam que estão no controle e sabem o que estão fazendo. Mas não demora para que se percam. Já nem conseguem contabilizar as perdas. Quem deixa de prestar atenção na maneira de viver recomendada por Deus acaba na escuridão, perdendo tudo o que possuía e, inclusive, perdendo a si mesmo.

A respeito do filho mais novo, Jesus diz que "desperdiçou os seus bens vivendo irresponsavelmente". Chegando o dia mau, não tinha recursos para suportar. E nem mais amigos a quem recorrer.

Os *talmidim* de Jesus não trilham o caminho das perdas. Na verdade, perderam tudo por causa de Jesus e do reino de Deus. Dali em diante, tudo o mais foi ganho.

"Depois de ter gasto tudo, houve uma grande fome em toda aquela região, e ele começou a passar necessidade. Por isso foi empregar-se com um dos cidadãos daquela região, que o mandou para o seu campo a fim de cuidar de porcos. Ele desejava encher o estômago com as vagens de alfarrobeira que os porcos comiam, mas ninguém lhe dava nada"
LUCAS 15.14-16

O que é pecado? Pecado é aquilo que anestesia, aliena e promove perdas. Por fim, pecado é aquilo que desumaniza. Pecado é aquilo que faz a pessoa deixar de ser humana e se tornar cada vez mais parecida com um bicho. A respeito do filho mais novo, Jesus diz que foi parar comendo com os porcos, ou na melhor das hipóteses, passou a desejar comer a comida dos porcos. Um homem que foi parar no chiqueiro. Começou perdendo o contato consigo mesmo, depois perdeu o contato com a realidade, e também perde a capacidade de enxergar a vida que está vivendo, além de perder a condição de contabilizar as perdas. Chegou a ponto de estar desumanizado. O pecado bestializa.

A desumanização/bestialização ocorre quando o ser humano deixa de viver de acordo com sua consciência e passa a viver guiado apenas por seus instintos e apetites do corpo — ventre, barriga, estômago. Quando tem fome, come, e quando come, não consegue parar de comer; quando tem sono, dorme; quando quer gritar, grita; quando quer agredir, agride; quando tem ódio, odeia sem dó nem piedade; e na alegria, entrega-se a festejar sem censura e sem medida. Um ser humano bestializado vive ao sabor das circunstâncias e dos apetites do corpo. O seu deus é o ventre, e os instintos mais animalescos e bestiais se tornam sua divindade.

A bestialização é também a completa perda da sensibilidade ética e estética. Um ser humano bestializado não tem mais referência de proibido e permitido e desconhece as fronteiras daquilo que é admissível e inadmissível no comportamento humano. Uma besta humana não é capaz de admirar o belo, a violência já não choca, o mundo feio já não lhe causa espanto. O chiqueiro não incomoda. O mau cheiro, as coisas podres e os outros porcos passam a ser naturais, como se o mundo fosse uma lama só.

Talvez você diga: "Ah, isso é um exagero, o pecado não causa tudo isso". Pois não se engane, o pecado causa tudo isso sim. O pecado anestesia, aliena, exaure e bestializa. É isso que é pecado.

Somente vivendo com Deus consigo ser humano. Peço a Deus que me mantenha humano. Ou, se preferir, que jamais permita que eu me perca dele. Eu faço essa oração, e convido você também a fazer a mesma oração.

Ele desejava encher o estômago com as vagens de alfarrobeira
que os porcos comiam, mas ninguém lhe dava nada.
LUCAS 15.16

Ninguém sai da mesa do pai para o chiqueiro de um dia para o outro. Esse filho mais novo da parábola do filho pródigo, que chega ao extremo do desespero e da perda de sensibilidade humana em razão de sua necessidade e fome, deseja comer lavagem de porco. Ele se mistura com os porcos e não se importa de comer a comida dos porcos. Pior ainda, ele deseja comer a lavagem dos porcos. Ninguém chega a esse estágio de degradação humana de um dia para o outro. A pessoa vai se degenerando aos poucos, passo a passo, um dia de cada vez.

O Talmude, comentário rabínico da lei de Moisés, diz que o maior castigo do pecado é que a pessoa que o comete fica mais próxima de cometê-lo novamente. Funciona mais ou menos da seguinte maneira. Quando você diz: "Eu vou parar de tomar refrigerante durante as refeições", e consegue cumprir seu propósito no almoço, provavelmente conseguirá novamente no jantar. Mas se no almoço você toma refrigerante, o mais provável é que o fará novamente no jantar. Você acaba se justificando com um argumento do tipo: "Ah, eu já tomei no almoço mesmo, então vou tomar no jantar, e paro de tomar refrigerante a partir de amanhã".

Quando você transgride uma vez, na próxima situação em que estiver diante da possibilidade da transgressão a probabilidade de transgredir é maior. O maior castigo do pecado é que você se aproxima da possibilidade de cometê-lo novamente. Isso é um processo de morte.

A boa notícia é que os processos de vida também são assim. Quando você supera um desafio, vence uma tentação, resiste àquela vontade desesperada de fazer novamente algo que você já decidiu abandonar, é também muito provável que na próxima vez você também consiga manter seu propósito. Cada vitória numa batalha nos fortalece mais para a batalha seguinte. Se é verdade que os processos de degeneração e desumanização acontecem gradativamente, também é verdade que a libertação dos cativeiros dos maus hábitos e a transformação pessoal à semelhança do caráter de Jesus acontece aos poucos. As pequenas conquistas e pequenas vitórias fazem grande diferença e nos conduzem a grandes vitórias. De batalha em batalha se vence uma guerra.

Minha oração é que Deus me fortaleça a cada passo do caminho. Convido você também a fazer a mesma oração.

Caindo em si, ele disse: "Quantos empregados de meu pai têm comida de sobra,
e eu aqui, morrendo de fome! Eu me porei a caminho e voltarei para meu pai, e lhe
direi: Pai, pequei contra o céu e contra ti. Não sou mais digno de ser chamado teu
filho; trata-me como um dos teus empregados". A seguir, levantou-se e foi para seu pai.
Estando ainda longe, seu pai o viu e, cheio de compaixão, correu para seu filho, e o
abraçou e beijou. O filho lhe disse: "Pai, pequei contra o céu e contra ti. Não sou mais
digno de ser chamado teu filho".
LUCAS 15.17-21

A boa notícia do evangelho de Jesus Cristo é que o pecado tem um caminho de volta. Nenhum ser humano pode ir tão longe que não possa ser alcançado pelo amor, pela misericórdia e compaixão de Deus. O abraço e o beijo de Deus revertem todos os processos de anestesiamento, alienação, exaustão e bestialização.

É possível, como dizem as Escrituras, que alguém saia das trevas para a luz, da morte para a vida, que alguém que estava perdido seja achado, encontre-se consigo mesmo e com Deus. É possível reverter a condição de distanciamento de si mesmo, de Deus, do mundo. É possível experimentar a restauração. É possível ter a vida de volta. É possível! Esta é a boa notícia do evangelho. É possível começar de novo! Jamais desacredite disso. Não importa quão longe tenha ido escuridão adentro, é possível voltar e receber o abraço e o beijo de Deus.

O caminho da volta começa com a profunda consciência de distanciamento. É esse momento extraordinário na vida de um ser humano em que ele "cai em si". O momento em que uma pessoa abre os olhos e volta ao perfeito juízo é chamado na Bíblia de arrependimento. O filho mais novo dessa parábola, quando "cai em si", também "cai de si". No arrependimento não há lugar para orgulho e vaidade. Esse momento especial quando tomamos consciência de nossa miserabilidade é também a hora da verdade, quando não temos mais nada a dizer senão: "Pai, pequei!".

O momento da confissão exige um pronunciamento simples. Basta dizer: "Pai, pequei". E depois calar. Não exigir nada em troca, não tentar explicar nem justificar. Simplesmente dizer: "Deus, essa é minha condição; pequei e agora sei que não tenho direito a nada. Eu apenas descanso minha vida em teu abraço e em teu beijo".

Os *talmidim* de Jesus se arrependem e se confessam todo dia, toda hora. Arrependimento e confissão não são apenas atos de um momento, mas sim uma atitude permanente do coração. Convido você a experimentar a confissão, ajoelhar-se onde estiver e dizer: "Pai, pequei". Tenho certeza de que Deus lhe dará um abraço e um beijo.

A seguir, levantou-se e foi para seu pai. Estando ainda longe, seu pai o viu e,
cheio de compaixão, correu para seu filho, e o abraçou e beijou. O filho lhe disse: "Pai,
pequei contra o céu e contra ti. Não sou mais digno de ser chamado teu filho".
Mas o pai disse aos seus servos: "Depressa! Tragam a melhor roupa e vistam nele.
Coloquem um anel em seu dedo e calçados em seus pés".
LUCAS 15.20-22

As expressões do pai para com o filho pródigo — abraçar, beijar e colocar uma roupa nova, sandálias nos pés e anel no dedo — simbolizam o processo completo de restauração da vida. A roupa nova substitui os trapos imundos, que na Bíblia representam a velha maneira de viver. Aquele que é lavado no sangue de Jesus ganha vestes brancas. Enquanto vive no chiqueiro, suas vestes são imundas. De volta para casa, suas roupas são "alvas como a neve", expressão usada por Isaías. A roupa limpa e nova representa o perdão de Deus. Perdoados, estamos livres da culpa. Perdoados, estamos purificados.

O filho pródigo recebe sandálias para os pés. Naquele tempo os escravos andavam descalços, e somente os senhores e seus filhos andavam calçados. Ao regressar, o filho pródigo deseja ser tratado como um dos empregados de seu pai, pois já não se considera digno de ser chamado filho. Mas o pai, ao lhe dar sandálias para os pés, está dizendo: "Não, meu filho, você não vai ser meu escravo. Você é meu filho, eu devolvo a você a condição de filho". Isso significa que Deus não apenas nos perdoa, mas também nos recebe de volta na família. O moço é recebido ainda como filho amado de Deus, de quem Deus se agrada.

O anel é um símbolo de autoridade. O pai veste o filho com roupas novas, perdoando sua afronta. Oferece sandálias para seus pés, restituindo-lhe a condição de filho. E também renova sobre o filho a delegação de sua autoridade de legítimo herdeiro e proprietário de toda a fazenda. Deus nos perdoa, nos recebe de volta na família e nos comissiona a agir em nome da família, isto é, falar, agir e abençoar em nome de Deus.

Os três símbolos — roupa nova, sandálias e anel — representam uma vida completamente restaurada. Deus concede perdão e purificação, aceitação e comunhão, autoridade e missão. Não importa quão longe você tenha ido, o caminho de volta é possível, a porta da casa está aberta, o abraço e o beijo disponíveis, roupa nova, sandália e anel estão a sua espera.

O reino das trevas joga pesado. O caminho do mal é destruição. Mas Jesus venceu o mal. E a todos oferece restauração. Jesus veio para dar vida, e vida completa: roupa nova, sandália e anel no dedo.

Mas o pai disse aos seus servos: "Depressa! Tragam a melhor roupa e vistam nele.
Coloquem um anel em seu dedo e calçados em seus pés. Tragam o novilho gordo e
matem-no. Vamos fazer uma festa e alegrar-nos. Pois este meu filho estava morto e
voltou à vida; estava perdido e foi achado". E começaram a festejar o seu regresso.
LUCAS 15.22-24

Quando Jesus diz que o pai mandou matar um novilho gordo, provavelmente os circunstantes se lembraram da profecia de Isaías, quando Deus promete fazer para todas as nações uma grande festa com animais gordos e vinhos velhos, duas expressões bastante próprias de muita fartura. Uma festa nesses moldes não é dieticamente muito aceitável em nossos dias, mas não há como negar a conotação de plenitude, exuberância e de prazer e satisfação na presença de Deus.

Irineu de Lyon, um dos chamados pais da Igreja, diz que o novilho morto na parábola do filho pródigo representa Jesus, pois a possibilidade da plenitude da presença de Deus acontece por causa do "Cordeiro de Deus, que tira o pecado do mundo". O filho perdido que é achado, e que está morto, mas volta à vida, representa o pecador que se reencontra com Deus e recebe seu perdão. O perdão, a reconciliação e restauração da vida do pecador diante de Deus acontecem ao redor do Cordeiro de Deus, o novilho Jesus Cristo, conhecido desde antes da fundação do mundo, mas sacrificado e morto na cruz do calvário.

A festa e o banquete, também disse Irineu de Lyon, aponta igualmente para a eucaristia, quando participamos do corpo e do sangue de Jesus. As palavras do profeta Isaías, "animais gordos e vinhos velhos", apontam para a presença de Jesus Cristo na eucaristia: o corpo e o sangue de Cristo mediante os quais celebramos na comunhão com Deus estão presentes na parábola do filho pródigo.

O contraponto entre o chiqueiro e a mesa do pai, a alfarroba com os porcos e o novilho gordo e o vinho com o pai também está evidente. A tradição de Israel sempre soube que na presença de Deus há plenitude de alegria e delícias perpetuamente, pois assim cantaram seus poetas.

Glória, glória, glória ao Cordeiro de Deus, que tira o pecado do mundo!

Enquanto isso, o filho mais velho estava no campo. Quando se aproximou
da casa, ouviu a música e a dança. Então chamou um dos servos e
perguntou-lhe o que estava acontecendo. Este lhe respondeu: "Seu irmão voltou,
e seu pai matou o novilho gordo, porque o recebeu de volta são e salvo".
O filho mais velho encheu-se de ira, e não quis entrar.
Lucas 15.25-28

A essa altura, a parábola do filho pródigo muda de foco. Entra em cena o filho mais velho. Jesus falou do filho mais novo, que representa todos aqueles que viveram afastados da tradição de Israel e desconheciam a lei. Agora Jesus começa a falar dos mestres da lei e dos fariseus, dignos representantes dessa linhagem que buscava servir a Deus obedecendo radicalmente à Torá.

Jesus faz uma denúncia muito séria. Fala que esses homens não têm uma visão adequada de si mesmos e desconhecem a condição de miserabilidade do ser humano diante de Deus. São pessoas que confundem servir a Deus com cumprir ordens, que acreditam que podem avaliar se são pecadoras ou não de acordo com uma lista de pecados que praticam ou deixam de praticar.

Na lei de Moisés, o pecado era, em termos simples, uma questão de comportamento: "Não faça isso, não coma aquilo, não toque nisto, não vá àquele lugar". Jesus dá um passo além e diz que o pecado é uma questão motivacional. Pecado não é apenas o que eu faço ou deixo de fazer, mas algo que ocupa meu coração. Jesus ensina que não basta não matar, é preciso não odiar; não basta não concretizar o ato de adultério, é preciso não desejar de modo impuro. Paulo, por sua vez, fala do pecado na dimensão da condição humana. Pecado não é o que eu faço ou deixo de fazer, tampouco aquilo que habita a intencionalidade de meu coração. Pecado é o que sou: "Miserável homem que sou!", grita desesperado.

O problema dos fariseus e mestres da lei é que acreditam ser possível ser perfeito diante de Deus cumprindo uma lista de mandamentos. A vida com Deus não é apenas uma questão comportamental ou motivacional, embora as duas dimensões estejam presentes no conceito de pecado. O grande problema humano é sua condição de miserabilidade. O ser humano carrega dentro de si o desejo de ser Deus. Rivaliza com Deus o tempo inteiro. Ora acreditando ser perfeito ("Eu nunca desobedeci a tuas ordens"), ora reivindicando direitos e méritos ("Eu também merecia um novilho gordo e um banquete").

Os *talmidim* de Jesus devem viver uma justiça superior à justiça dos fariseus e mestres da Lei. Devem viver conscientes de sua condição miserável, pois somente assim viverão descansados no sublime amor de Deus.

O filho mais velho encheu-se de ira, e não quis entrar. Então seu pai saiu e insistiu com ele. Mas ele respondeu ao seu pai: "Olha! todos esses anos tenho trabalhado como um escravo ao teu serviço e nunca desobedeci às tuas ordens. Mas tu nunca me deste nem um cabrito para eu festejar com os meus amigos. Mas quando volta para casa esse teu filho, que esbanjou os teus bens com as prostitutas, matas o novilho gordo para ele!"
LUCAS 15.28-30

Na parábola do filho pródigo, o filho mais velho vive como se fosse escravo. Há muita gente que se sente escravizada por Deus. O problema não está em Deus, e sim no modo como essas pessoas o enxergam. É muito perigoso confundir Deus com uma imagem que temos a respeito dele. Como enxergamos Deus depende de nossa experiência de vida, de nosso contexto religioso e das coisas que nos foram ensinadas a respeito dele. Ele pode ser visto tanto como um pai amoroso quanto como um tirano exigente e cruel. Pode ser um pai castrador, que conspira contra a vida e tem raiva de todo tipo de prazer, ou pode ser uma fonte de alegria, satisfação e felicidade.

Quanto mais malvado o Deus em sua consciência, mais você vai se esforçar para conquistar seu favor, fazer por merecer seu amor, e mais obcecado será pela perfeição, enchendo-se de culpas e frustrações. Quanto mais cruel o Deus que ocupa seu imaginário, mais intolerante você será com aqueles que estão de bem com a vida, participando de festas com novilhos gordos e vinhos velhos. Quanto mais legalista o Deus que mora em seu coração, mais você vai esforçar-se a conquistar um amor que já é gratuito.

Isso é muito próprio das relações entre pais e filhos. Crianças que tentam conquistar a admiração, o favor e a boa vontade dos pais geralmente são inseguras, infelizes e carregam uma tristeza crônica. Pais desatentos e indiferentes, ou pais cruéis e exigentes, que projetam em seus filhos suas expectativas de perfeição e seus próprios fracassos, mesmo sem perceber estabelecem condições para o amor. Isso gera uma infância adoecida e, posteriormente, adultos que não conseguem se enxergar como filhos, mas como escravos de um suserano cruel, ou soldados de um general sempre em guerra. São "filhos mais velhos" que, porque se enxergam como escravos, passam a vida tentando cumprir obrigações e atingir um padrão de perfeição visando à conquista do amor de Deus.

Pessoas que se sentem escravas precisam ouvir a doce voz de Deus dizendo: "Você é meu filho, a quem amo e de quem me agrado". Peço a Deus que sussurre a voz dele agora mesmo em seu coração.

Um homem tinha dois filhos. O mais novo disse ao seu pai: "Pai, quero a minha parte da herança". [...] [O filho mais velho] respondeu ao seu pai: "Olha! todos esses anos tenho trabalhado como um escravo ao teu serviço e nunca desobedeci às tuas ordens. Mas tu nunca me deste nem um cabrito para eu festejar com os meus amigos".
LUCAS 15.11-12,29

A Bíblia tem um tema recorrente: o orgulho. O relacionamento do ser humano com Deus tem um eixo em torno do qual está rodando o tempo inteiro: a ambição humana de ser Deus e ocupar seu lugar. Mas como não consegue ser Deus, o ser humano se vale de outro artifício igualmente fracassado: a tentativa de manipular Deus a seu favor. De fato, manipular Deus seria outra forma de ser Deus, porque das duas uma: ou sou Deus, e portanto autossuficiente e onipotente, ou tento usar o poder onipotente e a suficiência de Deus para meu próprio benefício. Em síntese, dentro de você e dentro de mim mora um manipulador.

Esses dois filhos da parábola do filho pródigo são dois manipuladores. O mais novo tenta manipular Deus fugindo de casa e dizendo: "Eu quero viver para mim mesmo. Você deveria estar vivendo para mim também. Mas como você não vive para mim, eu vou abandoná-lo". Ao reivindicar sua parte da herança, o filho mais novo está, de certa maneira, dizendo: "Você, meu pai, deveria estar fazendo minhas vontades, isto é, eu deveria ser Deus nesta relação e você deveria me servir".

O filho mais velho, por outro lado, não vai embora. Permanece em casa trabalhando, obedecendo e servindo a seu pai. Mas tudo o que faz está baseado na expectativa de ser recompensado. Espera que o pai reconheça seu esforço, suas virtudes e seus méritos. Tudo o que faz para Deus é na perspectiva de que Deus faça coisas para ele. Ele trabalha para Deus para que Deus trabalhe para ele.

Em outras palavras, tanto nossa fuga de Deus quanto nosso serviço a Deus podem ser tentativas de manipulá-lo. Aqueles que negam a Deus geralmente o fazem porque ele não se encaixa em suas expectativas ou não lhes faz sentido. Os que servem a Deus de maneira radical vivem aguardando recompensas e benefícios especiais. Tentar manipular Deus é uma forma de tentar ser Deus.

Peço a Deus que me conceda um espírito humilde. Que eu não fuja de Deus, imaginando que exista vida longe dele, e muito menos que eu não tente manipulá-lo, para que ele faça aquilo que eu quero que faça. Basta a mim viver diante de Deus a vida que ele me concedeu, e que nisso esteja minha alegria. Esta é minha oração, e eu convido você também a fazer a mesma oração.

Meu filho, você está sempre comigo, e tudo o que tenho é seu.
LUCAS 15.31

Jesus é o Filho de Deus. Jesus é o Filho Unigênito de Deus. Isso significa que é o único filho gerado por Deus, enquanto todos nós somos filhos adotivos. Jesus é o filho gerado. Nós somos filhos criados. O escritor inglês C. S. Lewis explica que o que Deus gera é de sua mesma natureza, e o que Deus cria é de natureza diferente da sua. Jesus é o unigênito — único gerado, e portanto, da mesma natureza de Deus. Jesus é um filho singular, mas ao mesmo tempo é o arquétipo de todos os filhos de Deus. Jesus é o filho que ensina todos os outros filhos a serem filhos, pois o propósito eterno de Deus é ter muitos filhos à imagem de Jesus, de tal maneira que Jesus seja "o primeiro dentre muitos irmãos", disse Paulo.

Com Jesus aprendemos também a nos relacionar com Deus, o Pai. O relacionamento de Jesus com seu Pai, e nosso Pai, é baseado na mútua entrega de tudo. Jesus diz ao pai: "Tudo o que eu tenho é teu", conforme registrou o apóstolo João. Mas Deus, o Pai, também diz a seu Filho: "Você sempre está comigo, e todas as minhas coisas são suas". Assim é o relacionamento entre Jesus e seu Pai: "Tudo o que é meu é teu e tudo que é teu é meu".

Essa relação entre Pai e Filho é baseada no amor e na mutualidade — diferentemente de nossas relações, quase sempre baseadas no egoísmo, na rivalidade hostil e na usurpação. Estamos ocupados em "tomar do outro o que é do outro". Nossos amores são de possessão. Julgamos que não apenas as pessoas nos pertencem, mas também o que elas possuem é automaticamente nosso. As relações de amor, entretanto, não são do tipo "pegar o que é seu para mim", mas "dar a você tudo o que é meu".

É isso o que o Pai faz para o Filho, e também o Filho faz em relação ao Pai. Quando as pessoas desenvolvem relacionamentos em que a preocupação primeira não é "reter ou pegar para si", mas "doar e entregar", a possibilidade da satisfação mútua é plena. O oposto é verdadeiro. Quando desenvolvem relações de posse e egoísmo, a frustração é certa. Nas relações em que todos estão ocupados em doar todos saem ganhando.

Minha oração é uma declaração a Deus: "Tudo o que é meu é teu", pois já ouço meu Pai celestial dizendo: "Você sempre está comigo, e todas as minhas coisas são suas". Essa é minha oração, e eu convido você a fazer a mesma oração.

Um homem tinha dois filhos.
LUCAS 15.11

Esse homem representa Deus, e os dois filhos representam você e eu. Esses dois meninos moram em cada um de nós. Os dois filhos são dois caminhos. Um tenta viver como se Deus não existisse. O outro tenta viver como se tudo o que existisse fosse Deus. Mas, na verdade, ainda que de maneiras absolutamente diferentes, ambos vivem para si mesmos, tentando manipular Deus. O filho mais novo acredita que o pai é um obstáculo a sua realização. O mais velho acredita que o pai é um viabilizador de sua realização. O filho mais novo desdenha da aprovação do pai. O mais velho deseja desesperadamente a aprovação do pai. O mais novo é o filho que se rebela radicalmente. O mais velho é o filho que se submete absolutamente e se sente escravo.

Tim Keller, pastor da Redeemer Presbyterian Church, em seu livro *O Deus pródigo* relaciona a parábola do filho pródigo com o pensamento do filósofo dinamarquês Søren Kierkegaard, considerado pai do existencialismo. Kierkegaard afirma que duas coisas nos assustam: nossa condição finita e nossa liberdade infinita. Por isso, somos "feitos de angústia". Para o enfrentamento dessa angústia, desenvolveu-se a teoria dos três estágios. O primeiro, representado pelo filho mais novo, é o estágio estético, quando fugimos do nada buscando sensações de prazer. O segundo, o ético, quando fugimos nos alienando na certeza de uma vida "correta", e nos sujeitamos às normas, leis, regras morais, sociais e inclusive divinas. O filho mais velho representa esse estágio ético. Finalmente, o terceiro estágio, chamado religioso, é próprio de quem faz o "salto da fé" e se entrega a Deus mesmo sem garantias de salvação.

Kierkegaard diz que os estágios estético e ético não resolvem a angústia do coração humano. Nesses dois estágios não somos autênticos nem livres, pois ou estamos cativos de apetites e paixões ou de regras e leis exteriores. Somente no estágio religioso, como exemplificado pelo patriarca dos hebreus, Abraão, nós nos encontramos em Deus. Nesse momento, Deus deixa de ser um rival e também de ser um ídolo, isto é, uma força a ser manipulada. No salto da fé, abandonamos a vida sem limites, e também a vida estreita, de limites exagerados. Enfim, no salto da fé encontramos a liberdade que nos é possível.

Os *talmidim* de Jesus são homens e mulheres que deram o salto da fé e caíram nos braços de Deus.

Mas nós tínhamos que celebrar a volta deste seu irmão e alegrar-nos,
porque ele estava morto e voltou à vida, estava perdido e foi achado.
LUCAS 15.32

A Bíblia interpreta a própria Bíblia. Cada texto da Bíblia é como uma árvore que quando arrancada traz em suas raízes outros textos bíblicos, e mais outros, de tal maneira que cada conceito, argumento ou princípio bíblico está harmoniosamente fundamentado numa lógica que integra a Bíblia como um todo coerente.

Essa parábola do filho pródigo narrada em Lucas está fundamentada em textos do profeta Isaías, na carta de Paulo aos gálatas, nos escritos de João (seu evangelho, suas cartas e o Apocalipse), e outros tantos. Por essa razão, é muito importante perceber a coerência da afirmação "estava perdido e foi achado".

A Bíblia chama de redenção a experiência de ser encontrado por Deus. Não é o ser humano quem se encontra; ele é encontrado por Deus. Não é o ser humano quem se salva; é Deus quem o salva. A ideia contemporânea da autoajuda é semelhante à tentativa de erguer-se do solo puxando-se pelo cabelo. Você pode puxar seu cabelo quanto quiser, mas jamais conseguirá erguer a si mesmo nem por um centímetro. É necessária uma mão que venha do alto para puxar você do solo.

Jesus não diz que o filho mais novo se achou ou se encontrou; diz que o filho foi achado. Estava perdido e foi achado, estava morto, mas Deus o trouxe à vida. Por isso é que a Bíblia diz que o Espírito Santo de Deus convence o homem do pecado, da justiça e do juízo; o Espírito Santo de Deus guia a toda verdade; o Espírito Santo de Deus nos faz lembrar as coisas que Jesus ensinou.

Deus é o grande "buscador" da Bíblia. As três parábolas de Jesus narradas por Lucas ensinam isso. O pastor é quem busca a ovelha perdida. A mulher é quem busca a moeda perdida. E também não é o filho quem volta para o pai. É o pai quem volta para o filho, tão logo o vê na estrada. O amor de Deus interpela o coração humano sem parar. O filho mais novo está longe, mas lembra-se da casa do pai — é o amor de Deus chamando seu filho de volta para casa. O filho mais velho se recusa a entrar na festa, mas o pai vai a seu encontro. Eis o Deus buscador.

Ninguém salva a si mesmo. Se você está buscando a Deus, uma coisa é certa: Deus já encontrou você. A Bíblia diz que amamos a Deus porque ele nos amou primeiro. O primeiro movimento é sempre de Deus.

Minha oração é esta: "Salva-me, Jesus! Eu não consigo me redimir, não consigo me salvar. Estou perdido e não consigo me encontrar, estou perdido e preciso ser achado". Convido você também a orar assim.

Jesus disse aos seus discípulos: "O administrador de um homem rico foi acusado de estar desperdiçando os seus bens. Então ele o chamou e lhe perguntou: 'Que é isso que estou ouvindo a seu respeito? Preste contas da sua administração, porque você não pode continuar sendo o administrador'. O administrador disse a si mesmo: 'Meu senhor está me despedindo. Que farei?" [...] Então chamou cada um dos devedores do seu senhor. Perguntou ao primeiro: 'Quanto você deve ao meu senhor?' 'Cem potes de azeite', respondeu ele. O administrador lhe disse: 'Tome a sua conta, sente-se depressa e escreva cinquenta'. A seguir ele perguntou ao segundo: 'E você, quanto deve?' 'Cem tonéis de trigo', respondeu ele. Ele lhe disse: 'Tome a sua conta e escreva oitenta'. O senhor elogiou o administrador desonesto, porque agiu astutamente. Pois os filhos deste mundo são mais astutos no trato entre si do que os filhos da luz. Por isso, eu lhes digo: Usem a riqueza deste mundo ímpio para ganhar amigos, de forma que, quando ela acabar, estes os recebam nas moradas eternas".

LUCAS 16.1-9

Jesus elogia um administrador cujos atos administrativos sugerem desonestidade. Na verdade, os administradores tinham prerrogativas para negociar as dívidas de seus senhores conforme seu juízo e bom senso. A eventual falha administrativa consistiria, portanto, em usar uma riqueza que não lhe pertence para conseguir créditos em benefício próprio. Mas mesmo isso é duvidoso. O administrador está transformando os valores materiais das transações entre seu patrão credor e os comerciantes devedores em valores intangíveis entre ele e os devedores. Isto é, está usando o dinheiro do patrão para fazer amigos.

Esse administrador é um alquimista de riquezas. Ele transforma dinheiro em amigos. Alquimia é uma prática antiga que tinha como objetivo a mutação dos elementos químicos. Os alquimistas eram aqueles que tentavam transformar os metais menos nobres em ouro.

O administrador elogiado por Jesus é capaz de transformar riquezas menores em maiores. A partir de seu exemplo, Jesus recomendou a seus *talmidim*: "Usem a riqueza deste mundo ímpio para ganhar amigos". Por exemplo, transformem bens materiais em relacionamentos de amor e de afeto. Isso é o que deveríamos fazer, a alquimia das riquezas. Mas para isso precisamos de sabedoria e até mesmo certa astúcia.

Peço a Deus que me ajude a enxergar todas as riquezas a minha volta, e que me faça capaz de transformá-las em valores sempre crescentes, especialmente as riquezas efêmeras em valores eternos. Faça você também essa mesma oração.

Por isso, eu lhes digo: Usem a riqueza deste mundo ímpio para ganhar amigos,
de forma que, quando ela acabar, estes os recebam nas moradas eternas.
LUCAS 16.9

O verdadeiro rico é aquele que faz todas as suas contas-correntes crescerem ao mesmo tempo, sem precisar ficar tirando de uma conta para colocar em outra. A pessoa rica não faz transferência de fundos; multiplica recursos. São várias as contas-correntes que possuímos. Por exemplo, você tem uma conta-corrente chamada saúde, outra chamada reputação, dignidade ou caráter; outra chamada família, casamento ou romance; a conta chamada filho, filha; uma chamada lazer, cultura; e ainda uma conta chamada amizades. Enfim, você tem várias contas-correntes, tantas quantas for capaz de construir ao longo da vida. Algumas naturais, todas as pessoas as possuem, outras são herdadas, e ainda outras conquistadas. Mas todas elas devem ser cultivadas.

Você deve administrar todas as suas contas-correntes de tal maneira que não precise sacar de uma para fazer a outra crescer. Transferência de fundos não é aumento de riquezas. Na verdade, podemos avançar um pouco nessa sabedoria milenar, e acreditar que podemos, ou mesmo devemos, sacar das contas de menor valor para multiplicar outras de maior valor. Nesse caso, estamos fazendo uma mutação de riquezas. O dinheiro, por exemplo, é a menor das riquezas. A conta família vale muito mais. Se for necessário perder dinheiro para preservar a família, não resta dúvidas de que devemos perder dinheiro. Do mesmo modo, as contas saúde, amizades, caráter, valem muito mais do que a conta dinheiro. Há pessoas que preferem perder amigos e ganhar dinheiro, e outras que preferem perder família para alavancar a carreira profissional. Certamente você conhece pessoas que perderam família, cônjuge e filhos por causa de sexo ou romance. Transformar dinheiro em conhecimento, tempo em relacionamentos amorosos, recursos financeiros em ajuda aos pobres e necessitados, por outro lado, consiste em grande sabedoria.

A pessoa verdadeiramente rica é capaz de fazer todas as suas contas crescerem ao mesmo tempo, ou, na pior das hipóteses, sabe fazer transferências de fundos, das contas de menor valor para as de maior valor.

O administrador da parábola foi capaz de usar sua posição de administrador — conta carreira — para fazer amigos. Conquistou a gratidão das pessoas a quem ajudou. Quero apreender a sabedoria da verdadeira prosperidade: discernir as riquezas, administrar as riquezas e fazer que todas as minhas contas-correntes estejam positivas o tempo todo.

Por isso, eu lhes digo: Usem a riqueza deste mundo ímpio para ganhar amigos, de forma
que, quando ela acabar, estes os recebam nas moradas eternas. Quem é fiel no pouco,
também é fiel no muito, e quem é desonesto no pouco, também é desonesto no muito.
Assim, se vocês não forem dignos de confiança em lidar com as riquezas deste mundo
ímpio, quem lhes confiará as verdadeiras riquezas? E se vocês não forem dignos de
confiança em relação ao que é dos outros, quem lhes dará o que é de vocês?
Lucas 16.9-12

Jesus não tem uma visão muito positiva a respeito do dinheiro. Ao chamar o dinheiro de Mamon, reconhece nele uma potência que o torna perigoso. Por trás do dinheiro existe uma energia espiritual que faz dele facilmente um deus rival ao único Deus vivo e verdadeiro, Criador dos céus e da terra. Mamon é dinheiro elevado à categoria de Deus, disse o teólogo Jung Mo Sung. O dinheiro facilmente se transforma em ídolo — falso deus. Poucas coisas no mundo têm esse potencial de se transformar em divindades falsas como o dinheiro.

Na parábola do administrador, Jesus usa vários adjetivos para a riqueza em forma de dinheiro. O dinheiro é riqueza menor, riqueza falsa, riqueza alheia e, principalmente, riqueza injusta. A Bíblia trata o mundo do comércio com muito rigor. As relações de compra e venda não conhecem limites. O mundo é um grande mercado onde tudo tem um preço. Em Apocalipse, a grande Babilônia é condenada também por ser um mercado onde até mesmo corpos e almas humanos eram negociados. No mercado da iniquidade, o pobre vale menos que um par de sapatos, e o justo vale dinheiro, denuncia o profeta Amós, certamente se referindo ao fato de que o Filho de Deus seria vendido por trinta moedas de prata.

Jesus contempla o mundo como sociedade de mercado, em que tudo está sujeito à relação de compra e venda, inclusive a vida humana, e enxerga o dinheiro no centro dessa ciranda de riquezas injustas. O dinheiro é, portanto, um assunto altamente espiritual. É preciso muito cuidado para mexer no dinheiro. Os filhos da luz precisam de muita sabedoria para mexer nas riquezas que são próprias do mundo das trevas. Os filhos da luz devem ser fiéis a Deus, e não ao dinheiro-Mamon.

Esta é minha oração: não apenas que Deus me dê sabedoria, discernimento e força para não permitir que o dinheiro se torne um deus falso, um Mamon, mas também e principalmente que eu seja capaz de usar as riquezas da injustiça em favor do reino de justiça e paz de nosso Senhor Jesus Cristo.

Havia um homem rico que se vestia de púrpura e de linho fino e vivia no luxo todos os dias. Diante do seu portão fora deixado o mendigo chamado Lázaro, coberto de chagas; este ansiava comer o que caía da mesa do rico. Até os cães vinham lamber as suas feridas. Chegou o dia em que o mendigo morreu e os anjos o levaram para junto de Abraão. O rico também morreu e foi sepultado.
No Hades, onde estava sendo atormentado, o rico olhou para cima e viu Abraão de longe, com Lázaro ao seu lado. Então chamou-o: "Pai Abraão, tem misericórdia de mim e manda que Lázaro molhe a ponta do dedo na água e refresque a minha língua, porque estou sofrendo muito neste fogo". Mas Abraão respondeu: "Filho, lembre-se de que durante sua vida você recebeu coisas boas, enquanto que Lázaro recebeu coisas más.
Agora, porém, ele está sendo consolado aqui e você está em sofrimento.
E além disso, entre vocês e nós há um grande abismo, de forma que os que desejam passar do nosso lado para o seu, ou do seu lado para o nosso, não conseguem". Ele respondeu: "Então eu te suplico, pai: manda Lázaro ir à casa de meu pai, pois tenho cinco irmãos. Deixa que ele os avise, afim de que eles não venham também para este lugar de tormento". Abraão respondeu: "Eles têm Moisés e os Profetas; que os ouçam".
"Não, Pai Abraão", disse ele, "mas se alguém dentre os mortos fosse até eles, eles se arrependeriam". Abraão respondeu: "Se não ouvem a Moisés e aos profetas, tampouco se deixarão convencer, ainda que ressuscite alguém dentre os mortos".
LUCAS 16.19-31

A maneira correta de interpretar as parábolas de Jesus é buscar o ensino fundamental, sem necessariamente atribuir um significado a cada detalhe da narrativa. O ensino principal nessa parábola trata do que descobriremos após a morte física.

Jesus está ensinando duas coisas. Primeira: a morte física não é o fim da existência, pois a identidade humana é preservada. Abraão, Lázaro e o homem rico estão conscientes de quem são e da vida que viveram. Segunda: a ressurreição. Não há espaço para a reencarnação. Gênesis registra que Deus criou o homem do pó da terra, soprou nele o fôlego da vida e ele se tornou alma vivente. O ser humano é uma unidade de duas partes: corpo + espírito. Quando morremos fisicamente, o corpo vai à terra e o espírito volta a Deus, que o deu. No dia da ressurreição final, corpo e espírito estarão juntos novamente.

Peço a Deus que me ensine a viver consciente de que após a minha morte encontrarei comigo mesmo do lado de lá. É justamente sobre isso que trata essa parábola do rico e Lázaro.

Entre vocês e nós há um grande abismo, de forma que os que desejam passar do nosso
lado para o seu, ou do seu lado para o nosso, não conseguem.
LUCAS 16.26

A parábola do rico e Lázaro ensina que a morte física não é o fim da existência. A vida depois da morte é um prolongamento da vida que vivemos aqui. Jesus está dizendo que vamos nos olhar no espelho do outro lado desta vida e vamos deparar com o mesmo rosto. Não perderemos a memória de quem fomos, e não seremos despersonalizados, como que transformados em outra pessoa, desconhecida até para nós mesmos. Seremos após a morte alguém muito parecido com quem somos antes da morte. Pelo menos é o que se pode derivar dessa parábola. A consciência sobrevive à morte física.

Outro ensinamento fundamental dessa parábola é que o destino de uma pessoa após a morte é definido enquanto ela está viva. Abraão diz para o rico que o mundo dos mortos está dividido em dois mundos, e quem está em um não pode passar para o outro. Um abismo os separa. Não é possível mudar o destino depois da morte. As providências humanas que afetam o destino pós-morte são executadas em vida. Após a morte, os destinos ficam nas mãos de Deus.

As guinadas em nossa vida acontecem aqui, enquanto estamos vivos. Na história convivemos com oportunidades e possibilidades. Neste mundo ninguém está condenado a cumprir um destino predeterminado, uma sina inescapável, ou desempenhar um papel inevitável. No tempo presente podemos fazer escolhas, tomar decisões, reinventar-nos, clamar por redenção e transformação. Deus pode mudar nossa sorte enquanto estamos aqui. Depois da morte o destino é definitivo.

A preocupação do evangelho não é tanto falar do que nos acontece após a morte. Aquele é um mundo em que Deus está no controle, em que os destinos são definidos por Deus, são cuidados por ele, e não há nada que possamos fazer para abrir possibilidades de mudanças. Lá nossas decisões não fazem muita diferença. Mas Jesus também afirma categórica e explicitamente que nossas decisões aqui fazem sim toda a diferença, que as escolhas que fazemos aqui são determinantes para o futuro. Se lá as coisas são definitivas, aqui não precisam ser. O hoje e o agora são tempos plenos de oportunidades e possibilidades. Enquanto estamos vivos, podemos reescrever nossa história, reavaliar nosso caminho e redefinir nossa existência.

Minha oração é que Deus me dê descanso a respeito de meu destino depois da morte. Mas também me dê sabedoria para eu escolher meu destino enquanto estou vivo. Acho que você deve fazer essa mesma oração.

"Então eu lhe suplico, pai: manda Lázaro ir à casa de meu pai, pois tenho cinco irmãos. Deixa que ele os avise, a fim de que eles não venham também para este lugar de tormento". Abraão respondeu: "Eles têm Moisés e os Profetas; que os ouçam". "Não, pai Abraão", disse ele, "mas se alguém dentre os mortos fosse até eles, eles se arrependeriam". Abraão respondeu: "Se não ouvem a Moisés e aos Profetas, tampouco se deixarão convencer, ainda que ressuscite alguém dentre os mortos".
LUCAS 16.27-31

A morte física não é o fim da existência. O destino de uma pessoa após a morte é definido em termos definitivos enquanto ela está viva. Por essa razão, o rico pede que Abraão permita a Lázaro avisar seus irmãos que ainda estão vivos para que façam a escolha certa e ouçam a mensagem do Messias, e evitem o lugar de tormento depois de sua morte. Abraão esclarece: "Eles devem ouvir a Moisés e os profetas". Então o rico sugere: "Mas se alguém do mundo dos mortos falar com eles, eles vão ouvir", ao que Abraão responde: "Eles têm Moisés e os profetas; ainda que alguém ressuscitasse para falar com eles, eles não ouviriam".

Outra lição fundamental dessa parábola é que aquelas pessoas deveriam ouvir o que a lei e os profetas falam a respeito do Messias. Jesus está dizendo: "A lei e os profetas falaram de mim, e agora eu estou aqui diante de vocês, e vocês não estão ouvindo nem a mim, nem a Moisés e nem aos profetas".

Ao mesmo tempo a parábola ensina a respeito da impossibilidade de comunicação entre o mundo dos vivos e o mundo dos mortos. O rico sugere que um espírito saia do mundo dos mortos e vá falar com os vivos. Abraão diz que isso não é possível. A resposta de Abraão é esclarecedora: "Ainda que ressuscite alguém". Isso significa que não seria um espírito que viria do mundo dos mortos para o mundo dos vivos. Seria alguém que ressuscitasse e voltasse a viver. A comunicação de Deus com o mundo dos vivos é somente através dos vivos. Os espíritos dos mortos permanecem no mundo dos mortos. Para que venham ao mundo dos vivos, devem ressuscitar.

Tudo o que precisamos saber a respeito de Deus, da realidade espiritual e da vida após a morte está revelado na lei, nos profetas e no Messias. Jesus ensina que aquilo que precisamos saber para nossa peregrinação espiritual está à nossa disposição aqui, no mundo dos vivos.

Peço a Deus que me dê ouvidos para ouvir Moisés, os profetas e especialmente Jesus, pois foi sobre Jesus que o céu se abriu e se pronunciou a voz de Deus: "Este é o meu Filho amado. Ouçam-no". De fato, Jesus ressuscitou, e somente ele nos traz revelação a respeito da vida e da morte.

Havia um homem rico que se vestia de púrpura e de linho fino e vivia no luxo todos os dias. Diante do seu portão fora deixado um mendigo chamado Lázaro, coberto de chagas; este ansiava comer o que caía da mesa do rico. Até os cães vinham lamber suas feridas.

LUCAS 16.19-22

Um era mendigo; outro era rico. O mendigo tem nome, chama-se Lázaro; o rico não tem nome. O mendigo morreu, e os anjos o levaram ao seio de Abraão; o rico morreu e foi sepultado. O mendigo está no seio de Abraão; o rico está agonizando em sofrimento.

Esses poucos contrastes entre essas duas vidas poderiam ser usados para fundamentar a teoria de que os que são pobres aqui são ricos na eternidade, e os que são ricos aqui são pobres na eternidade. Ou então o conceito popular de que quem faz coisas erradas aqui paga depois da morte, e quem é bom aqui recebe suas recompensas no céu. Uma espécie de lei do carma, ou mecanismo de compensação baseado em justiça retributiva. Interpretar a parábola entrando por esse caminho implica desvio do foco. Jesus está ensinando sobre justiça. A pergunta nas linhas e entrelinhas dessa parábola é: como se define um justo?

A impiedade do rico não consiste no fato de ser rico, mas de ser displicente e indiferente à condição do mendigo à sua porta. O rico não permitia nem sequer que o mendigo aproveitasse as migalhas que sobravam de sua mesa. Nem as sobras do rico eram compartilhadas. Era como se o mendigo não existisse.

Esse é o problema das riquezas: a alienação. A riqueza pode arrebatar a consciência de tal modo que o rico não consegue perceber o que está acontecendo a seu redor, especialmente o sofrimento de outro ser humano. A indiferença ao sofrimento humano é uma das mais radicais expressões de impiedade da Bíblia. Ezequiel atribui a destruição de Sodoma e Gomorra ao fato de que as cidades foram negligentes no cuidado dos pobres. Muitos pensam que Sodoma e Gomorra foram destruídas apenas por causa de sua imoralidade sexual. Mas o profeta Ezequiel disse que as duas cidades eram como "meninas ricas" que viviam com sobra de alimentos e muita fartura, mas não prestavam atenção aos pobres.

O rico da parábola é, no Novo Testamento, um símbolo da impiedade e iniquidade condenadas pelos profetas de Israel. O descuido para com o sofrimento alheio, a indiferença para com os miseráveis ao redor, isto sim é grande impiedade.

Quem seria o mais pobre dessa parábola? O mendigo Lázaro ou o displicente e indiferente rico? Na verdade, aqueles que não conseguem enxergar e socorrer os mendigos estão em maior miséria.

Qual de vocês que, tendo um servo que esteja arando ou cuidando das ovelhas, lhe dirá, quando ele chegar do campo: "Venha agora e sente-se para comer"? Pelo contrário, não dirá: "Prepare o meu jantar, apronte-se e sirva-me enquanto como e bebo; depois disso você pode comer e beber"? Será que ele agradecerá ao servo por ter feito o que lhe foi ordenado? Assim também vocês, quando tiverem feito tudo o que lhes for ordenado, devem dizer: "Somos servos inúteis; apenas cumprimos o nosso dever".

Lucas 17.7-10

As palavras de Jesus soam razoavelmente antipáticas. Ele diz que quando servimos a Deus, não fazemos mais que nossa obrigação, e conclui nos chamando de inúteis. Mas essa parábola tem uma conotação um pouco mais profunda. O que Jesus deseja ensinar é que nossos atos de justiça para com Deus não deixa Deus em situação de obrigação para conosco.

O escravo não tem direitos, tem obrigações. Diante de Deus, não temos direitos. Deus não está obrigado a nos abençoar, retribuir ou fazer algo em nosso favor. Mas isso não faz de Deus um abusador sem escrúpulos ou de caráter duvidoso. Justamente porque somos abençoados por ele, o que se destaca não é o fato de Deus não dever nada, mas sua maravilhosa graça. O favor que Deus nos concede não se explica como um direito adquirido, mas como expressão de sua bondade e generosidade. É nesse sentido que somos inúteis — por mais que fizéssemos para Deus, jamais deixaríamos Deus constrangido a nos retribuir.

Isso faz lembrar o conceito de ética desenvolvido por Immanuel Kant. Ele disse que o interesse esvazia o valor do ato moral. Quando fazemos o bem motivados pela recompensa, o ato em si não tem valor, pois somente o faríamos se tivéssemos razões e vantagens para realizá-lo. O que fazemos ou deixamos de fazer deve ser um fim em si mesmo. De fato, devemos fazer o que é certo mesmo que isso signifique algum prejuízo para nós.

O amor é abnegado. Jesus está dizendo: "Faça o que tem de fazer porque é o que deve ser feito, não importa o que você ganha ou perde". Quem pergunta "Mas o que eu ganho com isso?" não é obediente nem altruísta, mas interesseiro e oportunista. Sua ação não tem valor moral.

Quando Deus mandar você fazer algo, não se preocupe se vai dar certo. Não se preocupe com o que vai ganhar ou perder. Simplesmente faça. Por outro lado, descanse no caráter de Deus. Primeiro porque a Bíblia diz que a vontade de Deus é boa, perfeita e agradável. E também porque embora não seja obrigado a abençoar seus servos obedientes, a graça de Deus é sempre abundante. Ninguém serve a Deus e fica de mãos vazias.

> *Em certa cidade havia um juiz que não temia a Deus nem se importava com os homens. E havia naquela cidade uma viúva que se dirigia continuamente a ele, suplicando-lhe: "Faze-me justiça contra o meu adversário". Por algum tempo ele se recusou. Mas finalmente disse a si mesmo: 'Embora eu não tema a Deus e nem me importe com os homens, esta viúva está me aborrecendo; vou fazer-lhe justiça para que ela não venha me importunar" [...] Ouçam o que diz o juiz injusto. Acaso Deus não fará justiça aos seus escolhidos, que clamam a ele dia e noite? Continuará fazendo-os esperar? Eu lhes digo: ele lhes fará justiça, e depressa. Contudo, quando o Filho do homem vier, encontrará fé na terra?"*
> Lucas 18.2-8

A oração é um dos mistérios da peregrinação espiritual cristã. O senso comum a respeito da oração parece sugerir que Deus é uma espécie de despachante num balcão celestial, como se o céu fosse uma repartição pública e Deus ficasse de plantão coletando orações e deferindo conforme sua sabedoria e humor do dia. Para muitos Deus se parece com aquele funcionário público que tem má vontade. Outras tantas pensam que Deus colocou o paletó na cadeira, saiu para tomar um cafezinho e vai demorar para voltar, enquanto elas ficam ali no balcão com o pedido a protocolar.

Ouvimos com certa frequência que "a oração move a mão de Deus". Não são poucas as pessoas que apresentam ao mesmo tempo seu pedido, a solução e o prazo desejados. Mas nunca é demais lembrar que Deus não é obrigado a atender nossos pedidos em nossos termos. A oração não é uma relação com Deus semelhante aquela do filho pequeno que pede ao papai um doce ou um carrinho novo.

Jesus está ensinando que chegaria o momento quando seus discípulos começariam a achar que o reino de Deus está atrasado no tempo. Os discípulos de Jesus iriam observar o desenrolar da história e começariam a se frustrar e perder a esperança. Jesus, então, recomenda: *"Não desanimem! Continue clamando pela justiça do reino de Deus. Mantenham a esperança viva no coração, pois o Filho do Homem um dia voltará para julgar a terra e estabelecer seu reino de justiça e paz, o reino de prosperidade de tudo para todos".*

Essa não é uma parábola a respeito de como Deus resolve nossas necessidades e atende nossos desejos no varejo cotidiano. É uma palavra de encorajamento. Jesus está nos animando a continuar acreditando na promessa do reino messiânico. A pergunta de Jesus é esta: "Será que vocês estão tão ocupados com suas necessidades e seus desejos que perderam a fé no meio do caminho? Quando o Filho do Homem vier, encontrará fé na terra?".

Dois homens subiram ao templo para orar; um era fariseu e o outro, publicano.
O fariseu, em pé, orava no íntimo: "Deus, eu te agradeço porque não sou
como os outros homens: ladrões, corruptos, adúlteros; nem mesmo como este publicano.
Jejuo duas vezes por semana e dou o dízimo de tudo quanto ganho". Mas o publicano
ficou à distância. Ele nem ousava olhar para o céu, mas batendo no peito,
dizia: "Deus, tem misericórdia de mim, que sou pecador". Eu lhes digo que este
homem, e não o outro, foi para casa justificado diante de Deus. Pois quem se exalta
será humilhado, e quem se humilha será exaltado.
LUCAS 18.10-14

Essa não é uma parábola sobre oração. É uma parábola sobre justiça própria. Uma parábola que me convida a prestar atenção em minhas medidas espirituais e nos critérios que utilizo para avaliar a mim mesmo.

O fariseu é alguém que se considera justo. É um zeloso, ocupado em cumprir com rigor as exigências da lei de Moisés. Ele acredita ter virtude moral porque cumpre os rituais de sua religião. Sua espiritualidade é restrita aos atos que podem ser observados e medidos a olho nu. Não trata de questões subjetivas, das realidades que habitam o profundo do coração. Está longe da consciência que tem o publicano, o cobrador de impostos, que diz: "Eu sou pecador". Quando nos olhamos diante da perfeição de Deus, sabemos que estamos aquém do que Deus deseja que sejamos e do que estamos destinados a ser.

Na verdade, o seguidor de Jesus deveria ser um perfeccionista consolado pelo perdão de Deus. Perfeccionista porque deseja a perfeição moral, almeja ser inculpável e irrepreensível, fazer a vontade de Deus em seu padrão mais absoluto. O seguidor de Jesus deseja ser como ele e ser uma expressão perfeita da imagem e semelhança de Deus. Esse desejo não é uma afronta a Deus, mas admiração que suscita no seguidor o desejo de ser igual a ele. É um ato de adoração. Adorar é imitar o Deus a quem amamos.

Mas a diferença entre esse desejo e o de Lúcifer é muito grande. Nós, os *talmidim* de Jesus, desejamos ser iguais a ele, mas sabemos que não somos e que jamais o seremos se ele não nos transformar. Lúcifer, ao contrário, acreditava que poderia ser perfeito e que tinha em si mesmo as condições da perfeição. É essa bobagem da autoajuda que diz: "Você tem dentro de si tudo o que precisa para ser plenamente feliz e realizado". Mentira. Você não tem. Tudo aquilo que nós temos como seres humanos recebemos de Deus.

É por isso que somos perfeccionistas consolados pelo perdão. É por essa razão que nossa oração cotidiana é: "Tem misericórdia de mim, que sou pecador".

A alguns que confiavam em sua própria justiça e desprezavam os outros, Jesus contou esta parábola: "Dois homens subiram ao templo para orar; um era fariseu e o outro, publicano. O fariseu, em pé, orava no íntimo: 'Deus, eu te agradeço porque não sou como os outros homens: ladrões, corruptos, adúlteros; nem mesmo como este publicano. Jejuo duas vezes por semana e dou o dízimo de tudo quanto ganho'. "Mas o publicano ficou à distância. Ele nem ousava olhar para o céu, mas batendo no peito, dizia: 'Deus, tem misericórdia de mim, que sou pecador'. "Eu lhes digo que este homem, e não o outro, foi para casa justificado diante de Deus. Pois quem se exalta será humilhado, e quem se humilha será exaltado".
LUCAS 18.9-14

"Deus tem misericórdia de mim, que sou pecador!" Não há outra oração a fazer. Mas ao ouvir alguns religiosos, temos a sensação de que é possível orar como quem presta a Deus um relatório de suas virtudes.

Os templos estão cheios de fariseus. Eles se julgam mais merecedores do favor de Deus do que os de fora. Eles oram assim: "Obrigado porque não sou adúltero, ladrão ou corrupto". A oração "Deus, tem misericórdia de mim, que sou pecador" é apenas a primeira oração, feita uma única vez, no momento da conversão. Mas depois dessa primeira oração, eles passam a acreditar que não carecem mais da misericórdia de Deus, como se tivessem se tornado "ex-pecadores".

Que grande engano! Todos os dias devemos orar: "Deus, tem misericórdia de mim, que sou pecador". A razão é simples: o pecado é uma questão de justiça, que tem a ver com a perfeição do caráter de Deus, que jamais conseguiremos alcançar enquanto estivermos aqui. O máximo que podemos dizer a Deus é: "Eu te agradeço porque, na tua força, superei alguns hábitos ruins, corrigi alguns comportamentos inadequados e desenvolvi algumas virtudes". Mas jamais teremos superado a imperfeição à luz da justiça de Deus. Por isso essa oração.

Você pode não ser corrupto, adúltero ou ladrão, mas existe dentro de você alguma dimensão de transgressão, não apenas no seu comportamento, mas com certeza também na sua interioridade. Por isso é que nos aproximamos de Deus sempre confiados na sua graça, no seu perdão e na sua misericórdia, mas jamais baseados em nossas virtudes ou na pretensão de perfectibilidade moral. Quando buscamos a Deus confiados no seu perdão, e nos humilhamos diante de sua justiça, ele nos exalta. Mas quando buscamos a Deus confiados nos nossos méritos, somos humilhados e permanecemos vazios.

Eis a minha oração: "Deus, tem misericórdia de mim, que sou pecador". Convido você a fazer a mesma oração.

*Jesus realizou na presença dos seus discípulos muitos outros sinais milagrosos,
que não estão registrados neste livro. Mas estes foram escritos para que vocês creiam
que Jesus é o Cristo, o Filho de Deus e, crendo, tenham vida em seu nome.*
JOÃO 20.30-31

Os milagres são um dos capítulos mais extraordinários da biografia de Jesus. Ele fez milagres de todo tipo, que demonstraram seu poder e sua autoridade em diversas áreas: acalmou uma tempestade, multiplicou pães e peixes, transformou água em vinho, curou leprosos, cegos de nascença, surdos-mudos, paralíticos, aleijados, libertou muitas pessoas da influência e do controle dos espíritos imundos.

Entretanto, um detalhe muito interessante a respeito dessas narrativas bíblicas que registram os milagres de Jesus é que seus feitos extraordinários não são classificados como demonstração de poder, mas como *sinais*. Isso significa que os milagres não são um fim em si mesmos; eles apontam alguma direção. Isso é bem explicado por este ditado chinês: "O sábio aponta a lua, e o tolo enxerga o dedo". Os milagres são o dedo. Devemos, portanto, contemplar a lua.

A cultura religiosa cristã compreende os milagres de Jesus de duas maneiras. A primeira é que ele tem poder para resolver todos os nossos problemas. A segunda é que os milagres são provas de que ele era Deus.

Analisemos esses pontos. A Bíblia não apresenta os milagres de Jesus como favores especiais a pessoas especiais, como se Deus dissesse: "Olha, você é especial para mim, então vou curar o seu filho, mas não vou curar o filho daquela outra senhora"; ou: "Você é especial para mim, então vou dar para você um emprego, mas vou deixar aqueles outros ali da fila desempregados". Os milagres de Jesus não são favores particulares de Deus a pessoas privilegiadas.

Eles também não servem para provar a divindade de Jesus, como pensam alguns. Temos de lembrar que os milagres, para o evangelista João, são sinais da identidade messiânica de Jesus: "Mas estes foram escritos para que vocês creiam que Jesus é o Cristo". Os milagres de Jesus revelam quem ele é: o Messias. Eles são mensagens cifradas para a comunidade de Israel. Através dos seus milagres Jesus vai profetizando para Israel que o seu Messias havia chegado.

Peça a Deus que abra os seus olhos, para que você creia que Jesus é o Cristo, e crendo, receba vida em seu nome.

Um leproso aproximou-se dele e suplicou-lhe de joelhos: "Se quiseres, podes purificar-me!" Cheio de compaixão, Jesus estendeu a mão, tocou nele e disse: "Quero. Seja purificado!" Imediatamente a lepra o deixou, e ele foi purificado.
MARCOS 1.40-42

A tradição rabínica dizia que curar um leproso era uma das tarefas do Messias. Os rabinos ensinaram que apenas o Messias seria capaz de curar um leproso. Ao longo da história de Israel houve muitos falsos messias. Era responsabilidade do Sinédrio, o tribunal religioso judaico, fazer investigação criteriosa a respeito desses pretensos messias. É por isso que os grupos religiosos observam de perto os passos de Jesus. Os saduceus, os herodianos e os fariseus interrogam Jesus e procuram pegá-lo em contradição ou equívoco a respeito da lei de Moisés. Eles querem saber se Jesus é mesmo o Messias.

Os milagres de Jesus também passam por rigorosa avaliação. Os rabinos estabeleceram critérios para identificar o Messias quando ele chegasse. Um deles era a cura de um leproso. A lei de Moisés dizia que o leproso era imundo e cerimonialmente impuro. Excluído da vida social e da participação religiosa, ele deveria caminhar balançando um sinete e gritando: "Leproso", para que as pessoas abrissem caminho e ele passasse sem tocar em nada e ninguém, pois o que um leproso tocava ficava impuro.

Esse leproso se aproxima de Jesus com uma declaração extraordinária: "Se quiseres, podes purificar-me!". Isso é um testemunho do reconhecimento da identidade messiânica de Jesus. Esse leproso sabe que está diante do Messias, pois somente o Messias poderia tocar um leproso sem se tornar imundo, e ainda purificar o leproso. Outro detalhe é que o leproso se ajoelha diante de Jesus. Um judeu jamais se ajoelharia diante de alguém, somente diante de Yahweh. Ao se ajoelhar diante de Jesus e dizer "Se quiseres, podes purificar-me!", o leproso confessa publicamente estar diante do Messias. Jesus responde: "Quero. Seja purificado!"; em seguida, toca o leproso. Qualquer pessoa que toca o impuro fica impura. Mas Jesus é diferente, pois, quando toca o que é impuro, não é ele que fica impuro, mas o impuro é que é purificado.

O milagre da cura do leproso é uma ilustração da redenção messiânica. O Messias resgata a criação, a começar do ser humano. Ele vai caminhando e tocando em tudo e todos, e tornando as coisas puras novamente. Jesus faz tudo novo de novo.

Os *talmidim* de Jesus são feitos puros. E não precisam mais ter medo da sujeira. Agora, podem invadir o espaço onde a impureza está e tocá-la em nome de Jesus, para que o mundo vá se tornando puro novamente.

Um leproso aproximou-se dele e suplicou-lhe de joelhos: "Se quiseres, podes purificar-me!" Cheio de compaixão, Jesus estendeu a mão, tocou nele e disse: "Quero. Seja purificado!" Imediatamente a lepra o deixou, e ele foi purificado. Em seguida Jesus o despediu, com uma severa advertência: "Olhe, não conte isso a ninguém. Mas vá mostrar-se ao sacerdote e ofereça pela sua purificação os sacrifícios que Moisés ordenou, para que sirva de testemunho". Ele, porém, saiu e começou a tornar público o fato, espalhando a notícia. Por isso Jesus não podia mais entrar publicamente em nenhuma cidade, mas ficava fora, em lugares solitários. Todavia, assim mesmo vinha a ele gente de todas as partes.
MARCOS 1.40-45

Quando alguém realizava um milagre considerado pela tradição rabínica exclusivo do Messias, o Sinédrio logo abria uma investigação. A lei de Moisés classificava o leproso imundo e impuro, e previa rituais de purificação para sua cura. Por isso, Jesus envia o leproso ao sacerdote, e este aciona o Sinédrio. O leproso curado por Jesus devia se apresentar ao sacerdote para cumprir a lei e evidenciar a presença do Messias.

Jesus é enfático na recomendação: "Não conte isso a ninguém. Mas vá mostrar-se ao sacerdote". Mas o leproso logo sai gritando: "Eu era leproso e fui curado", o que significava dizer: "O Messias está presente. Ele chegou!". A notícia correu. Jesus então recebe a multidão, que traz os enfermos para serem curados.

Esse episódio ensina que há diferença entre ser agraciado por Jesus e ser *talmid* dele. Nem todo o que recebe uma benção de Jesus é seu discípulo. O *talmid* é aquele que obedece ao que Jesus manda. A Bíblia conta a história de pessoas que foram agraciadas com milagres de Jesus, mas não perceberam os milagres como sinais de sua identidade messiânica. Queriam apenas se livrar de seus males. Recebida a graça, voltaram para sua vida e deixaram o Messias para trás; a maioria nem se deu conta de que estivera diante do Messias.

Não sabemos se o leproso se tornou um *talmid* de Jesus. Mas sabemos que ele não obedeceu à ordem de Jesus. Ele pediu o silêncio e o leproso botou a boca no megafone. Ser abençoado por Jesus é uma coisa, ser *talmid* é outra.

Os *talmidim* de Jesus obedecem ao que ele manda. Não apenas são abençoados por ele, mas sujeitam-se a ele e seguem seus passos. Peço a Deus que me conceda a condição de obedecer. Este é meu desejo: quando Jesus me mandar calar, que eu me cale; quando Jesus me mandar falar, que eu fale. Essa é a minha prece, e convido você a fazer mesma oração.

Logo que saíram da sinagoga, foram com Tiago e João à casa de Simão e André. A sogra de Simão estava de cama, com febre, e falaram a respeito dela a Jesus. Então ele se aproximou dela, tomou-a pela mão e ajudou-a a levantar-se. A febre a deixou, e ela começou a servi-los. Ao anoitecer, depois do pôr do sol, o povo levou a Jesus todos os doentes e os endemoninhados. Toda a cidade se reuniu à porta da casa, e Jesus curou muitos que sofriam de várias doenças. Também expulsou muitos demônios; não permitia, porém, que estes falassem, porque sabiam quem ele era.
MARCOS 1.29-34

Jesus está na cidade de Cafarnaum, na casa de Simão Pedro, cuja sogra está febril. Hoje cuidamos da febre com um bom remédio, mas naquele tempo isso não era possível. Jesus estendeu a mão sobre a mulher e a fez se levantar da cama, curando-a. Uma simples febre abre a porta para que as multidões comecem a procurar Jesus. "Ao anoitecer, depois do pôr do sol, o povo levou a Jesus todos os doentes e endemoninhados" de Cafarnaum.

Imaginem a aglomeração à porta da casa de Pedro. Imagine quantas pessoas foram em busca desse homem capaz de curar e tirar uma mulher do seu leito de enfermidade. Jesus age de maneira estratégica: cura as pessoas, expulsa os demônios, exerce autoridade sobre as enfermidades e sobre os espíritos malignos. Mas não permite que os demônios se manifestem — Jesus não era do tipo de exorcista que entrevistava demônio no palco. Jesus não colocava microfones na boca de espíritos imundos e malignos. Jesus mandou os homens se calarem, como fez com o leproso curado, e eles não obedeceram. Mas com os demônios é diferente. Ele manda que se calem, e eles ficam em silêncio.

Quando os sinais do reino de Deus começam a se manifestar, a autoridade de Jesus sobre os demônios é absoluta, mas a autoridade dele sobre os seres humanos é relativa. Os seres humanos podem desobedecer, os demônios não. Os sinais do reino de Deus vão ganhando densidade aos poucos. A cura de uma simples febre cria a oportunidade para que uma multidão seja abençoada.

Uma terceira observação é que Jesus começa a agir no ambiente que lhe é familiar: a casa de Pedro, o que coloca os seus *talmidim* diante do desafio de perceber a presença de Deus nos contextos de mais intimidade, nas coisas simples e corriqueiras, nos pequenos detalhes e nos pequenos incômodos do dia a dia.

Os *talmidim* de Jesus não precisam de grandes e extraordinários momentos de manifestação do poder de Deus. Sabem discernir os sinais do reino de Deus nas salas de sua casa, ali mesmo onde tudo é familiar e tudo parece sempre igual. Jesus faz a diferença.

Eles atravessaram o mar e foram para a região dos gerasenos. Quando Jesus desembarcou, um homem com um espírito imundo veio dos sepulcros ao seu encontro. Esse homem vivia nos sepulcros, e ninguém conseguia prendê-lo, nem mesmo com correntes; pois muitas vezes lhe haviam sido acorrentados pés e mãos, mas ele arrebentara as correntes e quebrara os ferros de seus pés. Ninguém era suficientemente forte para dominá-lo. Noite e dia ele andava gritando e cortando-se com pedras entre os sepulcros e nas colinas. Quando ele viu Jesus de longe, correu e prostrou-se diante dele, e gritou em alta voz: "Que queres comigo, Jesus, Filho do Deus Altíssimo? Rogo-te por Deus que não me atormentes!" Pois Jesus lhe tinha dito: "Saia deste homem, espírito imundo!" Então Jesus lhe perguntou: "Qual é o seu nome?" "Meu nome é Legião", respondeu ele, "porque somos muitos". E implorava a Jesus, com insistência, que não os mandasse sair daquela região. Uma grande manada de porcos estava pastando numa colina próxima. Os demônios imploraram a Jesus: "Manda-nos para os porcos, para que entremos neles". Ele lhes deu permissão, e os espíritos imundos saíram e entraram nos porcos. A manada de cerca de dois mil porcos atirou-se precipício abaixo, em direção ao mar, e nele se afogou.
MARCOS 5.1-13

Jesus encontra um homem sob a influência de demônios, que se denominaram "Legião". No exército romano, cada legião tinha entre mil e 8 mil soldados. O nome sugere que o homem estava sob o controle de milhares de demônios. Eles pediram a Jesus para não serem enviados para longe daquela região, e Jesus os autoriza a entrar na manada de porcos, que se precipitam no mar e morrem afogados.

Uma legião representa o exército romano. Roma é o império que oprime a nação de Israel. Quando Jesus liberta o homem da opressão dos espíritos malignos, o paralelo entre as situações fica evidente. O povo conhecia a história do exército do Egito, opressor de Israel, que se afogou no mar Vermelho nos dias de Moisés. Assim como o exército egípcio foi afogado no mar, também a legião romana está se afogando no mar da Galileia.

A libertação desse homem é um sinal messiânico. Como Deus libertou os hebreus oprimidos da opressão política, o Messias também promoverá libertação das forças espirituais da maldade que oprimem um ser humano.

Jesus, o Messias, é o libertador. Salvação é libertação: ampla, completa e irrestrita das forças e dos impérios maus — políticos, econômicos, militares, culturais, ideológicos ou espirituais. Quando Jesus liberta, somos verdadeiramente e completamente livres.

Quando se aproximaram de Jesus, viram ali o homem que fora possesso da legião de demônios, assentado, vestido e em perfeito juízo; e ficaram com medo. Os que estavam presentes contaram ao povo o que acontecera ao endemoninhado, e falaram também sobre os porcos. Então o povo começou a suplicar a Jesus que saísse do território deles.

Quando Jesus estava entrando no barco, o homem que estivera endemoninhado suplicava-lhe que o deixasse ir com ele. Jesus não o permitiu, mas disse: "Vá para casa, para a sua família e anuncie-lhes quanto o Senhor fez por você e como teve misericórdia de você". Então, aquele homem se foi e começou a anunciar em Decápolis o quanto Jesus tinha feito por ele. Todos ficavam admirados.

MARCOS 5.15-20

Jesus Cristo liberta o ser humano de todo e qualquer cativeiro espiritual. O gadareno estava sob o controle dos espíritos diabólicos. Vivia acorrentado, autoflagelando-se e espalhando terror e violência. Fazia o mal a si mesmo e aos que estavam ao redor.

Mas ele mesmo era vítima de uma grande maldade: a opressão espiritual demoníaca. Jesus exerce sua autoridade sobre os espíritos malignos e promove a libertação desse ser humano. Liberto por Jesus, ele não está mais acorrentado, mas "assentado aos pés de Jesus". Ele não mais se autoflagela nem se autodestrói, pois agora está em perfeito juízo. Não aterroriza quem está por perto, mas está vestido, de volta ao convívio social e reconciliado com a família.

Agora o gadareno tem uma história diferente para contar. A história dele agora fala de Jesus, sua autoridade e seu poder para libertar. Mas principalmente fala de Jesus e seu amor, expressão da bondade de Deus, que se manifesta promovendo restauração holística (integral).

Jesus encontra o ser humano degenerado e demonizado, em angústia e falência existencial, destruindo e autodestruindo-se, vítima de todas as complicações circunstanciais, dificuldades relacionais, em completa cisão interior. A libertação de Jesus é integral e implica o resgate e a restauração da saúde psíquica e emocional, devolve o ser humano ao perfeito juízo mental, reconcilia suas relações pessoais e o reintegra socialmente. Os seres humanos, abusados por egos absolutos, destroem a si mesmos e a quem está em volta. Mas Jesus é o caminho de volta para a vida.

Os *talmidim* vão aprendendo que o cativeiro espiritual afeta todas as dimensões da existência: degenera o ser humano, inviabiliza seus relacionamentos, corrompe a volição, a razão e a emoção, e transforma a pessoa numa besta fera. Mas também aprendem que somos verdadeiramente livres quando Jesus nos liberta.

Entrando Jesus em Cafarnaum, dirigiu-se a ele um centurião, pedindo-lhe ajuda. E disse: "Senhor, meu servo está em casa, paralítico, em terrível sofrimento". Jesus lhe disse: "Eu irei curá-lo". Respondeu o centurião: "Senhor, não mereço receber-te debaixo do meu teto. Mas dize apenas uma palavra, e o meu servo será curado. Pois eu também sou homem sujeito à autoridade e com soldados sob o meu comando. Digo a um: 'Vá', e ele vai; e a outro: 'Venha', e ele vem. Digo a meu servo: 'Faça isto', e ele faz". Ao ouvir isso, Jesus admirou-se e disse aos que o seguiam: "Digo-lhes a verdade: Não encontrei em Israel ninguém com tamanha fé. Eu lhes digo que muitos virão do oriente e do ocidente, e se sentarão à mesa com Abraão, Isaque e Jacó no Reino dos céus. Mas os súditos do Reino serão lançados para fora, nas trevas, onde haverá choro e ranger de dentes". Então Jesus disse ao centurião: "Vá! Como você creu, assim lhe acontecerá! " Na mesma hora o seu servo foi curado.
MATEUS 8.5-13

Em tempos remotos, as forças da natureza eram adoradas como divindades. Depois vieram os deuses étnicos, tribais e geográficos. O monoteísmo judaico representa um salto nessas compreensões a respeito do divino: existe apenas um Deus, que controla as forças da natureza e domina o universo; ele desconhece fronteiras geográficas e é onipresente. Apesar de identificado com uma etnia, os hebreus, ele é soberano sobre todas as nações e poderoso para abençoar todas as famílias da terra.

Esse salto qualitativo é visto no milagre em que Jesus cura o escravo de um centurião — comandante de uma centúria, ou cem soldados, do exército romano. Ele é romano, não hebreu, mas crê que Jesus é detentor da autoridade supranacional e suprageográfica.

O reino de Deus, que Jesus está anunciando e demonstrando, é universal. Deus não se dá apenas aos judeus, mas também aos romanos. Ele não age apenas aqui, mas também ali e acolá, onde seu nome é invocado. O Deus e Pai de Jesus não é particular, não está restrito a um pedaço de terra, a um grupo étnico, a uma localidade ou a um dos elementos da natureza. O Deus revelado por Jesus está acima de todas as realidades; porque está acima, ele domina, abraça e acolhe todas as realidades. Jesus expressa a universalidade do reino de seu Pai e ao mesmo tempo faz uma crítica aos que não conseguem enxergar Deus para além das suas pequeninas fronteiras. Por isso é que Jesus diz: "Enquanto os que deveriam celebrar a universalidade do reino do meu Pai estão contrariados e melindrados, querendo a exclusividade de Deus, muitos virão do oriente e do ocidente, e serão abençoados".

Poucos dias depois, tendo Jesus entrado novamente em Cafarnaum, o povo ouviu falar que ele estava em casa. Então muita gente se reuniu ali, de forma que não havia lugar nem junto à porta; e ele lhes pregava a palavra. Vieram alguns homens, trazendo-lhe um paralítico, carregado por quatro deles. Não podendo levá-lo até Jesus, por causa da multidão, removeram parte da cobertura do lugar onde Jesus estava e, pela abertura no teto, baixaram a maca em que estava deitado o paralítico. Vendo a fé que eles tinham, Jesus disse ao paralítico: "Filho, os seus pecados estão perdoados".
MARCOS 2.1-5

Esse milagre da cura de um paralítico que Jesus realiza em Cafarnaum tem muitas portas de entrada. Essa cena da vida de Jesus tem muitos enfoques possíveis, isto é, você pode entrar na cena por diferentes acessos e enxergar diferentes aspectos da vida e dos milagres de Jesus. Pode, inclusive, acessar uma entrada muito inusitada: o telhado.

Imagine Jesus ensinando na sala de uma casa. De repente começa a cair do teto uma leve poeira sobre ele. Jesus olha para cima e vê um homem sendo baixado à sua presença. Alguns homens atravessam a multidão que cerca a casa, sobem ao telhado carregando o paralítico, abrem um buraco no teto da casa e cuidadosamente fazem descer o homem diante de Jesus. Esse é sem dúvida um milagre que ressalta um aspecto muito importante da espiritualidade dos *talmidim* de Jesus, a saber, a força da comunidade.

O paralítico é um homem vulnerável, dependente, que não tem condição de mover-se até Jesus, mas é levado pelos amigos. É a comunidade quem leva o paralítico a Jesus, é a força coletiva que sustenta os frágeis e socorre os vulneráveis, é o ambiente da fé que sustenta até mesmo a incredulidade de alguns. A força coletiva do compromisso com Jesus e do abraço solidário é capaz de buscar pessoas incapazes para lhes dar a oportunidade de estarem diante de Jesus e ouvirem sua voz, como esse paralítico.

Jesus não opera o milagre em resposta à fé do paralítico, mas à fé dos seus amigos. A comunidade da fé nos sustenta quando não temos fé. A comunidade da fé nos oferece suporte no momento de fragilidade e vulnerabilidade. É muito estranho, portanto, que alguém questione a validade da vida em comunidade.

Os *talmidim* de Jesus sabem que devem cooperar para levar os fracos aos pés de Jesus. Os *talmidim* de Jesus confiam na comunidade da fé, sabem que ela estará presente no dia de suas necessidades. Os *talmidim* de Jesus sabem que a espiritualidade de Jesus é coletiva e comunitária.

Vendo a fé que eles tinham, Jesus disse ao paralítico: "Filho, os seus pecados estão perdoados". Estavam sentados ali alguns mestres da lei, raciocinando em seu íntimo: "Por que esse homem fala assim? Está blasfemando! Quem pode perdoar pecados, a não ser somente Deus?" Jesus percebeu logo em seu espírito que era isso que eles estavam pensando e lhes disse: "Por que vocês estão remoendo essas coisas em seu coração? Que é mais fácil dizer ao paralítico: Os seus pecados estão perdoados, ou: Levante-se, pegue a sua maca e ande? Mas, para que vocês saibam que o Filho do homem tem na terra autoridade para perdoar pecados" — disse ao paralítico — "eu lhe digo: Levante-se, pegue a sua maca e vá para casa". Ele se levantou, pegou a maca e saiu à vista de todos, que, atônitos, glorificaram a Deus, dizendo: "Nunca vimos nada igual!"

MARCOS 2.5-12

Em vez de dizer ao paralítico "Levante-se, pegue a sua maca e ande", Jesus diz: "Os seus pecados estão perdoados". Os mestres da lei se incomodam e fazem uma pergunta retórica: "Quem pode perdoar pecados senão Deus?" A lógica deles era esta: se você pede dinheiro emprestado ao Antônio, o José não pode perdoar a dívida. Se o dinheiro é do Antônio, só ele pode perdoá-la. Os mestres da lei sabem que o pecado é cometido contra Deus; portanto, só Deus pode perdoar pecados. Esta é a estranheza e o questionamento deles: *Quem ele pensa que é? Ele pensa que pode perdoar pecados?*

Jesus estava afirmando sua prerrogativa de Filho de Deus, que age com a autoridade que o Pai lhe concedeu. Ele então pergunta: "O que é mais fácil: perdoar pecados ou curar o paralítico?" Qualquer um diria: "É mais fácil perdoar pecados, pois isso não traria consequência visível. Difícil mesmo é curar o paralítico".

Mas Jesus adverte: "Vocês estão enganados se pensam que a dificuldade física é o que mais limita o ser humano. É mais difícil libertar um homem da culpa do que de uma paralisia motora. A culpa esmaga, oprime e mantém as pessoas contidas. Os culpados vão aos poucos se encolhendo, diminuindo, colocando-se aquém de suas potencialidades, sentindo-se aquém de seus direitos e possibilidades. Mas para que saibam que eu posso fazer o mais difícil, que é libertar um homem do peso da culpa e oferecer perdão, eu vou curar o paralítico da sua dificuldade física".

Os *talmidim* de Jesus não mantêm seus devedores escravizados pela culpa de uma dívida contraída contra eles. Manter pessoas escravizadas pela culpa é uma grande maldade. O perdão é libertador. Assim como Deus nos liberta oferecendo seu perdão, devemos libertar aqueles que estão em débito para conosco.

E estava ali certa mulher que havia doze anos vinha sofrendo de hemorragia. Ela
padecera muito sob o cuidado de vários médicos e gastara tudo o que tinha, mas, em
vez de melhorar, piorava. Quando ouviu falar de Jesus, chegou por trás dele, no meio
da multidão, e tocou em seu manto, porque pensava: "Se eu tão somente tocar em seu
manto, ficarei curada". Imediatamente cessou sua hemorragia e ela sentiu em seu corpo
que estava livre do seu sofrimento.
MARCOS 5.25-29

Os milagres de Jesus não se prestam a tornar a vida mais confortável e muito menos a demonstrar um possível ou eventual favorecimento de Deus a determinados filhos em detrimento de outros. Os milagres de Jesus são sinais, conforme disse o apóstolo João. Os milagres foram sinais da identidade messiânica de Jesus. Os milagres que Jesus realizou e como os fez revelou aos seus circunstantes que ele era o Messias prometido a Israel.

Essa mulher que sorrateiramente toca as vestes de Jesus é um exemplo muito esclarecedor da razão dos milagres de Jesus. Mais do que dor e vergonha, aquela mulher trazia nas mãos a palavra do profeta Malaquias: "O sol da justiça se levantará trazendo cura em suas asas". A palavra hebraica traduzida por "asas" é *tzitzit*. Por orientação de Deus a Moisés, os judeus usavam pequenos cordões nas orlas ou nas franjas das vestes. Esses cordões eram chamados *tzitzit*, e simbolizavam a aliança entre Deus e Israel. O que Malaquias disse, na verdade, foi que o Messias, o sol da justiça, traria cura em seu *tzitzit*. A mulher que toca em Jesus acreditando que será curada está afirmando categoricamente que ele é o Messias: "Ele traz a cura no seu *tzitzit*; se eu tocar as franjas das suas vestes serei curada".

O milagre não é um favorecimento particular. O milagre é um sinal de que Jesus é quem revela verdadeiramente o caráter de Deus, o criador dos céus e da terra. O milagre é uma forma de dizer que Jesus é quem traz consigo o favor de Deus a todos os povos. Ao tocar em Jesus, essa mulher se transforma em uma grande profetiza, e sua mensagem é contundente: "Esse homem em quem estou tocando é o Messias, é Deus presente entre nós".

Mas tocar em Jesus não é o bastante. É preciso tocar de maneira consciente, sabendo quem ele é, crendo que ele é quem diz ser: o Messias, o Cristo, o Filho do Deus vivo.

No mesmo instante, Jesus percebeu que dele havia saído poder, virou-se para a multidão
e perguntou: "Quem tocou em meu manto?" Responderam os seus discípulos: "Vês a
multidão aglomerada ao teu redor e ainda perguntas: 'Quem tocou em mim?'" Mas
Jesus continuou olhando ao seu redor para ver quem tinha feito aquilo. Então a mulher,
sabendo o que lhe tinha acontecido, aproximou-se, prostrou-se aos seus pés e, tremendo
de medo, contou-lhe toda a verdade. Então ele lhe disse: "Filha, a sua fé a curou! Vá em
paz e fique livre do seu sofrimento".
MARCOS 5.30-34

Há uma grande diferença entre esbarrar em Jesus e tocar em Jesus. "Quem me tocou?", perguntou Jesus. Os discípulos responderam: "Um monte de gente tocou o Senhor!" Mas Jesus os corrige: "Não, muita gente esbarrou em mim, deu uma trombada em mim, resvalou em mim, mas alguém me tocou". O toque é diferente do encontrão e do esbarrão; o toque é uma realidade que acontece quando alguém busca o contato com Jesus de forma intencional, consciente e específica. O toque acontece quando alguém vai na direção de Jesus dizendo: "Eu sei quem você é. Eu vou ao seu encontro de forma voluntária, intencional e proposital. Eu sei exatamente o que estou indo buscar. Eu sei exatamente o que estou indo pedir que me seja concedido".

Os encontrões e esbarrões acontecem todos os dias. Todo dia esbarramos em alguém e nem mesmo registramos esse contato na memória, depois já nem nos lembramos mais. Muitas pessoas esbarraram em Jesus, mas não se deram conta de que estavam diante do Messias e que poderiam, portanto, estender a mão para tocá-lo. Mas essa mulher foi diferente.

As pessoas no dia a dia resvalam em Deus, esbarram em Deus, tropeçam em Deus, mas não têm consciência de estar na presença de Deus. Alguns poucos conseguem discerni-lo, têm olhos para vê-lo e, de forma intencional, proposital e voluntária, lançam-se na direção de Deus para tocá-lo, sabendo exatamente com quem falam e o que desejam ao falar.

É possível sair vazio de um esbarrão em Jesus. Mas jamais alguém estendeu a mão para tocar em Jesus sem que tivesse ouvido: "Muito bem, meu filho, minha filha, você me tocou, eis aí a sua recompensa".

No mesmo instante, Jesus percebeu que dele havia saído poder, virou-se para a multidão
e perguntou: "Quem tocou em meu manto?"
MARCOS 5.30

Não é possível exagerar a importância dessa pergunta de Jesus. Era imprescindível que ele parasse no meio da multidão para revelar o que estava acontecendo. A mulher se aproxima sorrateiramente, toca nas vestes dele e imediatamente é curada do mal. Jesus reage como se alguém tivesse "roubado" um pouco do seu poder, ou acessado seu poder sem permissão. Sua questão é em si mesma esclarecedora: "Alguém me tocou; diferente de esbarrar em mim, alguém me tocou. Alguém veio em minha direção sabendo quem eu sou, veio a mim para buscar alguma coisa específica, e se conectou comigo, e eu quero saber quem foi".

Caso Jesus não esclarecesse a situação, talvez até hoje crêssemos na superstição de que havia poder em suas vestes. Há quem acredite nisso, mas porque não entendeu o significado desse milagre. Jesus é poderoso, não suas vestes.

Os elementos de mediação entre Deus e os homens são apenas isto: meios. Deus é a fonte de graça, amor, poder, virtude. O poder de Deus não está presente nos artefatos religiosos, nos utensílios dos templos, nem mesmo nos lugares considerados sagrados. Jesus faz questão de deixar claro: "Alguém tocou no meu manto, mas na verdade tocou em mim".

O poder de Deus está presente em Jesus. Não podemos confundir os elementos, aparatos e rituais da religião com Deus. Os elementos e os aparatos da religião oferecem um caminho de mediação, mas são apenas meios secundários, que servem apenas para oferecer à consciência humana uma referência do divino. O poder não está na vela, na fita ou no colar, assim como não está no templo, no altar e não está nem mesmo naqueles que pretendem representar Deus diante dos seus fiéis. O poder está em Deus; portanto, o nosso contato deve ser com Deus e não com os elementos da religião. O nosso contato deve ser com Deus e não com as vestes de Deus. As vestes de Deus apontam para Deus, elas são apenas sinais, assim como o manto de Jesus era apenas um sinal que poderia levar essa mulher a tocar em Jesus.

Jesus está dizendo àquela mulher: "Não esqueça filha, você não tocou na minha roupa, você tocou em mim". Nós também somos ensinados por Jesus a discernir a diferença entre os elementos de mediação com Deus do próprio Deus em si. As práticas religiosas devem permanecer no seu lugar secundário, pois o essencial é o contato pessoal, íntimo, consciente e intencional com Deus. Quem deseja tocar em Deus, estenda as mãos para tocar em Jesus. Em Jesus e nada mais. Em, Jesus e mais ninguém.

No mesmo instante, Jesus percebeu que dele havia saído poder, virou-se para a multidão
e perguntou: "Quem tocou em meu manto?" Responderam os seus discípulos: "Vês a
multidão aglomerada ao teu redor e ainda perguntas: 'Quem tocou em mim?'" Mas
Jesus continuou olhando ao seu redor para ver quem tinha feito aquilo. Então a mulher,
sabendo o que lhe tinha acontecido, aproximou-se, prostrou-se aos seus pés e, tremendo
de medo, contou-lhe toda a verdade. Então ele lhe disse: "Filha, a sua fé a curou! Vá em
paz e fique livre do seu sofrimento".
Marcos 5.30-34

Jesus não dá ponto sem nó. Quando pergunta "Quem tocou em mim?", certamente está querendo ensinar coisas muito importantes.

A primeira delas é a necessidade da superação da superstição e seus fetiches religiosos, pois não podemos ficar apegados aos elementos de mediação mais do que ao próprio Deus. A mulher poderia ter ficado com o manto de Jesus, esquecida do fato de que o poder não está no manto, mas em Jesus.

A segunda lição é que o maior desejo do coração de Deus não é apenas distribuir favores, mas relacionar-se intimamente com quem o busca. A pergunta de Jesus a respeito de quem o havia tocado significa: "Não queira roubar milagres de Deus nem se apropriar do favor dele como se o mais importante fosse o favor e não o Deus que é gracioso, amoroso e bondoso". É como se Jesus dissesse: "Eu não quero deixar você ir embora, você que me tocou levando apenas a cura. Eu quero saber quem você é, ver o seu rosto, olhar nos seus olhos, me relacionar com você, saber o seu nome. Eu quero me apresentar a você e quero que você se apresente a mim. Eu quero contato, não quero distribuir favores em grande quantidade. Eu quero relacionamento".

A espiritualidade dos *talmidim* de Jesus indica que mais importa buscar o próprio Jesus do que os favores de Jesus. Ele não se satisfaz em saber que sabemos quem ele é. Ele também deseja saber quem nós somos.

"Filha, a sua fé a curou", disse Jesus à mulher. A palavra grega para cura é também usada para "salvação", pois a salvação é muito mais abrangente do que a cura, que equivale a uma benção de Deus; a salvação implica uma relação com Deus. Os *talmidim* de Jesus não querem apenas a cura, querem também, e principalmente, a salvação.

Ao aproximar-se Jesus de Jericó, um homem cego estava sentado à beira do caminho, pedindo esmola. Quando ouviu a multidão passando, ele perguntou o que estava acontecendo. Disseram-lhe: "Jesus de Nazaré está passando". Então ele se pôs a gritar: "Jesus, filho de Davi, tem misericórdia de mim!" Os que iam adiante o repreendiam para que ficasse quieto, mas ele gritava ainda mais: "Filho de Davi, tem misericórdia de mim!" Jesus parou e ordenou que o homem lhe fosse trazido. Quando ele chegou perto, Jesus perguntou-lhe: "O que você quer que eu lhe faça?" "Senhor, eu quero ver", respondeu ele. Jesus lhe disse: "Recupere a visão! A sua fé o curou". Imediatamente ele recuperou a visão, e seguia a Jesus glorificando a Deus. Quando todo o povo viu isso, deu louvores a Deus.
LUCAS 18.35-43

Os milagres de Jesus revelam primeiramente que ele era o Messias. O cego Bartimeu sabe disso: Jesus de Nazaré é o filho de Davi, o Messias.

Jesus de Nazaré é o nome que fala da humanidade de Jesus, um homem de carne e osso, com origem étnica, cidadania, localização histórica e geográfica. Jesus é, nesse sentido, filho de Adão, plenamente identificado com a raça humana.

Mas ele é não apenas Jesus de Nazaré, é também o filho de Davi, o que o identifica com o Messias. O cego Bartimeu consegue olhar para esse ser humano e perceber que está diante de alguém singular. Jesus é o Messias prometido a Israel; ele é não apenas filho de Adão, mas também de Abraão. Jesus é judeu, e sua identidade se explica de Moisés aos profetas de Israel.

Mas quando Bartimeu está diante de Jesus de Nazaré, o filho de Davi, ele se inclina e o invoca como Senhor. Um semita jamais invocaria alguém como Senhor senão movido pela profunda consciência de estar diante de Deus. Nesse encontro com o cego em Jericó, Jesus é apresentado como ser humano, Messias e Deus encarnado.

Os *talmidim* de Jesus foram discernindo e consolidando a convicção a respeito de quem ele era. Compreenderam que para além da sua humanidade havia sua messianidade, e para além da messianidade, sua divindade. A finalidade do milagre era revelar primeiramente que Jesus era o Messias.

O milagre concedido ao cego Bartimeu foi uma consequência natural de sua verdadeira condição espiritual. Um homem capaz de enxergar em Jesus de Nazaré o Messias e Senhor não era cego na verdade. Ele não passou a ver apenas quando Jesus lhe abriu os olhos físicos, pois a abertura dos olhos apenas revelava que ele há muito era capaz de ver. Cego não é quem não enxerga o mundo. Cego é quem não enxerga Deus.

Ao aproximar-se Jesus de Jericó, um homem cego estava sentado à beira do caminho, pedindo esmola. Quando ouviu a multidão passando, ele perguntou o que estava acontecendo. Disseram-lhe: "Jesus de Nazaré está passando". Então ele se pôs a gritar: "Jesus, filho de Davi, tem misericórdia de mim!" Os que iam adiante o repreendiam para que ficasse quieto, mas ele gritava ainda mais: "Filho de Davi, tem misericórdia de mim!" Jesus parou e ordenou que o homem lhe fosse trazido. Quando ele chegou perto, Jesus perguntou-lhe: "O que você quer que eu lhe faça?" "Senhor, eu quero ver", respondeu ele. Jesus lhe disse: "Recupere a visão! A sua fé o curou". Imediatamente ele recuperou a visão, e seguia a Jesus glorificando a Deus. Quando todo o povo viu isso, deu louvores a Deus.
Lucas 18.35-43

"O que você quer que eu lhe faça?". Aparentemente essa pergunta não faz sentido. O que mais poderia responder um cego a não ser: "Senhor, eu quero ver"? Mas, como de costume, Jesus sabe o que faz e por quê.

Bartimeu é cego, mas não está resignado à sua condição, acomodado na cegueira ou sobrevivendo de esmolas. Ele guarda a esperança de Israel: o Messias pode chegar a qualquer momento. Ao perceber o alvoroço, ele pergunta: "Que barulho é esse? O que está acontecendo?" Contam-lhe que Jesus de Nazaré está chegando a Jericó.

Bartimeu, entusiasmado, começa a falar: "Mas Jesus de Nazaré é o Messias, o filho de Davi. Não podemos perder essa oportunidade!". Os não cegos estavam vendo Jesus; o cego viu o Messias. Então começou a gritar, e cada vez mais alto, suplicando a misericórdia do Messias. Jesus não fica indiferente: "Tragam esse homem; ele sabe quem eu sou; ele me identificou". Nesse contexto, surge a pergunta: "O que você quer que eu lhe faça?".

Se essa pergunta nos fosse feita, a maioria diria: "Eu não estava esperando por isso! Nem imagino. Deixe-me pensar!" Não são poucas as pessoas que vivem cegas, na escuridão. Elas carregam uma infelicidade indescritível, uma tristeza permanente, uma insatisfação crônica e atravessam os dias vivendo uma vida cinzenta. Isso é uma espécie de cegueira. Gente que vive no escuro, mas que não faz a menor ideia do que pedir a Deus. É uma perdição quase absoluta.

Como você responderia se Jesus lhe perguntasse: "O que quer que eu lhe faça?" Provavelmente, cada fase da vida exige uma resposta, cada circunstância traz consigo a resposta embutida, mas o fato é que devemos pedir a Deus o discernimento das coisas mais excelentes. Tão importante quanto clamar pelo favor de Deus é clamar por sabedoria, para discernir qual é o favor que deve ser pedido.

Jesus parou e ordenou que o homem lhe fosse trazido. Quando ele chegou perto, Jesus perguntou-lhe: "O que você quer que eu lhe faça?" "Senhor, eu quero ver", respondeu ele. Jesus lhe disse: "Recupere a visão! A sua fé o curou".

LUCAS 18.40-42

Esse milagre revela não apenas quem é Jesus, mas como ele é. Revela não apenas que Jesus é o filho de Davi, o Messias, mas também o caráter do Messias. Revela não apenas que Jesus é Deus, mas revela como Deus se relaciona com aqueles que invocam o seu nome e clamam pelo seu socorro.

A pergunta de Jesus ao cego — "O que você quer que eu lhe faça?" — é surpreendente. Primeiro, porque não imagino Deus perguntando para mim: "Ed René, o que você quer que eu lhe faça?". Sempre imagino o contrário, isto é, eu perguntando para Deus: "Senhor, o que queres que te faça?" Não imagino que Deus está para me servir, pois creio que estou parar servir a Deus. A pergunta de Jesus, de fato, surpreende.

Também é surpreendente porque Jesus está diante de um cego. Qual o nexo de alguém perguntar a um cego: "O que você quer que eu lhe faça?" Parece óbvio que o cego quer enxergar, quer deixar de ser cego. Mas a maneira de Jesus se dirigir ao cego revela uma dimensão do caráter de Deus, a saber, sua elegância. Deus não invade a vida das pessoas fazendo o que bem quer, do jeito que quer, a hora que quer. Ninguém imaginaria um Deus que pedisse licença. Um Deus que entrasse na sua vida pela porta, apenas se você abrisse a porta. Mas Jesus é o Bom Pastor, que não entra pela janela, não pula o cercado, não invade, como fazem os ladrões. Jesus entra pela porta. Em Apocalipse está dito que Jesus está à porta e bate; se alguém ouvir a sua voz e abrir a porta, ele entra. Deus não chega sem ser convidado. Deus não interfere sem que seja solicitado. E quando interfere, respeita aquele que está sendo abençoado. Deus pergunta: "O que você quer que eu lhe faça?" O cego Bartimeu poderia responder várias coisas, e não apenas "Eu quero ver".

O Deus Pai de Jesus é surpreendente. Sua elegância em respeitar a cada um de nós e a liberdade que nos concedeu é constrangedora. Posso interferir na sua vida? Você quer que eu interfira? Como você quer que eu interfira? O que você espera de mim? Deus está aberto ao diálogo. A elegância de Deus em nos respeitar tanto é surpreendente.

Devemos ser tão elegantes com Deus quanto ele é conosco. Quando ele nos perguntar: "O que você quer que eu lhe faça?", nossa resposta deve ser: "Senhor, o queres que eu te faça?" Pois, como nos ensina a Bíblia, quem se atreve a dar conselhos a Deus?

Jesus parou e ordenou que o homem lhe fosse trazido. Quando ele chegou perto, Jesus perguntou-lhe: "O que você quer que eu lhe faça?" "Senhor, eu quero ver", respondeu ele. Jesus lhe disse: "Recupere a visão! A sua fé o curou". Imediatamente ele recuperou a visão, e seguia a Jesus glorificando a Deus. Quando todo o povo viu isso, deu louvores a Deus.
Lucas 18.40-43

Nosso mundo possui pelo menos três fronteiras que devem ser preservadas nestes tempos de mídias e redes sociais: íntima, privada e pública. O que é íntimo está dentro de nós, nos pensamentos e sentimentos, e alguém só terá acesso se revelarmos. O que é privado é acessível apenas às pessoas que convivem conosco. Já o que é público não há como ocultar, pois o acesso é de todos.

Vivemos um tempo em que a relação com Deus é empurrada para a dimensão privada e para a relação de foro íntimo. As pessoas dizem: "Bom, a sua fé em Deus é um problema seu; respeite a minha fé e eu respeito a sua; fique com a sua fé aí no seu mundo e eu fico com a minha fé aqui no meu mundo".

É verdade que a fé é uma questão privativa, não pública. No entanto, no milagre envolvendo o cego Bartimeu, a fé ganha dimensões públicas. Jesus está passando no meio da rua e o cego está à beira do caminho gritando: "É Jesus, o filho de Davi. Eis o Messias. Vocês não estão percebendo?!" Jesus cura o cego publicamente. O cego segue a Jesus e dá glórias a Deus publicamente. A experiência extrapola as fronteiras do íntimo e privado de maneira tão escancarada que todo o povo viu isso e também deu louvores a Deus. Aqui há não apenas um milagre específico, particular e privativo, uma relação entre o cego e Deus e Deus e o cego, mas uma manifestação pública da presença de Deus, que está no meio da rua e deve ser reconhecido e glorificado.

Nosso compromisso com Jesus deve ser público, sim, para que as pessoas vejam quem é Jesus e também glorifiquem o nosso Deus, que está tanto nos altos céus quanto no meio da rua de mãos dadas com quem está à beira do caminho. Jesus nos ensinou assim: nossa luz deve brilhar para que as pessoas vejam as nossas boas obras e glorifiquem ao Pai.

O milagre de Jesus em favor do cego Bartimeu apresenta a salvação em termos abrangentes, e não apenas uma cura em termos pessoais e particulares. Devemos pedir a Deus a sabedoria para preservar as fronteiras da nossa intimidade e privacidade, mas também para vivenciar a fé em Jesus de maneira pública, de modo a glorificar a Deus publicamente e inspirar pessoas ao redor para que também glorifiquem a Deus.

*Eles foram para Cafarnaum e, logo que chegou o sábado, Jesus entrou na sinagoga
e começou a ensinar. Todos ficavam maravilhados com o seu ensino, porque lhes
ensinava como alguém que tem autoridade e não como os mestres da lei. Justo naquele
momento, na sinagoga, um homem possesso de um espírito imundo gritou: "O que
queres conosco, Jesus de Nazaré? Vieste para nos destruir? Sei quem tu és: o Santo de
Deus!" "Cale-se e saia dele!", repreendeu-o Jesus. O espírito imundo sacudiu o homem
violentamente e saiu dele gritando.*
MARCOS 1.21-26

O sentido desse ato de Jesus deve ser compreendido não apenas como exercício
de autoridade sobre os demônios, mas como ilustração e explicação da vocação
dos *talmidim*: "Eu farei de vocês pescadores de homens".

Um demônio, também chamado *espírito maligno* ou *imundo*, é um ego absoluto; um ego que se sobrepõe a outro ego; é uma entidade que atua sobre
alguém, gerando outra identidade. Uma pessoa escravizada por um demônio
perde a identidade e passa a sentir, pensar e agir como se fosse outra pessoa. Na
verdade, se torna outra pessoa, pois seu corpo foi usurpado por outra persona-
lidade, que passa a se expressar. Um demônio atua de modo a oprimir, abafar e
anular a real identidade do dono do corpo.

O chamado de Jesus aos seus *talmidim*, "pescar homens", implica fazer o que
ele acabara de realizar: libertar o ser humano das opressões e dos condicionamentos que o impedem de se expressar em sua plena potencialidade.

Jesus atravessa a barreira posta pelo espírito imundo dominador, mergulha
no mais profundo do interior do homem e traz à tona a verdadeira identidade
que estava aprisionada pelo espírito opressor. Pescar homens é buscar dentro de
cada ser humano a imagem e semelhança de Deus que está abafada, oprimida
e contida pela ação de outras tantas personalidades, entidades e tantos outros
espíritos imundos usurpadores. Ser "possuído por um espírito imundo" é estar
privado de sua real identidade, pois o ser autêntico lhe foi roubado e usurpado.
Isso pode acontecer com todo ser humano que abandona a imagem e semelhança de Deus segundo a qual foi criado.

Pescar seres humanos também significa fazer aflorar a plena potencialidade
que Deus concedeu a todo ser humano criado à sua semelhança. É libertar os
seres humanos dos condicionamentos e seres que pretendem oprimir e fazer do
humano menos do que humano. É o que Jesus faz com o homem na sinagoga.
É o que Jesus quer fazer com você e comigo. Jesus quer que você viva sua plena
humanidade. Na verdade, somente Jesus pode dar a você as condições para que
você viva sua plena humanidade.

Enquanto eles se retiravam, foi levado a Jesus um homem endemoninhado que não podia falar. Quando o demônio foi expulso, o mudo começou a falar. A multidão ficou admirada e disse: "Nunca se viu nada parecido em Israel!"

MATEUS 9.32-33

A tradição rabínica de Israel dizia que apenas o Messias poderia libertar o homem de um espírito imundo que o impedia de falar. Por essa razão, quando os rumores a respeito de Jesus ser o Messias se espalharam, trouxeram a ele um "demônio mudo". A ação de Jesus em libertar esse homem da escravidão que lhe era imposta pelo espírito imundo foi uma manifestação claríssima de um sinal messiânico, tanto que a multidão, ao observar o ocorrido, reage dizendo: "Nunca se viu nada parecido em Israel".

Mas por que somente o Messias poderia expulsar um "demônio mudo"? Porque, na tradição bíblica, aquele que detém o nome detém o controle. O ato de nomear implica controlar, dominar, exercer autoridade. Por isso, Gênesis relata que o ser humano inicia seu domínio dando nome aos animais. Quem tem um encontro com Deus recebe um novo nome, indicando que agora está voluntariamente sob a autoridade divina. Pela mesma razão, quando Moisés pergunta pelo nome de Deus, a resposta é: "Eu Sou o que Sou". Na verdade, Deus diz a Moisés que seu nome é impronunciável, da mesma maneira que Deus em si é indefinível, incontrolável e não manipulável pela ação humana.

Por trás da tradição rabínica existe a convicção de que um demônio que não revela o seu nome não pode ser dominado, não pode ser controlado, e, portanto, somente o Messias conseguiria fazer esse tipo de exorcismo. Os exorcistas de Israel jamais haviam conseguido dominar demônios que não se expressavam pela boca das pessoas sobre quem atuavam.

Jesus Cristo liberta o homem e devolve a ele a liberdade para que se expresse e se realize como ser humano aos olhos de Deus, na presença de Deus, sob a benção e autoridade de Deus. Somente o Espírito de Deus pode afetar o espírito humano de maneira a não produzir opressão ou anulação de sua identidade. Somente o Espírito do Messias promove liberdade.

Peço a Jesus, o Messias, que faça de mim o homem que devo ser e me liberte de todos os espíritos que me impedem de ser aquilo que Deus quer que eu seja. Convido você também a fazer essa mesma oração.

E estava ali um homem com uma das mãos atrofiada. Procurando um motivo para acusar Jesus, eles lhe perguntaram: "É permitido curar no sábado?" Ele lhes respondeu: "Qual de vocês, se tiver uma ovelha e ela cair num buraco no sábado, não irá pegá-la e tirá-la de lá? Quanto mais vale um homem do que uma ovelha! Portanto, é permitido fazer o bem no sábado". Então ele disse ao homem: "Estenda a mão". Ele a estendeu, e ela foi restaurada, e ficou boa como a outra. Então os fariseus saíram e começaram a conspirar sobre como poderiam matar Jesus.

MATEUS 12.10-14

O *shabbat* é o dia do descanso. É o quarto mandamento do Decálogo: "Lembra--te do dia de sábado, para santificá-lo. Trabalharás seis dias e neles farás todos os teus trabalhos, mas o sétimo dia é o sábado dedicado ao SENHOR, o teu Deus. Nesse dia não farás trabalho algum, nem tu, nem teus filhos ou filhas, nem teus servos ou servas, nem teus animais, nem os estrangeiros que morarem em tuas cidades". Por essa razão, os mestres da lei provocam Jesus: "É permitido curar no sábado?". Jesus afirma que a lei existe para preservar a vida; não existe quebra da lei quando o ato visa a preservar a vida — a ovelha deve ser resgatada mesmo sendo sábado; em seguida, ele cura um homem da mão atrofiada.

Esse milagre tem dois significados importantes. O primeiro é que o *shabbat* é o tempo da plenitude da vida, da restauração e promoção da vida. O descanso implica a renovação, tanto da terra quanto da capacidade humana para trabalhar. Para Jesus, é legítimo curar um homem no *shabbat*, pois o *shabbat* é a restauração da vida em sua máxima plenitude.

O segundo é o sentido do *shabbat*. Quando o homem para de trabalhar, entrega-se aos cuidados de Deus. O *shabbat* é o descanso do homem e o trabalho de Deus. O descanso do homem na providência, na provisão e na fidelidade do Pai. Quando Jesus cura no *shabbat*, ele o faz na perspectiva de Filho de Deus, autorizado pelo Pai celestial a manifestar o seu favor. Jesus convida a todos a entrar no *shabbat*. Em Jesus, Deus está presente redimindo e restaurando a vida. Isso é o que confere legitimidade na ação de Jesus. O Filho do Homem é Senhor do sábado. O Messias é Senhor do *shabbat*.

Ao curar um homem no sábado, Jesus está ensinando que a vida não é fruto do esforço e do trabalho humano, mas dádiva de Deus; que o *shabbat* é um convite ao descanso no favor de Deus; que devemos celebrar o *shabbat* todo dia, pois todo dia é dia de descansar em Deus. Todo dia é dia de redimir, restaurar e preservar a vida.

Estenda sua mão atrofiada. Hoje é sábado. Jesus vai curar você.

Saindo daquele lugar, Jesus retirou-se para a região de Tiro e de Sidom. Uma mulher cananeia, natural dali, veio a ele, gritando: "Senhor, Filho de Davi, tem misericórdia de mim! Minha filha está endemoninhada e está sofrendo muito". Mas Jesus não lhe respondeu palavra. Então seus discípulos se aproximaram dele e pediram: "Manda-a embora, pois vem gritando atrás de nós". Ele respondeu: "Eu fui enviado apenas às ovelhas perdidas de Israel". A mulher veio, adorou-o de joelhos e disse: "Senhor, ajuda-me!" Ele respondeu: "Não é certo tirar o pão dos filhos e lançá-lo aos cachorrinhos". Disse ela, porém: "Sim, Senhor, mas até os cachorrinhos comem das migalhas que caem da mesa dos seus donos". Jesus respondeu: "Mulher, grande é a sua fé! Seja conforme você deseja". E naquele mesmo instante a sua filha foi curada.
MATEUS 15.21-28

O Messias prometido a Israel é, na verdade, o desejado de todas as nações. No encontro com essa mulher siro-fenícia, Jesus age como um bom judeu. Ele diz que o Messias foi enviado às ovelhas perdidas da casa de Israel, e se dirige à mulher como qualquer judeu faria, isto é, com o desprezo reservado aos estrangeiros, que eram chamados de cães. Os judeus eram as ovelhas; os gentios, os cães.

Mas a mulher foi insistente e obteve de Jesus o milagre esperado. A situação levou Jesus a estender em definitivo as fronteiras do seu ministério e transbordar sua ação messiânica para todos os povos. No Antigo Testamento, o povo de Israel sempre foi muito criticado pelos profetas porque buscava outros deuses. Mas no Novo Testamento a comunidade de Israel está diante de um Messias que busca outros povos, ou, no mínimo, que se deixa tocar por outros povos. Um Messias que abençoa os estrangeiros.

O ato de Jesus demonstra a universalidade do reino de Deus. Revela claramente que o Messias priorizou as ovelhas da casa de Israel, mas que não havia como conter as comportas do amor de Deus. Jesus extrapola a fronteira étnica e abre a porta do reino de Deus para todas as nações. Esse é um momento muito didático para Israel, quando Jesus, o Messias, está dizendo: "Vejam vocês, a casa de Israel é incrédula, mas aqueles a quem vocês chamam de cães têm fé".

Esse é um momento especial, quando o Messias acolhe qualquer ser humano que se converte a ele. Os *talmidim* de Jesus aprendem que o povo de Deus deve ter o coração dilatado, acolhedor, onde não existe a distinção entre ovelhas e cães, pois todos são irmãos, filhos do mesmo Pai, membros de uma só família.

Certo sábado Jesus estava ensinando numa das sinagogas, e ali estava uma mulher que tinha um espírito que a mantinha doente havia dezoito anos. Ela andava encurvada e de forma alguma podia endireitar-se. Ao vê-la, Jesus chamou-a à frente e lhe disse: "Mulher, você está livre da sua doença". Então lhe impôs as mãos; e imediatamente ela se endireitou, e passou a louvar a Deus.

LUCAS 13.10-13

A sinagoga é o lugar de estudo da Torá. Quando a nação de Israel foi levada para o cativeiro da Babilônia, teve de interromper o cerimonialismo litúrgico e as ofertas de sacrifícios a Deus no templo de Jerusalém. Tudo o que Israel podia fazer para preservar sua identidade como povo eleito de Deus era se dedicar ao estudo da Torá, a lei de Moisés. Assim surgiram as sinagogas. O povo não mais se reunia no templo. Reunia-se na Torá. E o lugar para essa reunião era a sinagoga.

Jesus tinha o costume de frequentar as sinagogas, onde ensinava sua interpretação da lei e dos profetas a respeito do reino de Deus e do Messias. Nessa narrativa de Lucas, Jesus está numa sinagoga, no sábado, e cura uma mulher que tinha um espírito imundo que a mantinha encurvada. Os evangelhos demonstram que Jesus transita por um universo em que as realidades concretas, físicas e materiais estão impregnadas, envolvidas e misturadas com as realidades espirituais. Há muita facilidade de compreender Jesus transitando e percebendo dimensões da existência que parecem naturais aos nossos olhos, como uma enfermidade e uma doença, mas, na verdade, são manifestações das ações dos espíritos imundos.

Vivemos num mundo onde as realidades materiais e espirituais estão imbricadas. Portanto, corremos dois grandes perigos. O primeiro é considerar todas as coisas meramente fenômenos naturais. O segundo é espiritualizar tudo e criar uma dimensão mágica de existência. Tão equivocado quanto expulsar demônios de uma pessoa enferma é tratar com medicina uma pessoa opressa por um espírito maligno. A falta de discernimento causa muitos males. Tratar como realidade espiritual aquilo que é próprio da humanidade, e tratar como exclusivamente próprio da humanidade aquilo que é afetado pela dimensão espiritual resulta em consequências catastróficas.

Que Deus nos dê olhos para perceber por trás dos fenômenos naturais a ação e a manifestação de seres espirituais, de modo a nos valermos da benção da autoridade divina sobre o mal e o maligno. Que Deus nos dê sabedoria para lidar com o mundo natural fazendo uso do conhecimento científico, igualmente benção divina. A palavra-chave nesse jogo é discernimento, que também devemos pedir a Deus.

Enquanto Jesus ainda falava, apareceu uma multidão conduzida por Judas, um dos Doze. Este se aproximou de Jesus para saudá-lo com um beijo. Mas Jesus lhe perguntou: "Judas, com um beijo você está traindo o Filho do homem?" Ao verem o que ia acontecer, os que estavam com Jesus lhe disseram: "Senhor, atacaremos com espadas?" E um deles feriu o servo do sumo sacerdote, decepando-lhe a orelha direita. Jesus, porém, respondeu: "Basta!" E tocando na orelha do homem, ele o curou.

Lucas 22.47-51

Jesus está com seus *talmidim* no jardim do Getsêmani. Judas chega com os chefes dos sacerdotes, os oficiais da guarda do templo e os líderes religiosos para prender Jesus. Pedro tira sua faca e decepa a orelha de Malco, servo do sumo sacerdote, mas Jesus o repreende e, em seguida, cura o ferido.

Essa é uma cena ao mesmo tempo trágica e cômica. Parece claro que esse milagre não tem nada a ver com súplica, fé ou revelação messiânica. O servo do sumo sacerdote não clama pelo favor de Jesus, tampouco demonstra fé, mas ainda assim é curado e abençoado.

A intenção de Jesus é explicitar que tipo de divindade é o Deus de Israel, qual a ética do seu reino e qual o caráter do seu Messias. "O meu Reino não é deste mundo", disse Jesus, ou seja, "o meu Reino dá sinais neste mundo, tem implicações para este mundo, mas não é deste mundo". Jesus revela aos seus *talmidim*, às autoridades religiosas judaicas e aos romanos a natureza e a dinâmica do seu reino. Ao curar Malco, Jesus está dizendo: "Pedro, não é com espadas, com a força bruta, usando a violência e acirrando conflitos que as coisas se resolvem no reino de Deus. Eu não sou o tipo de rei que entra em litígio, declara guerra e privilegia poder político".

Os *talmidim* de Jesus vão aprender que o reino de Deus é um reino de "justiça, paz e alegria no Espírito Santo". O Deus e Pai de nosso Senhor Jesus Cristo não tem nada a ver com os conflitos do mundo, com os choques das civilizações nem com os ataques terroristas. Ele não coloca espadas nas mãos dos seus; pelo contrário, ele convida todos os seres humanos a que deponham suas armas e celebrem a justiça e a paz. O reino de Deus não se confunde com os reinos deste mundo. Não se manifesta como mais uma realidade política e ideológica a confrontar os impérios humanos. O reino de Deus é uma fraternidade universal que subverte a ordem de todos os reinos.

A minha oração é que Deus me faça capaz de, mesmo diante da hostilidade, ser no mundo um agente de paz e reconciliação, vivendo a dinâmica maravilhosa do reino de Deus. Convido você também a fazer esta oração.

A caminho de Jerusalém, Jesus passou pela divisa entre Samaria e Galileia. Ao entrar num povoado, dez leprosos dirigiram-se a ele. Ficaram a certa distância e gritaram em alta voz: "Jesus, Mestre, tem piedade de nós!" Ao vê-los, ele disse: "Vão mostrar-se aos sacerdotes". Enquanto eles iam, foram purificados. Um deles, quando viu que estava curado, voltou, louvando a Deus em alta voz. Prostrou-se aos pés de Jesus e lhe agradeceu. Este era samaritano. Jesus perguntou: "Não foram purificados todos os dez? Onde estão os outros nove? Não se achou nenhum que voltasse e desse louvor a Deus, a não ser este estrangeiro?" Então ele lhe disse: "Levante-se e vá; a sua fé o salvou".
Lucas 17.11-19

Jesus curou dez leprosos, mas somente um voltou para agradecer. A palavra--chave desse episódio é *gratidão*, ou, mais precisamente, *a falta de gratidão*. É impressionante como alguém curado de lepra pode deixar de agradecer a quem o curou. Mas, infelizmente, a falta de gratidão não é tão incomum.

Por que as pessoas têm dificuldade de agradecer? Talvez por uma destas razões: a primeira é o senso de direito. Acontece quando a pessoa agraciada não reconhece o que lhe foi feito como generosidade, mas apenas como reconhecimento do seu direito. É comum a expressão "Você não fez mais que a sua obrigação", e isso significa que foi feito apenas o que deveria mesmo ter sido feito, isto é, o que era justo, e não há motivo para gratidão. A segunda é o senso de mérito. Acontece quando alguém acredita ter feito por merecer o gesto feito em seu favor. Nesse caso, a pessoa diz algo como: "O que você fez foi apenas reconhecer o que eu merecia, e, portanto, não lhe devo nada, nem mesmo gratidão".

Algumas pessoas acreditam que Deus tem alguma obrigação ou algum débito para com elas. Quem julga ter direitos ou méritos não é capaz de agradecer e até mesmo considera a gratidão desnecessária.

A gratidão é o reconhecimento de que aquilo que recebemos de Deus não é um direito ou resultado do mérito. Tudo quanto recebemos se explica como expressão da bondade de Deus, motivada exclusivamente pelo seu amor. Deus jamais está na condição de devedor em relação a quaisquer de suas criaturas. A vida é dádiva. Nós a recebemos de Deus independentemente dos nossos méritos ou direitos. Isso se chama graça: o favor divino explicado unicamente pelo fato de que Deus é amor. Essa consciência nos coloca de joelhos diante de Deus, cheios de gratidão.

Separe uns poucos minutos para pensar em alguns motivos de ser grato a Deus. Você vai levar um susto quando perceber o quanto tem para agradecer.

Algum tempo depois, Jesus subiu a Jerusalém para uma festa dos judeus. Há em Jerusalém, perto da porta das Ovelhas, um tanque que, em aramaico, é chamado Betesda, tendo cinco entradas em volta. Ali costumava ficar grande número de pessoas doentes e inválidas: cegos, mancos e paralíticos. Eles esperavam um movimento nas águas. De vez em quando descia um anjo do Senhor e agitava as águas. O primeiro que entrasse no tanque, depois de agitada as águas, era curado de qualquer doença que tivesse. Um dos que estavam ali era paralítico fazia trinta e oito anos. Quando o viu deitado e soube que ele vivia naquele estado durante tanto tempo, Jesus lhe perguntou: "Você quer ser curado?" Disse o paralítico: "Senhor, não tenho ninguém que me ajude a entrar no tanque quando a água é agitada. Enquanto estou tentando entrar, outro chega antes de mim". Então Jesus lhe disse: "Levante-se! Pegue a sua maca e ande". Imediatamente o homem ficou curado, pegou a maca e começou a andar.
João 5.1-9

Betesda significa "lugar da misericórdia divina". Paradoxalmente, o ambiente mais parecia o inferno, pois quando Jesus pergunta ao homem se ele quer ser curado, a resposta revela que ele vivia num ambiente de absoluto egoísmo, onde não havia solidariedade, compaixão nem generosidade: "Não tenho ninguém que me ajude". Aquele lugar era até então uma metáfora do mundo sem Deus, onde ninguém se ocupa com quem está ao seu redor, ninguém tem olhos para ver a necessidade dos outros, e todos estão ocupados apenas com a própria dor e desgraça, com o próprio sofrimento. Ninguém ajuda ninguém.

Mas é a esse inferno que Jesus vai. Esse lugar de competitividade e hostilidade, onde os homens disputam entre si o favor divino. A presença dele transforma esse ambiente infernal no lugar da misericórdia de Deus. Jesus revela que Deus tem olhos para ver quem ninguém vê, para abençoar e tocar a vida de quem não pode contar com a ajuda de mais ninguém.

Há momentos assim na vida, em que estamos tão fragilizados e vulnerabilizados que não podemos contar com nenhuma ajuda externa e não temos sequer condições de sair em busca de alguma solução para o nosso conflito. Nesse momento, aguardamos pacientemente a manifestação da generosidade de Deus. Betesda é a graça de Deus oferecida àqueles que são desprezados por todos, menos por Deus.

Que sejamos capazes de transformar o mundo, um inferno a céu aberto, em lugar da misericórdia divina. Que Deus nos dê olhos para enxergar aqueles que, ao nosso redor, precisam de ajuda. Que as nossas mãos sejam estendidas para abençoar com a benção que recebemos de Deus.

Ao passar, Jesus viu um cego de nascença. Seus discípulos lhe perguntaram: "Mestre, quem pecou: este homem ou seus pais, para que ele nascesse cego?" Disse Jesus: "Nem ele nem seus pais pecaram, mas isto aconteceu para que a obra de Deus se manifestasse na vida dele.
JOÃO 9.1-3

A cura de um cego de nascença é mais um dos milagres que somente o Messias poderia realizar. A tradição de Israel acreditava que o homem que nascia cego estava sob maldição divina. "Por que nasceu cego?", as pessoas perguntavam. A explicação era simples: Porque pecou. Ou ele ou os pais dele. Ou é herdeiro de uma maldição hereditária ou é pecador.

Mas como alguém poderia pecar antes mesmo de nascer? A comunidade de Israel acreditava que o bebezinho no ventre de sua mãe poderia pecar. A Bíblia Sagrada conta a história dos gêmeos Jacó e Esaú, que, no ventre da mãe, disputavam quem seria o primogênito.

A cura de um cego de nascença, portanto, implica reverter ou cancelar uma maldição divina, coisa que somente o Messias poderia fazer. Por essa razão existe uma grande discussão a respeito da cura desse cego. O milagre realizado por Jesus não apenas sugere ser ele o Messias, como também exige um novo significado para o sofrimento humano. Jesus está afirmando que os infortúnios da vida das pessoas não estão necessariamente ligados aos seus pecados ou aos pecados dos seus antepassados. Na verdade, raramente ou quase nunca estão. Para Jesus, não importa a origem dessa cegueira, mas o fato de que qualquer pessoa, mesmo em condição extrema de dificuldade e sofrimento, pode ser alcançada pela graça de Deus.

O Messias traz para Israel essa grande novidade: Deus não está ocupado em amaldiçoar, mas em abençoar. Jesus nos ensina a jogar fora o conceito de maldição divina. Ele nos diz que a verdadeira face de Deus não é a ira que amaldiçoa, condena e castiga. A verdadeira face de Deus é o amor que cura, liberta, abençoa, abre os olhos de quem é cego, devolve à vida quem está morto, traz para a luz quem vive na escuridão.

Deixe a maldição de lado, foque o seu coração e os seus olhos na misericórdia, na bondade e no amor de Deus.

Naquele dia, ao anoitecer, disse ele aos seus discípulos: "Vamos para o outro lado".
Deixando a multidão, eles o levaram no barco, assim como estava. Outros barcos
também o acompanhavam. Levantou-se um forte vendaval, e as ondas se lançavam
sobre o barco, de forma que este foi se enchendo de água. Jesus estava na popa,
dormindo com a cabeça sobre um travesseiro. Os discípulos o acordaram e clamaram:
"Mestre, não te importas que morramos?" Ele se levantou, repreendeu o vento e disse
ao mar: "Aquiete-se! Acalme-se!" O vento se aquietou, e fez-se completa bonança. Então
perguntou aos seus discípulos: "Por que vocês estão com tanto medo? Ainda não têm fé?"
Eles estavam apavorados e perguntavam uns aos outros: "Quem é este que até o vento e
o mar lhe obedecem?"
MARCOS 4.35-41

Certo dia, um grupo de casais me fez muitas perguntas, e muitas respostas minhas eram: "Isso não consigo explicar", "Sobre isso, não tenho certeza" e "Não sei". Então, alguém disse: "Você é o pastor que mais responde 'Não sei' que eu conheço". Inicialmente, senti-me criticado e julgado ignorante, mas depois recebi como elogio, pois as realidades espirituais trazem muitas perguntas, e várias ficam sem respostas. Na verdade, não precisamos ter respostas para todas.

A Bíblia diz que Deus habita em luz inacessível; embora tenha se revelado em Jesus, ele continua incógnito, pois sua transcendência o mantém distante de nós uma eternidade. O divino e o sagrado estão envoltos em dimensões consideráveis do que chamamos "mistério". Temos muitas perguntas, mas não todas as respostas. Para muitas das perguntas a melhor resposta é outra pergunta. Não é problema ter dúvidas a respeito das realidades espirituais, nem mesmo sobre Deus.

Jesus repreende seus *talmidim*: "Por que estão com tanto medo? Ainda não têm fé?". A fé não diz respeito às respostas ou explicações sobre Deus. Fé é a confiança nele, em seu caráter justo e seu coração amoroso. A fé não está associada primeiramente a um esclarecimento racional sobre Deus. Para enfrentar a vida e as tempestades precisamos mais do que certezas baseadas em teorias sobre ele. Não andamos no mundo das certezas, mas na dimensão do mistério; assim, não precisamos temer as dúvidas, mas o medo. O oposto da fé não é a dúvida, mas o medo. Quem tem fé tem coragem, embora nem sempre tenha respostas.

Os *talmidim* de Jesus são chamados a continuar caminhando mesmo em meio às tempestades. Se estas cessarem, ótimo; se não, eles continuam caminhando, sem medo, mesmo com algumas perguntas. Peço a Deus uma fé que seja vitoriosa sobre o medo. Convido você a fazer essa mesma oração.

Logo depois, Jesus foi a uma cidade chamada Naim, e com ele iam os seus discípulos e uma grande multidão. Ao se aproximar da porta da cidade, estava saindo o enterro do filho único de uma viúva; e uma grande multidão da cidade estava com ela. Ao vê-la, o Senhor se compadeceu dela e disse: "Não chore". Depois, aproximou-se e tocou no caixão, e os que o carregavam pararam. Jesus disse: "Jovem, eu lhe digo, levante-se!" O jovem sentou-se e começou a conversar, e Jesus o entregou à sua mãe. Todos ficaram cheios de temor e louvavam a Deus. "Um grande profeta se levantou entre nós", diziam eles. "Deus interveio em favor do seu povo". Essas notícias sobre Jesus espalharam-se por toda a Judeia e regiões circunvizinhas.
LUCAS 7.11-17

A fama de Jesus se espalha à proporção dos seus milagres e feitos extraordinários. Aos poucos, ele vai dando notícias da sua identidade como Messias e exercendo autoridade sobre as enfermidades, os espíritos malignos e os elementos da natureza. Na cidade de Naim, Jesus se apresenta como maior que a morte.

Jesus "se compadeceu" de uma viúva que perdeu o único filho. A compaixão é muito próxima da simpatia, empatia e misericórdia, mas tem uma conotação um pouco diferente. Simpático é aquele que "sente ao lado de": alegria com quem se alegra e choro com quem está triste. Empatia é a afinidade de sentimentos, algo como sentir a mesma coisa. Compadecer-se é "sentir com", é a capacidade de entrar no sofrimento do outro e ir ao encontro do que sofre; na verdade, é ir para dentro do sofrimento do outro.

A compaixão exige coragem, pois é preciso ter coragem para encarar as perguntas que o sofrimento traz, além de outras inconvenientes, como: Onde está Deus? O que Deus está querendo com isso? Por que Deus permite isso?

É preciso ter coragem para admitir vulnerabilidade. O sofrimento que chegou à casa ao lado pode bater à nossa porta. Ninguém está imune a ele. Também ocorre de depararmos com nossa finitude, isto é, a incapacidade de oferecer solução ao sofrimento presente.

A falta de explicações, a constatação da possibilidade de sofrer e o fato de não termos soluções para o sofrimento nos fazem evitar o caminho dos que sofrem. Mas Jesus é diferente. Ele se aproxima de uma viúva que vai sepultar o filho. Jesus revela mais uma maravilhosa face de Deus: a capacidade de ter compaixão.

Peço a Deus que me faça capaz de demonstrar compaixão. Não quero apenas observar quem sofre e lamentar seu sofrimento. Preciso de compaixão para me colocar dentro do sofrimento alheio, para oferecer, no mínimo, companhia, e ajudar a carregar o peso do sofrimento. Faça a mesma oração.

Havia um homem chamado Lázaro. Ele era de Betânia, do povoado de Maria e de sua irmã Marta. E aconteceu que Lázaro ficou doente. Maria, sua irmã, era a mesma que derramara perfume sobre o Senhor e lhe enxugara os pés com os cabelos. Então as irmãs de Lázaro mandaram dizer a Jesus: "Senhor, aquele a quem amas está doente". Ao ouvir isso, Jesus disse: "Essa doença não acabará em morte; é para a glória de Deus, para que o Filho de Deus seja glorificado por meio dela".

João 11.1-4

Os milagres de Jesus são como holofotes que iluminam quem ele é. São sinais que permitem aos circunstantes perceber que ele é o Messias esperado por Israel. Quando Jesus diz que a enfermidade de Lázaro não é para morte, mas para a glória de Deus e para que o Filho do homem, o Filho de Deus, seja glorificado por meio dela, está dizendo algo como: "Agora vocês vão ver a glória do Deus Altíssimo envolvendo o Filho do homem, o Filho de Deus, o Messias". Jesus está chamando seus *talmidim* para um grande espetáculo, como se dissesse: "Venham comigo, a glória de Deus vai me envolver, e eu vou realizar mais um milagre que vai mostrar a vocês que eu sou o Messias de Israel".

Gosto da maneira como Maria, irmã de Lázaro, envia a Jesus a informação da enfermidade de Lázaro: "Senhor, *aquele a quem amas* está doente". Quando passamos por circunstâncias difíceis, como enfermidades, dificuldades econômicas, conflitos relacionais e tragédias que nos acometem, especialmente o sofrimento de pessoas amadas, não é raro que sejamos invadidos pela sensação de que Deus nos abandonou. É como se o sofrimento trouxesse junto uma voz sussurrando com ironia ao nosso ouvido: "Mas você não é um filho amado de Deus? Você não é uma filha amada de Deus? Você não disse que Deus ama você? Então, por que você está sofrendo?".

A Bíblia diz que Lázaro era um amigo íntimo, amado de Jesus. Mas isso não o poupou da enfermidade. Lázaro ficou doente. O amor de Deus não funciona como uma blindagem contra o sofrimento, as circunstâncias adversas e as dificuldades da vida. O amor de Deus não nos garante a isenção em relação ao sofrimento. O que o amor de Deus nos garante é a presença de Deus conosco, qualquer que seja o nosso sofrimento.

Não duvide do amor de Deus, mesmo quando o sofrimento bater à sua porta. As pessoas a quem Jesus ama também ficam doentes. Também passam por vales escuros de sombra da morte. Também conhecem a noite de lágrimas. Mas as pessoas a quem Jesus ama conhecem algo mais. Conhecem a doce companhia de Deus. E atravessam a noite de choro sabendo que a alegria chegará com o nascer do sol.

Ao chegar, Jesus verificou que Lázaro já estava no sepulcro havia quatro dias. [...]
Quando Marta ouviu que Jesus estava chegando, foi encontrá-lo, mas Maria ficou em
casa. Disse Marta a Jesus: "Senhor, se estivesses aqui meu irmão não teria morrido. Mas
sei que, mesmo agora, Deus te dará tudo o que pedires". Disse-lhe Jesus: "O seu irmão vai
ressuscitar". Marta respondeu: "Eu sei que ele vai ressuscitar na ressurreição, no último
dia". Disse-lhe Jesus: "Eu sou a ressurreição e a vida. Aquele que crê em mim, ainda que
morra, viverá; e quem vive e crê em mim não morrerá eternamente. Você crê nisso?"
João 11.17-26

No tempo de Jesus havia entre os judeus a crença de que quando alguém morria o espírito do morto pairava dois dias sobre o corpo. Se nesse tempo o morto não se levantasse, dizia-se: "Realmente ele está morto". Caso se levantasse após ser declarado morto, dizia-se: "O espírito dele voltou". Isso explica o costume de aguardar alguns dias antes do sepultamento. Talvez por isso Jesus esperou quatro dias para chegar à casa de Lázaro. A intenção era demonstrar que Lázaro realmente estava morto.

Jesus mais uma vez manifesta autoridade sobre a morte. Por isso ele disse que a enfermidade de Lázaro não era para a morte, mas para que o Filho de Deus fosse glorificado. Jesus vai ao encontro do morto para ressuscitá-lo.

Marta, irmã de Lázaro e Maria, disse que Jesus podia ter feito algo ontem — curar a enfermidade de Lázaro, e certamente faria algo amanhã — ressuscitar Lázaro no último dia. Mas o mais importante era a sua esperança de que algo poderia acontecer naquele momento: "Mas sei que, mesmo agora, Deus te dará tudo o que pedires ".

Talvez Marta jamais imaginasse que Jesus ressuscitaria Lázaro. Mas sua atitude diante de Jesus, o Senhor da vida, está absolutamente correta. Ela olha para ele como quem diz: "Eu sei que o Senhor poderia ter feito algo ontem e o fará amanhã. Mas o que o Senhor fará hoje?". Qualquer que seja o sofrimento, mantenha essa pergunta no seu coração. Diante de Jesus, ajoelhados e suplicantes, podemos e devemos dizer sempre: "Tu que és o Senhor da vida, o que podes fazer por nós agora?".

Os seguidores de Jesus têm seu coração aberto para as surpresas da misericórdia e da compaixão de Deus. Essa esperança da ação de Deus hoje é o que motiva nossas orações e nos anima a seguir em frente em meio ao sofrimento. Os que sofrem hoje podem contar com o socorro de Deus hoje. Ele é não apenas o Senhor da vida, é também o Senhor do tempo. Jamais se atrasa, jamais é omisso. Ele é sempre bom. Em todo o tempo, Deus é bom.

Jesus chorou.
João 11.35

Jesus mergulhou no sofrimento e no luto de Marta e Maria, contemplou a tragédia da morte e chorou. Jesus havia dito que a doença de Lázaro seria um momento para a revelação da glória de Deus e do seu Messias. Jesus sabia de sua autoridade sobre a morte e estava a poucos instantes de chamar Lázaro de volta para a vida. Mas, mesmo assim, chorou.

Caso eu estivesse por perto, chamaria Jesus de lado e diria assim: "Jesus, por gentileza, só um esclarecimento, o Senhor não pretende ressuscitar o defunto dentro de cinco minutos? Então, por que o Senhor está chorando?". Imagino que Jesus responderia algo parecido com isto: "Eu estou chorando porque Lázaro está morto. Quando eu ressuscitá-lo, daqui a cinco minutos, vou celebrar a vida. Mas agora, diante da morte, estou chorando". Simples assim.

É por essa e outras experiências registradas na Bíblia Sagrada que eu não gosto muito da palavra "felicidade". Considero a palavra "felicidade" muito abstrata, uma expressão que não diz muita coisa, justamente e principalmente em momentos como esse, de morte e luto. Prefiro a palavra "contentamento": a capacidade de viver o conteúdo de cada momento com a dignidade que a vida e a oportunidade de viver exigem de nós. É o que diz o apóstolo Paulo: "Aprendi o segredo do contentamento". Ele não diz "segredo da felicidade". E acrescenta: "Sei ter fartura e sei também passar necessidade. Se o momento é de necessidade, sei viver o tempo da necessidade. Se o momento é de fartura, sei viver o tempo do prazer e da satisfação".

É isso o que Jesus está ensinando. No momento de contemplação da morte, devemos chorar. Quando o momento é de ressurreição, devemos celebrar em louvores a Deus. Quando a morte está presente, a gente chora; quando a vida está presente, a gente se alegra. Isso é contentamento, é viver diante de Deus, dignamente, o conteúdo de cada momento.

Jesus chorou. Não há nenhum problema em chorar. Chorar não é demonstração de falta de fé, de fraqueza ou covardia. Chorar é uma expressão da emoção que corresponde ao momento, seja de alegria intensa, seja de tristeza profunda. Peço a Jesus que me ajude a viver com dignidade o conteúdo de cada momento da minha vida. E convido você também a fazer essa mesma oração.

"Jerusalém, Jerusalém, você, que mata os profetas e apedreja os que lhe são enviados! Quantas vezes eu quis reunir os seus filhos, como a galinha reúne os seus pintinhos debaixo das suas asas, mas vocês não quiseram! Eis que a casa de vocês ficará deserta. Eu lhes digo que vocês não me verão mais até que digam: 'Bendito o que vem em nome do Senhor'".
LUCAS 13.34-35

Quando se aproximou e viu a cidade, Jesus chorou sobre ela e disse: "Se você compreendesse neste dia, sim, você também, o que traz a paz! Mas agora isso está oculto aos seus olhos. Virão dias em que os seus inimigos construirão trincheiras contra você, e a rodearão e a cercarão de todos os lados. Também a lançarão por terra, você e os seus filhos. Não deixarão pedra sobre pedra, porque você não reconheceu a oportunidade que Deus lhe concedeu".
LUCAS 19.41-45

Jesus chora sobre Jerusalém porque enxerga sua rebeldia e obstinação contra Deus, porque prevê a rejeição do Messias e antevê o sofrimento da cidade. Ele chora por causa dela, com ela e em favor dela. Chora porque sofre por ela.

Dietrich Bonhoeffer disse que se Deus não fosse capaz de sofrer, também não seria capaz de amar, pois o amor implica sofrimento. E a dor de quem ama é observar a pessoa amada destruindo-se e não poder fazer nada, porque não é onipotente e talvez porque também deva respeitar a grandeza que Deus ensina: a de não invadir nem obrigar outros a responder ao nosso amor. Esse é um dos grandes conflitos a respeito do Deus revelado em Jesus: um Deus que tem sentimentos, que sofre porque ama e, porque ama, morre.

Talvez alguém perguntasse por que Deus não se manifestou de maneira indubitável, de modo que Jerusalém se quebrantasse e se ajoelhasse aos seus pés. Imagino duas respostas. A primeira é que Deus se manifestou. Ele se mostrou tão presente, misericordioso e amoroso em Jesus, que realizou os sinais que lhe foram possíveis para testemunhar do Messias prometido. Talvez haja outra resposta: Deus não constrangeu Jerusalém de maneira irresistível ao arrependimento porque a contrapartida do amor é a liberdade da pessoa amada. A conversão é a entrega a Deus desse mais precioso bem que ele nos concedeu: a liberdade. Deus ama e nos deixa livres para responder ao seu amor. Quando não respondemos ao amor de Deus, ele sofre e chora conosco, sobre nós, por nós, por nossa causa. Esse é o grande mistério do amor de Deus que vai levar Jesus à cruz.

Hoje, mais uma vez, converto-me a Deus e entrego a ele a liberdade que ele mesmo me concedeu. Convido você a abrir mão de sua liberdade, para viver no amor de Deus.

Jerusalém, Jerusalém, você, que mata os profetas e apedreja os que lhe são enviados!
Quantas vezes eu quis reunir os seus filhos, como a galinha reúne os seus pintinhos
debaixo das suas asas, mas vocês não quiseram!
LUCAS 13.34

Essas duas afirmações de Deus são chocantes: "Eu quis, mas vocês não quiseram". São chocantes porque a nossa compreensão de Deus passa por palavras como onipresente, onisciente, e especialmente, onipotente. Cremos, conforme nos ensinam os manuais de teologia, que Deus está em todo lugar, Deus sabe todas as coisas, e principalmente, Deus pode fazer todas as coisas.

Dizemos, e com razão, que Deus é soberano e nada escapa à sua vontade. "Agindo eu, quem o impedirá?", é a pergunta retórica de Deus na boca do profeta Isaías. Por isso é difícil entender o lamento de Jesus chorando sobre Jerusalém: "Eu quis, mas vocês não quiseram". Como conciliar essas duas realidades, a soberania de Deus e a liberdade do homem, que caminham juntas pela Bíblia? De que maneira as expressões *amor* e *liberdade* são equacionadas pelo conceito de soberania de Deus?

Talvez aquela velha história do rei e da princesa ajude a esclarecer. Muito poderoso, o rei conquistou um reino vizinho e trouxe a princesa muito linda para o seu palácio. O rei ficou encantado e apaixonou-se pela princesa. Mas ela não tinha o brilho dos olhos de uma mulher apaixonada. Depois de muita insistência em conquistar o amor da princesa, o rei lhe perguntou: "O que posso fazer para conquistar seu amor?". A princesa respondeu: "A única coisa que o rei pode fazer é me deixar voltar para a minha terra e para o meu povo. Tudo que o rei pode fazer é me deixar livre para ir". O rei retrucou: "Mas se eu deixar você partir, talvez eu perca você para sempre". E a princesa concluiu: "Se o senhor me deixar aqui, cativa, e não me der a liberdade para ir, o senhor jamais terá o meu amor. Mas se eu for e voltar, serei sua para sempre".

Essa é a relação entre amor e liberdade. Deixamos as pessoas que amamos livres para que sigam seu caminho, porque sabemos que, se voltarem, é porque também nos amam. Esse é o risco do amor, e também seu sofrimento. Não imaginamos que Deus nos ame dessa maneira, pois Deus tudo pode. Mas, na verdade, Deus pode tudo quanto o amor pode. E tudo quanto o amor pode é conceder liberdade a quem ama. Enquanto chora sobre Jerusalém, Jesus diz: "Eu quero amar você, mas você não quer ser amada por mim".

Eu quero ser amado por Deus. Eu quero também amar a Deus. No que depende de mim, uso a minha liberdade de ir para voltar aos braços de Deus. Convido você a fazer essa mesma jornada.

> *No primeiro dia da festa dos pães sem fermento, quando se costumava sacrificar o cordeiro pascal, os discípulos de Jesus lhe perguntaram: "Aonde queres que vamos e te preparemos a refeição da Páscoa?" Então ele enviou dois de seus discípulos, dizendo-lhes: "Entrem na cidade, e um homem carregando um pote de água virá ao encontro de vocês. Sigam-no e digam ao dono da casa em que ele entrar: O Mestre pergunta: Onde é o meu salão de hóspedes, no qual poderei comer a Páscoa com meus discípulos? Ele lhes mostrará uma ampla sala no andar superior, mobiliada e pronta. Façam ali os preparativos para nós".*
>
> MARCOS 14.12-15

Jesus tem discípulos que seus discípulos mais chegados desconhecem. São discípulos anônimos. Mais que isso, ele tem uma rede de inteligência. Parece que Jesus plantou várias células na Palestina. Grupos autônomos que não necessariamente se relacionam entre si.

Jesus tinha (e tem) uma rede de células subversivas. Muitos na Palestina, além dos doze, já haviam percebido quem era de fato Jesus, e já o haviam acolhido como Messias. Muitos estavam devotados a servi-lo sem reservas e eram absolutamente sujeitos à sua autoridade.

As fronteiras do reino de Deus estão além dos nossos pequenos círculos de amizades, panelinhas religiosas e guetos eclesiásticos e denominacionais. O reino de Deus transbordou. Deus tem muita gente espalhada pelo mundo. Gente que desconhecemos e que não conhece a gente. As fronteiras do reino de Deus não estão nos limites dos nossos olhos. Nem sequer imaginamos quantas pessoas servem a Jesus sem que estejam sujeitas aos nossos critérios ou à nossa autoridade, e que não são governadas por nós. Gente que não lê nas nossas cartilhas e não subscreve nossos códigos éticos e doutrinais. Deus é livre para tocar o coração de pessoas que também livremente respondem ao seu amor. As fronteiras do reino de Deus extrapolam nossas possibilidades de controle. Tolo é quem pretende dizer quem é ou não discípulo de Jesus. Apenas ele conhece os seus. Jesus conta com eles, e eles o servem de todo o coração.

A minha oração é simples. Ofereço minha vida a Deus para que, quando Jesus olhar para a terra e procurar pelos seus *talmidim*, homens e mulheres de confiança, que ele me encontre e diga: "Ali está o Ed René. Ele é um dos meus. Podem falar com ele, pois ele já preparou a sala. Tudo o que ele tem está à minha disposição. Falem com ele em meu nome. Ele me conhece. Eu o conheço também, podem confiar nele". Quero ser um desses *talmidim* de Jesus, ainda que anônimo, porque os olhos de Jesus me bastam. Vamos fazer juntos essa oração?

Finalmente, chegou o dia dos pães sem fermento, no qual devia ser sacrificado o cordeiro pascal. Jesus enviou Pedro e João, dizendo: "Vão preparar a refeição da Páscoa".

LUCAS 22.7-8

Reunido no cenáculo para celebrar sua última Páscoa, Jesus tem uma longa conversa com seus *talmidim*. Essa conversa, ou somatória de pequenas conversas, está registrada em João, capítulos 13 a 17.

As conversas ao redor da mesa fazem parte da espiritualidade de Jesus. Jamais podemos negligenciar a sacralidade das pequenas conversas sobre os mistérios do reino de Deus que travamos entre os amigos espirituais no ambiente de intimidade e privacidade. Quando um pequeno grupo está ao redor da mesa, partindo o pão e conversando sobre os mistérios do reino de Deus, as revelações do Espírito Santo invariavelmente acontecem.

A chamada pós-modernidade é criticada por dizer que não existe verdade. Mas o que está sendo dito é que a verdade escapa à racionalidade humana; logo, não podemos resumir Deus a um conjunto de enunciados teóricos ou princípios doutrinários. Deus extrapola as definições racionais. Definir é estabelecer limites. Deus é eterno. Não pode ser limitado a qualquer definição. Ele não cabe em um princípio, um dogma, um sistema teológico ou filosófico. O Eterno habita em "luz inacessível", disse o apóstolo Paulo. Deus é o "totalmente outro", como disse o teólogo Karl Barth, e por isso ele se revela e se dá a conhecer. Não é na racionalidade científica ou objetiva que Deus é aprendido, deduzido, decodificado e descoberto.

Mas o fato de Deus estar além da racionalidade não significa que esteja além da percepção. Estar além da possibilidade racional de compreensão não é a mesma coisa que estar aquém das possibilidades de relacionamento. Essa é a maravilha das pequenas conversas a respeito dos mistérios do reino de Deus. Enquanto estamos ao redor da mesa, no ambiente sagrado das amizades espirituais, estamos trocando percepções sobre Deus, discernimentos a respeito do sagrado, compreensões e experiências sobre o que é transcendente. Embora saibamos que percepções, compreensões, discernimentos e experiências sejam menos que Deus, cremos que é no meio dessas pequenas conversas que o Espírito Santo vai revelando de fato quem é Deus.

Poucas coisas me dão tanto prazer e satisfação quanto estar ao redor da mesa com amigos, conversando a respeito dos mistérios do reino de Deus. Também levo muito a sério as pequenas conversas. Tenho certeza de que as pequenas conversas são o ambiente privilegiado das revelações espirituais. Convido você também a encontrar amigos sob a luz do Espírito Santo de Deus.

Quando terminou de lavar-lhes os pés, Jesus tornou a vestir sua capa e voltou ao seu lugar. Então lhes perguntou: "Vocês entendem o que lhes fiz? Vocês me chamam 'Mestre' e 'Senhor', e com razão, pois eu o sou. Pois bem, se eu, sendo Senhor e Mestre de vocês, lavei-lhes os pés, vocês também devem lavar os pés uns dos outros. Eu lhes dei o exemplo, para que vocês façam como lhes fiz. Digo-lhes verdadeiramente que nenhum escravo é maior do que o seu senhor, como também nenhum mensageiro é maior do que aquele que o enviou. Agora que vocês sabem estas coisas, felizes serão se as praticarem".
JOÃO 13.12-17

Era costume da época que os escravos lavassem os pés dos senhores, dos convidados e dos hóspedes antes das refeições. Quando Jesus se reúne no cenáculo com os seus *talmidim* para a última refeição da Páscoa, é ele quem se apressa a lavar os pés de todos. O trabalho deveria ser feito por um escravo, mas é Jesus quem o faz. Nenhum dos doze apóstolos se antecipou ou se voluntariou para lavar os pés dos seus pares, nem mesmo os pés do seu "Mestre e Senhor". Mas Jesus se ajoelhou para lavar os pés dos seus discípulos.

Em sua última longa conversa com os *talmidim*, a primeira grande lição de Jesus é a respeito do serviço. Jesus deseja deixar profundamente arraigado no coração dos seus discípulos o que já havia ensinado: no reino de Deus, aqueles que têm posição de autoridade têm, na verdade, a prerrogativa e o privilégio de servir. A posição de autoridade não é licença para mandar, exigir, comandar, ou ser o primeiro a ser servido, mas sim uma responsabilidade privilegiada de serviço. Esse é o modelo da liderança de Jesus, e é o que ele quer imprimir no coração dos seus discípulos.

Quando chega o momento de Jesus lavar os pés de Pedro, este se recusa: "O Senhor não pode lavar os meus pés. Nessa relação, o escravo sou eu. Como o Senhor vai lavar os pés do escravo?" Então Jesus lhe diz: "Se eu não lavar os seus pés, então eu não posso me relacionar com você e nem você comigo". Jesus está realmente dizendo que não pode se relacionar com pessoas a quem ele não pode servir. Nós dizemos exatamente o contrário, isto é, que somente podemos nos relacionar com pessoas que nos servem. Mas Jesus deixa claro que a melhor maneira, senão a única, de você se relacionar com alguém é servir e abandonar a expectativa de ser servido.

Servir ao próximo, de acordo com Jesus, é o caminho da felicidade. Não tenha medo de ser feliz. Ajoelhe-se para servir.

Um pouco antes da festa da Páscoa, sabendo Jesus que havia chegado o
tempo em que deixaria este mundo e iria para o Pai, tendo amado os seus
que estavam no mundo, amou-os até o fim.
João 13.1

"Somente Cristo amou, porque amou sabendo", disse o padre Antonio Vieira. Em seu *Sermão do mandato*, ele comenta que há "quatro ignorâncias de quem ama, que diminuem a perfeição e merecimento de seu amor: ou porque não se conhecesse a si; ou porque não conhecesse a quem ama; ou porque não conhecesse o amor; ou porque não conhecesse o fim onde há de parar amando". Ele diz Jesus foi o único que amou com perfeição.

Jesus ama com perfeição porque conhece a si mesmo, a pessoa amada, o amor e o fim a que chegará amando. Muitos juram amor, mas desconhecem a si mesmos e a quem juram amor. Nos amores da imaturidade é comum que se diga: "Quando jurei amar você, eu não me conhecia direito, não sabia de fato quem eu era. Agora que a minha identidade se consolidou, e descobri de fato quem sou, vejo que não combinamos". Jesus é diferente. Ele sabe que é o Filho de Deus, que chegou a sua hora de deixar este mundo e voltar para o Pai, e mesmo assim amou.

Além de conhecer a si mesmo, Jesus conhece as pessoas a quem ama, pois amou "os seus que estavam no mundo". Vieira pergunta: "Não estivessem no mundo, onde pois haveriam de estar?" Ele mesmo responde: "Na sua imaginação". Há muita gente que ama uma pessoa irreal, uma pessoa idealizada, uma projeção de seus próprios desejos. Jesus é diferente. Ele sabe a quem ama. As pessoas a quem concede seu amor não estão na sua imaginação e idealização, mas no mundo.

Jesus conhece a si mesmo, as pessoas a quem ama e também o que é amar: "Tendo amado, amou-os". Muitos confundem amor com paixão, desejo ou prazer. O amor é sacrifical, exige compromissos duradouros, fidelidade e renúncias. O amor implica disposição para o perdão, mútua compreensão e aceitação. Jesus, tendo amado e experimentado os custos do amor, escolheu continuar amando.

Por último, Jesus ama com perfeição porque conhece também o fim a que chegará amando: "Amou-os até o fim". Qual foi o fim a que chegou por tanto amar? A cruz do Calvário. Antes, passou por rejeição, traição, negação e abandono. Ainda assim, amou. Há muita gente que ama para ser amado de volta. Ama buscando compensação. O amor, entretanto, é dádiva praticamente unilateral. Mesmo sabendo que seu fim seria a cruz, Jesus nos amou.

Essa é a minha súplica a Deus: amor para amar.

Depois de dizer isso, Jesus perturbou-se em espírito e declarou: "Digo-lhes que certamente um de vocês me trairá". Seus discípulos olharam uns para os outros, sem saber a quem ele se referia. Um deles, o discípulo a quem Jesus amava, estava reclinado ao lado dele. Simão Pedro fez sinais para esse discípulo, como a dizer: "Pergunte-lhe a quem ele está se referindo". Inclinando-se esse discípulo para Jesus, perguntou-lhe: "Senhor, quem é?" Respondeu Jesus: "Aquele a quem eu der este pedaço de pão molhado no prato". Então, molhando o pedaço de pão, deu-o a Judas Iscariotes, filho de Simão.
JOÃO 13.21-26

Jesus oferece o pão da comunhão também a Judas. Não o exclui da comunhão, embora soubesse que Judas logo o trairia. O simbolismo da oferta do pão é maravilhoso! Jesus faz questão de oferecer a Judas o pão molhado, encharcado de vinho, na verdade, o pão encharcado de sangue.

O amor de Jesus se destina a nós, mesmo ele conhecendo quem somos. Jesus sabe da nossa finitude, das nossas incapacidades, da nossa propensão à traição, negação e rejeição do seu amor. Ele conhece nosso impulso pecaminoso e nossa capacidade de transgressão. Mesmo assim, Jesus nos oferece o pão da comunhão encharcado de vinho, encharcado de sangue. Quem é convidado por Jesus à comunhão recebe, no próprio ato do convite, a provisão para o perdão. O convite é feito na perspectiva do perdão e é sempre encharcado de sangue.

Jesus não apenas nos convida, mas também nos garante lugar à mesa e nos oferece as condições para que nos assentemos em seu banquete fraterno e amoroso. Jamais chegamos diante de Jesus motivados por nossas virtudes, mas sempre cativados pelo seu perdão. Jamais fazemos por merecer a comunhão com Jesus, mas somos acolhidos pela gratuidade do seu amor. Jesus nos chama para a roda dos seus íntimos, dizendo: "Tome o meu corpo, que é partido por você. Tome o meu sangue, que é derramado por você. Participe do meu corpo. Deixe-se lavar pelo meu sangue".

Participando do corpo e do sangue de Jesus, até mesmo Judas pode assentar-se à mesa da comunhão. Judas está ausente da mesa não porque Jesus não o quisesse, o tivesse rejeitado, abandonado ou expulsado da comunhão. Judas estará ausente por escolha ou vontade própria. Talvez por vergonha ou culpa. A mão estendida para a comunhão, com o pão encharcado do sangue derramado para o perdão, está sempre em oferta da parte de Jesus para você e para mim.

Eu quero comer o pão encharcado do vinho. Participar do corpo e do sangue de Jesus. Quero estar à mesa da comunhão, celebrando o perdão que a todos nos faz irmãos. Convido você à mesa também.

Tão logo Judas comeu o pão, Satanás entrou nele. "O que
você está para fazer, faça depressa", disse-lhe Jesus.
JOÃO 13.27

Satanás entrou nele. Esse é o fenômeno espiritual conhecido como demoniza-ção. A pessoa demonizada pensa, sente, fala e age sob a influência de um espírito maligno, que a Bíblia chama também de demônio, espírito imundo ou das trevas. A narrativa bíblica informa que existe uma influência, ou força, ou mesmo um ser espiritual, que age sobre Judas. Usando termos mais populares, Judas está encapetado. O espírito que age sobre Judas é apontado como Satanás, o espírito contrário ao reino de Deus e seu Cristo.

A Bíblia diz que devemos resistir ao mal. Tiago nos lembra de que devemos "resistir ao Diabo, e ele fugirá de nós". Assim como podemos e devemos resistir, infelizmente, podemos também acolher. É o que Judas faz: acolhe a ação do Maligno. Em vez de orar como Jesus ensinou: "Não nos deixes cair em tentação, livra-nos do mal", Judas abriu seu coração para a influência do malvado e da maldade. Não sabemos as razões de Judas; seus medos, sua ganância ou ambição, suas conveniências, sua covardia. O que sabemos é que, por alguma razão, Judas preferiu deixar-se levar por esse impulso mal, justamente o impulso ou espírito a que devia oferecer resistência.

Pior do que agirmos sob a influência de um espírito mal é esse espírito mal entrar em nós. A expressão "entrou nele" talvez aponte o fato de que o próprio Judas se tornou um espírito mal. A pior maldade que o malvado pode fazer contra mim é me fazer malvado. Por isso é que devemos resistir ao mal. Assim nos ensinou Jesus.

A minha oração é para que não apenas os espíritos maus estejam distantes de mim, mas principalmente para que eu jamais me torne um espírito malvado. Que Deus tenha compaixão de nós e nos proteja. Que não nos deixe cair em tentação, mas nos livre do mal e do Maligno. Façamos juntos essas orações.

Meus filhinhos, vou estar com vocês apenas mais um pouco. Vocês procurarão
por mim e, como eu disse aos judeus, agora lhes digo: Para onde eu vou, vocês
não podem ir. Um novo mandamento lhes dou: Amem-se uns aos outros.
Como eu os amei, vocês devem amar-se uns aos outros. Com isso todos
saberão que vocês são meus discípulos, se vocês se amarem uns aos outros.
João 13.33-35

Na direção oposta ao espírito de Judas, Jesus convida seus *talmidim* à frater-nidade universal do amor. Ele diz que se um é o espírito maligno da traição, da transgressão e da oposição ao reino de Deus e ao espírito do Cristo, outro é o espírito do Cristo nos seus *talmidim*. Jesus diz: "Todos saberão que vocês com-partilham do meu espírito, que vocês são meus seguidores, que vocês estão sob a minha influência, autoridade, ministração e o meu poder, quando vocês viverem na dimensão do amor".

A vida na comunhão do amor implica um "novo mandamento". Novo porque é distinto do mandamento conforme enunciado na lei de Moisés. A Torá dizia que se deve "amar ao próximo como a si mesmo". Jesus diz: "Amem uns aos ou-tros assim como eu amei vocês". Na Torá, o padrão do amor é o amor a si mesmo. No evangelho de Jesus, o mandamento ganha outra dimensão, pois o padrão é o amor do Cristo: amar ao próximo não com o mesmo amor com que eu amo a mim mesmo, mas amar ao próximo com o amor com que Cristo me ama.

A experiência do amor é extraordinária. Ela só é possível se o espírito do Cristo agir em nós. A Bíblia Sagrada ensina, nas palavras do apóstolo Paulo, que "o fruto do Espírito de Deus é o amor", pois "o amor de Deus é derramado em nossos corações", e transborda de nós para os outros. Somente quando estamos sob a ação e influência do espírito do Cristo somos capazes de amar como o Cristo. Jesus nos ensina a resistir ao espírito do Maligno e acolher seu espírito, construirmos a fraternidade universal de amor.

Judas permitiu que o espírito do Maligno "entrasse nele", e ele então se tor-nou malvado. Os *talmidim* de Jesus se deixam permear pelo espírito do Cristo, o espírito do amor, e se tornam homens e mulheres que amam como o próprio Cristo amou. Eis a peregrinação do discipulado de Jesus: aprender a amar.

> *Simão Pedro lhe perguntou: "Senhor, para onde vais?" Jesus respondeu:*
> *"Para onde vou, vocês não podem seguir-me agora, mas me seguirão mais tarde". Pedro*
> *perguntou: "Senhor, por que não posso seguir-te agora? Darei a minha vida por ti!"*
> *Então Jesus respondeu: "Você dará a vida por mim? Asseguro-lhe que, antes que o galo*
> *cante, você me negará três vezes!"*
> João 13.36-38

Ele era um homem corajoso. O apóstolo Pedro realmente acreditava que seria fiel e leal a Jesus mesmo que isso lhe custasse a vida: "Eu vou dar a vida por você". Mas Jesus o adverte: "Não, você não vai fazer isso. Você não é capaz de fazer isso, não tem condição de dar a vida por mim. Você pensa que pode; acredita que pode. Acolho sua declaração porque você realmente acredita que é capaz de se sacrificar por mim. Mas você não é. Quando você estiver diante da espada e for necessário escolher entre a sua própria vida e a sua lealdade a mim, você vai escolher você mesmo. Você vai escolher sobreviver".

O impetuoso Pedro vive sob o autoengano e está equivocado a respeito de si mesmo. O que ele não sabe a respeito de si mesmo é o que a maioria de nós também não sabe, isto é, que somos seres insuficientes: incapazes de bancar nossa lealdade e fidelidade a Deus, e de viver à altura do padrão da perfeição dele. Este é o significado da "doutrina da queda": somos seres caídos e pecadores. Nossa condição humana não é suficiente para cumprir a vontade de Deus.

Esse evento em que Pedro nega a Jesus é também a revelação da condição humana. Sempre que chegamos ao limite dos limites a tendência é dizer *não* para Deus e *sim* para o ego. Quando temos que escolher entre o ego e Deus, quase sempre elegemos o ego. Uma das grandes tragédias da condição humana é não conseguir fazer o que quer fazer só porque acredita que deve ou porque julga que é o certo a fazer. O apóstolo Paulo grita em desespero: "Miserável homem que eu sou! Pois não faço o que desejo, mas o que odeio. Tenho o desejo de fazer o que é bom, mas não consigo realizá-lo. Pois o que faço não é o bem que desejo, mas o mal que não quero fazer, esse eu continuo fazendo".

Precisamos de redenção. Cada ser humano, ao seu próprio jeito, também nega a Jesus antes de o galo cantar. A madrugada é a hora da verdade do coração humano.

O Espírito Santo nos convence do pecado, isto é, nos ensina a não confiar em nossa suficiência, e nos impede de estar enganados sobre nós mesmos. Seu poder nos capacita a dizer sim a Deus. Venha sobre nós o Espírito Santo!

Não se perturbe o coração de vocês. Creiam em Deus; creiam também em mim. Na casa de meu Pai há muitos aposentos; se não fosse assim, eu lhes teria dito. Vou preparar-lhes lugar. E se eu for e lhes preparar lugar, voltarei e os levarei para mim, para que vocês estejam onde eu estiver. Vocês conhecem o caminho para onde vou.

João 14.1-4

Provavelmente você acredita que "a casa de meu Pai" para onde Jesus vai é o céu. Entretanto, devemos lembrar que Jesus era judeu, está em Jerusalém e na festa da Páscoa. Todos os seus *talmidim* sentados com ele à mesa são também judeus. Quando Jesus se referiu à "casa de meu Pai", nenhum deles, com absoluta certeza, pensou no céu. Evidentemente eles pensaram no templo de Jerusalém. Certamente lembraram-se do profeta Isaías, citado por Jesus no episódio da expulsão dos vendilhões do templo: "A casa de meu Pai será chamada casa de oração".

A "casa do Pai", para um judeu que vive em Jerusalém, no tempo de Jesus, não é o céu, é o templo de Jerusalém. Quando Jesus passa diante do templo, declara solenemente: "Destruam este templo, e eu o levantarei em três dias". O evangelista João interpreta dizendo que Jesus se refere ao seu corpo (Jo 2.19-21). Por essa razão, os apóstolos vão ensinar que o verdadeiro templo de Deus não é o templo de Jerusalém, pois Deus não habita em templos feitos por mãos humanas. O verdadeiro templo onde Deus habita somos nós. Nós somos o templo do Espírito Santo, a casa espiritual, conforme ensinou o apóstolo Pedro. Nós somos um templo de pedras vivas, onde Deus habita em Espírito.

A promessa de Jesus a respeito de sua partida e retorno — "Vou preparar-lhes lugar, e voltarei e os levarei para mim" — não diz respeito ao fim escatológico, ao fim do mundo ou fim dos tempos, como costumamos pensar. Jesus promete voltar depois de três dias: "Destruam este templo, e eu o levantarei em três dias". Existe, portanto, uma relação de continuidade perfeita entre "a casa de meu Pai", o templo de Jerusalém, e o corpo vivo de Cristo, a Igreja: comunhão universal do amor do Cristo. A Igreja, templo de pedras vivas, é a verdadeira "casa de meu Pai", o verdadeiro templo onde Deus habita.

Quem deseja "entrar na casa de Deus" deve entrar na comunhão universal do amor do Cristo ressurreto. Deus habita a comunidade do Cristo. Deus está presente na mesa da comunhão. Quando nos amamos uns aos outros no amor do Cristo, o próprio Cristo está presente no meio de nós. Quando Cristo está em nós, estamos na casa do Pai.

Quem me vê, vê o Pai.
JOÃO 14.9

Deus é invisível. "Deus é espírito", disse Jesus (Jo 4.24). O espírito de Deus não é apropriado pelos nossos sentidos físicos. Não podemos tocar, sentir o cheiro, o sabor, nem mesmo ver o espírito de Deus. Por essa razão, para a maioria dos seres humanos, Deus é um espírito procurado às apalpadelas, como disse o apóstolo Paulo em Atenas.

Como é esse Deus? Onde está esse Deus? Qual é a natureza desse Deus? Qual é o caráter desse Deus? O que podemos perceber desse Deus? O que nos é possível apreender desse Deus? O que nos é possível conhecer desse Deus? Deus, Deus, Deus. Essas questões são perturbadoras e insistentes.

Para definir Deus, as pessoas usam expressões do tipo: "Deus é tudo!", "Deus é luz" "Deus é força", "Deus é energia", "Deus é poder". Nós, cristãos, os *talmidim* de Jesus, dizemos algo extraordinário: "Deus é igual a Jesus". Isso é admirável, porque já é surpreendente acreditarmos que Jesus é Deus ou que Jesus é igual a Deus. Mais surpreendente ainda é a compreensão de que Deus, esse Deus invisível, esse Deus que o apóstolo Paulo diz que habita em luz inacessível, esse Deus que a gente não consegue pegar nem ver, o Deus transcendente, do mundo espiritual, do universo espiritual, que nos parece tão alheio, esse Deus dos céus é igual a Jesus. Acreditar que Jesus é igual a Deus é surpreendente. Entretanto, acreditar que Deus é igual a Jesus é ainda mais surpreendente.

Você quer conhecer a Deus? Olhe para Jesus! Você quer saber como Deus pensa, como Deus fala, como Deus age, o que Deus quer e não quer, o que ele aprova e desaprova, como ele se relaciona com as pessoas? Você quer saber desse Deus? Olhe para Jesus! Ele é a revelação última de Deus. A Bíblia Sagrada diz que Deus se revelou de muitas maneiras, muitas vezes: aos nossos antepassados pelos profetas, também pela sua obra criada. Mas Deus se revelou absoluta e cabalmente na pessoa de Jesus. Quer conhecer a Deus? Olhe para Jesus! Quem vê Jesus, vê a Deus. Quem sabe de Jesus, sabe de Deus. Pois em Jesus habita a plenitude da divindade; ele é "a imagem do Deus invisível" (Cl 1.15,19), nas palavras do apóstolo Paulo.

A minha oração é compreender e discernir, crer e experimentar este mistério: Jesus é igual a Deus e Deus igual é Jesus. Convido você também a fazer a mesma oração.

Se vocês me amam, obedecerão aos meus mandamentos. E eu pedirei ao Pai, e ele lhes
dará outro Conselheiro para estar com vocês para sempre, o Espírito da verdade. O
mundo não pode recebê-lo, porque não o vê nem o conhece. Mas vocês o conhecem, pois
ele vive com vocês e estará em vocês. Não os deixarei órfãos; voltarei para vocês.
JOÃO 14.15-18

A primeira declaração pública de Jesus foi: "O Espírito do Senhor Deus está sobre mim". Agora, na última conversa de Jesus com seus *talmidim*, Jesus diz: "O
Espírito do Senhor Deus, que está sobre mim, também estará sobre vocês". Jesus
está anunciando a sua partida, e os seus *talmidim* estão confusos e inseguros.
Pedro insiste com Jesus: "Não vá embora; eu vou contigo; eu quero ir contigo;
eu quero ir junto para onde o Senhor for". Filipe pergunta: "Para onde o Senhor
vai? Eu quero ir para junto do Pai e para junto de ti". Jesus acalma seus *talmidim*
dizendo: "Eu vou embora, mas o Espírito que está sobre mim estará sobre vocês.
Vocês não ficarão órfãos. Deus, o Pai, enviará o Espírito Santo para viver em vocês. Deus, o Pai, enviará o Paráclito — o Conselheiro, o Consolador, aquele que
estará ao lado de vocês, com vocês e em vocês".

Jesus promete: "Eu voltarei para vocês". Na comunhão do Espírito Santo, Jesus está conosco e nós estamos com ele. Este é um grande mistério do caminho
de Jesus: o Espírito de Deus, que estava sobre Jesus, está sobre nós. No derramar
do Espírito Santo sobre toda a carne, conforme Deus mesmo prometeu pela
boca do profeta Joel, Deus está mudando de endereço. Deus, que antes era compreendido como "Aquele que está no céu", estava presente em Jesus, encarnado.
Jesus era chamado *Emanuel*, "Deus conosco". Agora que Jesus vai embora, diz
aos seus *talmidim*: "O Espírito do meu Pai estará em vocês. Deus não está mais
apenas no céu. Ele está com vocês, ao lado de vocês e em vocês". Deus mudou
de endereço, "não vive longe, lá no céu". Deus está em você, "o Espírito Santo se
move em você".

Peço a Deus que o Espírito do Cristo faça morada em mim. Essa é a minha
oração, e convido você também a orar assim.

Aquele que crê em mim fará também as obras que tenho realizado. Fará coisas ainda maiores do que estas, porque eu estou indo para o Pai.
João 14.12

Jesus promete que seus *talmidim* farão obras tão grandiosas e até maiores do que as obras que ele mesmo realizou. Assim como Jesus realizou as obras de Deus sob a unção do Espírito Santo, também os seus *talmidim* serão protagonistas das mesmas obras, sob a mesma unção, do mesmo Espírito. Esta é a maneira como Jesus responde à angústia dos seus *talmidim*, que perguntam: "Agora que o Senhor está anunciando a sua partida, e diz que vai voltar para o Pai, quem vai fazer as coisas que o Senhor faz?". Jesus responde com simplicidade e segurança: "Vocês, pois o Espírito do meu Pai estará sobre vocês assim como está sobre mim. Aliás, vocês farão obras maiores do que as minhas".

Quando Jesus promete que seus discípulos fariam "obras maiores", ele não está falando em termos qualitativos, pois o que seria uma obra maior do que ressuscitar uma pessoa? Ressuscitar duas pessoas? O que Jesus está dizendo é que as obras dos seus discípulos seriam maiores em termos de extensão. Jesus tem a expectativa de que os seus *talmidim* levem o anúncio do reino de Deus até os confins da terra, anunciem o evangelho do reino de Deus a todos os povos e nações.

Os discípulos de Jesus, animados, cheios de poder, habitados pelo Espírito Santo de Deus, farão o nome de Cristo conhecido de todas as famílias da terra e o nome de Deus exaltado e adorado entre todas as nações. A Igreja de Jesus, o corpo vivo de Cristo, tem feito isso ao longo da história. Jesus não está dizendo que todos e cada um dos seus discípulos realizarão feitos extraordinários. Mas a história do movimento de Jesus ao longo dos tempos tem demonstrado que o Espírito do Cristo está agindo e manifestando os sinais do reino de Deus, que está presente entre os homens. O mundo é cheio de expressões de amor, misericórdia, bondade e graça de Deus.

Agostinho dizia que a graça é um sinal da presença de Deus no mundo. Cada seguidor e seguidora de Jesus é um sinal de Deus. As comunidades dos *talmidim* de Jesus são sinais de Deus. A Igreja, o corpo vivo de Cristo, é sinal de Deus. As obras de Jesus continuam a ser realizadas através de todos os que são dele.

PÓLVORA

*Tudo isso lhes tenho dito enquanto ainda estou com vocês. Mas o
Conselheiro, o Espírito Santo, que o Pai enviará em meu nome, lhes ensinará
todas as coisas e lhes fará lembrar tudo o que eu lhes disse.*
JOÃO 14.25-26

A Bíblia é a Palavra de Deus. Isso significa que a ela é a revelação de Deus. O
Deus da Bíblia se revela. Deus fala. Ele é que vem ao nosso encontro e se dá a
conhecer, pois o oposto seria impossível: jamais poderíamos ir ao encontro dele
para conhecê-lo se ele não quisesse se revelar e se deixar conhecer. O evangelho
do reino anunciado por Jesus é necessariamente revelação de Deus para nós.

Como podemos saber onde Deus fala? Como podemos saber quais são as vozes através das quais ele se pronuncia? Muitos textos sagrados foram produzidos
na história de Israel e nos primeiros séculos da era cristã. Alguns livros foram
incluídos na Bíblia e outros foram deixados de lado. Como foi possível fazer a
distinção entre os livros considerados revelação de Deus e os demais?

Carlos Mesters, teólogo e frade carmelita, usou a metáfora da pólvora para
esclarecer a maneira como os livros sagrados foram identificados. Ele disse que
quando olhamos para o passado encontramos muitas narrativas sagradas, muitas tradições espirituais e testemunhos de pessoas que se encontraram com
Deus. Todas essas vozes do passado estão dispostas na história como a terra de
um chão batido que contém um rastilho de pólvora que se estende desde os tempos mais remotos. Quando olhamos para o chão, não conseguimos diferenciar o
que é terra e o que é pólvora, isto é, não sabemos distinguir o que é voz de Deus
e o que é voz dos homens, o que é palavra de Deus que revela Deus e o que é a
palavra e intuição humanas a respeito de Deus. Mas quando o Espírito Santo,
aquele fogo do Pentecostes, é derramado, ele acende a ponta do rastilho, que
vai queimando para trás e iluminando tudo o que foi dito no passado, de modo
que quando a gente olha, está bem claro o que é terra e o que pólvora, o que é
revelação de Deus e o que não é.

Esse é o significado da promessa de Jesus: "Mas o Conselheiro, o Espírito
Santo, que o Pai enviará em meu nome, lhes ensinará todas as coisas e lhes fará
lembrar tudo o que eu lhes disse. Ele vai fazer com que vocês se lembrem de tudo
o que eu falei e vai fazer com que vocês façam a distinção entre a minha voz e a
voz do meu Pai de todas as outras vozes".

Peço a Deus, em oração, que o Espírito Santo sussurre a doce voz de Jesus no
seu coração e no meu. Amém.

Quando vier o Conselheiro, que eu enviarei a vocês da parte do Pai, o Espírito da verdade que provém do Pai, ele testemunhará a meu respeito. E vocês também testemunharão, pois estão comigo desde o princípio.
João 15.26-27

O Espírito Santo testemunha a respeito de Jesus Cristo. O teólogo anglicano James Packer diz que o Espírito Santo é como uma grande luz às nossas costas, que ilumina a face de Jesus que está diante de nós. Não devemos nos voltar para o Espírito Santo dando as costas para Jesus. Devemos ficar de frente para Jesus, para que em sua face iluminada pelo Espírito Santo possamos ver a Deus Pai. O Espírito Santo, que consideramos a terceira pessoa da Santíssima Trindade, não é protagonista no movimento de Jesus. Os seguidores de Jesus seguem a Jesus, mas sob a ação, a iluminação e o poder do Espírito Santo.

Esse é um dos grandes critérios para podermos discernir a voz de Deus. Das tantas vozes que ouvimos, como sabemos qual é a voz de Deus? Quando essa voz aponta na direção de Jesus, o Cristo, é voz de Deus. Se essa voz confunde a face de Jesus, o Cristo, não é voz de Deus. Quando alguém diz: "Deus falou comigo", "Deus mandou um recado para você", ou "Deus está dizendo agora que você deve isso ou aquilo", é muito importante você avaliar se essas vozes combinam com o caráter, os propósitos e as promessas de Jesus. Você deve se perguntar: "Essas vozes revelam a intenção de Jesus?". O que está sendo dito está de acordo com o reino de Jesus Cristo? Se as respostas forem positivas, isso já é um bom indício de que, talvez, embora não necessariamente, essa voz seja de fato palavra de Deus.

O Espírito Santo não chama atenção para si mesmo e não fala a respeito de qualquer coisa. O Espírito Santo se ocupa em nos guiar à intimidade, à comunhão, à participação na pessoa e obra de Jesus, o Cristo. O Espírito Santo testemunha do Cristo, e nos faz também testemunhas do Cristo vivo.

Esta é a minha oração: Quero conhecer a Jesus Cristo. Quero fazer Cristo conhecido. Que o Espírito Santo ilumine o Cristo, e que o Cristo me ilumine. Que o brilho da minha face seja reflexo da luz da face de Cristo que está diante de mim. Convido você a fazer a mesma oração.

Se eu não for, o Conselheiro não virá para vocês; mas se eu for, eu o enviarei.
Quando ele vier, convencerá o mundo do pecado, da justiça e do juízo. Do pecado,
porque os homens não creem em mim; da justiça, porque vou para o Pai, e vocês
não me verão mais; e do juízo, porque o príncipe deste mundo já está condenado.
João 16.7-11

Enquanto celebrava a Páscoa pela última vez, na reunião no cenáculo, em Jerusalém, Jesus fala pelo menos quatro vezes a respeito da pessoa e da obra do Espírito Santo, o Paráclito — Consolador. Jesus ensina o que podemos e devemos esperar da ação do Espírito Santo de Deus no meio de nós, sobre nós e em nós.

O Espírito Santo é quem "convence o homem do pecado, da justiça e do juízo". Qual é o pecado? O pecado de não crer que Jesus é o Cristo, de não acolher Jesus como o Messias, de não receber o Cristo de Deus como aquele único que revela Deus aos homens, a referência absoluta de Deus entre nós. Este é o grande pecado: rejeitar o Deus que se revela no Cristo, o Deus que vem ao nosso encontro na pessoa de Jesus de Nazaré. É o Espírito Santo quem diz: "Jesus é o Cristo. Jesus é o Messias. Em Jesus, o Cristo, Deus está presente".

O Espírito Santo convence também da justiça. Jesus justifica isso dizendo: "Porque eu vou para o Pai". Jesus está fazendo referência ao fato de que sua morte seria interpretada como derrota, e, portanto, uma evidência de que ele era um falso Messias. A cultura religiosa da época associaria a morte de Jesus como uma evidência de que ele não era justo, pois Deus não permitiria que o Justo, o Messias, morresse. Jesus se antecipa e diz: "Eu vou morrer, mas quando eu ressuscitar vocês saberão que naquela cruz foi sacrificado um inocente. O Espírito de Deus vai mostrar a vocês quanto estavam errados quando disseram que eu era um impostor que blasfemava quando dizia 'Eu e o Pai somos um'. Eu vou morrer, mas não serei deixado na morte, pois vou para o meu Pai".

Por fim, o Espírito Santo convence do juízo. Jesus justifica dizendo que "o príncipe deste mundo já está condenado". Na morte e ressurreição de Jesus os espíritos malignos serão não apenas definitivamente derrotados, mas também desmascarados. A partir de então os *talmidim* de Jesus saberão onde exatamente está o Espírito de Deus e o espírito do anticristo. Na pessoa de Jesus, na sua morte como um Cordeiro inocente e imaculado e na sua ressurreição ganhamos o discernimento do critério para a manifestação e a presença de Deus entre nós, conosco e em nós. O Espírito Santo nos dá esse discernimento.

Que o Espírito Santo me convença. E convença a você também.

Tudo isso aconteceu para que se cumprisse o que o Senhor dissera pelo profeta:
"A virgem ficará grávida e dará à luz um filho, e o chamarão Emanuel", que significa
"Deus conosco".
MATEUS 1.22-24

Este é um *talmidim* especial, para ser lido no dia de Natal, em que celebramos o nascimento de Jesus, o "Deus conosco". O Natal é a celebração da encarnação do Deus que se fez homem, do mistério de Jesus de Nazaré, "verdadeiramente homem e verdadeiramente Deus".

Imagine o que poderíamos pensar a respeito de Deus se Jesus não tivesse nascido. Talvez ainda adorássemos os elementos da natureza e tudo o que temêssemos. Quem sabe ainda idolatrássemos deuses tribais, étnicos, os deuses particulares dos povos, mas não o único Deus de todos os povos, raças, tribos e nações. Pode ser que ainda pensaríamos em Deus como fogo consumidor, ira, um vingador ou um juiz implacável. Ou ainda estaríamos pensando em Deus como um general de espírito bélico e violento.

Se Jesus não tivesse nascido, dificilmente invocaríamos Deus como *Abba*, nosso Pai celestial. Poderíamos até usar a figura de Pai como metáfora para o divino, mas chamá-lo de Pai, como Jesus nos ensinou a orar, não faríamos. Talvez o nosso mundo ainda fosse condenado a viver dentro dos estreitos parâmetros e limites da religião. Teríamos dias, lugares, atividades e pessoas sagradas. O mundo estaria ainda fracionado entre sagrado e profano. Pode ser que ainda estivéssemos à mercê dos gurus espirituais, os que dizem que conhecem a Deus e que detêm nas mãos a capacidade e a prerrogativa de manipular as forças espirituais divinas.

O que poderíamos pensar a respeito de Deus se Jesus não tivesse nascido? Quem sabe ainda estaríamos condenados aos ciclos cármicos em que as nossas reencarnações iriam se sucedendo para um processo evolutivo de purificação. Estaríamos condenados à despersonalização ou impessoalidade (eu não seria eu; eu seria apenas uma *persona* momentânea, transitória, um espírito sem identidade).

Se Jesus não tivesse nascido para me prometer ressurreição, eu ainda estaria vivendo com medo da morte, sem a esperança do novo céu e da nova terra. Quem sabe eu ainda estaria dizendo que essa pessoa é impura ou aquela é intocável. Talvez estaríamos estratificados socialmente, não nos enxergaríamos como iguais e irmãos. Possivelmente não poderíamos afirmar que Deus é amor. Talvez ainda estaríamos sacrificando animais em rituais espirituais.

Enfim, se Jesus não tivesse nascido, como falaríamos a respeito de Deus e como viveríamos? Pelo menos por essas razões devemos celebrar o Natal com alegria, pois "Jesus é a alegria dos homens".

Tenho ainda muito que lhes dizer, mas vocês não o podem suportar agora.
Mas quando o Espírito da verdade vier, ele os guiará a toda a verdade.
João 16.12-13

A cultura ocidental define verdade como a exata descrição das coisas, dos fatos e dos fenômenos. A verdade, nesse sentido, é algo possível de ser apreendida racionalmente, pelo método científico. Por exemplo, a explicação para a chuva, a atração dos corpos físicos pela força da gravidade e a capacidade humana de distinguir as cores são realidades explicadas pela ciência. Você não precisa ter fé para entender essas explicações e tomá-las como verdadeiras; basta racionalidade e método científico.

Mas há verdades das quais não nos apropriamos racionalmente e que não podem ser comprovadas pelo método científico. Por exemplo, não existe uma fórmula matemática que demonstre o amor dos pais pelos filhos ou de um homem por uma mulher. Não há método científico que demonstre a veracidade da compaixão e da misericórdia.

Há dimensões da realidade e do mundo que não nos chegam pela razão. Por exemplo, quando um filho diz ao pai ou à mãe: "Você gosta mais do meu irmão do que de mim", não há argumento científico e nenhum teste de laboratório que possam convencer esta criança do contrário. O amor precisa ser compartilhado em outras categorias, acessando outras dimensões de comunicação, que afetam a subjetividade a alma, em vez da objetividade da razão.

As realidades do mundo espiritual são do tipo que não podem ser apropriadas pela razão e comprovadas cientificamente. Deus não é um fenômeno testado em laboratório. Discutir provas da existência de Deus é tão inadequado quanto tentar provar que ele não existe. Quando Jesus promete que o Espírito guiará a toda a verdade, ele não está se referindo às verdades científicas. A verdade, na tradição cristã, não é um princípio científico, um enunciado teórico a respeito de uma coisa, um fenômeno ou um fato. A verdade é uma pessoa: "Eu sou a Verdade", disse Jesus.

Somente sob a influência do Espírito Santo podemos experimentar e conhecer a Verdade. É ele quem revela Jesus à consciência humana. Embora a fé não seja irracional, somente guiados pelo Espírito de Deus e convencidos por ele é que nos encontramos com a verdade, que é Jesus Cristo.

Ele me glorificará, porque receberá do que é meu e o tornará conhecido a vocês.
João 16.14

O Espírito Santo faz que seja nosso aquilo que é de Deus. O Espírito recebe do Pai o que diz respeito ao Filho e compartilha conosco. Este é o relacionamento da Santíssima Trindade para efetuar nossa redenção. Participamos da comunhão do Deus Pai, Filho e Espírito Santo, numa grande conspiração de partilha: O Pai, dono e senhor de tudo; o Filho, herdeiro de tudo; e o Espírito Santo, que nos inclui como herdeiros juntamente com o Filho.

Jesus diz que "o Espírito Santo me glorificará". De que maneira o Espírito Santo glorifica o Cristo? Tornando nosso aquilo que é do Cristo; revelando a nós aquilo que é do Cristo. Partilhando conosco a pessoa do Cristo. Trazendo-nos para a comunhão da Trindade.

O poeta Gerson Borges foi extraordinariamente feliz ao afirmar que "a glória de Deus é compartilhar". O caminho no discipulado do Cristo não é outro senão da comunhão, da partilha. Somente assim glorificamos a Deus. Assim como o Espírito Santo glorifica a Jesus, fazendo que o Cristo nos seja comum, também glorificamos a Deus quando nos dedicamos à partilha, à comunhão, ao compartilhar.

Essa nova consciência a respeito de como glorificar a Deus implica dar um novo significado de forma completa à experiência de louvor e adoração, e aos rituais de liturgia religiosa. Glorificar a Deus é mais do que lhe oferecer canções e participar dos cerimoniais sagrados. Glorificamos a Deus, principalmente, quando nos rendemos ao Espírito Santo para nos tornarmos parceiros no processo de construção da fraternidade universal do amor de Deus, que a todos convida para a comunhão com o Pai, o Filho e Espírito Santo.

Mas eu lhes afirmo que é para o bem de vocês que eu vou. Se eu não
for, o Conselheiro não virá para vocês; mas se eu for, eu o enviarei.
JOÃO 16.7

Jesus está falando da maior de todas as libertações. É verdade que Jesus nos liberta do poder do pecado, da condenação da lei, do império das trevas, da tirania do Diabo e seus anjos, da danação eterna e do inferno. Mas a maior de todas as libertações que Jesus opera em nosso favor é nos libertar de uma falsa concepção acerca dele mesmo. O grande propósito de Deus não era e nunca foi resumir a vida dos *talmidim* de Jesus a isto: nos colocar ajoelhados aos pés de Jesus para ficarmos olhando para ele, cantando músicas em sua homenagem e suplicando seus favores em nossa direção.

O grande propósito de Deus, o Pai, é revelar a si mesmo através do Filho, o Cristo, compartilhar conosco o seu Espírito, que habita em nós, e nos incluir na comunhão da Santíssima Trindade, fazendo-nos participantes da natureza divina. O desejo de Deus, o Pai, é nos colocar de pé para que façamos as obras que Jesus fez. O desejo de Deus, o Pai, é ser reconhecido como Deus — glorificado, à medida que seus muitos filhos saem iluminando o mundo com a luz que receberam do Filho.

Quando resumimos a vida cristã a nos colocarmos de joelhos na presença do Cristo e ficarmos cantando musiquinhas, fazendo oraçõezinhas e pedindo favorzinhos para ele, transformamos esse Cristo num ídolo, muito parecido com os ídolos de todas as nações. Mas quando nos identificamos com Cristo, nos tornamos um com o Cristo e recebemos o Espírito do Cristo que vem viver em nós, e nos colocamos em pé, e saímos pelo mundo sendo Cristo para o mundo, então glorificamos a Deus e Deus é glorificado em nós.

Para que isso aconteça, precisamos ser libertos dessa concepção errônea de Cristo, que não é o verdadeiro Cristo, mas um ídolo, que mantém pessoas infantilizadas, amedrontadas e acovardadas diante da vida. Precisamos ser libertos desse Cristo que transformamos num ídolo para que vivamos na comunhão do Cristo que é "Deus conosco", Deus em nós, Deus vivendo em nós pelo seu Espírito, que em nós habita. Por essa razão, é necessário que Jesus Cristo vá para que seu Espírito seja derramado sobre nós.

Deixo-lhes a paz; a minha paz lhes dou. Não a dou como o mundo a dá.
Não se perturbem os seus corações, nem tenham medo.
João 14.27

Os chamados "mestres da suspeita" dizem que a fé em Deus é coisa para gente covarde, que não quer enfrentar a dura realidade sem nexo e sem sentido (Nietzsche e Sartre); infantil, pois, como uma criança assustada, sente falta de um pai protetor (Freud); e alienada, que não transforma este mundo porque vive com a ilusão da esperança de outro mundo chamado céu (Karl Marx).

Mas a fé proposta por Jesus não é uma expressão de infantilidade, covardia, medo ou alienação. Jesus sabe que quem vive neste mundo caótico, em contato constante com o Maligno e a maldade, os conflitos de sua própria consciência e sua interioridade, cedo ou tarde vai chegar no limite da vida. Ele conhece o mundo. Sabe que há situações que impedem a contemplação de Deus e geram aflições. Jesus sabe que o sofrimento exterior (quando as situações da vida nos ferem) e o interior (quando a angústia de existir se torna quase insuportável) atacam com veemência até mesmo o mais fiel dos seus *talmidim*.

Quando Jesus promete sua paz e encoraja seus *talmidim* a não se perturbarem, evidentemente não está prometendo uma blindagem contra os custos que o direito de existir impõe sobre todos os homens. Ele não está garantindo imunidade ao sofrimento, e tampouco sugerindo que seus seguidores se tornariam alienados e anestesiados face às cruéis realidades da existência ou oferecendo uma rota de fuga para o sofrimento. Jesus está prometendo estabilidade. Os *talmidim* de Jesus não fogem nem têm medo das dificuldades da vida, não são covardes, não creem na possibilidade de viver em um mundo cor-de-rosa, e muito menos esperam que Deus, o Pai, os proteja de todas as contingências da existência.

Jesus está dizendo a quem o segue: "Mantenha-se firme, seja um ser humano maduro e enfrente a dura realidade da vida, qualquer que seja ela; e mais: enfrente a hostilidade do Maligno e do mundo construído contra os valores de Deus. Vocês serão atacados por todos os lados. Não se deixem abalar. Eu estou com vocês".

Eu quero muito essa estabilidade, essa paz, essa segurança da alma descansada em Deus. Não espero melhores dias, não reivindico ressalvas ou exceção à regra em meu favor, embora creia em tudo isso. Mas não são essas coisas que me fazem buscar a Deus. O que me faz buscá-lo é encontrar esse lugar de maturidade para encarar a vida e enfrentar o mal, e para reagir de modo digno ao direito de viver que Deus me concede. Isso eu encontro em Jesus. Eu peço essa paz, peço-a para mim e para você.

Já não lhes falarei muito, pois o príncipe deste mundo está vindo.
Ele não tem nenhum direito sobre mim.
João 14.30

Jesus é capaz de perceber a aproximação do Maligno. A fúria do "príncipe deste mundo" e a sombra da cruz se levantam contra Jesus. Mas ele está absolutamente consciente de seu caminho de cruz. Sabe que vai à cruz, não porque a merece. Vai à cruz com profundo senso de missão, não para dar satisfação às trevas, mas em ato de obediência a Deus, o Pai.

O Diabo é o "príncipe deste mundo", mas não tem direito algum sobre Jesus. Na cultura religiosa, especialmente na tradição evangélica, se diz que "não podemos dar brecha para o Diabo", isto é, não podemos ter uma conduta que dê ao Diabo legalidade para agir contra nós. Essa é uma advertência para que as pessoas não brinquem com o mal nem com o Maligno, pois quem flerta com o Diabo e dá oportunidades para ele acaba padecendo muitos males.

Jesus, entretanto, está perfeitamente seguro de que o Diabo não tem como lhe fazer mal, pois não tem brecha — não tem oportunidades — para entrar na sua vida. Jesus está esclarecendo seus *talmidim* como quem diz: "Eu vou morrer, mas não é o Diabo quem está me matando ou exigindo a minha morte. Eu jamais fiz qualquer coisa que desse ao Diabo qualquer direito sobre mim ou desse ao mal legitimidade para me ferir e agir contra mim". Nesse sentido, Jesus é o Filho de Deus que o obedece de modo absoluto, diferentemente do outro filho de Deus, Adão, que deu ocasião à serpente e à legitimidade ao mal. O primeiro Adão abriu a porta para o mal; o último Adão, Jesus, coloca o mal porta afora. Jesus está absolutamente consciente de que deve satisfações e cumpre uma missão única e exclusivamente diante de Deus, o Pai. "O mal não tem nada comigo e eu não tenho nada com o mal", essa é a palavra de Jesus. Ele não morre para dar satisfações ao inferno, mas aos céus.

A minha oração é esta: que o mal não encontre nenhuma porta aberta na minha vida. Mais que isso, oro para que Deus me livre do mal e do Maligno. Amém.

Eu sou a videira verdadeira, e meu Pai é o agricultor. Todo ramo que,
estando em mim, não dá fruto, ele corta; e todo que dá fruto ele poda, para que dê mais
fruto ainda. Vocês já estão limpos, pela palavra que lhes tenho falado.
Permaneçam em mim, e eu permanecerei em vocês. Nenhum ramo pode dar fruto por
si mesmo, se não permanecer na videira. Vocês também não podem dar fruto, se não
permanecerem em mim. Eu sou a videira; vocês são os ramos. Se alguém permanecer em
mim e eu nele, esse dá muito fruto; pois sem mim vocês não podem fazer coisa alguma.
Se alguém não permanecer em mim, será como o ramo que é jogado fora e seca. Tais
ramos são apanhados, lançados ao fogo e queimados.
João 15.1-6

Os profetas do Antigo Testamento compararam a nação de Israel com uma videira. Mas Jesus está dizendo: "Eu sou a videira verdadeira". Sua palavra é de disciplina, advertência e juízo contra a nação de Israel, que o rejeitou como Messias. O evangelho de João diz a respeito de Jesus: "Veio para os seus, mas os seus não o receberam". A videira Israel não reconheceu Jesus como a plenitude de sua vocação. Israel carregou o Messias em seu ventre, mas quando o Messias nasceu, ela o rejeitou. Jesus está dizendo que "Israel é um ramo que não está mais em mim. Na verdade, Israel é um ramo que não se reconhece parte de mim, mas, vocês, os meus *talmidim*, estão em mim, me acolheram e me receberam; portanto, continuem comigo, estejam em mim, para que não sejam lançados ao fogo como ramos secos".

A suficiência dos discípulos de Jesus está na comunhão com Jesus: "Vocês também não podem dar fruto, se não permanecerem em mim". Dar frutos significa necessariamente viver segundo a vontade de Deus, realizar os propósitos de Deus, encarnar o reino de Deus como uma realidade presente na história por intermédio de Jesus, o Cristo. Ele afirma também que seus *talmidim* não serão capazes de resistir ao mal sozinhos. Jesus está se referindo mais uma vez à insuficiência humana. Nascemos para a vida de submissão e comunhão com Deus; sem ele, nada podemos fazer, pois "nele vivemos, nos movemos e existimos".

Jesus Cristo é a fonte da vida divina: água da vida, pão da vida, videira verdadeira, onde os ramos encontram vitalidade eterna.

O que vocês pedirem em meu nome, eu farei.
JOÃO 14.14

A oração é um dos capítulos mais importantes do discipulado de Jesus. Em sua última e longa conversa com seus *talmidim,* por ocasião da última refeição da Páscoa, que celebra com eles no cenáculo, Jesus ensina sobre a oração pelo menos quatro vezes.

Geralmente compreendemos a oração como falar com Deus, quase exclusivamente para suplicar sua graça e seu favor. A oração não é apenas fazer pedidos a Deus. É também agradecer, louvar, consagrar, confessar, enfim, salmodiar. Mas orar também é pedir. A oração como súplica é um fenômeno universal e atemporal: em todo lugar, ao longo da história, o ser humano reconhece sua dependência de um poder superior. Jesus, portanto, ensina seus *talmidim* a orar, isto é, a fazer pedidos a Deus, o Pai. "Orem em meu nome", disse Jesus, e por isso seus seguidores até hoje costumam orar: "Em nome de Jesus, amém".

A expressão "em nome de Jesus", entretanto, não é uma senha, uma espécie de "abracadabra", ou "abra-te sésamo", uma palavra mágica que garante que todos os pedidos serão atendidos conforme apresentados. Orar "em nome de Jesus" significa orar de acordo com seu caráter, seus propósitos e suas promessas. Em termos simples, orar "em nome de Jesus" implica necessariamente as perguntas: "Jesus oraria assim?"; "Jesus faria esse pedido ao Pai celestial?"; "O que estou pedindo expressa o caráter, está baseado em alguma promessa ou atende a algum interesse de Jesus?"; "Essa oração é inspirada em Jesus, ou é mais uma oração infantil, covarde e egoísta?".

Eu gostaria de aprender a orar assim, orar em nome de Jesus. Eu peço que Deus me ensine a orar. E convido você também a fazer a mesma oração.

E eu farei o que vocês pedirem em meu nome, para que o Pai seja glorificado no Filho.
João 14.13

A promessa de que tudo quanto pedirmos ao Pai "em nome de Jesus" nos será concedido pode ser mal interpretada como se Jesus tivesse nos deixado um cheque em branco. De fato, gostaríamos que Jesus tivesse dito que Deus está comprometido com o nosso conforto, a nossa felicidade e a satisfação de todos os nossos desejos. Seria mesmo muito bom se Jesus tivesse garantido que Deus está a nosso serviço e à nossa disposição 24 horas, sete dias por semana.

Mas Deus, o Filho, não vem para colocar o nosso mundo em ordem ou fazer a nossa vida melhor. Ele não vem aqui como o grande doador da felicidade para todos e cada um de nós. Deus, o Filho, vem ao mundo para anunciar o reino de Deus, onde existe a vida em plenitude. Enquanto o reino de Deus não se realiza de forma definitiva, o máximo que podemos esperar é discernir Deus no meio do caos, e andar com Deus deste lado de cá do céu. A vinda do Deus Filho, encarnado em Jesus, não significou o fim do caos, do sofrimento e da angústia. Jesus é "Deus conosco", é a companhia divina no meio do caos.

Deus está conosco na pessoa do Filho, encarnado em Jesus. Por isso, a grande preocupação de Jesus foi manifestar o poder, a glória, a bondade e o amor de Deus. Sua intenção era viver, falar e agir de modo a revelar o Pai a todos nós. Nossas orações, portanto, devem alinhar-se a esse propósito: revelar a glória do Pai no Filho.

Eu sei que Deus não falaria assim conosco, mas às vezes tenho a impressão de que ele gostaria de responder algumas das nossas orações perguntando: "O que eu tenho a ver com isso? Meu filho, minha filha, isso tem a ver com o meu reino, a minha glória e o meu nome, ou tem a ver com o seu reino, a sua glória e o seu reino?".

Quando tentamos usar Deus para os nossos fins, nós o transformamos num ídolo. Quem busca a Deus para realizar desejos, na verdade não busca a Deus, mas os desejos. Quando Deus não é um fim em si mesmo, ele se torna um ídolo, pois o fim desejado ocupa seu lugar divino. O Deus e Pai de nosso Senhor Jesus Cristo deve ser servido por nós. As nossas orações devem expressar o nosso compromisso com a glória, o nome e os propósitos de Deus, nosso Pai celestial. Devemos orar sempre "para que o Pai seja glorificado no Filho".

Se vocês permanecerem em mim, e as minhas palavras permanecerem em vocês,
pedirão o que quiserem, e lhes será concedido.
João 15.7

Jesus ensinou aos seus *talmidim* que "aquele que me ama obedece aos meus mandamentos; aquele que me ama guarda as minhas palavras". As expressões "permanecer em Jesus", "guardar as palavras de Jesus", "permanecer nas palavras de Jesus" e "permanecer sob a palavra de Jesus" são paralelas a "obedecer aos meus mandamentos".

A lógica desse ensino de Jesus está associada ao primeiro filho de Deus, Adão, que, na verdade, representa a todos nós. Adão orou dizendo a Deus: "Seja feita a minha vontade, não a tua". Geralmente é assim que oramos. Mas Jesus nos ensina a orar dizendo: "Seja feita a tua vontade, não a minha". Ele nos ensina a orar em submissão a Deus.

Quando chama os seus *talmidim*, Jesus diz: "Aquele que quiser permanecer em mim deve negar a si mesmo, tomar também a sua cruz e me seguir". O discipulado de Jesus é um caminho de rendição a Deus. Morremos para nós mesmos e passamos a viver ocupados com a glória de Deus. Por mais intenso que seja o nosso sofrimento, mais cruéis as nossas circunstâncias e contingências, mais dura a realidade da nossa vida, as orações que buscam apenas o alívio, na melhor das hipóteses, são orações infantis. As orações que buscam alívio ou satisfação de desejos e necessidades erram o alvo. Não buscamos a Deus porque queremos o alívio ou a realização, mas porque estamos comprometidos com o reino dele e a sua justiça no mundo.

Isso não significa que Deus não ouça as nossas orações infantis e imaturas, ou que despreze as orações que pronunciamos de dentro dos nossos medos e ansiedades. Também não quer dizer que Deus não nos conceda alívio, não nos favoreça na vida, ou deixe de atender nossos pedidos. Deus nos é favorável por causa da sua misericórdia, compaixão e graça. Mas assim como os filhos adultos não buscam mais seus pais por causa de doces e brinquedos, também não buscamos a Deus apenas motivados pelos nossos próprios interesses. Não confunda a oração com uma súplica por brinquedos, balas e doces. Faça da sua vida de oração um caminho para a sua maturidade, para a sua rendição a Deus e para o seu compromisso com o reino de Deus. Somente então você atravessará a vida descansado, descansada, e sem medo, pois as palavras de Deus estarão em você, Cristo estará em você, e isso vai fazer toda a diferença.

Vocês não me escolheram, mas eu os escolhi para irem e darem fruto, fruto que
permaneça, a fim de que o Pai lhes conceda o que pedirem em meu nome.
João 15.16

Qual é o fruto que Jesus espera dos seus *talmidim*? O fruto do amor. Frutificar é amar, pois Jesus diz: "O meu mandamento é este: Amem-se uns aos outros". Nesse contexto, a oração ganha uma perspectiva diferente da mera súplica egocêntrica. Na verdade, se torna seu oposto. Na experiência do amor, a oração é a experiência da abnegação, o caminho para a renúncia, a oportunidade de abrirmos mão dos nossos próprios interesses. Viver ocupado apenas consigo mesmo percorre um caminho de infelicidade crônica. Quanto mais ocupados estamos com a nossa própria realidade, quanto mais olhando apenas para a nossa própria situação, o nosso sofrimento, a nossa dificuldade, mais isolados estamos dos outros, do mundo, e até mesmo de Deus. Quanto mais estamos olhando apenas para o nosso próprio umbigo, maior a tendência de nos sentirmos vítimas, injustiçados, abandonados por Deus.

Jesus está recomendando: "Levante os seus olhos. Quando você estiver orando a Deus, não se ocupe apenas de si mesmo. Ore na perspectiva da compaixão e da solidariedade. Ore por quem está a sua volta, ore enxergando a realidade mais abrangente da existência, traga para dentro da sua oração o sofrimento de todos os seus semelhantes. O mundo é carente de amor".

A Bíblia conta a história de um homem chamado Jó. Ele foi alcançado por todo tipo de tragédia. De dentro do seu sofrimento, enquanto orou ocupado consigo mesmo, tentando se justificar e se sentindo injustiçado, desejando entender o que lhe havia acontecido, o porquê da sua desventura, sofreu ainda mais. Mas quando Jó ajoelhou-se diante de Deus e começou a orar pelos seus amigos, a sua sorte mudou. Talvez essa seja uma grande lição.

O que é frutificar? É amar. E o que isso traz à nossa experiência de oração? A necessidade de orarmos de modo altruísta, abnegado, generoso, solidário e em busca de um caminho de compaixão. Ao orar, tire os olhos de você mesmo, de você mesma, e olhe para Deus. Depois de olhar para Deus, olhe ao seu redor e perceba quanto sofrimento existe em volta. Depois, volte a orar pelos seus problemas. Aos poucos, você vai começar a dar frutos.

O que vocês pedirem em meu nome, eu farei.
JOÃO 14.14

Bob Moon foi um dos meus conselheiros espirituais. Ele já está do outro lado do céu. Ele me contou a história de um empresário rico que comprou uma pequena chácara e contratou um caseiro e escreveu detalhadamente suas atribuições, tarefas e o que gostaria que fosse feito para deixar a chácara em condições ideais. Ao final das recomendações, registrou algo assim: "E tudo que precisar, você pode ir ao centro da cidade e comprar, que eu pagarei tudo quando voltar".

No final de semana seguinte, o empresário não pôde ir à chácara porque a filha participou de uma audição de piano; no outro, o filho estava em uma competição de natação; no terceiro final de semana, a empresa enfrentou problemas sérios; depois, choveu, e assim por diante; de modo que a chácara ficou sem ser visitada por longo tempo.

Mas enfim conseguiu escapar um fim de semana para um merecido descanso. Quando voltou, a chácara estava abandonada. O mato tinha crescido, as plantas da varanda estavam praticamente mortas, o viveiro de pássaros com a rede arrebentada e os passarinhos tinham fugido, os cachorros estavam famintos; enfim, aquele que deveria ser seu pequeno paraíso estava um caos. Percebeu, entretanto, que a casa do caseiro havia sido reformada. Ao lado da casa uma grande antena parabólica, e na garagem, uma Ferrari. Foi entrando meio ressabiado e logo encontrou a esposa do caseiro, que havia tomado um "banho de loja" e estava praticamente irreconhecível. "Onde está o caseiro?", perguntou. "Está na sauna, vou chamá-lo", respondeu a mulher.

O caseiro vem eufórico dando boas-vindas ao dono da chácara, e dizendo: "Não imagina a falta que senti do senhor e como esperei tanto a sua vinda!" Nesse exato momento toca o celular do dono da chácara. Era de um lojista da cidade dizendo que tinha umas faturas em aberto que precisavam ser pagas com urgência, despesas feitas pelo caseiro. Irritado e com dificuldades para entender o que estava acontecendo, pediu explicações ao caseiro: "Mas o que significa isso? Você deixou a minha chácara absolutamente abandonada e fez toda essa extravagância, e eu é que tenho de pagar?" O caseiro, surpreso, tentou se explicar: "Mas o senhor não disse que eu poderia comprar o que fosse necessário, que o senhor pagaria na volta? Foi o que fiz!" O dono da chácara, desolado, se limitou a comentar: "Sim, eu disse, mas estava me referindo a tudo quanto fosse necessário para o cuidado da chácara...".

Foi assim que Bob Moon me explicou o que Jesus quis dizer com sua promessa: "O que vocês pedirem em meu nome, eu farei".

Neste mundo vocês terão aflições; contudo, tenham ânimo! Eu venci o mundo.
João 16.33

"Eu não lhes prometo outra coisa senão sangue, suor e lágrimas", foram as palavras de Winston Churchill para convocar o povo inglês a combater o nazismo na Segunda Guerra Mundial. Provavelmente, inspirado na autenticidade de Jesus, que não usava meias palavras, não fazia promessas fantasiosas e não adocicava seu discurso para iludir e conquistar mais seguidores.

Quem deseja enfrentar a vida com dignidade deverá estar disposto a derramar sangue, dedicar-se no trabalho e, não poucas vezes, derramar algumas lágrimas não apenas pelo próprio sofrimento, mas também de compaixão e solidariedade por conviver com as aflições dos justos.

Jesus deixou claro aos seus *talmidim* que o mundo, como sistema organizado contra o reino de Deus, perseguiria todos os que se levantassem em favor da justiça, em defesa do direito do pobre, para promover a abolição dos abismos que separam os homens e segregam milhões à miséria e indignidade. Jesus foi perseguido. Seus *talmidim* não deveriam esperar melhor sorte.

Não é possível você passar pelo mundo sem sofrer. As aflições são inevitáveis. Mas não são invencíveis. Jesus recomenda ânimo. Ele anima seus *talmidim* a guardarem o coração firme e a não perderem a fé. Jesus oferece a maior das garantias para a vitória dos seus *talmidim*: "Eu venci o mundo", disse ele. "Vocês também vencerão".

A promessa de Jesus tem pelo menos dois significados.

Primeiro: se Jesus venceu o mundo, e estamos e permanecemos nele, podemos também passar por dias difíceis, mas jamais seremos destruídos pelo mal. A Bíblia nos orienta a não nos deixarmos vencer pelo mal, pois podemos e devemos "vencer o mal com o bem". O sofrimento pode fazer a vida menos confortável, mas não pode levar nossa dignidade e nos fazer humanos menores. As contingências da vida podem gerar perdas, mas não podem nos tornar covardes nem malvados. As dificuldades deste mundo caótico podem bater à nossa porta, mas não podem roubar nossa fé.

Segundo: o sofrimento e as aflições são temporários. Jesus já venceu. Haverá um dia em que todo o universo será restaurado. Jesus levará consigo todo o universo de volta para casa. O sofrimento é temporário, provisório, vai acabar. Como bem disse o apóstolo Paulo: "As aflições do tempo presente não se comparam com a glória que em nós há de ser revelada".

Qualquer que seja seu sofrimento, saiba que ele tem dias contados. Não há mal que nunca acabe. Enquanto não acaba, ajoelhe-se aos pés de Jesus, recobre o ânimo e as forças, vença o mal com o bem.

Depois de dizer isso, Jesus olhou para o céu e orou: "Pai, chegou a hora. Glorifica o
teu Filho, para que o teu Filho te glorifique. Pois lhe deste autoridade sobre toda a
humanidade, para que conceda a vida eterna a todos os que lhe deste. Esta é a vida
eterna: que te conheçam, o único Deus verdadeiro, e a Jesus Cristo, a quem enviaste.
Eu te glorifiquei na terra, completando a obra que me deste para fazer. E agora, Pai,
glorifica-me junto a ti, com a glória que eu tinha contigo antes que o mundo existisse."
João 17.1-5

O teólogo anglicano John Stott disse que João 13 a 17 está para o Novo Testamento como o templo de Jerusalém está para a tradição de Israel. Essa conversa de Jesus com seus *talmidim* é de suma importância. Stott compara esses capítulos com o templo, que está dividido em três partes: o pátio, onde todos participam, o Lugar Santo, onde só os sacerdotes transitam, e o Santo dos Santos, lugar da manifestação da glória de Deus, onde apenas o sumo sacerdote entra, uma vez por ano. O capítulo 17 é o Santo dos Santos do evangelho de João, no qual se registra a "Oração sacerdotal de Jesus". Tendo conversado com seus *talmidim*, agora Jesus ora ao Pai celestial. Depois de declarar o que fez em obediência ao Pai, Jesus suplica: "Devolve a glória que deixei contigo quando vim".

Ao assumir a encarnação, Deus Filho abriu mão da sua glória. "Jesus se esvaziou" e se tornou um de nós. Jesus é "Deus esvaziado", presente no meio dos homens. A glória de Jesus estava com ele desde "antes que o mundo existisse", o que significa que Jesus não é uma das criaturas de Deus, mas o próprio Deus Filho, também Criador, como atesta João: "No princípio era o Verbo; o Verbo estava com Deus; o Verbo era Deus; todas as coisas foram feitas por ele, e sem ele nada do que foi feito se fez". Jesus tem plena consciência de sua identidade divina. E jamais duvidou de que Deus, o Pai, daria a ele o que sempre lhe pertenceu: a glória devida somente a Deus.

Isso nos ensina a confiar em Deus, a descansar no fato de que ele jamais nos priva de nada que seja legitimamente nosso. Ele nos dará tudo que prometeu. Quando nos lançamos ao fogo em nome de Deus e para a glória de Deus, podemos estar certos de que Deus não nos abandonará, não nos deixará sós e não nos deixará sem provisão. Temos garantias de que a mão de Deus está sobre nós. O Filho desceu da sua glória, veio ao mundo e voltou para sua glória.

Não há lugar para a insegurança no discipulado de Jesus. Deus cuida dos seus filhos. Como cuidou do Unigênito, Jesus, cuida de todos os demais, pois Jesus é apenas o primogênito de muitos irmãos.

Não rogo que os tires do mundo, mas que os protejas do Maligno.
JOÃO 17.15

Jesus quer os seus *talmidim* no mundo. O mundo é o sistema organizado contra o reino de Deus. É a realidade injusta, caótica, malvada, maligna. É o contexto de opressão, competição, egoísmo, onde as pessoas atropelam umas às outras, cada uma pensando apenas em si mesma. O mundo é o ambiente vazio de solidariedade e compaixão. É chamado na Bíblia de "este mundo tenebroso". Mas é no mundo que os *talmidim* de Jesus devem estar, pois são sal da terra e luz do mundo.

Jesus foi equivocadamente acusado de ser mundano. Ele foi várias vezes criticado por "estar no mundo", conversando com gente de reputação duvidosa, jantando com pecadores, tocando em gente doente, que vivia à margem da sociedade e da religião em Israel. Ele respondeu que "são as pessoas doentes que precisam de médicos". Os *talmidim* de Jesus têm essa mesma vocação: estar no mundo para manifestar o amor, a bondade e a compaixão de Deus. Jesus, entretanto, sabe que no mundo, que "jaz no Maligno", seus *talmidim* poderão se tornar escravos do Malvado.

O que significa ser livre do Maligno? Basicamente, significa ser livre da possibilidade de se tornar um malvado. Certa vez, fui convidado a fazer palestras numa empresa, e a diretora de RH começou a conversa dizendo: "Pastor, eu trabalho no inferno." Respondi: "Bom, se você trabalha no inferno, deve ter um Diabo lá." Ao que ela concluiu: "Tem mesmo, e é o presidente da empresa".

Este mundo se parece mesmo muitas vezes com o inferno. E não podemos nem temos como sair do mundo, até porque é no mundo que Jesus nos quer. A alternativa é estar no inferno sem fazer pactos com o Diabo, estar no mundo dominado pelo Maligno sem nos tornarmos igualmente malvados.

Eu peço isto a Deus: que eu esteja no mundo, mas não seja mundano; que eu esteja no mundo, mas não me torne imundo; que eu transite no horizonte onde o Maligno domina, sem me tornar um malvado. Eu oro assim e convido você também a fazer a mesma oração.

Santifica-os na verdade; a tua palavra é a verdade.
João 17.17

Jesus orou pela santidade dos seus *talmidim*. Ele os desejava puros, ainda que vivendo na lama: "Não peço que os tires do mundo, mas que os livres do mal; que eles, mesmo estando na lama, não sejam enlameados e não se lambuzem com a lama".

Jesus aponta o caminho para mantermos a santidade e a pureza em meio ao mundo mal: "Santifica-os na verdade; a tua palavra é a verdade". Essa é uma citação de Salmos, em que o poeta bíblico pergunta: "Como podemos purificar o nosso caminho?" E responde: "Obedecendo à palavra de Deus". Como atravessar a lama sem chegar do outro lado enlameado? Como interagir com o mal sem nos tornarmos malvados? Jesus ensina que é a Palavra de Deus quem nos dá o critério e nos aponta o caminho.

"O Senhor é o meu Pastor, e nada me faltará. Ele me guia nos caminhos da justiça", cantava o rei Davi. Mesmo no mundo mal, existe um caminho de justiça. A Palavra de Deus é "luz para o caminho". Os *talmidim* foram "limpos pela Palavra" que ouviram de Jesus. E receberam a garantia de que, caso permanecessem nas palavras de Jesus e as palavras de Jesus permanecessem neles, estariam então seguros, dariam muito fruto e desfrutariam a comunhão com o Pai celestial.

Há uma absoluta relação entre Jesus e a Palavra de Deus. Não se trata de Palavra de Deus no sentido de princípios morais, ou enunciados teóricos e teológicos, mas a Palavra de Deus encarnada, que é o Cristo. A comunhão com o Cristo, a Palavra viva, é que nos permite estar no mundo mal sem nos tornarmos malvados, atravessarmos a lama sem chegarmos ao outro lado enlameados. Com Jesus, andamos sempre pelos caminhos da justiça.

Os *talmidim* de Jesus andam com ele, ouvem sua palavra e obedecem à sua voz. Por isso é que andam sempre por caminhos justos e estão sempre limpos.

Minha oração não é apenas por eles. Rogo também por aqueles que crerão em mim, por meio da mensagem deles, para que todos sejam um, Pai, como tu estás em mim e eu em ti. Que eles também estejam em nós, para que o mundo creia que tu me enviaste. Dei-lhes a glória que me deste, para que eles sejam um, assim como nós somos um: eu neles e tu em mim. Que eles sejam levados à plena unidade, para que o mundo saiba que tu me enviaste, e os amaste como igualmente me amaste. Pai, quero que os que me deste estejam comigo onde eu estou e vejam a minha glória, a glória que me deste porque me amaste antes da criação do mundo. Pai justo, embora o mundo não te conheça, eu te conheço, e estes sabem que me enviaste. Eu os fiz conhecer o teu nome, e continuarei a fazê-lo, a fim de que o amor que tens por mim esteja neles, e eu neles esteja.
João 17.20-26

O primeiro pedido de Jesus pelos *talmidim* foi por santidade: "Não peço que os tires do mundo, mas que os livres do mal". O segundo foi pelo conhecimento da verdade: "Santifica-os na verdade; a tua palavra é a verdade". Agora, esse terceiro é pela unidade: "para que todos sejam um, Pai, como tu estás em mim e eu em ti. Que eles também estejam em nós".

Jesus intercede para participarmos da unidade que existe entre Deus — o Pai, o Filho e o Espírito Santo. Os ortodoxos orientais dizem que a comunhão da Trindade é comparada a uma dança, como a brincadeira de roda das crianças, chamada de *pericorese*. A Trindade dança desde sempre, e essa dança também envolve o universo, e a humanidade é convidada a participar dessa *pericorese*.

O que Deus cria não é da mesma natureza que a dele. C. S. Lewis disse que o que geramos, como filhos, é da nossa natureza; mas o que criamos, como uma obra de arte, é de natureza diferente. Embora sejamos imagem e semelhança de Deus, não somos da natureza de Deus. Os teólogos ortodoxos orientais dizem que o Deus Filho se esvaziou de sua glória e mergulhou na criação para nos levar a participar da unidade que existe entre o Pai, o Filho e o Espírito, a essa brincadeira de roda, a essa ciranda eterna.

Atanásio disse que "seremos pela graça o que Deus é por natureza". Esse é o conceito que o cristianismo ortodoxo oriental chama de *teósis* ou divinização. O apóstolo Pedro foi o primeiro a falar que aguardamos a promessa de nos tornarmos "participantes da natureza divina". Foi exatamente isso o que Jesus pediu ao Pai em sua oração sacerdotal. Na comunhão de amor entre Deus e os homens, todos saberão que Jesus é o Cristo, o Filho do Deus vivo.

Eu quero aprender a dançar. Convido você a vir para a roda também.

Enquanto comiam, Jesus tomou o pão, deu graças, partiu-o, e o deu aos seus discípulos, dizendo: "Tomem e comam; isto é o meu corpo". Em seguida tomou o cálice, deu graças e o ofereceu aos discípulos, dizendo: "Bebam dele todos vocês. Isto é o meu sangue da aliança, que é derramado em favor de muitos, para perdão de pecados. Eu lhes digo que, de agora em diante, não beberei deste fruto da videira até aquele dia em que beberei o vinho novo com vocês no Reino de meu Pai".
MATEUS 26.26-29

Jesus está participando pela terceira e última vez da Páscoa com seus *talmidim*. Após cear, ele toma o cálice e declara: "Esse é o meu sangue, o sangue da aliança".

A Páscoa é uma festa judaica que tem origem no êxodo, nos dias em que Moisés foi usado por Deus para libertar o povo de Israel após 420 anos de escravidão no Egito. O processo de libertação acontece numa sequência de dez pragas, e a última foi a morte dos primogênitos das famílias do Egito. Só escapam da morte as famílias cujas casas estavam salpicadas com o sangue de um cordeiro imaculado. Quando o anjo da morte passou sobre o Egito, apenas os primogênitos das famílias marcadas pelo sangue do cordeiro foram poupados da morte. Desde aquele dia, com algumas exceções, Israel celebrou a festa da Páscoa.

Quando Jesus entra em cena na Palestina, quase dois mil anos após a instituição da festa da Páscoa, João Batista aponta para ele e diz: "Eis o Cordeiro de Deus, que tira o pecado do mundo". Todos os judeus que ouviram essas palavras de João Batista imediatamente pensaram nos cordeiros imaculados, cujo sangue foi oferecido no Egito para a libertação de Israel.

Jesus é o *Agnus Dei*, o Cordeiro de Deus, que tira o pecado do mundo. O sangue de Jesus substitui o sangue dos animais. O Novo Testamento ensina que o sangue dos animais foi provisório e serviu apenas para indicar o verdadeiro Cordeiro de Deus. Quando celebramos a eucaristia e levantamos o vinho que representa o sangue de Jesus, estamos afirmando a libertação que Jesus nos concede. No êxodo houve uma libertação política. Mas Jesus oferece uma libertação integral: espiritual, psicoemocional, física, sociopolítica, econômica, enfim, a liberdade dos condicionamentos que impedem a plena realização humana segundo a imagem e semelhança de Deus. Na páscoa judaica Jesus estabelece a Nova Aliança. A primeira aliança, celebrada em Moisés, era baseada no sangue dos animais sacrificados. A segunda, última e definitiva aliança, é baseada no sangue de Jesus, o Cordeiro de Deus, que tira o pecado do mundo.

Que a sua vida esteja coberta pelo sangue do *Agnus Dei*.

Indo um pouco mais adiante, prostrou-se com o rosto em terra e orou:
"Meu Pai, se for possível, afasta de mim este cálice; contudo, não seja como eu quero,
mas sim como tu queres".
MATEUS 26.39

Jesus está no Getsêmani, que significa "jardim da prensa", onde o fruto da oliveira é esmagado. Ele ora três vezes: "Meu Pai, se for possível, afasta de mim este cálice; contudo, não seja como eu quero, mas sim como tu queres". O pastor e teólogo Ariovaldo Ramos imagina que no Getsêmani se repete uma conversa ocorrida na eternidade entre o Pai, o Filho e o Espírito Santo, mais ou menos assim:

— Vou criar — diz o Pai.

— Criar o quê? — pergunta o Espírito.

— Vou criar um ser à nossa imagem e semelhança. O que acham?

— Mas se você quer criar um ser assim, vamos criá-lo livre? — pergunta o Filho.

— Sim, vamos criá-lo livre.

— Mas se vamos criá-lo livre, ele poderá dizer não a nós e nos dar as costas.

— Sim, ele poderá — concorda o Pai.

— E se ele realmente nos rejeitar e nos abandonar? — pergunta o Espírito.

— Se ele fizer isso ficará privado da existência, cairá no vazio. Se ele pretender pular para fora de nós, sabemos que fora de nós existe o nada; então, quem pula para o nada pula para a não existência.

— Mas vamos permitir que isso aconteça?

— Vamos dizer a ele que, se pular, certamente morrerá, isto é, deixará de existir.

— Mas como poderemos nos antecipar a essa rebeldia?

— Podemos dar um passo para trás, e assim, mesmo tentando pular para fora de nós, ele sempre vai cair dentro de nós.

— Então, vamos dar esse passo para trás. Eu estou disposto a me sacrificar por ele. Se ele cometer esse ato de rebeldia e tentar viver fora de nós, eu vou lá buscá-lo de volta. — Concluiu o Filho, e se levantou para morrer na cruz. É por isso que a cruz é conhecida desde antes da fundação do mundo.

No Getsêmani, acontece na história a conversa que aconteceu na eternidade. Jesus pergunta: "É isso mesmo, não é, eu tenho que ir à morte para buscá-los de volta para a vida?" E o Pai confirma: "É isso, meu Filho. Decidimos na eternidade; agora, que se cumpra na história".

Bendito seja o Senhor Jesus, que em nosso nome disse ao Pai: "Seja feita a tua vontade, e não a minha".

Estando angustiado, ele orou ainda mais intensamente; e o seu suor era como gotas de sangue que caíam no chão.
LUCAS 22.44

Sempre carreguei uma culpa muito grande por orar menos do que julgo que devia. Creio que é uma experiência comum a quase todos os cristãos: oramos menos do que deveríamos orar, buscamos a Deus menos do que deveríamos buscar, nos recolhemos em meditação e contemplação bem menos do que deveríamos fazê-lo. A correria do dia a dia nos arrasta para tantas atividades que até parecem mais importantes, e a oração fica negligenciada. Corremos de um lado para o outro, atarefados, e pensamos o seguinte: "Estou tão ocupado que não tenho nem tempo para orar". Sabemos que está errado, e que deveríamos fazer como Martinho Lutero, que dizia: "Estou tão ocupado e tenho tantas coisas para fazer, que se eu não orar pelo menos umas quatro horas hoje, não vou conseguir fazer tudo".

A ideia de ficar num quarto fechado, ajoelhado diante de Deus, traz para nós a sensação de não estar fazendo nada e que deveríamos nos levantar e fazer alguma coisa prática, fazer a vida rodar, funcionar, acontecer. Orar nos parece uma fuga, uma omissão, alguma coisa que atrapalha a dinâmica do nosso dia a dia e nos impede de fazer as coisas realmente importantes.

Mas sabe que de vez em quando a vida nos chama para o quarto, e então decidimos orar mais. Talvez não por opção, mas por necessidade. Mas a minha culpa de buscar a Deus quando preciso, e não tanto quanto devo, é um pouquinho atenuada quando leio este comentário de Lucas a respeito de Jesus: "Estando angustiado, ele orou ainda mais intensamente". Penso que Jesus, e não apenas eu, também orava mais quando mais precisava. Talvez seja essa uma experiência universal. Quanto mais o nosso coração está agônico, desesperado, necessitado, sobrecarregado e angustiado, mais suplicamos o favor do céu. Quanto mais a vida nos pesa, mais olhamos para o alto, compreendemos que precisamos de Deus e o buscamos mais.

Eu leio essas palavras e me impressiono de saber que o suor de Jesus, enquanto orava agonizando, era como gotas de sangue que pingavam no chão. Isso é que era agonia. Pelo menos nesse aspecto, parece que consigo imitar a Jesus: quanto maior minha agonia, maior a entrega à oração, maior a súplica pelo socorro de Deus.

Mas continuo pedindo a Deus que a minha vida de oração não seja na proporção direta da intensidade da minha agonia. Quero orar mesmo quando penso que não preciso, pois achar que não precisamos de Deus é ilusão e prepotência.

Enquanto ele ainda falava, apareceu uma multidão conduzida por Judas, um dos Doze.
Este se aproximou de Jesus para saudá-lo com um beijo.
LUCAS 22.47

Judas chega no Getsêmani acompanhado dos soldados romanos que vêm para prender Jesus. Judas combina um código com os soldados: "Jesus é aquele que eu beijar".

Isso significa que Jesus não era óbvio. Se fosse, não seria preciso uma senha ou um código para identificá-lo. Judas sabe que os soldados não reconhecerão Jesus de imediato e correrão o risco de confundi-lo com um dos discípulos. Jesus era muito parecido com todos os seus *talmidim*. Jesus não era óbvio. O historiador Flávio Josefo escreveu que Jesus "se vestia à moda dos nazarenos", isto é, se você cruzasse com Jesus na rua, ele seria um homem muito comum, provavelmente alguém muito parecido com você.

Durante muito tempo carreguei esta afirmação de que "Jesus não era óbvio". Mas houve um dia quando me ocorreu que, de fato, Jesus não era óbvio para quem tivesse quinze ou trinta segundos para identificá-lo. Mas se alguém chegasse naquela roda e visse Jesus e os seus *talmidim*, e tivesse tempo para ouvir a conversa apenas por dez minutos, não há a menor dúvida de que logo perceberia quem é Jesus e o distinguiria dos demais. Tenho absoluta certeza de que bastariam poucos minutos ouvindo, por exemplo, Jesus e Pedro, para que os soldados soubessem quem era um e outro. Jesus não é muito óbvio para quem olha rápido. Mas se torna absolutamente óbvio para quem nele presta atenção.

Preste atenção em Jesus. Fique perto e comece a imitar tudo o que ele diz e faz. Em pouco tempo, vai ficar óbvio que você é um dos *talmidim*.

Enquanto ele ainda falava, apareceu uma multidão conduzida por Judas, um dos Doze. Este se aproximou de Jesus para saudá-lo com um beijo. Mas Jesus lhe perguntou: "Judas, com um beijo você está traindo o Filho do homem?"

LUCAS 22.47-48

Jesus foi traído com um beijo. Esta é uma referência ao salmo 2. Mais uma vez a identidade messiânica de Jesus está em destaque. Ser traído com um beijo é uma ironia, mas não é algo tão inusitado e sem nexo. Somente a pessoa que tem a nossa confiança pode nos trair. Um desconhecido não trai, alguém em quem não confiamos não pode nos trair. Somente um amigo pode trair; só a amiga pode trair. As pessoas a quem amamos e que dizem nos amar são as que podem nos trair.

Quando somos traídos, dizemos que fomos apunhalados pelas costas. O que é ser apunhalado pelas costas? É ser apunhalado durante um abraço. Quem pode nos apunhalar pelas costas? Aquele que nos abraça, aquele que está próximo o suficiente. Na verdade, só pode nos esfaquear quem está muito perto; só pode enfiar uma faca no nosso peito, nos trair dessa maneira e nos ferir com essa profundidade quem desfruta da nossa intimidade, quem está bem perto do nosso coração.

As mais profundas dores são causadas em nós pelas pessoas que desfrutam do nosso afeto, que compartilham conosco uma relação de amor. Quanto maior o amor, a proximidade, e o afeto, maior a dor de uma traição. A expressão do evangelho é simbólica: é com um beijo que se trai, e não com atos de violência, com agressões explícitas. A pior das traições é aquela camuflada com afeto, acompanhada de carinho, disfarçada de amor. Essa é a traição sutil, de quem envia uma mensagem de amor — o beijo —, mas na verdade pretende nos enfiar um punhal nas costas. Assim foi feito com Jesus. Não obstante ter sido traído, Jesus suplicou em oração do alto da cruz: "Pai, perdoa-lhes, eles não sabem o que fazem".

O perdão de Jesus concedido a quem o feriu nos encoraja a continuar abraçando e beijando as pessoas. É um estímulo para continuarmos a desenvolver relações de afeto, confiança e amizade. O medo das traições não pode fechar nosso coração para as possibilidades do amor.

Pedro respondeu: "Ainda que todos te abandonem, eu nunca te abandonarei!"
Respondeu Jesus: "Asseguro-lhe que ainda esta noite, antes que o galo cante, três vezes
você me negará". Mas Pedro declarou: "Mesmo que seja preciso que eu morra contigo,
nunca te negarei". E todos os outros discípulos disseram o mesmo.
MATEUS 26.33-35

Jesus teve a grandeza de perdoar aqueles que o negaram, traíram e abandona-ram. Jesus acolheu todos os seus *talmidim* independentemente de sua fraqueza, e inclusive de seu pecado. Isso significa que Jesus não estava iludido com a con-dição humana. Quando Jesus declara seu amor a Pedro, ele não pressupõe em Pedro virtudes. "O amor de Deus não se destina ao que vale a pena ser amado; o amor de Deus cria o que vale a pena ser amado", disse Martinho Lutero.

O amor de Deus nos alcança não porque ele tenha contemplado beleza, vir-tude, ou qualidades que o atraíram em nossa direção. Deus não enxergou em nós algo que despertasse seu desejo de amor. O amor de Deus por nós é diferente do nosso amor pelos outros. Amamos porque fomos atraídos pelo encanto, pela beleza e pelas virtudes de alguém. Até mesmo dizemos que algumas pessoas são "apaixonantes", isto é, facilmente nos apaixonamos por elas, pois sua simpatia é sedutora e irresistível.

Mas quando Jesus contempla seu discípulo Pedro, enxerga fraqueza e au-toengano. Pedro é um homem iludido com suas virtudes, e por isso se mostra prepotente. Mas, mesmo assim, Jesus o acolhe e o ama, como se dissesse: "Eu sei que você vai me negar. Eu sei que você vai se acovardar e fugir. Não estou iludido a seu respeito. Mas amo você assim mesmo".

É espantoso saber que Deus sabe tudo a meu respeito, e ainda assim me ama. Isso me faz cair diante dele com gratidão e louvor. Mas também me ensina a amar sem ilusões e falsas expectativas. Deus ama com lucidez. Em Deus, o amor não é cego. Deus nos ensina a amar de olhos abertos.

Pedro respondeu: "Ainda que todos te abandonem, eu nunca te abandonarei!"
Respondeu Jesus: "Asseguro-lhe que ainda esta noite, antes que o galo cante,
três vezes você me negará". Mas Pedro declarou: "Mesmo que seja preciso
que eu morra contigo, nunca te negarei".
MATEUS 26.33-35

Lembro o dia em que estava lendo a Bíblia e levei um susto. Era exatamente essa história quando Pedro nega a Jesus três vezes numa noite só. Quando terminei de ler a história, me ocorreu um pensamento assustador: 'Eu gostaria de pecar desse jeito". Mas depois de refletir um pouco mais, concluí que era verdade, eu gostaria de pecar do jeito que Pedro pecou. Lembro também que fui ao púlpito de minha igreja e disse: "Vou ensinar vocês a pecar". Foi isso o que Pedro me ensinou; ele me ensinou a pecar. Vou ensinar para você também, nesta e nas próximas três meditações.

Como você deve pecar? Leia com atenção. Em primeiro lugar, você deve pecar de tal maneira que ao pecar você leve um susto com você mesmo. O pecado na vida de um discípulo de Jesus não é pressuposto. É certo que Pedro estava enganado a respeito de si mesmo quando disse que seria capaz de morrer por Jesus. Mas também é verdade que ele realmente acreditava que não negaria Jesus e estava convencido de que, se fosse necessário, morreria por Jesus. A prova disso é que quando os militares romanos chegaram para prender a Jesus, Pedro arrancou a orelha de Malco, um servo do sumo sacerdote. Pedro não se acovarda, mas enfrenta os soldados romanos, inclusive numa luta desigual, um grupo de pescadores contra um agrupamento militar. Pedro realmente estava disposto a morrer. Mas Jesus o repreende, dizendo: "Não, Pedro, não é assim; não faça isso". Pedro se surpreende, dá um passo para trás e fica um pouco confuso. Naquela noite, após a prisão de Jesus, Pedro o nega três vezes, como Jesus havia antecipado. Mas o fato é que Pedro acreditava que conseguiria ser fiel.

Assim é que devemos pecar, acreditando que não pecaremos. Devemos pressupor a nossa fidelidade a Deus, e não o nosso pecado. Surpreendente na vida de um discípulo de Jesus não é a fidelidade, mas o pecado.

Eu gostaria de ficar surpreso comigo mesmo quando pecasse. Gostaria que o pecado fosse uma experiência surpreendente para mim. Então, peço a Deus que me ajude a acreditar que "tudo posso naquele que me fortalece", como nos ensinou o apóstolo Paulo. Desejo a profunda convicção de que é possível, sim, fortalecido por Deus, andar na luz, e quero levar sustos quando eu, porventura, tropeçar na escuridão. Convido você a fazer a mesma oração.

Então, prendendo-o, levaram-no para a casa do sumo sacerdote. Pedro os seguia à distância. Mas, quando acenderam um fogo no meio do pátio e se sentaram ao redor dele, Pedro sentou-se com eles. Uma criada o viu sentado ali à luz do fogo. Olhou fixamente para ele e disse: "Este homem estava com ele". Mas ele negou: "Mulher, não o conheço". Pouco depois, um homem o viu e disse: "Você também é um deles". "Homem, não sou!", respondeu Pedro. Cerca de uma hora mais tarde, outro afirmou: "Certamente este homem estava com ele, pois é galileu". Pedro respondeu: "Homem, não sei do que você está falando!". Falava ele ainda, quando o galo cantou.

Lucas 22.54-60

No *talmidim* anterior eu disse que ensinaria você a pecar. A primeira lição foi que você deve acreditar que é capaz de não pecar. Deve dizer como o apóstolo Paulo: "Tudo posso naquele que me fortalece". Isto é, o pecado não pode ser pressuposto. A segunda lição é que o pecado deve ser para você um evento, não uma rotina. A prática do pecado não define a identidade do *talmid* de Jesus. Isso significa que Pedro agiu de maneira covarde, mas Pedro não era covarde.

Há uma grande diferença entre falar uma mentira e ser mentiroso, roubar e ser um ladrão. Pedro cometeu um pecado, mas não era definido pelo pecado. Agiu com covardia, mas não era covarde.

O pecado não é pressuposto na vida de um discípulo de Jesus. Por essa razão é também eventual, isto é, não faz parte da rotina nem define o caráter do discípulo. O pecado não é a prática usual de quem anda na luz. É possível ser surpreendido num momento de fraqueza, pois somos vulneráveis, limitados, enfim, imperfeitos. Podemos tropeçar em uma pedra no caminho, e até mesmo agir impetuosamente, revelando a maldade e as sombras que ainda habitam nosso coração. Mas tais tropeços não definem um discípulo de Jesus.

Eu gostaria muito que alguém, quando me surpreendesse em pecado, dissesse: "Eu não esperava isso de você". É triste quando as pessoas são flagradas em pecado e os comentários são do tipo: "Ah, dessa pessoa eu não esperava coisa diferente", "Eu já imaginava que isso aconteceria; era questão de tempo", "Isso é típico dessa pessoa". O pecado pode acontecer em um momento, mas não deve ser um hábito, pois os hábitos definem o caráter.

Pedro respondeu: "Homem, não sei do que você está falando!" Falava ele ainda, quando
o galo cantou. O Senhor voltou-se e olhou diretamente para Pedro. Então Pedro se
lembrou da palavra que o Senhor lhe tinha dito: "Antes que o galo cante hoje, você me
negará três vezes". Saindo dali, chorou amargamente.
LUCAS 22.60-62

A Bíblia apresenta dois conceitos de pecado. Um deles diz respeito à condição humana, independentemente do que o ser humano faz ou deixa de fazer; ele vive nessa condição que a Bíblia chama de pecado, e por isso o apóstolo Paulo exclama desesperado: "Miserável homem que eu sou! Eu sou pecador". Mas a Bíblia fala também de pecados, no plural. Os pecados têm a ver com o que a gente faz ou deixa de fazer, fala ou deixa de falar, pensa ou deixa de pensar. Os pecados são quebras das regras morais. Os mandamentos da Bíblia expressam o caráter de Deus. Isto é, porque Deus é verdadeiro e fiel, o ato de mentir e a infidelidade são pecados.

A segunda definição de pecado ilumina nossa análise do pecado cometido por Pedro ao negar a Jesus. Pedro se comporta de maneira surpreendente, e age de um jeito que não lhe era característico. Em determinado momento de sua vida ele age com covardia, mas de modo algum poderia ser considerado um covarde. Essas são as duas primeiras lições a respeito de "aprendendo a pecar": o pecado não é pressuposto nem define o caráter do discípulo.

A terceira lição é que o pecado é seguido de lágrimas. O ato de pecar vem acompanhado de vergonha e culpa. O sentimento de culpa é uma das mais maravilhosas graças de Deus. Somente os cínicos e os psicopatas agem mal e não sentem culpa. A primeira pessoa desapontada com o discípulo que peca é o próprio discípulo. O pecado sempre resulta em sofrimento, e o discípulo que pecou é quem mais sofre. É o primeiro a chorar.

Somente quem sofre a sua culpa pode experimentar o perdão de Deus. Apenas aqueles que admitem e enxergam sua vergonha e maldade podem ser alcançados pelas misericórdias de Deus. Por isso, eu peço a Deus que conceda a você e a mim a benção das lágrimas, pois "os que choram" são "bem-aventurados".

Eu oro a Deus que me dê lágrimas. A minha oração de hoje é que ele me dê lagrimas pelo meu pecado, que me dê a possibilidade de sofrer o fato de pecar e ser pecador. Eu faço essa oração e convido você também a fazê-la comigo.

Saindo dali, chorou amargamente.
LUCAS 22.62

Eu disse que ensinaria você a pecar. A primeira lição foi que o pecado não é pressuposto, o discípulo de Jesus realmente acredita que não vai pecar. A segunda, que o pecado é eventual e esporádico, não é uma rotina nem define o caráter e a identidade do discípulo. A terceira lição foi que o pecado implica vergonha e culpa, e nos faz chorar. A quarta e última lição é que o pecado é seguido de arrependimento.

Após negar a Jesus três vezes na mesma noite, Pedro chora amargamente. Seu choro de vergonha e culpa é também um choro de arrependimento. Judas também chorou após trair Jesus. Mas são dois tipos diferentes de lágrimas. O choro de Judas o leva ao suicídio. Ele provavelmente se deu conta do que havia feito, mas não voltou para olhar nos olhos de Jesus. Mas com Pedro é diferente. Suas lágrimas lavam seus olhos para que ele veja Jesus de novo.

O arrependimento nos permite olhar para Deus novamente. Pedro negou a Jesus, foi surpreendido pelo seu pecado, experimentou a culpa e a vergonha, sofreu e chorou, mas voltou para recomeçar sua caminhada como discípulo de Jesus. O arrependimento nos faz começar de novo e de novo...

A Bíblia diz que há uma tristeza para o arrependimento: a tristeza segundo Deus. Pedro a experimentou; Judas, não. Quando pecamos, o Espírito Santo faz cair sobre nós essa tristeza e nos permite viver a vergonha da culpa, que é também uma oportunidade divina. O arrependimento nos traz de volta para Deus. Quando experimentamos essa tristeza gerada pelo sopro do Espírito de Deus em nós, é essa mesma tristeza que funciona como impulso para voltarmos a Deus.

Meu professor e mentor, Karl Lachler, me ensinou que Deus não está no céu com um chicote na mão, olhando para nós e esperando nossa fraqueza, nosso pecado ou nosso tropeço para nos castigar. Deus está com os olhos postos em nós para nos estender a mão toda vez que tropeçamos e caímos. Deus é nosso parceiro para nos ajudar a começar de novo. Ninguém pode ir tão longe que o amor de Deus não o alcance. Ninguém pode fazer algo impossível de Deus perdoar. O pecado não é irreversível. Sempre é possível recomeçar. O apóstolo João diz que não devemos pecar, mas, se pecarmos, temos em Jesus nosso aliado para nos ajudar a voltar a Deus.

Eu peço a Deus que o pecado seja algo estranho em minha vida. Tão estranho que seja também surpreendente e muito eventual. Peço também que não permita que eu me torne insensível ao meu pecado, que me conceda sempre ocasião para arrependimento. E peço que jamais desista de mim, mas me ajude a recomeçar, uma vez, duas, de novo e sempre. Faça você também essa oração.

Vão e digam aos discípulos dele e a Pedro: Ele está indo adiante de vocês para a
Galileia. Lá vocês o verão, como ele lhes disse.
MARCOS 16.7

As misericórdias de Deus se renovam a cada manhã. Todos os dias recebemos de Deus uma folha em branco para começarmos a escrever novamente a nossa história. Isso aconteceu com os discípulos que estavam reunidos amedrontados, tendo nas mãos o jornal do sábado, em que a notícia era a crucificação de Jesus. "O Mestre está morto", pensavam eles. As garras de Roma esmagaram o Messias de Israel e certamente não terão piedade dos seus seguidores. Mas naquela manhã de domingo as mulheres chegam do túmulo de Jesus e anunciam a mais nova de todas as notícias: "Jesus ressuscitou e está esperando para encontrar vocês às margens do mar da Galileia, no lugar de sempre". Imediatamente começa uma correria pela casa, os homens começam a pegar as túnicas, amarrar as faixas e calçar as sandálias. Todos estão se aprontando a fim de correr para a Galileia. Mas entre todos esses homens, há um que não se mexe. Ele está estático, parado, perplexo. Esse homem é Pedro. Ele tem na memória aquela noite em que negou a Jesus.

E então as mulheres dizem: "Pedro, ele mandou um recado especial para você". A mensagem que o anjo deu às mulheres foi: "Digam aos *talmidim* de Jesus e a Pedro". Foi como se Jesus dissesse: "Levem um recado especial a Pedro. Digam que estou esperando por ele também. Digam que ele também foi convidado para o encontro da ressurreição. Guardei para ele um lugar à mesa, e estou esperando que ele apareça".

Essa elegância de Jesus revela a misericórdia e a compaixão de Deus, que nos estende a mão sabendo quem somos e nos convida para a mesa da comunhão. Assim como Pedro recebeu um convite pessoal, um recado específico, há também um recado de Deus para você e para mim. É um recado que vem com o nosso nome, é uma palavra que diz respeito a nós e tão somente a nós, a cada um de nós. Cada um sabe do seu pecado, da sua vergonha, cada um sabe da sua culpa. A culpa é universal, mas a experiência da culpa é muito pessoal, particular, íntima, é algo entre cada coração humano e Deus. E para cada coração humano e cada pessoa há um recado de Deus identificado com o seu nome. Eu ouço Deus dizendo para mim todas as manhãs: "As misericórdias dos céus nasceram novamente com o sol. Ed René, levante-se, eu espero você para a festa da ressurreição".

Não fique aí na poltrona. Não fique aí pelos cantos chorando seus pecados e suas culpas. Levante-se, enxugue as lágrimas. Jesus está esperando você na festa.

Os chefes dos sacerdotes e todo o Sinédrio estavam procurando um depoimento falso
contra Jesus, para que pudessem condená-lo à morte. Mas nada encontraram, embora
se apresentassem muitas falsas testemunhas.
MATEUS 26.59-60

Israel era uma colônia do império romano. Roma deixava de fora as questões religiosas das colônias. Os crimes religiosos judaicos deveriam ser julgados pelo Sinédrio, o supremo tribunal dos judeus. As autoridades religiosas judaicas não têm como solicitar a interferência de Roma para condenar Jesus à morte. O suposto crime de Jesus é religioso. O Sinédrio, que acusa Jesus de blasfêmia, precisa encontrar um jeito de enquadrar Jesus como criminoso político, acusando-o, por exemplo, de sedição, que Roma punia com a execução.

Para o Sinédrio, o problema está nas declarações de Jesus sobre si mesmo: "Eu e o Pai somos um", "Antes de Abraão nascer, Eu Sou", "Eu sou o filho de Davi", "Eu sou o Filho do homem". Ele não admite como legítimo que Jesus cure no sábado, perdoe pecados, toque os leprosos e cure cegos de nascença. Apesar dos sinais e das evidências que Jesus ofereceu, o Sinédrio não o enxerga como o Messias prometido. O supremo tribunal judaico, portanto, já decidiu que é necessário eliminar Jesus pelo crime de blasfêmia e por ser ele um falso Messias. Mas para que Roma o condene à morte, ele deve ser enquadrado como criminoso político; para essa finalidade, o Sinédrio arregimenta testemunhas falsas, tentando vestir Jesus com um crime que ele não cometeu.

Essa é uma prática recorrente. A recusa em admitir que Jesus é de fato quem ele diz que é dá origem a toda sorte de argumentos e desculpas para que ele seja rejeitado. Para negar sua verdadeira identidade, estamos dispostos a colocar muitos trajes sobre Jesus, inclusive alguns aparentemente nobres: espírito de luz, sábio, libertador político, revolucionário. Também buscamos testemunhas falsas contra Jesus, pois se admitirmos que ele é quem disse que é, nossa vida vai ter que mudar, e muito. É melhor que mude Jesus, ainda que com artifícios desonestos, do que mudemos nós. É melhor que seja Jesus entregue à morte do que nós mesmos tenhamos que morrer para a vida que levamos. O apego às nossas conveniências nos impede de acolher a Jesus, e então colocamos Jesus debaixo de um amontoado de raciocínios, argumentos e de testemunhas falsas para diminuí-lo, desmerecê-lo e, por fim, eliminá-lo.

Peço a Deus me dê a condição de ser honesto comigo mesmo e com Jesus. Peço também coragem para assumir todas as consequências da minha fé em Jesus como Messias de Israel e Filho do Deus vivo.

Assim, o destacamento de soldados com o seu comandante e os guardas dos judeus prenderam Jesus. Amarraram-no e o levaram primeiramente a Anás, que era sogro de Caifás, o sumo sacerdote naquele ano. Caifás era quem tinha dito aos judeus que seria bom que um homem morresse pelo povo.

JOÃO 18.12-14

Caifás ocupava o mais elevado cargo de autoridade na hierarquia religiosa dos judeus, era o sumo sacerdote, nomeado por Roma. Anás era seu sogro, e alguns o consideravam o sumo sacerdote legítimo. Em síntese, esses homens tinham nas mãos o poder político e religioso em Israel.

No Sinédrio, Caifás fez esta afirmação de conveniência pragmática política: "É melhor para nós morrer um só homem pelo povo do que perecer a nação inteira". Em outras palavras: "Se dissermos ao povo que Jesus é o Messias, teremos de devotar a ele nossa absoluta lealdade; isso significa que teremos de nos rebelar contra Roma. Vamos ter de dizer que o Senhor a quem devemos lealdade não é César, o imperador romano, mas Jesus de Nazaré, o nosso Messias. Se fizermos isso publicamente, Roma nos esmagará e nos reduzirá a pó. Então, vamos acusar Jesus de sedição e deixar que Roma o sacrifique como criminoso político que reivindica substituir César no coração de Israel. Roma mata Jesus e nos deixa vivos".

Talvez Caifás imaginasse: "Se Jesus for mesmo o Messias, Deus o livrará de Roma e nos dará a vitória. Mas se ele for falso, Deus não vai interferir e esse Jesus acabará sendo morto por Roma, e escaparemos com vida." O que Caifás está fazendo é recusando-se a tomar uma posição a respeito de Jesus e assumir um compromisso com o Messias. Isso me faz lembrar este sábio e verdadeiro clichê: "É fácil andar com Cristo no peito; difícil é ter peito para andar com Cristo".

Andar com Jesus exige coragem e tomada de posição. Em determinados momentos chegamos a considerar que assumir posição ao lado de Jesus vai implicar perseguição, linchamento público, perdas sociais. De fato, muitos cristãos já foram mortos por sua fé. Mas a questão é a seguinte: quem recebeu revelação a respeito de Jesus e foi convertido a ele, passando a crer que ele é não apenas o Messias de Israel, mas o Filho do Deus vivo, não têm muita alternativa. Jesus é caso de vida ou morte. Quem deseja um caminho conveniente, que procure outro Senhor a quem servir. Provavelmente, encontrará seu próprio ego e servirá a si mesmo.

A Bíblia diz que Deus não dos deu um espírito de temor e covardia, mas de coragem e ousadia. Ele nos deu o Espírito Santo. Eu peço a Deus que me dê coragem para andar com Jesus e convido você também a fazer a mesma oração.

Então Pilatos mandou açoitar Jesus. Os soldados teceram uma coroa de espinhos e a puseram na cabeça dele. Vestiram-no com uma capa de púrpura, e, chegando-se a ele, diziam: "Salve, rei dos judeus!" E batiam-lhe no rosto. Mais uma vez, Pilatos saiu e disse aos judeus: "Vejam, eu o estou trazendo a vocês, para que saibam que não acho nele motivo algum de acusação". Quando Jesus veio para fora, usando a coroa de espinhos e a capa de púrpura, disse-lhes Pilatos: "Eis o homem!" Ao vê-lo, os chefes dos sacerdotes e os guardas gritaram: "Crucifica-o! Crucifica-o!" Mas Pilatos respondeu: "Levem-no vocês e crucifiquem-no. Quanto a mim, não encontro base para acusá-lo". Os judeus insistiram: "Temos uma lei e, de acordo com essa lei, ele deve morrer, porque se declarou Filho de Deus".

João 19.1-7

Pilatos era o prefeito da província romana da Judeia, a autoridade política encarregada de arbitrar eventual crime em Jesus. Seu parecer é direto e objetivo: "Este homem não cometeu nenhum crime contra Roma. Não vejo nele culpa, nada que exija que eu o execute. São vocês que dizem que ele deve ser crucificado e morrer, não eu". Pilatos deixa claro que quem condenou Jesus à morte foi o Sinédrio, o tribunal religioso judaico, que o considerou falso Messias e um blasfemo, justamente porque reivindicou ser o Filho de Deus.

Muitas pessoas dizem que a divindade de Jesus é uma construção posterior, tardia, e que naqueles dias não se imaginava que Jesus fosse Deus. Os evangelistas, biógrafos de Jesus, pensam diferente. O próprio João começa o seu evangelho dizendo: "No princípio era o Verbo, e o Verbo estava com Deus, e o Verbo era Deus". Disse também que "o Verbo existe antes de todas as coisas, e sem ele nada do que foi feito se fez". E concluiu: "O Verbo se fez carne, e habitou entre nós, e vimos a sua glória como a glória do unigênito do Pai". A expressão *Filho de Deus* atribuída a Jesus não é apenas um título político, como o é em relação ao César. Jesus disse sobre si mesmo: "Eu sou o Filho de Deus", "Eu e o Pai somos um". Esse foi o "crime" de Jesus, classificado pelo Sinédrio de blasfêmia, e que o levou à cruz.

A minha oração é para que eu também seja capaz de fazer a confissão que Pedro fez. Quando Jesus perguntou: "Quem dizem os homens que eu sou?", Pedro respondeu: "Tu és o Cristo, o Filho do Deus vivo". Que essa confissão tenha para mim a plenitude do seu significado: "Tu és o Cristo, o Ungido, o Messias, o Filho de Deus, Deus feito homem". Peço em oração que eu seja capaz de fazer essa afirmação a respeito de Jesus sem acusá-lo de blasfêmia. Peço o mesmo por você.

Daí em diante Pilatos procurou libertar Jesus, mas os judeus gritavam: "Se deixares esse homem livre, não és amigo de César. Quem se diz rei opõe-se a César". Ao ouvir isso, Pilatos trouxe Jesus para fora e sentou-se na cadeira de juiz, num lugar conhecido como Pavimento de Pedra (que em aramaico é Gábata). Era o Dia da Preparação da semana da Páscoa, por volta das seis horas da manhã. "Eis o rei de vocês", disse Pilatos aos judeus. Mas eles gritaram: "Mata! Mata! Crucifica-o!" "Devo crucificar o rei de vocês?", perguntou Pilatos. "Não temos rei, senão César", responderam os chefes dos sacerdotes. Finalmente Pilatos o entregou a eles para ser crucificado.
João 19.12-16

Os judeus acusam Jesus pelo crime de sedição, de incitar o povo contra a autoridade de César e fomentar um movimento contra a ocupação romana da Palestina. No Sinédrio, o supremo tribunal judaico, Jesus é acusado de blasfêmia. Como Roma não interfere nas questões religiosas das colônias, os líderes judaicos o transformam em criminoso político. Eles interpelam Pilatos, o prefeito romano da Judeia, com este argumento sutil: "Ele se diz nosso Messias. Se de fato for, devemos lealdade a ele, e não a César. Se você deixá-lo vivo, estará negando lealdade a César". A discussão saiu da arena religiosa e foi para a política. Mas agora Pilatos precisa tomar uma decisão política, pois está assentado na posição de *Gábata*, de juiz, e não pode mais se omitir.

Jesus reivindicou sua divindade e seu senhorio sobre todas as nações, e não apenas sobre Israel. Declarou ser o Filho do Deus Vivo e um com o Pai. Essas afirmações têm profundas implicações também políticas. Ser Senhor de tudo inclui César. Quem reconhece Jesus como Senhor da vida, da morte e de todo o universo também o reconhece como Senhor sobre as dimensões sociais, políticas, econômicas e culturais, e deve se submeter a ele em todas as áreas da existência humana. A afirmação de que Jesus é Deus não deve esvaziar a afirmação de que Jesus é Senhor presente também na história e que deve afetar nossa maneira de viver em sociedade. Também deve afetar o modo de nos relacionarmos com os césares de ocasião. Jesus é maior que César. Esses homens, no fundo, tinham razão: Jesus é Deus; é maior que César.

Os *talmidim* de Jesus o adoram como Deus. E sabem que sua adoração tem profundas implicações políticas. Sabem que sua irrestrita lealdade a Jesus faz absoluta diferença não apenas na eternidade e no chamado mundo espiritual, mas também neste mundo, onde são sal e luz. O seguimento de Jesus, o Cristo vivo, de forma alguma é caminho de alienação.

> Por ocasião da festa era costume do governador soltar um prisioneiro escolhido pela multidão. Eles tinham, naquela ocasião, um prisioneiro muito conhecido, chamado Barrabás. Pilatos perguntou à multidão que ali se havia reunido: "Qual destes vocês querem que lhes solte: Barrabás ou Jesus, chamado Cristo?" Porque sabia que o haviam entregado por inveja. Estando Pilatos sentado no tribunal, sua mulher lhe enviou esta mensagem: "Não se envolva com este inocente, porque hoje, em sonho, sofri muito por causa dele". Mas os chefes dos sacerdotes e os líderes religiosos convenceram a multidão a que pedisse Barrabás e mandasse executar Jesus.
>
> MATEUS 27.15-20

Os líderes religiosos convenceram a multidão a escolher Barrabás e mandar crucificar Jesus. Isso faz lembrar o ditado equivocado: "A voz do povo é a voz de Deus". Muitas vezes, a voz do povo é a voz dos líderes religiosos, dos políticos manipuladores, da conveniência, das trevas e da escuridão. Na Bíblia, raríssimas vezes a voz do povo é a voz de Deus.

O espírito da democracia é razoável. O mundo deve ser governado por Deus. Mas a quem compete ouvir e discernir a voz de Deus? O filósofo-rei? Um grupo de privilegiados? Um contingente mínimo de cidadãos? O espírito democrático diz que o povo deve discernir a voz de Deus, pois na democracia o governo é do povo, pelo povo e para o povo.

Mas não há como negar a constatação de que o povo pode ser manipulado, e de que nem sempre, ou quase nunca, a voz do povo é a voz de Deus. O Sinédrio conseguiu convencer a multidão a crucificar Jesus e soltar Barrabás. Quais teriam sido os argumentos para convencer a multidão? Nenhum argumento é mais contundente do que o feito em nome de Deus. O Sinédrio deve ter dito à multidão: "Este homem está blasfemando! Ele é um falso Messias. Se dermos ouvidos a ele estaremos traindo o Deus de Israel. Ficar do lado dele é ficar contra Deus".

Quando o argumento em nome Deus entra em cena, a possibilidade de manipulação é infinita. Há muita gente ainda hoje manipulando multidões em nome de Deus, isto é, em nome de suas crenças relativas a Deus, um Deus que é mal compreendido, mal interpretado e mal percebido, que é distorcido, fruto de construção teológica e filosófica, contaminada com ignorância e mau-caratismo. Há muita gente manipulando e sendo manipulada em nome de Deus. Que grande desafio é o do arbítrio da consciência livre diante de Deus.

Os talmidim de Jesus não devem se submeter às manipulações. Tampouco devem manipular quem quer que seja, principalmente em nome de Deus. Devem confiar no Espírito Santo, que nos guia a toda a verdade.

Disse-lhes Pilatos: "Eis o homem!".
JOÃO 19.5

Os estudiosos dizem que a Bíblia Sagrada é um texto polissêmico. Isso significa que o texto bíblico tem muitos sentidos, e uma pequenina expressão da Escritura diz muito mais do que está mostrando. Uma pequenina sentença ou um breve comentário da Bíblia abrem um horizonte extraordinário de sentidos e nos colocam diante de verdades que devemos perceber em sua maior profundidade.

A tradição cristã interpreta a declaração de Pilatos "Eis o homem!" não apenas como indicativa da pessoa de Jesus, mas como definidora do conceito antropológico. A famosa expressão "ecce homo" sugere algo como: "Aqui está um ser humano de verdade; ele não é apenas um homem, mas O Homem".

A Bíblia Sagrada diz que Deus criou o homem à sua imagem e semelhança, e que todos os seres humanos em Cristo estão destinados a participar da natureza divina, e nisso consiste sua plena humanidade. A tradição cristã afirma que Jesus é "verdadeiro Deus e verdadeiro homem". Os teólogos do oriente dizem que "quando Deus criou Adão, estava olhando para Jesus". Ele é o que Deus imaginou como deveria ser o homem ao cria-lo à sua imagem e semelhança. Por isso é que a teologia vai dizer que em Jesus, Deus encarnado, sabemos como Deus é; mas, visto que Jesus é Deus feito homem, sabemos também como o homem deve ser. Jesus não é metade Deus, metade homem. O credo cristão afirma que Jesus é 100% Deus e 100% homem. Deus manifesto em plenitude, mas também o homem manifesto em plenitude. "Eis o homem". O homem é Jesus. O que é ser homem? Ser homem é ser como Jesus.

Imagino o dia quando alguém vai apontar para mim e dizer: "Eis o homem". Imagino o dia quando serei mais do que essa pálida expressão da imagem e semelhança de Deus. Anseio chegar o dia quando serei igual a ele, participando da sua natureza divina e plenamente realizado em minha humanidade. Essa é a esperança que os cristãos chamam de salvação.

> *Pilatos reuniu os chefes dos sacerdotes, as autoridades e o povo,*
> *dizendo-lhes: "Vocês me trouxeram este homem como alguém que estava*
> *incitando o povo à rebelião. Eu o examinei na presença de vocês e não achei nenhuma*
> *base para as acusações que fazem contra ele".*
> LUCAS 23.13-14

Pilatos declara a inocência de Jesus em termos políticos. A acusação dos líderes religiosos era que Jesus afirmava ser o rei dos judeus e incitava o povo à rebelião contra Roma, o que equivalia ao crime de sedição. Pilatos interroga Jesus e chega à conclusão de que essa acusação é falsa — e nisso tinha razão. Pilatos declara: "Ele é inocente, eu não vejo culpa neste homem".

Essa declaração de inocência, primeiramente interpretada na dimensão política, pode ser compreendida de maneira mais abrangente. Jesus morreu crucificado, a pena mais cruel e vergonhosa a que eram submetidos apenas os piores criminosos. Mas Jesus era inocente. Ele foi condenado injustamente. Seu julgamento teve cartas marcadas, acusações e testemunhas falsas, e manipulações diversas.

A inocência de Jesus o legítima como Cordeiro de Deus. O Cordeiro simboliza a inocência e a pureza. Jesus é imaculado. Jesus é o Cordeiro inocente. Por isso pode se oferecer em lugar do pecado de todos. O apóstolo Paulo declara: "Aquele que não tem pecado, Deus o fez pecado por nós, para que nele nós fôssemos feitos justiça de Deus". É importante compreendermos que Jesus é esse Cordeiro inocente, que não tendo culpa alguma diante de Deus toma sobre si a nossa culpa, leva consigo o nosso pecado, sendo uma oferta suficiente de satisfação a justiça de Deus.

Somente o Espírito Santo pode nos fazer compreender a profundidade dessa transação que acontece na cruz do Calvário: o inocente no lugar dos pecadores; o crédito do inocente na conta dos endividados pecadores, que recebem todos os benefícios da morte do inocente. Que grande privilégio discernir, experimentar e ser agraciado pela morte do Cordeiro de Deus. Que o Espírito derrame o crédito da cruz sobre nós.

Quando Pilatos percebeu que não estava obtendo nenhum resultado, mas, ao contrário, estava se iniciando um tumulto, mandou trazer água, lavou as mãos diante da multidão e disse: "Estou inocente do sangue deste homem; a responsabilidade é de vocês".
MATEUS 27.24

Pilatos tentou ao máximo, por pelo menos quatro vezes, livrar-se da culpa de crucificar um homem a quem considerava inocente. A primeira foi transferi-lo de jurisdição ao saber que Jesus era Galileu e o enviou para ser interrogado por Herodes. A segunda foi propor algumas medidas: castigar Jesus e depois soltá-lo. A terceira artimanha foi apresentar à multidão um prisioneiro alternativo; ele creditava que se a multidão tivesse que escolher entre Jesus e Barrabás, inegável malfeitor e criminoso, crucificaria Barrabás e libertaria Jesus. Essas tentativas falharam, e Jesus voltou para suas mãos. A última tentativa foi declarar seu veredicto: "Este homem é inocente; portanto, agora eu lavo minhas mãos e a responsabilidade é toda de vocês".

A postura de Pilatos é um exemplo de terceirização da responsabilidade da culpa. Como se pudéssemos, com a omissão diante de um ato injusto, simplesmente lavar as mãos. Mas não é possível lavar as mãos diante da injustiça. Antes, devemos tomar partido pela justiça, comprometer nossas conveniências, sacrificar nossos privilégios, colocar a vida em risco em favor da justiça. O ato de Pilatos é de covardia. Involuntariamente ele profetiza que para tomar posicionamento ao lado de Jesus é preciso coragem. Ele passa para a história como uma advertência aos que se omitem diante da morte dos inocentes, inclusive do inocente Jesus.

O *Credo apostólico*, um dos mais antigos e fundamentais documentos da tradição cristã, declara a respeito de Jesus: "E [creio] em Jesus Cristo, seu único Filho, nosso Senhor, que foi concebido pelo poder do Espírito Santo, nasceu da virgem Maria, padeceu sob Pôncio Pilatos, foi crucificado, morto e sepultado, desceu ao Hades, ressuscitou ao terceiro dia, subiu aos céus, e está sentado à direita de Deus Pai todo-poderoso, de onde há de vir julgar os vivos e mortos".

Pilatos bem que tentou, mas não conseguiu ficar livre da culpa. Os *talmidim* de Jesus foram ensinados a buscar em primeiro lugar o reino de Deus e a sua justiça. Eles não são criancinhas amedrontadas, pessoas alienadas, e muito menos covardes. De fato, não é do feitio dos seguidores de Jesus "lavar as mãos".

Disse Jesus: "O meu Reino não é deste mundo".
JOÃO 18.36

O reino de Deus inaugurado por Jesus é o cumprimento de uma profecia de Daniel. Nabucodonosor, rei da Babilônia, sonha com uma estátua cuja cabeça era de ouro fino; o peito e os braços, de prata; o ventre e as coxas, de cobre; as pernas, de ferro; e os pés, em parte de ferro e em parte de barro. A estátua é destruída por uma grande pedra lançada do céu, "não por mãos humanas". O profeta Daniel interpreta o sonho como a profecia de uma sucessão de reinos: babilônico, assírio, medo-persa, grego e o romano, e, por último, um reino que prevalecerá sobre todos os outros e permanecerá para todo o sempre.

Esse reino que não tem origem humana e durará para sempre é o reino de Deus, anunciado e inaugurado por Jesus. O reino acima de todos os reinos. O reino de Deus, portanto, não é meramente uma nova ordem social ou política, pois nesse caso seria apenas de uma extensão maior das conquistas humanas. O reino de Deus não é apenas um reino onde existe igualdade social, democracia plena, respeito à dignidade humana e liberdades individuais, ou apenas uma sociedade de justiça e paz. O reino de Deus supera qualquer agenda ideológica e política.

Jesus diz que o seu reino "não é deste mundo". Isso significa que o reino de Deus é de outra ordem, muito além da questão social e política, pois é um reino que coloca em ordem não apenas a sociedade humana, mas toda a criação de Deus. O teólogo Leonardo Boff diz que o reino de Deus "é o fim bom de toda a criação", isto é, a plenitude da criação de Deus, não apenas do homem e da ordem social, mas de todo o universo. Por isso, a Bíblia anuncia "novo céu e nova terra", que não podem ser construídos por "mãos humanas". A diferença entre o reino de Deus e os reinos humanos não é de quantidade: mais abrangência de justiça social, mas qualitativa: outra dimensão de existência. O reino de Deus não é mais "ordem e progresso", não se compara ao positivismo ideológico, não se estabelece mediante o avanço da ciência e da tecnologia, nem com o aperfeiçoamento das instituições sociais. Apesar do seu valor, isso está muito aquém da promessa do reino de Deus. "O meu Reino não é deste mundo", disse Jesus, "e por essa razão só pode ser consumado mediante a interferência do meu Pai".

O reino de Deus não é mera abstração; ele tem expressão histórica, como bem demonstrou Jesus. Mas se consuma na eternidade, como prometeu Jesus. Enquanto aguardamos a consumação do reino de Deus ali e além, trabalhemos por ele aqui e agora.

Finalmente Pilatos o entregou a eles para ser crucificado. Então os soldados
encarregaram-se de Jesus. Levando a sua própria cruz, ele saiu para o lugar
chamado Caveira (que em aramaico é chamado Gólgota).
Ali o crucificaram, e com ele dois outros, um de cada lado de Jesus.
João 19.16-18

Quem matou Jesus? Podemos dizer que foram os soldados romanos. Mas alguém poderia objetar: eles apenas cumpriram ordens. Então foi Pilatos, que deu ordens aos soldados. Alguém justificaria que Pilatos fez apenas o que um governador romano deveria fazer; então, em última instância, Roma matou Jesus. Ainda assim, haveria certa controvérsia, pois Pilatos o julgou inocente, mas cedeu às pressões dos líderes religiosos judeus que conspiraram contra Jesus, fizeram um julgamento falso e manipularam a multidão. Por isso, quem matou Jesus foi a multidão, que escolheu soltar Barrabás. Mas poucas pessoas seriam capazes de dizer: "Nem os soldados, nem Roma, nem Pilatos, nem os líderes judaicos ou a multidão; quem matou Jesus foi eu, pois Jesus morreu pelos meus pecados".

Éramos Pilatos e lavamos as mãos; estávamos na multidão; também rejeitamos Jesus como Deus encarnado, à semelhança dos líderes judaicos; e também temos nosso império que não admite rivais, e assim somos semelhantes a Roma; igualmente somos parecidos com os soldados que alegam simplesmente cumprir ordens, alheios e omissos diante dos fatos. Menor ainda é o número dos que teriam coragem de afirmar que foi Deus quem matou Jesus, pois ele "tanto amou o mundo, que deu seu Filho unigênito". Por fim, talvez somente Jesus se apressaria em dizer: "Ninguém me matou, pois a minha vida ninguém a poderia tirar de mim, de livre vontade derramei minha vida por amor".

O mistério pode ser esclarecido por esta afirmação do apóstolo Pedro: "Jesus morreu para cumprir um propósito divino, mas foram homens assassinos quem o levaram à cruz". Quem olha de baixo para cima vê que nós, a raça humana, eu e você, batemos os pregos nas mãos de Jesus. Mas quem olha de cima para baixo, percebe a morte de Jesus como um ato soberano praticado por Deus na eternidade: o Pai, o Filho e o Espírito, que se sacrificam por amor.

Eis o mistério da cruz: nós matamos Jesus e somos responsáveis por sua morte. Mas também é verdadeiro que Deus, o Filho, se entregou por nós, segundo o que fora determinado na eternidade juntamente com o Pai e o Espírito. Fazer a conjugação dessas duas realidades é um exercício de fé. Assumir a minha responsabilidade como alguém que matou Jesus e assumir a gratuidade de Deus que se deixa morrer por mim são duas faces da experiência de fé.

No dia seguinte João viu Jesus aproximando-se e disse: "Vejam! É o Cordeiro de Deus,
que tira o pecado do mundo!"
JOÃO 1.29

A afirmação "Jesus é o Cordeiro de Deus que tira o pecado do mundo" é uma das mais complexas da tradição cristã. O escândalo dessa afirmação pode ser visto na declaração de certo teólogo que teria dito: "Eu não posso crer num Deus que mata seu filho". Apesar de escandalosa, não podemos simplesmente negá-la ou esquecê-la, pois não apenas consta como também se encaixa na lógica abrangente da Bíblia e do evangelho de Jesus.

O sentido da morte de Jesus pode ser iluminado pela compreensão do fato de que não temos vários deuses. Nós, cristãos, somos monoteístas. Cremos que existe apenas um Deus: o Pai, o Filho e o Espírito. Eles são um só Deus. Não há um Deus que mata e um Deus que morre. Existe apenas um Deus, e, portanto, só existe o Deus que morre, o Deus que se entrega à morte, o Deus que assume sobre si o ônus do pecado de sua criação.

O pecado exige reparação da justiça. Mas quem deve assumir o ônus dessa reparação? A criação, a criatura ou o Criador? Na economia divina, na eternidade, Deus decide morrer, isto é, dar passos para trás, para permitir a existência da sua criação e da sua criatura. A Bíblia diz que "o Cordeiro que foi morto é conhecido desde antes da fundação do mundo", isto é, Jesus morreu antes da fundação do mundo. Por isso, o pastor e teólogo Ariovaldo Ramos afirmou que "antes de dizer 'Haja luz', Deus disse 'Haja cruz'".

A minha oração é que o Espírito Santo traduza aos nossos corações o real e profundo significado de crer em um Deus que morre por amor.

Levaram Jesus ao lugar chamado Gólgota, que quer dizer Lugar da Caveira.
Então lhe deram vinho misturado com mirra, mas ele não o bebeu. E o crucificaram.
Dividindo as roupas dele, tiraram sortes para saber com o que cada um iria ficar.
Eram nove horas da manhã quando o crucificaram.
MARCOS 15.22-25

A Bíblia diz que a cruz de Cristo é conhecida desde antes da fundação do mundo. Paulo afirmou que a cruz de Cristo "se manifestou na história", o que implica dizer que a cruz é uma dramatização histórica de um evento ocorrido na eternidade.

A narrativa bíblica do chamado "pecado original", cometido pelo primeiro casal, geralmente é interpretada em termos morais. Mas na verdade trata-se de uma realidade de ruptura ontológica. C. S. Lewis disse que "Deus é o combustível que o ser humano usa para existir". Paulo, ao citar os filósofos gregos, diz que "em Deus somos, nos movemos e existimos". O pecado humano é pretender existir de maneira autônoma em relação a Deus, ou, em termos simbólicos, "dar um salto para fora de Deus". O problema é que não existe nada fora de Deus. Ao tentar existir fora de Deus, na verdade o ser humano está escolhendo deixar de existir; o que a Bíblia chama de "morrer".

Mas como uma criatura sem direito nem condição de existência pode continuar existindo? Apenas e tão somente pela generosidade de Deus, que dá um passo para trás e assim concede espaço para a sua criatura: o ser humano salta para fora de Deus, mas cai ainda dentro de Deus. Esse passo para trás é uma espécie de autonegação de Deus, que o apóstolo Paulo chama de "esvaziamento de Deus", e que podemos chamar de "morte de Deus". Por isso é que compreendemos a cruz de Cristo como uma dramatização histórica do esvaziamento divino ocorrido na eternidade. Aprendi com meu amigo e pastor Ariovaldo Ramos que "a cruz de Cristo demonstra o horror a que Deus a si mesmo se submeteu para que você e eu pudéssemos continuar existindo". Não podemos existir contra Deus, a menos que ele seja contra si mesmo. A única forma de existirmos contra Deus é Deus voltar-se contra si mesmo. É exatamente isso o que ele faz na cruz do Calvário.

Essa é a razão de a Bíblia dizer que a cruz do Calvário é conhecida desde antes da fundação do mundo. A cruz é uma dramatização na história de um ato generoso e elegante de Deus em voltar-se contra si mesmo para tornar-se um Deus a nosso favor. Peço que o Espírito Santo sopre esse discernimento não apenas sobre mim, mas também sobre você. E que jamais tenhamos a pretensão de existir contra um Deus que é por nós.

Jesus disse: "Está consumado!" Com isso, curvou a cabeça e entregou o espírito.
João 19.30

Jesus pronuncia do alto da cruz as famosas "sete palavras". A primeira é esta declaração: "Está consumado". O que está consumado? O que se completa? O que se encerra no ato da cruz e na morte de Jesus? O princípio da justiça.

Precisamos diferenciar *justiça* e *ilegalidade*. Pensa-se que Jesus morreu pelos nossos pecados, como matar, roubar, falar mentiras, cobiçar e coisas do tipo, isto é, o que fazemos ou deixamos de fazer, como se esses pecados fossem a mera quebra da lei de Deus. Porém, quebra da lei não é injustiça, mas ilegalidade.

O pecado humano é não é apenas imoralidade ou ilegalidade, mas uma ruptura ontológica em relação a Deus ou tentar existir de maneira autônoma em relação a ele. Se Deus admitisse essa ruptura, abriria espaço para uma fissura no universo, um princípio de desequilíbrio, um conflito de critérios, que estamos chamando de injustiça.

O critério de justiça do universo está quebrado pelo pecado humano. Um ser onipotente que faz vistas grossas à injustiça é um ser arbitrário e sem controle, e, portanto, nada confiável. Quem garante que ele um dia não se voltará contra nós? Alguém poderia argumentar que Deus poderia perdoar o pecado humano simplesmente por amor. Mas isso seria o mesmo que desrespeitar o critério de justiça que sustenta a criação.

É por isso que Deus se volta contra si mesmo e assume o ônus dessa quebra da justiça. A rachadura no universo é compensada e reequilibrada. A injustiça que invade a ordem da criação é reparada no ato da morte de Jesus, que é a dramatização histórica da própria morte de Deus efetuada na eternidade. Nisso consiste o amor de Deus, em assumir o ônus causado pela entrada da injustiça no universo.

Jesus Cristo consumou na cruz do Calvário a decisão que Deus tomou na eternidade: sustentar sua criação em um critério de justiça, ou, se preferir, sustentá-la em si mesmo e no seu caráter três vezes santo. O apóstolo Paulo diz que "a finalidade da lei é Cristo, a justiça de todo o que crê". A lei revela a injustiça humana, que somente Cristo pode reparar; a lei, portanto, se cumpre em Cristo. Jesus não morreu na cruz para cumprir uma pena causada por ofensas morais, mas para executar a justiça de Deus que sustenta seu universo em amor. Deus concilia sua santa justiça, que não pode deixar a culpa sem castigo, com a compaixão, que recebe e exime de culpa o réu pecador mediante a graça, como diz um velho hino cristão. O amor não sacrifica a justiça, e a justiça não anula o amor.

Jesus disse: "Está consumado!" Com isso, curvou a cabeça e entregou o espírito.
João 19.30

O amor não sacrifica a justiça, e a justiça não anula o amor. A morte de Jesus na cruz consuma a decisão que Deus tomou na eternidade: sustentar sua criação em um critério de justiça. A morte de Jesus satisfaz o critério divino de justiça que foi quebrado pelo pecado do homem. Esse é o significado da declaração de Jesus: "Está consumado".

Precisamos entender melhor o que significa dizer que o pecado humano quebrou o critério de justiça que sustenta o universo. Imagine que um criminoso entra em uma casa e mata a esposa e os filhos de um homem justo e bom. Diante de crime tão hediondo, as pessoas ficam à espera da reação dele. O homem então oferece perdão ao criminoso e intercede aos poderes judiciais que o libertem. Justifica seu gesto dizendo: "Eu amo esse criminoso, apesar de ele ter assassinado minha esposa e meus filhos. Não farei nada nem espero reparação. Não creio que alguém devesse fazer algo a respeito. Vamos simplesmente amar esse homem". As pessoas em volta provavelmente perguntariam: "Mas você também não amava sua esposa e seus filhos? Vai deixar sem resposta essa agressão feita contra você? Você não tem amor próprio? Que critério de justiça existe no seu coração, que despreza o sacrifício da vida dos inocentes para sustentar com vida esse assassino? E mais, que amor é esse que você diz ter pelo assassino se o deixa seguir impunemente seu caminho mal, destruindo vidas e destruindo a si mesmo?".

O gesto mais escandaloso do que simplesmente, em nome do amor, seguir em frente como se nada tivesse acontecido, seria o seguinte: exigir a prisão, o julgamento e a condenação do assassino, e depois se oferecer para cumprir a pena em seu lugar. Isso seria um gesto de amor sem sacrifício da justiça. Foi o que Deus fez. Na cruz de Cristo, ele deu uma resposta contundente ao mal e cumpriu a justiça que sustenta o universo. Mas também, e principalmente, deu ao universo um testemunho irrefutável do seu amor. Qualquer ser que se levante dizendo que um Deus que exige reparação é mais justiça do que amor deve oferecer uma explicação para a cruz do Calvário.

Talvez seja essa uma pobre metáfora da loucura do amor de Deus por nós. Mas o apóstolo Paulo diz que "a cruz é loucura", pois não faz o menor sentido que Deus escolha morrer para manter com vida aquele que não merece mais existir.

Jesus disse: "Está consumado". Assim, o mal teve sua resposta, os malvados foram desmascarados, Deus foi justiçado, a ordem do universo foi restabelecida e o amor prevaleceu.

Jesus disse: "Pai, perdoa-lhes, pois não sabem o que estão fazendo".
LUCAS 23.34

O amor vence a morte, o sofrimento e o pecado. Do alto da cruz, em agonia pelo pecado, em agudo sofrimento e às portas da morte, Jesus clama aos céus: "Pai, perdoa-lhes, pois não sabem o que estão fazendo". A súplica pelo perdão é compreensível, mas o que significa a frase "não sabem o que estão fazendo"?

Em sentido mais superficial, eles não sabiam que estavam crucificando o Messias e sendo vítimas da ignorância e manipulação religiosa, e das conveniências políticas dos que ocupam o poder. Mas é possível que o sentido mais profundo aponte para o fato de que eles não faziam ideia de que naquela cruz estavam crucificando Deus feito homem e cumprindo um propósito estabelecido desde a eternidade. Jamais lhes passou pela cabeça qualquer noção de um Deus capaz de se entregar à morte por amor das suas criaturas. Seria pedir demais que os líderes religiosos e políticos, a multidão e os soldados tivessem consciência dos mistérios revelados em Jesus Cristo.

O apóstolo Paulo elabora teologicamente a cruz de Cristo e coloca legendas no quadro de horrores do Calvário. Aos filipenses, ele fala sobre a *kenósis*, o esvaziamento divino, na pessoa do Filho, Jesus. Esse sagrado mistério que a mística e filósofa francesa Simone Weil vai entender como Deus se diminuindo para dar espaço às suas criaturas. Aos coríntios, Paulo explica: "Deus em Cristo estava reconciliando consigo o mundo, não lançando em conta os pecados dos homens, pois Deus tornou pecado por nós aquele que não tinha pecado, para que nele nos tornássemos justiça de Deus".

Seria mesmo exigir daqueles homens que estavam crucificando Jesus a consciência de realidades que ainda hoje geram tantas e inconclusas controvérsias. A súplica de Jesus, "Pai, perdoa-lhes, eles não sabem o que estão fazendo", é, portanto, uma oração universal e atemporal. A oração de Jesus tem repercussão para toda a eternidade e para todos os homens. Em sua oração, Jesus está profetizando o dia quando todos entenderão a grandeza do amor redentor de Deus. Nesse dia, "a terra se encherá do conhecimento da glória do Senhor como as águas cobrem o mar".

Aguardo esse dia chegar. Também para mim, não poucas vezes, o evangelho ainda é um borrão que tento interpretar a partir do pouco que conheço da história da teologia e do que leio na Bíblia. Mas confio nesse pedido de perdão que Jesus faz em meu lugar e por mim. A redenção não é questão de saber, mas de confiar no amor de Deus e no perdão invocado desde a cruz do Calvário.

Um dos criminosos que ali estavam dependurados lançava-lhe insultos: "Você não é o Cristo? Salve-se a si mesmo e a nós!" Mas o outro criminoso o repreendeu, dizendo: "Você não teme a Deus, nem estando sob a mesma sentença? Nós estamos sendo punidos com justiça, porque estamos recebendo o que os nossos atos merecem. Mas este homem não cometeu nenhum mal". Então ele disse: "Jesus, lembra-te de mim quando entrares no teu Reino". Jesus lhe respondeu: "Eu lhe garanto: Hoje você estará comigo no paraíso".
LUCAS 23.39-43

Esse pequeno diálogo entre Jesus e os dois ladrões crucificados trata de questões profundas, como injustiça, justiça e mal. O chamado "bom ladrão", a quem a tradição cristã dá o nome de Dimas, afirma que Jesus "não cometeu nenhum mal", e, portanto, é inocente diante da lei romana e dos costumes da época. Mas também pode significar que em Jesus não há lugar para o mal e, mais precisamente, que Jesus, diferentemente de Adão, não está em rebelião contra o Criador.

Outro tema profundo trata da experiência humana do paraíso. O ladrão pede a Jesus: "Lembra-te de mim quando entrares no teu Reino", e Jesus lhe promete que naquele mesmo dia estariam juntos no paraíso. O que isso quer dizer? Será que a consciência após a morte é imediata? Será que não ficamos dormindo milhares e milhares de anos até o juízo final? Talvez baseado na promessa "hoje mesmo", o apóstolo Paulo disse que "num piscar de olhos ressuscitamos para viver para sempre com o Senhor". Quem sabe a grande quantidade de tempo que ficamos na morte aguardando a ressurreição passe de maneira despercebida como a noite de sono. Morremos hoje, e num piscar de olhos já estamos ressuscitados no paraíso.

Mas também é importante sublinhar a pergunta que o "bom ladrão" faz ao "mau ladrão": "Você não teme a Deus nem estando sob a mesma sentença?" Isso deixa absolutamente claro que alguns contemporâneos de Jesus, de algum jeito e por alguma razão, conseguiram perceber que Deus estava ali bem diante deles. Os profetas de Israel anunciaram que o filho da virgem seria chamado Emanuel, "Deus Conosco": Deus ao nosso lado, no meio de nós e em nós. A maioria das pessoas olhou para Jesus e viu um homem pendurado numa cruz. Mas alguns poucos olharam para Jesus de Nazaré e viram Deus.

Não sei como definir o paraíso. Sei apenas que é um lugar em que estamos com Jesus. Qualquer que seja a definição de paraíso, entretanto, nossa viagem para lá está vinculada à nossa capacidade e oportunidade de discernir a justiça e o amor de Deus revelados em seu Filho Jesus pendurado na cruz. Que os nossos olhos sejam abertos!

Perto da cruz de Jesus estavam sua mãe, a irmã dela, Maria, mulher de Clopas, e Maria Madalena. Quando Jesus viu sua mãe ali, e, perto dela, o discípulo a quem ele amava, disse à sua mãe: "Aí está o seu filho", e ao discípulo: "Aí está a sua mãe". Daquela hora em diante, o discípulo a recebeu em sua família.

JOÃO 19.25-27

Esta é mais uma das palavras de Jesus pronunciadas do alto da cruz. Depois de falar a respeito da consumação do propósito de Deus, suplicar o perdão para os seus algozes e prometer o paraíso ao "bom ladrão", Jesus faz esse pronunciamento filial. Olha para Maria, sua mãe, e seu discípulo amado, João, e os recomenda um ao outro: "Aí está o seu filho", "Aí está a sua mãe".

Desde aquela época existia a preocupação a respeito da solidão das mulheres. Provavelmente esse é um indício de que a essa altura José, o pai adotivo de Jesus, já estivesse falecido, pois Jesus recomenda a João os cuidados de Maria, sua mãe. É muito estranho que do alto da cruz, no seu sacrifício redentor, Jesus esteja preocupado com sua mãe.

Mas é possível que no gesto de Jesus esteja sendo revelado o que a própria vida de Jesus demonstrou: o casamento entre os céus e a terra, a espiritualidade e a história, a eternidade e as nossas contingências vivenciais, o nosso papel como seres espirituais para toda a eternidade e o nosso papel no cotidiano das relações humanas, inclusive familiares e sociais. Jesus não vive no abismo entre o aqui e o além, entre o agora e o depois. É perfeitamente Deus, mas é também perfeitamente homem. Jesus é ao mesmo tempo o Deus Filho que dá a vida por toda a criação, como também o filho de Maria, em sua relação mais efetuosa e responsável.

A espiritualidade que nos desvincula do chão e nos tira da realidade da vivência cotidiana é alienada e, portanto, não é a espiritualidade de Jesus. Ainda do alto do seu sofrimento e do seu sacrifício vicário, Jesus mantém a honra devida aos vínculos familiares e filiais. Jesus e sua mãe; Jesus e seu discípulo amado. Jesus preocupado com um assunto dos mais relevantes no mundo de hoje, a saber, a família.

> *Por volta das três horas da tarde, Jesus bradou em alta voz: "Eloí, Eloí,*
> *lamá sabactâni?", que significa: "Meu Deus! Meu Deus! Por que me abandonaste?"*
> MATEUS 27.46

O profeta Isaías disse que Deus, por um momento, viraria a face e deixaria de contemplar a nação de Israel, o servo sofredor: "Por um breve instante eu a abandonei, mas com profunda compaixão eu a trarei de volta. Num impulso de indignação escondi de você por um instante o meu rosto, mas com bondade eterna terei compaixão de você", diz o SENHOR, o seu Redentor". Inicialmente, essa era uma referência ao povo de Israel. Mas era também, e principalmente, uma profecia alusiva ao Cordeiro que morreria e levaria sobre si a iniquidade de todos nós. Isaías disse isso oitocentos anos antes da morte de Jesus.

Na cruz do Calvário se cumpre a profecia. Deus virou a sua face e deixou de contemplar o Filho na cruz. Eis a expressão máxima do sofrimento do Filho. O real sofrimento de Jesus não é a dor física da crucificação, embora os estudiosos digam que poucas mortes se comparam em crueldade e horror. Mas os mártires cristãos também padeceram dor física semelhante ou quem sabe até maior. Os *talmidim* do primeiro século foram comidos vivos por leões nas arenas romanas. Não é, portanto, a dor física que aflige o coração de Jesus. Seu maior sofrimento foi esse desamparo em relação ao Pai, quando levou sobre si o pecado de toda a humanidade. Jesus cai no profundo abismo do nada em que o pecado deveria nos ter colocado, o abismo de distanciamento e separação de Deus. Por isso ele grita em agonia.

Isso é um alerta aos que vivem flertando com o pecado, acreditando que Deus vai perdoar sem grandes consequências para o pecador. Mas eu sei bem o que é experimentar, ainda que em fração infinitesimalmente menor do que essa experimentada por Jesus, a sensação de distanciamento e separação de Deus.

Não tenho palavras para expressar a gratidão por Jesus. O que para mim é mera sensação, para ele foi realidade. Graças à cruz do Calvário, o que experimento é apenas uma sensação, pois sei que Deus está sempre comigo, jamais me abandonará nem me desamparará, pois com bondade eterna teve compaixão de mim.

Mais tarde, sabendo então que tudo estava concluído, para
que a Escritura se cumprisse, Jesus disse: "Tenho sede".
João 19.28

O evangelista João disse que a frase "Tenho sede" foram pronunciadas por Jesus "para que a Escritura se cumprisse". Pela segunda vez, Jesus refere-se ao salmo 22, uma das mais célebres poesias messiânicas do saltério de Israel. A primeira foi ao expressar sua agonia gritando "Deus meu, por que me desamparaste?". Agora cita a parte quando o poeta bíblico profetizou que "a língua se apega ao céu da boca", referindo-se ao sofrimento do Messias. Assim, mais uma vez, a Escritura se cumpre. O mesmo já havia acontecido quando lançaram sortes sobre as vestes de Jesus, e no fato de nenhum dos seus ossos serem quebrados. Os fatos que ocorrem na vida de Jesus, especialmente em sua morte, não são aleatórios. Estavam profetizados e se cumpriram.

A morte de Jesus não foi um acidente ou uma surpresa. Jesus não morreu em decorrência de uma contingência, como se sua morte não fosse necessária. Ela não poderia ter sido evitada, pois estava definida desde a eternidade. A Bíblia diz que é maldito "o que for levantado no madeiro", e também o Messias seria "levantado da terra", assim como Moisés levantou a serpente no deserto. Isso significa que não apenas a morte de Jesus, mas também o tempo e o modo (morte de cruz) estavam definidos nos eternos planos de Deus.

É um absurdo acreditar que Jesus teria sido surpreendido por sua morte na cruz, ou que não soubesse que morreria. Alguns teóricos menos avisados dizem que Jesus levou um susto quando no Getsêmani percebeu que a cruz era caminho sem volta, e por isso do alto da cruz reclamou que Deus, o Pai, o havia abandonado. Essa é uma interpretação absolutamente equivocada, pois os fatos a respeito do Messias são exaustivamente revelados ao longo de toda a tradição de Israel, tendo sido descritos por Moisés e pelos profetas. Jesus não está iludido, enganado ou surpreendido. Tampouco os céus perderam o controle do universo, e muito menos Deus perdeu o controle da história. Jesus morreu lúcido, consciente e voluntariamente. Na antessala da cruz, assim se pronunciou: "Agora meu coração está perturbado, e o que direi? Pai, salva-me desta hora? Não; eu vim exatamente para isto, para esta hora".

A morte de Jesus na cruz ocorreu de maneira coerente com a história de um povo, com um texto sagrado e foi iluminada pela tradição posterior como digna de aceitação. A morte de Jesus não foi um ato isolado, mas um *script* integrado ao propósito divino revelado a todos nós. Deus sabe o que faz. Sempre soube. O Filho dele também.

Jesus bradou em alta voz: "Pai, nas tuas mãos entrego o meu espírito".
Tendo dito isso, expirou.
LUCAS 23.46

Essas são as últimas palavras de Jesus do alto da cruz. Quero chegar diante da morte com a mesma confiança, serenidade e tranquilidade. Quando a morte se avizinhar, quero olhar para o céu e dizer: "Pai, nas tuas mãos entrego o meu espírito".

Jesus se dirige a Deus como seu *Abba*. A criança chama seu papai de *abba*. Na verdade, a expressão equivale a um som muito parecido com o balbuciar infantil. A criança nem sequer aprendeu a falar, mas já consegue discernir seu *abba*. Ela não sabe muito, ou quase nada, mas sabe que aquela figura representa um colo seguro, braços para os quais se sente atraída, acolhimento onde se sente confortável e protegida. Aquela face, aquele tom de voz e aquele sorriso transmitem o indescritível sentimento que somente a presença do *abba* pode causar.

Mas no alto da cruz não está uma criança, uma consciência ingênua, ignorante ou alguém iludido, mas um homem em sua plena maturidade, consciência e lucidez. Deus continua sendo o *Abba* mesmo quando Jesus está no alto da cruz. O fato de estar exposto ao sofrimento mais extremo não rouba do coração de Jesus essa profunda consciência de que é para o colo do *Abba* que ele está voltando.

Essas duas percepções de Deus devem caminhar conosco. Temos de nos dirigir a Deus como nosso *Abba* celestial, do fundo da nossa ingenuidade e ignorância, dizendo: "Deus, eu não sei de mais nada, eu não entendo nada, mas eu só sei que tu és é o meu Pai celestial, meu *Abba*, que cuidas de mim e em cujas mãos descanso". Mas também devemos nos relacionar com Deus como pessoas adultas e maduras, como quem diz: "Deus, eu já vi muita coisa, já sofri muito, não sou mais inocente nem ingênuo, mas todas as dores da vida não roubaram do meu coração a certeza de que tu és o meu Pai celestial, meu *Abba*, que cuidas de mim e em cujas mãos descanso". Os *talmidim* de Jesus convivem com o *Abba* na dimensão mais profunda do afeto infantil, e também na dimensão mais profunda da maturidade adulta.

Depois de clamar: "Deus meu, por que me desamparaste", Jesus exclamou "*Abba*, em tuas mãos entrego o meu espírito". E então se cumpriu a palavra do profeta Isaías: "Por um breve instante eu [o] abandonei, mas com profunda compaixão eu [o] trarei de volta. Num impulso de indignação escondi de você por um instante o meu rosto, mas com bondade eterna terei compaixão de você", porque a respeito de Deus se pode dizer que "a sua ira, de um breve momento não passa, no entanto, o seu favor permanece a vida inteira".

Depois do sábado, tendo começado o primeiro dia da semana, Maria Madalena e a outra Maria foram ver o sepulcro. E eis que sobreveio um grande terremoto, pois um anjo do Senhor desceu dos céus e, chegando ao sepulcro, rolou a pedra da entrada e assentou-se sobre ela. Sua aparência era como um relâmpago, e suas vestes eram brancas como a neve. Os guardas tremeram de medo e ficaram como mortos. O anjo disse às mulheres: "Não tenham medo! Sei que vocês estão procurando Jesus, que foi crucificado. Ele não está aqui; ressuscitou, como tinha dito. Venham ver o lugar onde ele jazia. Vão depressa e digam aos discípulos dele: Ele ressuscitou dentre os mortos e está indo adiante de vocês para a Galileia. Lá vocês o verão. Notem que eu já os avisei".

MATEUS 28.1-7

O primeiro dia da semana é o domingo, o dia da ressurreição. Simboliza o momento extremo da vida e obra de Jesus. O apóstolo Paulo disse: "Se Cristo não ressuscitou é vã a nossa fé, é inútil a nossa pregação". Se Cristo não ressuscitou, cremos num mito, isto é, uma narrativa construída com significados espirituais e morais verdadeiros, mas que não pode ser considerada fato histórico.

O evangelho afirma que Jesus ressuscitou de fato. A palavra do anjo às mulheres não é outra senão a que deve ser pronunciada às pessoas que se deparam com o transcendente: "Não tenham medo".

A partir daquele domingo, os apóstolos anunciam a ressurreição de Jesus. Não era estranho para culturas e tradições religiosas da época que alguém fosse considerado filho de Deus, como o imperador romano César Augusto. Também não era estranho um império que se sustentava na opressão e na injustiça condenar e crucificar inocentes, como fez com Jesus. O extraordinário na biografia de Jesus, entretanto, é a sua ressurreição, pois obedece a uma lógica que amarra a narrativa bíblica de ponta a ponta.

A Bíblia ensina que "o salário (consequência) do pecado é a morte". A ressurreição, portanto, significa que a morte não teve poder de reter Jesus. Isso significa que ele não tinha pecado; portanto, não podia receber o salário, isto é, sofrer as consequências. Deus declara por meio da ressurreição de Jesus: "Vocês mataram um inocente. Agora, eu, o Deus criador dos céus e da terra, trago o inocente de volta para a vida, pois a morte não tem direito sobre ele".

A ressurreição de Jesus é a pedra fundamental da fé cristã e nossa esperança, pois se Cristo ressuscitou, é certo que ressuscitaremos também com ele. Eis a essência da salvação: a vitória sobre a morte. Quem não tem Cristo não sobrevive ao túmulo.

E nós esperávamos que era ele que ia trazer a redenção a Israel.
E hoje é o terceiro dia desde que tudo isso aconteceu.
LUCAS 24.21

Poucos textos da Bíblia são tão significativos na minha caminhada de fé quanto a história do encontro de Jesus com seus discípulos frustrados, que criam que a última notícia em Jerusalém era a vitória da morte. Essa história ganhou significado no tempo em que vivi uma profunda crise de fé. Deus usou essa passagem a fim de me trazer de volta para casa. Ela traz as expressões mais fundamentais de uma crise de fé, ou pelo menos como a vivi. Essa narrativa ensina como sobreviver a uma crise de fé. Esse e os próximos sete *talmidim* tratarão desse assunto.

O primeiro sinal da crise chegou quando percebi que minhas expectativas a respeito de Deus começaram a ser frustradas. Os discípulos de Emaús deixaram tudo para seguir Jesus, ouviram suas mensagens e promessas, e testemunham as manifestações do poder de Deus na vida dele. Alimentaram a esperança de que a glória de Israel seria restabelecida e que Jesus era o Messias. Mas ele então é preso, condenado e crucificado. Da noite para o dia seus sonhos foram pendurados numa cruz. Eles então voltam para casa com o objetivo de retomar a vida mesquinha de outrora.

Na imaturidade da minha fé, também cria que Deus deveria ter feito muita coisa na minha vida, mas ele não fez. Esperava que ele fizesse muita coisa ao meu redor e na vida de outras tantas pessoas, mas ele parecia indiferente. Deixou muitas das minhas orações no vazio, e muitas das minhas perguntas sem respostas. Ele me deixou desamparado e falando sozinho em alguns momentos. Eu esperava mais de Deus do que o que estava experimentando. Minhas expectativas a respeito dele estavam sendo frustradas, e então comecei a perder a fé.

Procurei então um mentor espiritual. Confessei-lhe minha crise, e ele me disse: "É verdade, provavelmente você está mesmo perdendo a fé, mas a fé em um deus para começar a ter fé em outro Deus. Você está perdendo a fé no deus da sua infância, da sua imaturidade, da sua projeção mágica, que você idealizou e gostaria que existisse. Agora você vai começar a ter fé no Deus vivo e verdadeiro, que não se compara aos ídolos que construímos na mente e no coração".

Se você está trilhando o caminho das expectativas frustradas em relação a Deus, não desista. Quem sabe, um deus está morrendo, para que venha a nascer no seu coração outro Deus. Quem sabe não é o tempo de morrer o deus da idealização infantil e idolátrica, para que você possa conhecer o Deus vivo e verdadeiro. Afinal, o Cristo ressurreto está caminhando ao seu lado.

Um deles, chamado Cleopas, perguntou-lhe: "Você é o único visitante em
Jerusalém que não sabe das coisas que ali aconteceram nestes dias?"
LUCAS 24.18

O primeiro sinal de que eu estava vivendo uma crise de fé foi a descoberta de que as minhas expectativas a respeito de Deus estavam sendo frustradas. Mas também percebi outro sinal. Em certo momento me dei conta de que havia uma incoerência entre a minha teoria e a realidade dos fatos da minha vida. O mesmo aconteceu com os discípulos de Emaús. Eles perguntam a Jesus: "Você não sabe as últimas coisas que aconteceram?" O meu problema era exatamente este: a coragem de encarar os fatos, "as coisas que aconteceram".

Num determinado momento da minha caminhada de fé, comecei a perceber que o que eu falava e acreditava a respeito de Deus não fazia muita diferença e não afetava a realidade da existência. As doutrinas que me ensinaram sobre Deus, como ele é onipotente, onisciente, onipresente começaram a deixar de fazer sentido quando colocadas diante do caos da realidade da existência humana. Quando comecei a perceber que havia certa incoerência entre o que eu acreditava e o que de fato acontecia ao meu redor, entrei numa profunda crise de fé.

Ao perceber que "na prática a teoria é outra", você precisa ter coragem de rever sua teoria e de fazer perguntas e rever se o que sempre acreditou realmente é consistente. Quando a vida coloca você em cheque, não adianta ficar repetindo as verdades decoradas. Os clichês religiosos e os jargões repetidos de maneira displicente não sustentam ninguém no vale da sombra da morte. Os discípulos de Emaús estavam diante de um fato: o seu Messias havia morrido, e agora eles estavam no vazio. E não somente eles, mas todos os outros discípulos que depositaram todas as suas fichas naquele Messias. Alguns estavam amedrontados em alguma casa escondida em Jerusalém, e eles estavam voltando para casa, para Emaús. Em outras palavras, suas crenças e convicções mais profundas estavam sendo contrariadas pelos fatos. Na prática, a teoria não estava funcionando. Havia chegado a hora de rever a teoria.

Se as respostas que você costumava dar já não lhe são suficientes, e se a vida está confrontando as coisas nas quais você sempre acreditou, não se desespere. Essa é uma ótima oportunidade de experimentar uma *metanoia* — uma transformação da consciência, e adquirir uma nova percepção de Deus, do mundo, da vida e das realidades espirituais. Confie no Espírito Santo. Ele vai guiar você a toda a verdade. Afinal, o Cristo ressurreto está caminhando ao seu lado.

Naquele mesmo dia, dois deles estavam indo para um povoado
chamado Emaús, a onze quilômetros de Jerusalém.
LUCAS 24.13

O terceiro sinal de que eu estava vivendo uma crise de fé foi a vontade de desistir de tudo. No início, logo que comecei a questionar minhas crenças e as coisas que me haviam sido ensinadas, e me dei conta de que estava mesmo desconstruindo uma compreensão de Deus e me abrindo para outras percepções e experiências, cheguei a me perguntar se deveria insistir no ministério pastoral, ou mesmo se seria legítimo eu continuar sendo pastor. Considerei se seria honesto continuar seguindo como se tivesse fé quando minha fé estava abalada. Pensei: "Acho que deveria me despedir da função sacerdotal, descer do púlpito, deixar minha atuação pastoral e voltar para Emaús. Comecei a me sentir inadequado e considerar desonesto alimentar nas pessoas a ideia de que eu era um homem de fé. Esses pensamentos me indicaram que a crise que eu estava vivendo era mesmo séria, e que eu deveria tomar providências.

Mas também percebi um detalhe: Jesus estava ao lado desses homens enquanto eles caminhavam de volta para casa em Emaús. As minhas perguntas, inquietações e dúvidas, inclusive a fragilidade da minha fé, conviviam com a presença de Jesus. Então decidi confiar que Jesus estava caminhando comigo, mesmo quando eu não estivesse percebendo sua presença. Isso me deu forças para continuar a jornada. Em vez de abandonar tudo e voltar para Emaús, fiz outra opção: decidi ser honesto, encarar minhas perguntas, meus conflitos e minhas dúvidas. Escolhi confessar minha crise de fé e colocá-la diante de Deus.

Se você está pensando em abandonar sua peregrinação espiritual e sua jornada de fé, encorajo você a considerar a possibilidade de ser absolutamente honesto ou honesta com Deus. Fale para ele tudo, sem reservas e sem censura, que ocupa sua mente e coração. Além disso, busque pessoas dispostas a acompanhar você nessa estrada. Mas escolha com muito cuidado as pessoas com quem você vai compartilhar sua crise. Não converse apenas com as pessoas que falam o que você quer ouvir, ou que têm os mesmos conflitos que você tem.

No momento da crise de fé, o que menos precisamos é de gente que concorde com nossas dúvidas. Escolha pessoas maduras o suficiente para suportar a crise, mas também capazes de sugerir novos caminhos e apontar novos horizontes. Faça com essas pessoas um pacto: combine com elas que Jesus será companheiro de viagem; afinal, o Cristo ressurreto está caminhando ao seu lado.

Enquanto conversavam e discutiam, o próprio Jesus se aproximou e começou a caminhar com eles; mas os olhos deles foram impedidos de reconhecê-lo.
LUCAS 24.15-16

Esses discípulos de Emaús foram meus companheiros de viagem na minha crise de fé. Eles me ajudaram a ver o momento crítico da minha relação com Deus. Percebi que minhas expectativas estavam sendo frustradas pela distância entre as verdades que aprendi e a realidade da vida. Pensei em desistir da caminhada de fé e da vocação pastoral. Tudo isso ocorreu enquanto vivia um absoluto silêncio de Deus. Olhava ao redor e não percebia evidência de Deus ou do cuidado dele para comigo. Foi o quarto sinal de que estava em crise de fé. Como esses discípulos, também senti como se meus olhos tivessem sido impedidos de reconhecer a presença de Deus.

O místico João da Cruz chama essa experiência de "a noite escura da alma", que chega quando somos invadidos pela dubiedade de quem clama a Deus, mas não acredita muito que ele esteja lá para ouvir ou responder. Notamos então que falta em nós reflexões, paixões e afetos em relação a Deus. Instala-se uma absurda solidão. Experimentei esse vazio da presença de Deus com intensidade quase insuportável.

Mas não sei como nem por que resolvi agradecer a Deus pelo silêncio e a escuridão. Então percebi que para minha fé ser renovada, eu precisava chegar ao pó, ao chão, ao nada. Enquanto enxergasse algo, ficaria agarrado a convicções tênues, respostas superficiais, construídas e afirmadas como evidências de Deus.

Hoje acredito que quando Deus quer se revelar a nós de maneira mais profunda, ele nos deixa atravessar "a noite escura da alma". Ele nos permite caminhar pela estrada de Emaús, o caminho da humilhação, do despojamento, da renúncia, do abandono e da abnegação, quando a única saída é dizer: "Deus, não entendo mais nada, não enxergo mais nada. Não confio nos meus olhos nem nas minhas crenças. Posso fazer apenas o que Jesus propôs: fechar a porta do quarto e ficar em silêncio diante de ti, crendo que tu, que me vês em secreto, me darás a recompensa". Aliás, chegamos a ponto de esquecer a recompensa, pois somos apenas desespero.

Se você está atravessando a noite escura da alma, não desista, continue caminhando. Os silêncios e ausências de Deus são fecundos. Na noite escura, percebemos Deus com mais densidade e realidade; somos limpos dos clichês, das superficialidades e falsidades da fé. E o rosto de Deus brilha pela manhã. O poeta bíblico garantiu que "o choro pode durar uma noite, mas a alegria vem pela manhã". Afinal, o Cristo ressurreto está caminhando ao seu lado.

Perguntaram-se um ao outro: "Não estava queimando o nosso coração,
enquanto ele nos falava no caminho e nos expunha as Escrituras?"
LUCAS 24.32

Os discípulos a caminho de Emaús não foram apenas meus companheiros na crise de fé. Eles também me ensinaram sobre o caminho de saída do labirinto emocional, intelectual e espiritual em que me encontrava. Meditando na experiência desses homens, pude perceber o dia clarear após a noite de densas trevas. A primeira coisa que percebi como sinal de que minha crise de fé estava passando foi que Deus deixou de ser algo a respeito do que eu falava e passou a ser uma voz dentro de mim. Deixei de falar a respeito de Deus e comecei a falar com ele. Parei de debater teorias a respeito de Deus e comecei a discernir a voz que pronunciava dentro do meu coração. Notei que meu afeto por Deus estava sendo novamente despertado e passei a buscá-lo com novo ânimo, como se fosse a primeira vez. Comecei a ouvir uma voz dentro de mim, a ter *insights*, percepções, compreensões e discernimentos.

O teólogo e filósofo norte-americano Dallas Willard diz que "a principal maneira como Deus fala conosco é através de pensamentos e sentimentos que são nossos, mas não têm origem em nós". Entendi isso perfeitamente. Comecei a me dar conta de que alguns fundamentos de fé estavam sendo reconstruídos, e que esse processo não era resultado de estudo, reflexão, aprofundamento teórico ou acadêmico. Ouvi a voz de Deus pronunciada de maneira afetiva, pessoal e particular para mim. Como aconteceu com os discípulos de Emaús, o meu coração começou a arder.

Uma das piores consequências da crise de fé é a amargura. Quem está em crise, aos poucos vai ficando frio em suas análises, duro em suas críticas, intolerante para com os que não estão em crise. E vai também se tornando insuportável, inclusive para si mesmo. Mas quando a crise começa a passar, os afetos começam a voltar. Encorajo você a se calar um pouco e prestar mais atenção à voz que se pronuncia de dentro do silêncio e da escuridão. Afinal, o Cristo ressurreto está caminhando ao seu lado.

Ele lhes disse: "Como vocês custam a entender e como demoram a crer em tudo
o que os profetas falaram! Não devia o Cristo sofrer estas coisas, para entrar
na sua glória?" E começando por Moisés e todos os profetas, explicou-lhes
o que constava a respeito dele em todas as Escrituras.
LUCAS 24.25-27

Os dois discípulos de Emaús me ajudaram a discernir quando estava saindo da minha crise de fé. A primeira coisa que percebi foi uma voz afetiva se pronunciando dentro de mim e transformando meu coração. Isso ocorreu quando voltei a estudar a Bíblia. Como aqueles *talmidim*, fui ouvir novamente Moisés e os profetas. Li com mais avidez os evangelhos e os apóstolos. Voltei à Palavra de Deus e comecei a confrontar os clichês e as práticas da minha experiência religiosa com a Bíblia.

Lembro-me, por exemplo, de uma música que aprendi ainda menino: "Com Cristo no barco tudo vai muito bem, e passa o temporal". Adulto, percebi que muitos dos que têm Jesus no barco convivem com um temporal ininterrupto. Conheço pessoas de fé que carregam sofrimentos crônicos há anos. Algumas expressões também me incomodavam: "O meu Deus é um Deus de milagres", ou "Se Deus fecha uma janela é porque vai abrir uma porta". Isso deixou de fazer sentido quando conheci pessoas cuja vida foi destruída do dia para a noite, e ganhou para o resto da vida um sofrimento que não sei se realmente eu suportaria.

Foi então que comecei a investigar a Bíblia com outros olhos. Será que Deus prometeu tudo isso que me foi ensinado? Os milagres no dia a dia são evidências da presença de Deus na minha vida e ao meu redor? Ou ainda, eles provam a existência de Deus? Alias, quais milagres? Onde eles estão? Será que minha fé se fundamenta mesmo na Bíblia? Ou sou apenas um papagaio de uma tradição?

Nesse processo, descobri a diferença entre fé e crença. Fé é confiança em Deus; crença é a maneira de explicar o que acontece. Fé é confiança em Deus; crença é a elaboração teórica a respeito de Deus, da vida, da relação de Deus com a vida. Fiz então a grande descoberta: eu não estava vivendo uma crise de fé, mas uma crise de crenças.

Os *talmidim* de Jesus não baseiam sua fé na experiência, na filosofia ou naquilo que lhes faz sentido. Eles vivem à luz da Palavra revelada — a Bíblia é autoridade final, o fiel da balança, o fio de prumo para validar a verdade. As crenças dos *talmidim* de Jesus fazem sentido, mas nos parâmetros das Escrituras Sagradas. As mesmas palavras que Jesus segredou aos discípulos de Emaús estão diante de você. Afinal, o Cristo ressurreto está caminhando ao seu lado.

Ao se aproximarem do povoado para o qual estavam indo, Jesus fez como quem ia mais adiante. Mas eles insistiram muito com ele: "Fique conosco, pois a noite já vem; o dia já está quase findando". Então, ele entrou para ficar com eles. Quando estava à mesa com eles, tomou o pão, deu graças, partiu-o e o deu a eles. Então os olhos deles foram abertos e o reconheceram, e ele desapareceu da vista deles.
LUCAS 24.28-31

Ao desmascarar minha crise de fé como crise de crenças e rever meus conceitos à luz da Bíblia descobri que falar com Deus e discernir sua voz se pronunciando e nos interpelando desde o profundo da consciência é mais importante que saber e falar coisas a respeito dele.

Os discípulos de Emaús estavam equivocados a respeito de Jesus. Ficaram tão impactados e impressionados com as obras dele que não foram capazes de ouvir suas palavras. Isso aconteceu comigo, mas de um jeito diferente. Minha necessidade de ver milagres e evidências de Deus me desviaram da sua Palavra. Eu pensava: Se o poder de Deus não se manifesta de modo extraordinário, isso é sinal de que, ou Deus não existe, ou me abandonou, ou não quer saber de mim, ou estou fazendo alguma coisa errada, e talvez minha relação com ele seja um equívoco. Então pensei: *O Cristo ressurreto não foi a Roma num cavalo branco, nem vestiu uma capa cintilante e brandiu uma espada. Ele também não entrou resplandecente e iluminado em Jerusalém. Ele caminhou com seus discípulos na estrada de Emaús, compartilhou com eles a Palavra de Deus, entrou em sua casa, sentou-se à mesa, rendeu graças aos céus e partiu o pão com eles.*

O Jesus poderoso que maravilhava as multidões em público é agora o Cristo ressurreto que se revela na intimidade da mesa da comunhão. A transição do "Deus poder" para o "Deus amor" muda alguma coisa dentro da gente. Ele deixa de ser um solucionador de situações, e passa a ser um solucionador de pessoas.

"Deus não é um poder amoroso", disse o teólogo francês François Varillon. "Deus é um amor todo-poderoso". Eu não espero Deus se manifestar de forma extraordinária e poderosa ao meu redor, através de mim ou para resolver meus problemas. Hoje consigo conviver com o sofrimento, meu e das pessoas com quem convivo e tento servir no mundo. O que não consigo mais é viver longe da mesa da intimidade com o Cristo ressurreto. Não consigo mais ficar longe da roda dos íntimos de Deus, repartindo o pão e a vida.

Ouça Jesus dizendo: "Estou à porta e bato, se alguém ouvir a minha voz e abrir a sua casa, entrarei em sua casa, cearei com ele e ele comigo". Afinal, o Cristo ressurreto está caminhando ao seu lado.

Então os olhos deles foram abertos e o reconheceram, e ele desapareceu da vista deles.
LUCAS 24.31

As crises de fé acabam quando Jesus se torna absolutamente evidente. Quando os olhos são abertos, a relação com Jesus já não pode ser abalada. Os dois discípulos de Emaús ficaram de frente com o Cristo ressurreto, que agora já não era o Messias idealizado, mas o Messias iluminado por Moisés e pelos profetas. Não mais o Messias imaginado, mas o Messias revelado. Mas, paradoxalmente, no exato instante em que recebem a revelação, o Cristo desaparece da vista deles.

Essa experiência dos discípulos de Emaús me faz lembrar algo que aconteceu em um grupo de pescadores enquanto estudava a Bíblia com um missionário numa dessas ilhas da América Central. Eles estudavam exatamente esse texto, e quando chegaram a essa altura, quando se diz que Jesus desaparece logo após ser reconhecido pelo discípulos, um pescador perguntou: "E para onde foi Jesus?" Imediatamente, outro pescador, semianalfabeto, respondeu: "Entrou neles, ora!".

Isso é o que podemos chamar de revelação. Ninguém conseguiria dar uma resposta como essa, sem um *insight* espiritual, sem que a voz de Deus lhe fosse pronunciada, sem que do céu lhe fosse revelado. Nem mesmo os manuais de teologia, as interpretações exegéticas e os exercícios hermenêuticos poderiam concluir uma resposta tão verdadeira, completa e irretocável como essa. Uma vez que eles têm o discernimento de quem é Jesus, ele passa a viver neles. Para onde vai Jesus quando o reconhecemos como Messias, Filho do Deus vivo? Vai viver naqueles que o reconhecem.

Esse é o momento máximo da experiência de fé. Já não esperamos que Jesus esteja à nossa volta, manifestando o seu poder, mas cremos que ele vive em nós. A nossa expectativa deixa de ser que Deus multiplique milagres à nossa volta. Nossa grande ambição passa a ser encarnar a vida do Cristo ressurreto. Cristo vive em nós. Quando isso acontece, as dúvidas ficam relegadas a um segundo plano, o medo vai embora e a confusão se dissipa. Os discípulos que experimentaram o Cristo ressurreto se levantam com ousadia, fazem meia volta, esquecem de Emaús e seguem para Jerusalém a fim de testemunhar do poder da ressurreição. Agora eles não têm mais medo, já não temem ser perseguidos, já não temem nem mesmo a hostilidade de Roma e muito menos a morte, porque Cristo vive neles.

A minha oração é que a minha experiência de fé na caminhada com Jesus seja tão intensa, tão profunda, que eu possa dizer como o apóstolo Paulo: "Fui crucificado com Cristo. Assim, já não sou eu quem vive, mas Cristo vive em mim". Assim eu oro e convido você a fazer a mesma oração.

Ao cair da tarde daquele primeiro dia da semana, estando os discípulos
reunidos a portas trancadas, por medo dos judeus, Jesus entrou, pôs-se no meio
deles e disse: "Paz seja com vocês!"
JOÃO 20.19

É o domingo da ressurreição, primeiro dia da semana. Os discípulos estão reunidos a portas fechadas, trancados e com medo. De repente Jesus entra na sala e se apresenta no meio deles. Ninguém abriu a porta, mas Jesus entrou e se juntou a eles. Atravessou as paredes e nos deu uma grande lição a respeito do "corpo da ressurreição".

Sempre tive curiosidade a respeito da vida após a ressurreição. O texto mais extraordinário que li a respeito foi "O grande abismo", do teólogo anglicano C. S. Lewis. Nesse pequeno livro, ele sugere que a realidade em que vivemos é rarefeita, e que a vida da ressurreição é densa. Imaginamos o contrário, que após a morte e ressurreição seremos como almas, como se a nossa aparência física fosse de um fantasma, pois aprendemos que os fantasmas atravessam paredes. Mas Lewis pensa exatamente o oposto. Ele diz que a nossa realidade, que parece concreta, é na verdade etérea. O corpo do Cristo ressurreto é denso e atravessa paredes como se estas fossem uma cortina de fumaça. O corpo ressurreto de Jesus é sólido, e a parede é de ar, como vento.

Isso faz lembrar o poeta que perguntou: "Quem sabe a morte não é a vida que se quer?" Quem sabe isso tudo que estamos vivendo aqui, essa dimensão de existência que nos parece definitiva e concreta, não é mera fumaça diante da indiscutível realidade da ressurreição? Acreditamos que o mundo espiritual é de fumaça e a realidade é concreta. Mas parece mesmo que a dimensão espiritual da existência é a mais completa realidade. Em outras palavras, ainda não sabemos o que é vida, ainda não estamos completos, somos seres inacabados, ainda não chegamos ao nosso estágio final; estamos apenas a caminho. Mas um dia seremos densos, reais, mais reais que as paredes.

O mundo em que vivemos é um ensaio, um esboço, ainda não é a arte final. Nossa esperança é a ressurreição, quando a vida será plena e a realidade estará consumada conforme a boa, perfeita e agradável vontade de Deus. Aqui, temos apenas intuições. Do outro lado do céu experimentaremos a verdadeira vida. A plenitude de vida está lá, não aqui. Eu peço a Deus que alimente no meu coração essa esperança. E jogo essa semente no seu coração.

Ao cair da tarde daquele primeiro dia da semana, estando os discípulos
reunidos a portas trancadas, por medo dos judeus, Jesus entrou, pôs-se no meio
deles e disse: "Paz seja com vocês!"
JOÃO 20.19

A saudação de Jesus, "Paz seja com vocês", não altera em nada a realidade hostil diante da qual os seus *talmidim* estavam após a sua ressurreição. Mas certamente altera o coração dos seus *talmidim*. A experiência com o Cristo ressurreto implica, necessariamente, a superação do medo. Não é necessariamente uma experiência de mudança da configuração da nossa existência, ou da nossa condição de vida. Mas, sem dúvida, é a mudança do nosso coração.

Ao abençoar aqueles homens dizendo "Paz seja com vocês", Jesus os leva para além do medo. Na verdade, "Não tenha medo" é uma expressão muito repetida na Bíblia Sagrada. O medo caracteriza o bicho homem. O ser humano tem medo do escuro, de assombração, de fantasma, de espíritos maus, do futuro, das tragédias, das catástrofes, das doenças, do sofrimento, das perdas. O ser humano tem medo de pessoas malvadas, dos demônios e do Diabo. Não são poucos os que têm medo até mesmo de Deus.

Para algumas pessoas, Deus é uma figura ameaçadora, um ser castrador, punitivo, ameaçador, condenatório. A experiência com o Cristo ressurreto implica a experiência da paz e da superação do medo. Com o Cristo ressurreto no meio da sala estamos seguros. Ele nos possibilita viver a serenidade interior, aquela condição de confiança e esperança que independe das circunstâncias e configurações da vida.

Quem encontra o Cristo ressurreto enfrenta a vida. Não é mais vítima do medo. Passa a enfrentar a vida com coragem e não tem mais medo de nada. O apóstolo João disse que "o amor lança fora o medo". A fé não é porta de fuga dos deveres e das implicações que o direito de viver impõe, mas caminho de coragem para enfrentar "a vida como ela é". Quem tem Cristo não tem medo.

Novamente Jesus disse: "Paz seja com vocês! Assim como o Pai me enviou, eu os envio".
João 20.21

O Cristo ressurreto, quando se revela, resgata as pessoas da desesperança e do medo. Mas há algo mais. Cristo oferece uma alternativa ao vazio da existência. Quem encontra o Cristo ressurreto, encontra também uma razão para viver.

O Cristo ressurreto é também Deus em missão. Missão redentora. Jesus diz aos seus *talmidim*: "Assim como o Pai me enviou, eu também os envio", ou, conforme se havia pronunciado na chamada "oração sacerdotal": "Assim com o Pai me enviou *ao mundo*, eu também os envio".

Seguir a Jesus não exige a retirada do mundo. Pelo contrário, exige a inserção no mundo. Jesus não se retira do mundo, mas se mistura. Ele ensinou aos seus *talmidim* que "não são as pessoas sadias que precisam de médicos, mas sim os doentes". Ele convivia com os pecadores, tocava os doentes, conversava com mulheres de reputação duvidosa, se banqueteava com gente mau-caráter. Com licença da expressão e com todo o respeito, Jesus era muito mundano para a consciência religiosa do seu tempo — e do nosso tempo também.

Muitos seguidores de Jesus hoje vivem em um gueto fora do mundo, uma espécie de clausura religiosa, uma sociedade à parte do mundo real. Vivem numa subcultura cheia de regras: Não pode isso, não pode aquilo; não toque isso, não toque aquilo; não fale com tal pessoa, não frequente tal lugar; não coma assim, não coma assado; não ouça a música x, y ou z; não leia isso ou aquilo outro. São discípulos equivocados, que não prestaram atenção na oração de Jesus por nós: "Não peço que os tires do mundo, mas que os guardes do mal".

Os discípulos de Jesus são sal da terra e luz do mundo. São extensão da missão de Jesus. Não podem ser "sal dentro do saleiro". Jesus enviou seus discípulos com uma missão, e a missão implica pisar na lama, sujar os pés com a poeira do caminho, transitar entre os rejeitados e mal queridos pela sociedade ascética dos que se consideram justos. A fidelidade a Jesus exige fidelidade à missão. O hábitat do *talmidim* de Jesus é o mundo que Deus quer redimir.

Peço a Deus que minha intimidade com Jesus seja tão intensa, que eu esteja no mundo sem me deixar seduzir por ele. Que o mundo seja meu campo de missão, e não minha zona de conforto; que a mesa dos pecadores seja uma oportunidade de expressar o amor de Deus e a convocação do Cristo, e não a roda dos escarnecedores. Que a minha vida seja luz, sem que meu coração se transforme em trevas. Peço o mesmo por você.

Novamente Jesus disse: "Paz seja com vocês! Assim como o Pai me enviou, eu os envio".
E com isso, soprou sobre eles e disse: "Recebam o Espírito Santo."
JOÃO 20.21-22

Jesus sopra o Espírito Santo sobre os seus *talmidim*. Sopra, porque o Espírito Santo é como um vento. O Espírito derramado sobre toda a carne no Pentecoste é um vento impetuoso, que não se sabe de onde vem nem para onde vai, mas ouve-se a sua voz. O vento é invisível, mas é perceptível. O vento não pode ser contido nem direcionado, mas pode ser percebido, causa impacto e faz diferença. Jesus é enfático: não é possível cumprir a missão, a menos que os *talmidim* sejam tomados e conduzidos pelo vento, o vento do Espírito. Por isso, sopra sobre eles.

Quando Deus criou o ser humano, macho e fêmea, soprou neles o fôlego da vida. Também o Cristo ressurreto sopra o Fôlego, o Vento, o Espírito da vida sobre os seus *talmidim*. Isso deixa absolutamente claro que tudo quanto podemos fazer no mundo como extensão da missão de Jesus depende de sermos animados e vitalizados pelo Espírito. O mesmo Espírito que é soprado sobre Jesus é soprado por Jesus sobre os seus *talmidim*.

Jesus inicia seu ministério dizendo: "O Espírito do Senhor está sobre mim e me ungiu, me capacitou, me conferiu poder, me autorizou". Agora, Jesus também transfere a mesma unção, autoridade e o mesmo poder aos seus discípulos. Somente sob o Espírito do Cristo os *talmidim* poderão ser Cristo no mundo. Apenas animados pelo Espírito de Deus podemos cumprir a missão do Cristo no mundo.

Vem, Espírito Santo, vem sobre mim! Vento, vento de Deus, vem soprar em mim. Eis a minha oração. Amém.

> *Então, Jesus aproximou-se deles e disse: "Foi-me dada toda*
> *a autoridade nos céus e na terra."*
> MATEUS 28.18

A Bíblia tem uma lógica muito coerente. Começa dizendo que Deus criou os céus e a terra, o ser humano, Adão, à sua imagem e semelhança, e delegou a este o cuidado de sua criação. Gênesis registra ainda a advertência de que o ser humano viveria apenas enquanto estivesse em comunhão com Deus — "o salário do pecado é a morte", diria mais adiante o apóstolo Paulo. Logo em suas primeiras páginas, a Bíblia apresenta a ruptura do ser humano com Deus, o Criador, razão por que é expulso do paraíso e perde sua autoridade sobre a criação que lhe foi delegada. De acordo com a narrativa bíblica, a autoridade foi usurpada pela serpente, e por isso o Novo Testamento vai dizer que "o deus desta era é o Diabo" e "o mundo jaz no Maligno".

A Bíblia diz também que Deus, o Filho, se esvazia de suas prerrogativas divinas, e vem ao mundo encarnado em Jesus de Nazaré, perfeitamente Deus e perfeitamente homem. O Filho vive em obediência ao Pai, sem pecado. Isso significa que Jesus foi o que Adão deveria ter sido. Cumprindo um propósito de Deus, Jesus morre, mas ressuscita ao terceiro dia, pois, sem pecado, a morte não pôde retê-lo. Ao ressuscitar, Jesus toma de volta a autoridade sobre todo o universo criado.

O teólogo anglicano C. S. Lewis diz que "o mundo é um território ocupado pelo inimigo, e o cristianismo é a história de como um rei justo retornou a suas terras (diríamos até, disfarçado) e está nos chamando para fazer parte de uma grande campanha de sabotagem". É exatamente isso o que Jesus está dizendo aos seus *talmidim*: "Toda a autoridade está nas minhas mãos. Eu tenho o direito legítimo sobre a criação de Deus. Agora delego a vocês, meus discípulos, a autoridade que me foi dada, a que o meu Pai deu a Adão, e que este permitiu que o Maligno a usurpasse, está de novo na minha mão, e eu novamente a entrego a vocês. Então, exerçam no mundo, em meu nome, a autoridade que eu lhes dou".

Os *talmidim* de Jesus estão no mundo em missão. Eles oram com Francisco de Assis: "Onde houver ódio, que eu leve o amor; onde houver ofensa, que eu leve o perdão; onde houver discórdia, que eu leve a união; onde houver dúvida, que eu leve a fé; onde houver erro, que eu leve a verdade; onde houver desespero, que eu leve a esperança; onde houver tristeza, que eu leve a alegria; onde houver trevas, que eu leve a luz".

Então, Jesus aproximou-se deles e disse: "Foi-me dada toda a autoridade nos céus e na terra. Portanto, vão e façam discípulos de todas as nações, batizando-os em nome do Pai e do Filho e do Espírito Santo, ensinando-os a obedecer a tudo o que eu lhes ordenei. E eu estarei sempre com vocês, até o fim dos tempos".
MATEUS 28.18-20

Esse texto é chamado de "A grande comissão", de onde vem a ideia de discipula-do. Na tradição judaica, os discípulos não queriam apenas saber o que o mestre sabia, mas ser como ele. Os *talmidim* de um rabino não queriam apenas conhe-cer ou entender a doutrina do mestre, mas ser e viver como ele. Por isso Jesus diz que fazer discípulos é ensinar a obedecer tudo quanto ele ordenou.

Há uma grande diferença entre "ensinar as coisas que Jesus ordenou" e "en-sinar a obedecer as coisas que Jesus ordenou". Podemos ensinar "as coisas que Jesus ordenou" através de sermões, palestras, livros, apostilas, mensagens grava-das em áudio e vídeo, inclusive as do Talmidim diário que você acompanha pela *internet*, que você pode recomendar aos seus amigos e espalhar esse conteúdo do evangelho o máximo que puder. Mas isso não basta, pois Jesus nos mandou "ensinar a obedecer", isto é, não devemos apenas partilhar suas ordens, mas en-sinar as pessoas a viver de acordo com elas. O discípulo quer muito mais do que apenas saber o que seu mestre sabe. A grande ambição do discípulo é ser como seu mestre é e viver como ele vive.

Não basta dizer que Jesus mandou você perdoar; eu tenho de ensinar você a perdoar, e para isso tenho de saber perdoar. Graças a Deus por tantos recursos e ferramentas que temos disponíveis para compartilhar conteúdo, mas preci-samos de mais. O que de fato precisamos é de pessoas que sejam a encarnação de Jesus ao nosso lado, que andam com Jesus, sejam semelhantes a Jesus e nos ensinem a ser como Jesus. Se quisermos cumprir a "grande comissão", isto é, multiplicar *talmidim* para ele, devemos também ser a encarnação de Jesus ao lado das pessoas. Discipulado se faz através de relacionamentos de intimidade, afetividade, participação na vida de quem reparte a vida conosco. Discipulado não é mera troca de informação, não é mera transmissão de conteúdo teórico. A Bíblia diz que Jesus chamou seus primeiros *talmidim* "para que estivessem com ele". Jesus sabia o princípio de liderança enunciado por John Maxwell: "Ensina-mos o que sabemos, mas reproduzimos o que somos".

Os *talmidim* de Jesus têm grandes ambições. A primeira é ser como Jesus. A segunda é refletir Jesus para outras pessoas, para que a multiplicação de *talmidim* de Jesus alcance os confins da terra.

Eu vim para que tenham vida, e a tenham plenamente.
JOÃO 10.10

Jesus prometeu vida plena aos seus *talmidim*. Muitos interpretam isso como referência à vida eterna, e esta como sinônimo de vida sem fim após a morte. Creem que Jesus veio salvar a alma, ou trazer salvação na dimensão espiritual, sugerindo que a vida neste mundo não tem valor, pois é passageira. É verdade que a vida neste mundo não é o estágio final da nossa existência, mas isso não quer dizer que não tem valor. Lembremos que fomos criados por Deus neste mundo.

Ainda na juventude, ouvi a palestra de um padre católico romano a respeito da teologia da libertação, que causava furor nos anos de 1980. Eu cursava o primeiro ano de teologia e a disciplina era "Religiões, seitas e heresias", em que religiosos de diversas tradições eram convidados a expor suas ideias e doutrinas. Mas o que era para ser a exposição de uma heresia cativou meu coração para sempre.

O padre começou a fala com simplicidade. Dividiu o quadro-negro em duas partes com o giz. De um lado escreveu *Vida*, e do outro, *Morte*. Então disse: "Vou dizer algumas palavras. Digam-me de que lado as coloco". E falou coisas do tipo: saúde, doença, esgoto a céu aberto, aborto, drogas, família, terra para plantar, pão na mesa do trabalhador, depressão, suicídio, prostituição infantil, violência doméstica etc. Quando o quadro estava quase totalmente preenchido, vimos coisas como: filho jogando futebol com o pai, abrigo, desunião, crise, pobreza, miséria, opressão, injustiça, alegria, prazer, contentamento, gratidão, amizade, ódio, amargura, injustiça. Então ele se virou para nós, e disse: "Jesus veio nos trazer tudo o que está escrito do lado 'Vida', e nos mandou lutar contra tudo o que está do lado 'Morte'". Simples assim.

O evangelho de Jesus nos oferece vida em todas as dimensões. O ser humano é ao mesmo tempo físico e espiritual, mental e psicoemocional, pessoal e social. Por ser integral, experimenta a vida e a morte em todas as dimensões da sua existência. Por isso, a salvação que Cristo oferece é também integral. Nossa esperança de ir para o céu, qualquer que seja o significado disso, é salvação. Mas a reconciliação de uma família também é salvação. A alegria no Espírito Santo é salvação. Mas o pão sobre a mesa do trabalhador também é salvação.

Entre os teólogos da "missão integral" há um ditado que diz: "Corpo sem alma é defunto; alma sem corpo é fantasma". Jesus não veio nem para defuntos nem para fantasmas. Jesus veio para o ser humano integral; veio nos dar vida plena, aqui e agora — na história e neste mundo, no céu e na eternidade.

"Ninguém põe remendo de pano novo em roupa velha, pois o remendo forçará a roupa, tornando pior o rasgo. Nem se põe vinho novo em vasilha de couro velha; se o fizer, a vasilha se rebentará, o vinho se derramará e a vasilha se estragará. Ao contrário, põe-se vinho novo em vasilha de couro nova; e ambos se conservam".
MATEUS 9.16-17

O evangelho de Jesus é a superação da religião. A melhor definição de religião é a do filósofo e sociólogo Otto Maduro: "Conjunto de discursos e práticas referentes a seres superiores e anteriores ao ambiente natural e social, com os quais os fiéis desenvolvem uma relação de dependência e obrigação". Para entender isso, imagine uma folha de papel em branco. No alto da folha, escreva "Seres superiores". Na parte de baixo, escreva "Fiéis". Na lateral esquerda, desenhe uma seta para cima e escreva "Obrigações". Na lateral direita, desenhe uma seta para baixo e escreva "Benefícios". Eis um diagrama que define a mentalidade religiosa quase universal.

Essa mentalidade baseia-se na relação de troca entre os fiéis e as divindades. Quem cumpre as obrigações, é abençoado, isto é, recebe benefícios. Quem não cumpre, é amaldiçoado e castigado. Quase todos os sistemas religiosos são construídos com a lógica da justiça retributiva: o fiel faz alguma coisa para agradar a divindade na esperança de ser abençoado e não amaldiçoado, o que implica perpetuação da culpa, do medo e certo estímulo à ganância, e mantém as pessoas escravizadas e oprimidas por divindades manipuladas por homens sem caráter e sem escrúpulos. Eles retroalimentam a culpa, repetem ameaças que potencializam o medo e estimulam a ganância de pessoas simples ou ignorantes a respeito do evangelho de Jesus Cristo.

O evangelho de Jesus é a confiança de que em Jesus temos o perdão de Deus, e estamos livres de toda e qualquer condenação. É a certeza de que "Deus é por nós, e ninguém será contra nós"; portanto, quem anda com Deus não precisa ter medo de nada, nem mesmo do próprio Deus.

A saída não é ficar trocando de religião. Isto é "colocar remendo novo em pano velho". É preciso trocar de mentalidade, escapar da lógica das obrigações e dos benefícios, e passar a viver o evangelho da graça de Deus. O evangelho de Jesus faz você descansar no amor e na bondade de Deus. Sem medo, sem culpa, livre da mesquinha relação de troca que pretende barganhar com Deus uma bênção qualquer. O evangelho de Jesus é a notícia de que Deus está olhando para você e dizendo ao seu coração: "Você é o meu filho amado, em quem tenho prazer", "Você é a minha filha amada, em quem está a minha alegria".

Jesus realizou na presença dos seus [talmidim] *muitos outros sinais milagrosos, que não estão registrados neste livro. Mas estes foram escritos para que vocês creiam que Jesus é o Cristo, o Filho de Deus e, crendo, tenham vida em seu nome.*
JOÃO 20.30-31

Guardadas todas as proporções, o *Talmidim* está identificado com essas palavras do evangelho de João. Jesus não cabe em 365 meditações e vídeos de cinco minutos. Mas o pouco registrado nestas páginas e nos vídeos postados na internet não tem outro propósito senão fazer você cair de joelhos diante de Jesus de Nazaré e invocá-lo como o Cristo, o Filho do Deus vivo.

Ao final de sua jornada pelas páginas do *Talmidim*, você é convocado a tomar uma decisão em relação a Jesus. Faço minhas as palavras de C. S. Lewis, um dos meus autores prediletos:

> Estou tentando impedir qualquer um que diga coisas tolas que frequentemente povoam as opiniões sobre [Jesus]: "Estou pronto para aceitar Jesus como um grande mestre de moral, mas eu não aceito sua reivindicação de ser Deus". Esta é uma ideia equivocada. Um homem que fosse meramente um homem e dissesse as coisas que Jesus disse não seria um grande mestre de moral. Seria um lunático — no nível de um homem que dissesse ser um ovo frito — ou seria o próprio diabo do inferno. Você deve fazer sua escolha. Um ou outro. Jesus foi, e é, ou o Filho de Deus, ou mais um louco ou algo ainda pior. Você pode taxá-lo de tolo, você pode cuspir nele e matá-lo como a um demônio, e você até pode cair em seus pés e o chamar Senhor e Deus, mas jamais poderia admitir o absurdo de considerá-lo um grande mestre humano de moral. Não era essa a sua pretensão.

Soli Deo Gloria.

Alguém já disse que originalidade é a arte de esconder as fontes. Mas isso não é honesto nem mesmo necessário, pois também já foi dito: "Copiar de um é plágio; copiar de mil é pesquisa". Brincadeiras (sérias) à parte, espero que estas referências bibliográficas sejam úteis para ajudar você a aprofundar a reflexão a respeito da vida, obra e mensagem de Jesus de Nazaré, o Cristo de Deus.

AMÂNCIO, Moacir (Trad.). *Talmud: tradução, estudos e notas.* São Paulo: Iluminuras, 1995.

ARIAS, Juan. *O Deus em quem [não] creio.* Porto, Portugal: Perpétuo Socorro, 1973.

BABUT, Etiénne. *O Deus poderosamente fraco da Bíblia.* São Paulo: Loyola, 2001.

BELKIN, Samuel. *A filosofia do Talmud.* São Paulo: Exodus, 2003.

BELL, Rob. *Repintando a igreja.* São Paulo: Vida, 2008.

BENTO XVI. *Jesus de Nazaré.* São Paulo: Planeta, 2007.

BOMBONATTO, Vera Ivanise. *Seguimento de Jesus.* São Paulo: Paulinas, 2002.

BOYS, Mary. *Has God Only One Blessing?* New York: A Stimulus Book, 2000.

BRABO, Paulo. *A bacia das almas.* São Paulo: Mundo Cristão, 2009.

BRUTEAU, Beatrice (Org.). *Jesus segundo o judaísmo.* São Paulo: Paulus, 2003.

CANTALAMESSA, Raniero. *O poder da cruz.* São Paulo: Loyola, 1996.

CHILTON, Bruce. *Rabbi Jesus.* New York: Doubleday, 2000.

CHOURAQUI, André. *Matyah: O evangelho segundo Mateus.* Rio de Janeiro: Imago, 1996.

COMBLIN, José. *O caminho: ensaios sobre o seguimento de Jesus.* São Paulo: Paulus, 2004.

_____. *O que é a verdade?* São Paulo: Paulus, 2005;

CROSSAN, John Dominic. *O Jesus histórico.* Rio de Janeiro: Imago, 1994.

_____. *O nascimento do Cristianismo.* São Paulo: Paulinas, 2004.

_____. *Em busca de Jesus.* São Paulo: Paulinas, 2007.

_____. *O essencial de Jesus.* São Paulo: Jardim dos Livros, 2008.

CULLMANN, Oscar. *Das origens do evangelho à formação da teologia cristã.* São Paulo: Novo Século, 2000.

_____. *Cristo e o tempo.* São Paulo: Custom, 2003.

_____. *Cristologia do Novo Testamento.* São Paulo: Hagnos, 2008.

DELUMEAU, Jean. *À espera da aurora.* São Paulo: Loyola, 2007.

EPHRAIM. *Jesus: judeu praticante.* São Paulo: Paulinas, 1998.

FLUSSER, David. *Jewish Sources in Early Christianity*. Tel-Aviv, Israel: MOD Books, 1989.

_____. *Jesus*. São Paulo: Perspectiva, 2002.

_____. *O judaísmo e as origens do cristianismo* (3 vols.). Rio de Janeiro: Imago, 2000 a 2002.

FRUCHTENBAUM, Arnold. *The Three Messianic Miracles*. Tustin: Ariel Ministries, 1983.

GOMES, Paulo Roberto. *O Deus im-potente*. São Paulo: Loyola, 2007.

GOPPELT, Leonhard. *Teologia do Novo Testamento*. São Paulo: Teológica, 2002.

HORSLEY, Richard. *Jesus e o império*. São Paulo: Paulus, 2004.

JEREMIAS, Joachim. *As parábolas de Jesus*. São Paulo: Paulinas, 1986.

_____. *Jerusalém nos tempos de Jesus*. São Paulo: Paulus, 1983.

_____. *Teologia do Novo Testamento*. São Paulo: Teológica, 2004.

KAUFMANN, Yehezkel. *The Religion of Israel*. Jerusalem: Sefer ve-Sefel, 2003.

KELLER, Timothy. *O Deus pródigo*. Rio de Janeiro: Thomas Nelson, 2010.

KNOHL, Israel. *O Messias antes de Jesus*. Rio de Janeiro: Imago, 2001.

LADD, George Eldon. *Teologia do Novo Testamento*. Rio de Janeiro: Juerp, 1993.

LEWIS, C. S. *Cristianismo puro e simples*. São Paulo: Martins Fontes, 2005.

MALINA, Bruce. *O evangelho social de Jesus*. São Paulo: Paulus, 2004.

MCLAREN, Brian. *A New Kind of Christian*. San Francisco: Jossey-Bass, 2001.

_____. *A mensagem secreta de Jesus*. Rio de Janeiro: Thomas Nelson, 2007.

_____. *Uma ortodoxia generosa*. Brasília: Palavra, 2007.

_____. *A new kind of christianity*. New York: 2010.

MIEN, Aleksandr. *Jesus, mestre de Nazaré*. Vargem Grande Paulista: Cidade Nova, 1998.

MIRANDA, Evaristo; MALCA, José. *Sábios fariseus*. São Paulo: Loyola, 2001.

MOLTMANN, Jürgen. *Teologia da esperança*. São Paulo: Loyola, 2005.

_____. *No fim, o início*. São Paulo: Loyola, 2007.

_____. *O caminho de Jesus Cristo*. São Paulo: Academia Cristã, 2009.

NOLAN, Albert. *Jesus antes do cristianismo*. São Paulo: Paulus, 1987.

PETERSON, Eugene. *A maldição do Cristo genérico*. São Paulo: Mundo Cristão, 2007.

_____. *Espiritualidade subversiva*. São Paulo: Mundo Cristão, 2009.

_____. *A linguagem de Jesus*. São Paulo: Mundo Cristão, 2011.

QUEIRUGA, Andrés Torres. *Creio em Deus Pai*. São Paulo: Paulus, 1993.

_____. *Recuperar a salvação*. São Paulo: Paulus, 1995.

_____. *O que queremos dizer quando dizemos "inferno"?* São Paulo: Paulus, 1996.

_____. *Um Deus para hoje*. São Paulo: Paulus, 1998.

_____. *Do terror de Isaac ao Abba de Jesus*. São Paulo: Paulus, 2001.

_____. *Fim do cristianismo pré-moderno*. São Paulo: Paulus, 2003.

SCHAFER, Peter. *Jesus in the Talmud*. Princeton, New Jersey: Priceton University Press, 2007.

SEGUNDO, Juan Luis. *A história perdida e recuperada de Jesus de Nazaré*. São Paulo: Paulus, 1997.

SKARSAUNE, Oskar. *À sombra do templo*. São Paulo: Vida, 2004.

SCHNELLE, Udo. *Teologia do Novo Testamento*. Santo André: Academia Cristã; São Paulo: Paulus, 2010.

STERN, David. *Comentário judaico do Novo Testamento*. São Paulo: Didática Paulista; Belo Horizonte: Atos, 2008.

STTOT, John. *A cruz de Cristo*. São Paulo: Vida, 2006.

_____. *Cristianismo básico*. Viçosa: Ultimato, 2007.

THOMAS, Gordon. *O julgamento de Jesus*. Rio de Janeiro: Thomas Nelson, 2007.

VARILLON, François. *Elementos de doutrina cristã*. São Paulo: Livraria Duas Cidades, 1966.

_____. *Crer para viver*. São Paulo: Loyola, 1981.

_____. *Viver o evangelho*. São Paulo: Editorial AO, 2007.

WESTHELLE, Vitor. *O Deus escandaloso*. São Leopoldo: Sinodal, 2008.

WILLARD, Dallas. *A conspiração divina*. São Paulo: Mundo Cristão, 2001.

_____. *Ouvindo Deus*. Rio de Janeiro: Textus, 2002.

_____. *A grande omissão*. São Paulo: Mundo Cristão, 2008.

WRIGHT, N. T. *Simplesmente cristão*. Viçosa: Ultimato, 2008.

_____. *Surpreendido pela esperança*. Viçosa: Ultimato, 2009.

_____. *Simply Jesus*. New York: Harper Collins, 2011.

Os seguintes sites oferecem um conteúdo rico a respeito do *background* judaico do Novo Testamento:

www.followtherabbi.com
www.jcstudies.com
www.jerusalemperspective.com

Ed René Kivitz é teólogo, escritor e pastor, mestre em Ciências da Religião pela Universidade Metodista de São Paulo. Seu livro *Vivendo com propósitos* vendeu mais de 20 mil cópias. Desde 1989 desenvolve seu ministério pastoral na Igreja Batista da Água Branca, em São Paulo, Capital. Publicou também, pela editora Mundo Cristão, os livros *Outra espiritualidade* e *O livro mais mal-humorado da Bíblia*. É casado com Silvia Regina, com quem tem dois filhos, Vitor e Fernanda.

Conheça outras obras de

Ed René Kivitz

- O livro mais mal-humorado da Bíblia
- Outra espiritualidade
- Vivendo com propósitos

Compartilhe suas impressões de leitura escrevendo para:
opiniao-do-leitor@mundocristao.com.br
Acesse nosso *site*: www.mundocristao.com.br

Diagramação:	ArteAcão
Gráfica:	Imprensa da Fé
Fonte:	Warnock Pro – Regular
Papel:	Lux cream 70 g/m² (miolo)
	Cartão 250g/m² (capa)